전면개정판

노동법의 세계

전면개정판

노동법의 세계

이 정 지음

HU:iNE

전면개정판 머리말

초판을 낸지 올해로 벌써 6년째 접어든다. 저자의 게으름 탓도 있지만, 그 동안 너무 빠른 속도로 변화를 거듭하고 있는 고용환경과 이를 규율하는 노동법을 저자의 능력으로는 팔로우하기에 역부족이었음을 변명삼아 고백하지 않을 수 없다. 아직도 노동시장개혁이 우리사회의 최대의 화두가 되고 있는 만큼, 향후 노동법제가 또 어떻게 전개될지 예측할 수는 없지만, 그 동안 많은 법제 및 판례의 변화가 있었기에 개정판을 출간하기로 하였다.

특히 개정판에서는 기존의 노동법제에 대한 내용에 대한 소개에 더하여, 복수노조허용에 따른 교섭창구단일화, 비정규직에 대한 차별시정, 정년연장에 따른 임금체계의 개편 등에 관한 법제의 내용을 새롭게 추가하였다. 또한 통상임금의 법적 개념 및 산정방법을 비롯하여, 파견과 도급(사내하도급)의 구별기준 등과 같이 최근에 나온 중요한 판례도 가능한 한 빠짐없이 소개하려고 노력하였다.

이처럼 개정판에서는 독자들이 현행 노동법제 및 판례의 내용을 보다 현실적이고 실증적으로 지식을 습득할 수 있도록, 각 장의 앞부분에 전형적인 사례(case)를 소개하여 문제제기를 한 다음, 독자 스스로가 학습을 통해서 해결할 수 있도록 하였다.

아무쪼록 이 책이 노동법을 공부하는 수험생들과 실무자들에게 조금이나마 도움이 될 수 있다면 더없는 영광으로 생각한다.

2015년 성하(盛夏)

이 정

목차

제1편 노동법으로의 초대

제1장 모집 및 채용

제5편 분쟁과의 만남

제1장 해고를 둘러 싼 분쟁

제2장 기업질서와 징계

주요참고문헌 및 법령약어

주요참고문헌

김유성, 노동법 II (법문사, 2000)

김철수, 헌법학 (지학사, 1973)

김치선, 노동법강의 (박영사, 1994)

김형배, 노동법 (박영사, 2002)

김형배, 근로기준법 (박영사, 2000)

박상필, 한국노동법 (대왕사, 1993)

박홍규, 노동법론 (삼영사, 1998)

심태식, 노동법개론 (법문사, 1989)

유성재, 판례노동법 (법문사, 2008)

이병태, 노동법 (현암사, 1999)

이상윤, 노동법 (법문사, 2002)

이영희, 노동법 (법문사, 2001)

이　정, 고용사회와 노동법 (박영사, 2001)

이학춘·이상덕·고준기·이상국, 노동법(1)(2) (대명출판사, 2004)

이흥재·남효순, 노동법강의 (법문사, 2002)

임종률, 노동법 (박영사, 2008)

전광석, 한국사회보장법 (법문사, 2000년)

하경효, 노동법사례연습 (박영사, 2006)
한국노동법학회, 노동판례백선 (박영사, 2015)
허 영, 헌법학 (법문사, 1992)
菅野和夫, 労働法 (弘文堂, 2003)
石井照久, 労働法 (有斐閣, 1976)
西谷敏, 労働組合法 (有斐閣, 1998)
東京大学労働法研究会, 注釈労働基準法(上)·(下) (有斐閣, 2002)
日本労働法学会, 21世紀の労働法(1~6券) (有斐閣, 2000)
有泉亨, 労働法概説 (有斐閣, 1988)
片岡昇, 労働法(1)(2) (有斐閣, 1994)
久保啓治, 労働法 (ミネルヴァ, 1979)
山口浩一朗, 労働組合法 (有斐閣, 1996)
李 鋌, 解雇紛争解決の法理 (信山社, 2001)
李 鋌, 整理解雇と雇用保障の韓日比較 (日本評論社, 2002)
Zöllner/Loritz, Arbeitsrecht, 1998
Hanau/Adomeit, Arbeitsrecht, 2000
Jean Pélissier/Alain Supiot/Antoine Jeammaud, 2000
Sidney & Beatrice Webb, Industrial Democracy, 1897
David Lewis/Malcolm Sargeant, Essential of Employment Law,
Mark A. Rothstein/Lance Liebman, Employment Law, 1990

법령약어

[고령자법] 고용상 연령차별 금지 및 고령자 고용촉진에 관한 법률
[고보법] 고용보험법
[고평법] 남녀고용평등과 일·가정 양립 지원에 관한 법률
[공노법] 공무원의 노동조합 설립 및 운영 등에 관한 법률
[교원조합법] 교원의 노동조합 설립 및 운영에 관한 법률
[국공법] 국가공무원법
[근기법] 근로기준법
[근참법] 근로자참여 및 협력증진에 관한 법률
[근퇴법] 근로자 퇴직급여 보장법
[노위법] 노동위원회법
[노조법] 노동조합 및 노동관계조정법
[산안법] 산업안전보건법
[산재법] 산업재해보상보험법
[외고법] 외국인근로자의 고용 등에 관한 법률
[임채법] 임금채권보장법
[지공법] 지방공무원법
[직안법] 직업안정법
[최임법] 최저임금법
[퇴급법] 근로자퇴직급여 보장법
[파견법] 파견근로자보호 등에 관한 법률

노동법의 세계

제 1 편
노동법으로의 초대

제1장 노동법의 지위
제2장 노동법의 주체
제3장 근로조건의 결정 시스템

CASE STUDY

Case1

시민법 및 노동법의 기본원칙이란 무엇인가?

Check Point : 시민법의 원칙, 노동법의 특수성

Case2

헌법상의 '근로의 권리' 및 '근로의 의무'란 무엇인가?

Check Point : 헌법 제32조, 고용보험법 제40조제1항제2호(구직급여수급요건)

Case3

공무원 및 교원에 대한 노동3권 제한의 법리는 무엇인가?

Check Point : 일반직 공무원 및 교원(교수포함)에 대한 노동3권의 제한
*헌재 2008. 12. 26, 2005헌마971·1193, 2006헌마198(병합)
*「노동판례백선」 p.390《Case98》

제1장 모집 및 채용

I. 노동법의 개념

“노동법”(labor law, Arbeitsrecht, droit du travail, droit ouvrier, 勞働法)이라 함은 “개별적 노동관계, 집단적 노사관계 및 노동시장에 관한 법규정의 총체”를 말한다.[1)]

다시 말해서 노동법은 “근로자가 사용자와 대등한 위치에서 자율적으로 근로조건을 결정할 수 있도록 하여 근로자들의 경제적 지위의 향상을 꾀함과 동시에, 근로자를 보호하고 노동시장에 대한 룰(rule)을 정비함으로써 근로자들의 노동권(勞動權) 내지는 고용을 보장하는 것을 주된 목적으로 하는 모든 법규”라고 정의할 수 있겠다.

또한 노동법의 궁극적인 목적은 사용자와의 대등한 위치에서 근로관계(내지는 근로조건)를 자율적으로 결정하도록 하여 근로자들의 경제적 지위를 향상·유지하는데 있으므로, 국가 또는 사용자가 일방적·획일적으로 근로관계를 규율하는 법은 노동법의 원래의 취지에 부합되지 않는다.

학자에 따라서는 노동법의 목적과 관련하여 ‘근로자의 인간다운 생활의 영유’나 ‘생존권의 확보’를 강조하는 견해[2)]도 있는데, 이는 산업혁명을 경험하는 과정

1) 菅野和夫, 勞働法, p.1.
2) 임종률, 노동법, p.3 ; 김형배, 노동법, p.14.

에서 열악한 근로조건에서 장시간 노동에 혹사당하고 있던 근로자들을 보호하기 위하여 생성·발전되어 온 노동법의 역사를 굳이 반추하지 않더라도, 이러한 견해는 지극히 타당하다.

하지만 18세기 산업혁명 당시의 상황을 전제로 21세기의 노동법을 논하기에는 다소 무리가 있다. 그 이유로는 첫째, 산업혁명으로부터 적어도 20세기 전반까지는 공장 등의 생산라인에서 비교적 단순한 업무에 종사하는 근로자들을 노동법상의 주된 대상으로 하여왔으나, 현재의 근로관계는 '재택근무'나 '재량근로'에서부터 민법상의 '위임계약'이나 '도급계약'에 이르기까지 취업의 형태나 그 내용이 매우 다양하므로, '지배종속이론'과 같은 종래의 노동법이론만으로는 이러한 새로운 형태의 근로관계를 설명하기가 어려울 때가 많다.[3]

둘째, 기업을 둘러싼 노동환경의 급속한 변화와 함께 노동시장의 기능이나 근로자들의 속성(屬性) 및 의식도 더불어 변해왔기 때문에, 정적인 노동시장 메커니즘이나 남성 중심의 육체적 근로를 전제로 해 온 기존의 노동법의 틀 안에서는, 이러한 변화에 능동적으로 대응하기가 어렵다.

20세기 후반에 들어 산업구조의 글로벌화가 급속히 진행되면서 노동시장에 대한 규제가 완화됨에 따라, 그 동안 노동시장의 주변근로자로 머물러 오던 여성근로자를 비롯한 파견근로자, 아르바이트, 용역근로자, 외국인근로자 등이 노동시장에 본격적으로 진출하게 되면서, 노동시장이 가일층 다이내믹한 구조로 변해가고 있다.[4]

따라서 향후의 노동법은 정규직 근로자들에 대한 권익을 보호하는 것은 물론, 이들에 비해 법적 보호가 상대적으로 미흡한 비정규직 근로자에 대한 노동3권이나 고용권도 아울러 보호하지 않으면 안 되게 되었다.[5]

---

3) 위에서 열거한 근로형태의 경우, 전형적인 근로형태에 비해 비교적 사용자와 근로자간에 종속관계(경제적 종속, 인격적 종속, 조직적 종속 등)가 희박하다고 할 수 있다. 하지만, 이러한 근로형태를 둘러싸고 법적 문제(예를 들어 사용자성이나 근로자성의 판단 등)가 발생한 경우에는, 종래의 종속이론이 중요한 판단기준이 된다는 점을 간과해서는 아니 된다. 같은 취지 ; 이상윤, 노동법, p.30 ; 임종률, 노동법, p.3.

4) 최근의 고용환경 및 노동시장의 변화에 대해서는 이정, "21세기 동아시아 각국 노동법의 현안과 과제", 외법논집, 제19집(2005) 참조.

5) 이러한 의미에서, 노동법을 "노동관계를 규율하는 법의 총체"라고 보는 견해도 있다(이영

물론 위에서 언급한 노동법의 개념은 학술적인 개념에 지나지 않는다. 하지만 노동법의 개념을 정확하게 파악하는 것은 현행 노동법규에 대한 정확한 해석을 하는데 도움이 될 뿐만 아니라, 특히 노동법과 밀접한 관계에 있는 인접학문과의 관련성을 유기적으로 파악하게 함으로써, 노동입법이나 노동정책의 방향 설정에도 많은 도움을 주리라 생각된다.

1. 시민법과 노동법

노동법은 전통적인 시민법에 대하여 수정을 가함으로써 독자적인 영역을 형성해 왔다. 시민법은 '소유권절대', '계약자유' 그리고 '과실책임주의'를 기본원리로 하고 있으며, 이는 노동관계에 있어 독립·대등한 당사자 간의 자유로운 합의에 기초한 계약관계를 의미한다.

그러나 실제적으로는 생산수단을 소유한 사용자와 그렇지 못한 근로자간에는 엄연히 경제적 우열이 존재하므로 시민법 아래서 다음과 같은 사회적 문제가 생겨났다.[6]

즉 ①'계약자유'라는 이름 아래 많은 근로자들이 열악한 근로조건 하에서 강제노동이나 장시간 노동, 실업, 영리직업소개로 인한 중간착취 등을 강요당하였고, ②특히 여성이나 연소자에 대한 가혹한 노동은 인간의 기본권마저 유린하는 심각한 사회문제로 대두되었다. 또한, ③시민법 하에서는 '과실 책임의 원칙'라는 미명 하에, 근로자들이 업무상 산업재해를 입더라도 이에 대한 정당한 보상을 받지 못하였다. 뿐만 아니라, ④위의 시민법상의 원칙은 근로자의 자구행위로서의 노동단체를 결성하거나 단체 활동을 하는 것을 금압(禁壓)하는 법리마저 제공하기에 이르렀다. 노동법은 이러한 상황에 대한 강렬한 반성으로부터 생성된 법의 한 장르로서, 시민법상의 원리를 상당부분 수정하고 있다.

첫째, '계약자유'에 대한 수정은 가장 열악한 노동환경에 처해 있던 연소자에

희, 노동법, p.20).

6) 보다 상세한 것은 菅野, 労働法, p.1 이하 ; 임종률, 노동법, p.4 이하 참조.

대한 근로계약상의 근로조건(특히 근로시간)을 규제하는 것에서부터 시작되었다.[7] 그 후, 근로계약에 대한 규제가 확장되어, 근로자 전체를 대상으로 근로조건의 거의 모든 분야에 미치게 되어 독자적인 근로계약법을 형성하기에 이르렀다.

둘째, '과실책임주의'에 대한 수정은 기계화에 따른 대량생산으로 인하여 산업재해가 빈번히 발생함에 따라, 사용자에게 과실이 없더라도 산업재해를 보상하게 하는 '무과실책임주의'를 도입하게 되었다.[8]

셋째, '소유권절대'의 원칙도 근로자들의 단결활동(노동쟁의나 노조활동 등)이나 해고 또는 징계에 대한 이론의 일부로서 '권리남용법리' 등을 통하여 부분적으로 수정되기에 이르렀으며,[9] 특히 근로자들의 단결활동과 관련해서는 이들의 단결활동을 금압해 온 법규를 철폐하고, 이러한 활동과 관련된 시민법상의 위법성을 제거하는 입법이 각 국에서 이루어졌다.[10]

2. 헌법과 노동법

우리나라 헌법에서는 노동법의 기본원칙에 대한 선언적인 규정을 두고 있다. 예를 들어 근로의 권리와 의무(32조 1항·2항), 근로조건의 법정(32조 3항) 및 단결권·

---

7) 공장근로에 대한 근로조건의 최저기준을 정한 다음, 이에 대한 준수를 벌칙과 행정감독을 통하여 강제하는 입법(예를 들어, 영국의 「공장법」 등)이 대표적이다.

8) 예를 들어, 근로자의 업무상 재해에 대해 사용자의 과실입증을 요하지 않고 당연히 사용자로부터 일정액의 보상을 받을 수 있도록 한 '산업재해보상보험법' 등이 대표적이다.

9) 예를 들어, 근로자 또는 노동단체가 회사소유인 시설을 이용한 것을 이유로 한 징계를 "사용자의 시설권 남용"으로 인정한 것 등이 대표적이다.

10) 예를 들어, 영국이나 독일, 프랑스, 미국 등에서는 그 동안 단결활동을 금압해 온 법규를 철폐하고, 이러한 활동과 관련된 시민법상의 위법성을 제거하는 입법이 성립되었다. 먼저 근로자들의 단결(노동조합의 결성)을 허용하는 입법(단결금지철폐법)이 성립되었고, 이어서 근로자들의 스트라이크나 피케팅 등의 쟁의행위에 대하여 시민법상의 책임을 면책하는 입법이 제정되었다. 이러한 조치들은 이른바 노동조합의 결성과 그 활동을 자유롭게 하는 소극적 보호에 그친 것이지만, 나라에 따라서는 점차적으로 단체협약에 특별효력(규범적 효력 · 일반적 구속력)을 부여하거나, 사용자의 반조합적 활동을 '부당노동행위'(unfair labor practice)로 하여 금지하고 이에 대한 특별한 구제절차를 제정하는 등, 단결활동의 적극적인 조성을 꾀하는 법제도 탄생하게 되었다.

단체교섭권·단체행동권 등의 노동3권[11]을 규정하고 있는 조항(33조 1항)이 대표적이다. 이러한 규정들은 모든 국민은 인간다운 생활을 할 권리(34조 1항)를 총칙으로 한 생존권적 기본권의 한 종류로 복지국가(사회국가)의 이념에 기초하여 근로자의 인간다운 생활을 실질적으로 보장하기 위하여 두고 있다.

(1) 근로의 권리

헌법은 "모든 국민은 근로의 권리를 가진다. 국가는 사회적·경제적 방법으로 근로자의 고용의 증진보장에 노력하여야 한다."고 규정하고 있다(32조 1항). 이는 근로를 제공하여 생활하는 국민인 근로자가 노동시장에서 적절한 근로의 기회를 가질 수 있도록 해야 한다는 국정 기본방침을 선언한 것이라 볼 수 있다.

여기서 "국민"이란 근로의 의사와 능력을 가진 국민, 즉 실업상태의 '근로자'를 말하며, "근로의 권리"라 함은 첫째, 근로자가 자기의 능력과 적성을 살려 노동의 기회를 얻을 수 있도록 노동시장의 체제를 정비하는 의무를 말하는데, 이 규정의 "사회적·경제적 방법으로 근로자의 고용증진에 노력하여야 한다."는 부분이 바로 여기에 해당한다.

둘째, 근로의 기회를 가질 수 없는 근로자가 인간다운 생활을 할 수 있도록 생계를 보장할 의무를 말한다. 따라서 이 규정은 국가에 대해 적극적인 고용정책 의무를 부과함과 동시에 입법부에 대해서도 이러한 의무의 실시를 위한 입법의 수권(授權)을 부여하고 있다.

---

11) 헌법상의 단결권, 단체교섭권 및 단체행동권을 '근로3권'이라고 부르는 학자도 있다. 본서에서는 국민의 권리이자 의무인 헌법상의 근로의 개념과 구분하기 위하여 근로3권이란 표현 대신 '노동3권'이란 표현을 쓰기로 한다. 아울러 우리나라 법령에서는 '근로'라는 용어와 '노동'이란 용어가 일관성 없이 혼용되고 있다. 예를 들어 근로기준법에서는 '노동'이나 '노동자'란 표현 대신에, '근로'나 '근로자'란 표현을 하고 있는데, 이는 자칫하면 근로의 권리 및 의무의 주체인 헌법상의 근로자(국민)의 개념과 혼동할 우려가 있다. 한편 노동조합 및 노동관계조정법이나 노동위원회법 등에서는 '노동조합', '노동위원회', '노동쟁의'라는 용어 등에서 보듯이 '근로'라는 표현 대신 '노동'이란 표현을 사용하고 있다. 이에 비해, 우리나라 노동법의 모법이라 할 수 있는 일본에서는 우리나라와는 달리, 헌법상의 '근로'의 개념과의 혼동을 피하기 위하여, 헌법 이외의 모든 하위법령에서는 '근로'라는 용어를 쓰지 않고 '노동'이라는 용어를 사용하고 있다.

따라서 근로자는 위의 헌법상의 규정만으로는 정부에 대하여 구체적인 근로의 권리(노동권)를 주장할 수 없지만, 정부를 상대로 적절한 근로의 기회를 제공할 수 있도록 '고용에 대한 입법이나 정책'을 취할 것을 요구할 수는 있다. 고용에 대한 입법이나 정책으로는 직업안정법, 근로자직업훈련촉진법, 고용정책기본법, 장애인고용촉진 및 직업재활법, 고령자고용촉진법, 고용보험법에 의한 고용안정 및 실업급여제도 등이 대표적인데, 근로의 권리는 이러한 국가의 입법·정책이 고용정책의무를 규정하고 있는 동조항의 취지에 명백히 반하는 경우에는 이를 위헌·무효로 하는 효과(자유권적 효과)도 아울러 가지고 있다고 해석된다.[12]

(2) 근로의 의무

헌법은 "모든 국민은 근로의 의무를 진다"라고 하여 근로의 의무를 규정하고 있다(32조 2항). 이는 간단히 말해 국가는 일하지 않는 자를 돌볼 의무가 없다는 방침을 표명한 것이라 볼 수 있다.[13] 즉 국가는 근로의욕을 갖지 않은 자를 위해 생존을 확보하기 위한 시책을 강구할 필요가 없다는 정책상의 방침을 표방한 것이다.

따라서 고용보험법에서는 실업급여의 대상을 '근로의 의사를 가지는 실업자'로 제한하고 있으며, 직업안정소를 통하여 구직활동을 할 것을 그 요건으로 하고 있다(고보법 31조). 또한 국민기초생활보장법(종래의 '생활보호법')은 "이 법에 의한 급여는 수급자가 자신의 생활의 유지·향상을 위하여 그 소득·재산·근로능력 등을 활용하여 자립하는데 최대한 노력하는 것을 전제로 하여 이를 보충·발전시키는 것을 기본원칙으로 한다."라고 하여 보호에 대한 '보충성'을 규정하고 있다(3조 1항). 이처럼 '근로의 의무'는 '근로의 권리'와는 달리 사회입법 전반에 통용되는 당연한 이념을 표명하고 있다고 할 수 있다.

---

12) 菅野, 勞働法, p.17.
13) 石井, 勞働法, p.65.

(3) 근로조건 기준의 법정

헌법은 "근로조건의 기준은 인간의 존엄성을 보장하도록 법률로 정한다."라고 하여, 근로의 권리 및 의무와 함께 개별적 노동관계의 법규정에 관한 기본원칙을 표명하고 있다(32조 3항).

이는 근로조건의 결정을 근로계약 당사자인 사용자와 근로자의 자율에 맡길 경우, 경제적 지위가 상대적으로 낮은 근로자가 열악한 근로조건 하에서 인간의 존엄성을 상실할 우려가 있기 때문에,[14] 이를 방지하기 위하여 근로조건을 당사자 간의 계약에 맡기지 않고 국가가 계약내용에 직접 개입하여 '임금이나 근로시간, 휴식 그 밖의 근로조건'을 법률로 정해야 할 정책의무를 선언한 것이다.

또한 근로조건을 "법률로 정한다."고 한 것은 근로조건의 설정이 근로자 및 사용자를 중심으로 한 국민의 이해에 중대한 관계가 있기 때문이라고 생각할 수 있다. 그 결과 위 규정은 국회에 대하여 입법의 수권을 부여하고 있다고 본다.

위의 정책의무에 대응하는 입법으로는 근로기준법, 산업안전보건법, 산업안전재해보상법, 선원법 등이 있다. 그리고 위의 헌법규정은 그 정책의무에 명백히 반하는 국가의 입법 및 행정행위를 위헌·무효로 하는 효과(자유권적 효과)도 아울러 가지고 있다고 해석된다.

(4) 노동3권—단결권·단체교섭권·단체행동권

① 개관

가. 기본취지

헌법은 "근로자는 근로조건의 향상을 위하여 자주적인 단결권, 단체교섭권 및 단체행동권을 가진다"고 규정하고 있다(33조 1항). 이 조항은 집단적 노사관계에

14) 산업화 초기에는 연소자 및 여성근로자에 대한 혹사가 사회적 문제로 대두되었는데, 헌법이 이들에 대해 특별한 보호규정(32조 4항 전단 · 5항) 및 여성에 대한 부당한 차별을 금지하는 규정(32조 4항 후단)을 두고 있는 것은 이러한 상황을 반영한 것이다.

관한 법제정의 기본규정이지만, 이들 권리의 주체는 바로 근로자이며 권리행사의 상대는 원칙적으로 사용자가 된다.

다시 말해서, 위의 헌법규정이 보장하는 권리는 국가에 대해서만 행사할 수 있는 다른 기본권과는 달리, 주로 '노사'라는 사인 간에 적용되는 권리이다. 이 점에서 헌법상의 근로의 권리의 경우와 다르다.

즉 근로의 권리의 경우에는, 그 주체가 '실업상태에 있는 근로자'에 한정되며, 또한 권리(노동권)의 행사대상도 국가 및 입법기관이 된다는 점에서, 노동3권의 권리주체 및 그 권리의 행사대상과는 엄격히 구분된다. 이 조항을 직접적인 근거로 근로자 또는 노동조합의 사법상의 권리가 유도되는 것도 바로 그 때문이다.

헌법이 근로자의 노동3권을 보장하고 있는 것은, 이미 서술한 바와 같이 시민법 하에서 근로자들이 열악한 근로조건을 강요당하는 폐단을 방지하기 위함이다.

다시 말하면, 사용자에 비해 상대적으로 열등한 지위에 있는 근로자가 가능한 한 사용자와 대등한 관계에서 근로조건 등을 정할 수 있도록, 근로자가 자주적으로 단결할 권리 및 이를 근거로 조직된 노동조합을 통하여 단체교섭을 할 권리, 그리고 근로자들의 주장을 관철하기 위하여 단체행동(예를 들어 스트라이크나 피케팅 등)을 취할 수 있는 권리를 헌법이 보장하고 있는 것이다.

나. 법적 성질

노동3권을 보장하고 있는 헌법 제33조 제1항의 법적 성질에 대해서는 견해가 갈라져 있다. 대표적인 것으로서는, ①근로자의 자유로운 노동3권의 행사에 대하여 국가 또는 타인으로부터 부당한 방해나 간섭을 받지 아니하는 소극적인 자유권의 일종으로 보는 '자유권설', ②노동3권의 행사에 대하여 국가가 이를 적극적으로 보호·조장하여 주도록 요구할 수 있는 생존권의 일종으로 보는 '생존권설', ③노동3권은 소극적인 자유권적인 성질과 적극적인 생존권적인 성질을 아울러 가지고 있다고 하는 소위 '병존권설' 등이 있다.[15]

---

15) 노동3권을 둘러싼 학설에 대해서는, 김형배, 노동법, p.138 이하 ; 이상윤, 노동법, p.72 이하 ; 이영희, 노동법, p.93 이하 참조.

노동3권을 헌법에 보장하게 된 배경이 근로자들의 단결권 등이 국가공권력으로부터 침해당하는 것을 방지하기 위한 것에 있었음을 감안할 때, 위의 헌법 제33조 1항은 당연히 자유권적인 성질을 가진다. 따라서 정당한 노동조합의 결성·운영 및 단체교섭과 단체행동을 제한·금지하는 입법이나 행정조치는 위헌·무효로 된다.

또한 헌법 제33조 1항은 노사자치 및 단체교섭을 통하여 근로자들의 경제적·사회적 지위를 향상·유지하게 하기 위하여 국가에 대하여 그 정책적인 의무를 부과하는 소위 생존권적인 성질도 아울러 가진다. 그 대표적인 예로서는 노동조합의 정당한 권리행사에 대하여 민사상·형사상의 책임을 면제하는 것이나 노동조합의 결성을 방해하거나 운영에 개입하는 사용자의 일정한 행위를 부당노동행위로 간주하여 이를 금지하는 것 등을 들 수 있다.

다. 법적 효과

헌법상의 노동3권은 이러한 연혁에서 다음과 같은 법적 효과를 공통적으로 가진다고 할 수 있다.

첫째, 선진자본주의 국가에서 근로자의 단결 및 단체교섭과 쟁의행위 그 밖의 단체행동이 당초에는 형사책임을 부과하는 입법과 법리에 의해 억압되었고 그 후에는 민사책임(손해배상과 injunction)을 부과하는 법리에 따라 억제되었다.

그러한 국가들에 있어 일찍이 이러한 입법들의 철폐와 책임법리의 수정이 실시되고, 그것에 의해 단결 및 단체교섭과 단체행동이 법적으로 허용되기에 이르렀다.

단결과 단체교섭 그리고 단체행동에 대한 법적 보장은, 국가가 근로자의 위의 행동에 대해 입법과 행정으로 억압해서는 아니 된다고 하는 자유권적 규범의 설정이며, 또한 근로자의 이러한 행동에 관한 민·형사상의 면책이다. 따라서 헌법 제33조의 모든 권리가 우선 이러한 '자유권적 효과'와 '면책부여의 효과'를 포함하고 있다는 것은 분명하다.

헌법 제33조의 자유권적 효과에 의해 노동조합의 결성·운영과 단체교섭 및 단체행동을 합리적 이유 없이 제한·금지하는 입법과 행정조치는 위헌·무효가 된다. 뿐만 아니라, 이러한 면책부여의 효과에 의하여 노동조합의 결성·운영, 단체교섭 및 단체행동은 일정의 한계(정당성)를 벗어나지 않는 한 '형법상의 위법성'이 조각되며, 민사상으로도 '채무불이행'과 '불법행위'의 위법성이 조각된다. 노동조합의 정당한 행위는 형법상의 정당행위로 간주한다는 노동조합법 제4조는 헌법 제33조에 포함되는 이 형사면책의 효과를 형법과의 정합성을 가지면서 이를 확인하기 위하여 규정된 것이다.

또한 정당한 쟁의행위에 대해서 사용자는 손해배상을 요청할 수 없다는 규정(노조법 3조)은 헌법 제33조의 민사면책 효과 중 실제로 그 필요성이 가장 높은 쟁의행위를 따로 정하여 특별히 주의 깊게 그 효과를 규정한 것이다.

둘째, 헌법 제33조의 연혁으로서는 1919년 바이마르 헌법이 '단결의 자유'를 보장한 계보가 있고,[16] 헌법 제33조에 대해서는 바이마르 헌법의 보장을 발전시켜 그 내용을 충실히 한 생존권적 기본권으로서의 성격이 중요하다. 이 성격에서 보자면 먼저 헌법 제33조는 국가는 동조의 정책목표(단체교섭의 조성)에 따른 입법체제를 정비해야 한다는 정책의무를 선언한 의의(정책의무로서의 효과)를 가지게 된다.

이 정책의무에 따라서 제정된 입법이 1953년에 공포·시행하게 된 노동조합법 및 노동쟁의조정법 등이다. 그리고 이 정책의무의 선언은 동시에 그 정책목표를 위한 입법의 수권규정인 의의도 가진다.

노동조합법에 있어 단체협약의 특별 효력과 부당노동행위 구제제도(여기서는 사용자의 시민법상의 권리·자유가 각각의 형태로 제한되어 있다) 등은 헌법 제33조의 이러한 수권에 근거한 입법이라 할 수 있다.

셋째, 헌법 제33조의 생존권적 기본권으로서의 효과에는 이상과 같은 입법의 요청과 수권에 그치지 않는 구체적인 법률효과도 포함되어 있다. 즉 위의 바이

16) 동 헌법은 '제5장 경제생활' 속에서 각종 생존권적 규정과 함께 "노동 · 경제조건을 유지 · 개선하기 위한 단결의 자유는 모든 사람 및 직업에 대하여 보장한다. 이 자유를 제한하고 혹은 방해하는 모든 합의 및 조치는 위법이다."라고 규정했다.

마르 헌법은 "단결의 자유를 제한하거나 또는 방해하려 하는 모든 합의 및 조치는 위헌이다."라고 규정하여, 근로자와 사용자 관계에 있어 근로자의 후견적 입장에서의 개입을 표명하고 있다. 이 생존권적 기본권으로서의 단결의 자유를 발전시켜 그 내용을 충실히 한 헌법 제33조는 이러한 후견적 개입을 허용하고 있다고 볼 수 있다.

이러한 효과를 우리나라의 법체계에 입각하여 재구성한다면, 헌법 제33조는 사용자 및 그 밖의 관계자에 대해 근로자의 단결권, 단체교섭권 및 단체행동권을 존중해야 할 '반사회적 질서'(민법 103조)를 설정했다고 볼 수 있다.

따라서 단결권 등의 존중 이념에 반하는 법률행위(예를 들어 정당한 노조활동을 이유로 하는 해고나 징계처분 등)는 '반사회적 질서'에 해당하는 것으로서 무효가 되거나(민법 103조) 또는 '불법행위'(민법 750조)의 위법성을 갖추게 된다.

라. 노동3권의 주체

(i) 근로자

가) 근로자 개인

위와 같이 모든 권리를 보장받은 '근로자'라 함은 기본적으로 근로의 능력과 의사를 갖고 있는 자를 의미하며, 노동조합법 제2조 1호에서 규정하고 있는 "직업의 종류를 불문하고 임금·급료 기타 이에 준하는 수입에 의하여 생활하는 자"를 말한다. 또한 "실업 중에 있는 자"는 물론 "해고의 효력을 다투고 있는 자"도 근로자로 보아야 한다.[17]

한편, 소작인·자영업(자영농)·어민 및 영세 상공업자는 근로자에 해당되지 아니한다는 것이 일반적인 견해이다.[18] 근로자 개인은 단결권 보유의 주체 및 행사

17) 근기법상의 근로자와는 달리 단결활동권의 주체로서의 근로자는 사업체에 고용되어 있는 자로 좁게 해석할 이유는 없다. 노동조합법(2조)은 근로자를 "임금이나 그 밖에 이에 준하는 수입으로 생활하는 자"로 정의하여 자유노무자나 노동의사를 가진 실업자에게도 노동조합의 조직 · 가입을 허용하고 있다(임종률, 노동법, p.19).

18) 김철수, 헌법학, p.526 ; 허영, 헌법학, p.479.

의 주체가 될 수 있으나, 단체교섭권 및 단체행동권에 대하여는 보유의 주체만이 될 수 있을 뿐 행사의 주체가 될 수 없다.

나) 근로자 단체

헌법 제33조 1항은 "근로자는 근로조건의 향상을 위하여 자주적인 단결권·단체교섭권 및 단체행동권을 가진다."라고 하여, 노동3권이 근로자만의 권리인 것으로 표현하고 있으나, 근로자들의 단결체인 노동조합도 당연히 노동3권의 주체가 된다.

노동조합은 기존의 조직을 보다 강화하기 위하여 새로운 조합원을 가입시키고, 조합을 유지·운영하는 등 단결권을 행사할 수 있다. 또한, 노동조합은 사용자와 단체교섭을 하고 단체교섭이 결렬되는 경우에는 쟁의행위를 하는 등 단체교섭권 및 단체행동권의 주체가 될 수 있다.

근로자 개인은 단체교섭권 및 단체행동권의 행사의 주체가 될 수 없는 반면, 노동조합은 단결권·단체교섭권 및 단체행동권의 '보유의 주체'는 물론 '행사의 주체'도 될 수 있다.

(ii) 사용자

사용자는 헌법 제33조에 규정된 노동3권의 주체가 될 수 없다. 사용자가 근로자와의 단체교섭에 임하는 것은 사용자가 단체교섭권을 가지는 것이 아니라, 근로자가 단체교섭권을 행사하는 데 있어 그 단체교섭의 상대방이 되는 것에 불과하다.

사용자의 직장폐쇄에 대해서는 근로자의 단체행동권의 행사에 대응한 일종의 '재산권'의 행사로 파악하는 견해도 있으나,[19] 이는 "사용자는 노동조합이 쟁의행위를 개시한 이후에만 직장폐쇄를 할 수 있다"고 한 노동조합법 제46조에 의하여 당연히 발생되는 권리이다.[20]

---

19) 이상윤, 노동법, p.75.

20) 노동조합의 쟁의행위에 대항하는 사용자의 직장폐쇄행위를 일반적으로 '대항권'이라고 칭하는데, 이러한 행위가 권리의무를 전제로 한 권리라고 하려면 헌법상의 근거(요컨대 노

② 단결권

가. 의의

'단결권'은 '근로자가 근로조건의 유지·개선을 꾀하는 것을 주된 목적으로 일시적 혹은 계속적인 단체를 결성하여 그것을 운영하는 것을 보장하는 권리'이다. 주로 '노동조합'의 결성·운영권이나 일시적인 단체(쟁의단)의 결성·운영권을 포함한다고 할 수 있다.

단결권의 보장에 대해서는 ILO 98호 조약(단결권 및 단체교섭권에 대한 원칙의 적용에 관한 조약) 및 87호 조약(결사의 자유 및 단결권의 보호에 관한 조약)이 있다. 따라서 이러한 조약도 단결권에 관한 중요한 실정법이다.

그리고 단결권은 생존권적 기본권으로 보장되고 있다는 점에서, 순수한 자유권적 기본권인 '결사의 자유'(헌법 21조)와는 원리적으로 다르다. 즉 결사의 자유는 '결사하지 않을 자유'를 불가분의 것으로서 포함하는데 대해, 단결권은 '단결하지 않을 자유'(소위 '소극적 단결권')를 포함하지 않는다. '단결하지 않을 자유'가 보장되고 있을 경우에는 유니언숍(union shop)협정을 체결할 수 없게 된다.

또한 결사의 자유는 국가와 국민과의 관계에서 국가권력의 발동의 억제를 꾀하는 규정에 그치는데 비하여, 단결권은 전술한 바대로 그러한 자유권적 효과 외에 정책의무의 선언과 입법의 수권으로서의 효과를 가지며, 사인에 대해서도 일정한 구체적 법적 효과(예를 들어 '면책부여의 효과' 및 '반사회적 질서설정의 효과' 등)를 가지는 것이다.

나. 법적 효과

단결권에 대해서는 이미 기술했듯이 자유권적 효과, 면책부여의 효과, 정책의무로서의 효과(입법의 요청과 수권의 효과), 반사회적 질서설정의 효과라는 모든 효과

동3권에 대한 헌법 33조)가 필요하나, 현행 헌법으로부터는 이러한 법적 근거를 찾을 수가 없다. 따라서 사용자의 '직장폐쇄행위'는 노동조합의 쟁의행위에 대한 일종의 '대항행위'로 보는 것이 타당하다.

가 인정된다.[21)]

단결권의 자유권적 효과에서 현행법상 특히 문제가 될 수 있는 것은 노동조합법의 노조설립신고제도(10조, 12조), 기업차원의 복수노조 금지(부칙 5조 3항), 노동조합 운영에 대한 행정관청의 감독권한(21조, 27조) 등이다. '설립신고 반려제도'는 노동조합의 설립을 허가하기 위한 것이 아니라 노동조합법상 소정의 요건을 갖추도록 하기 위하여 필요한 것이라 하더라도, 반려사유가 광범하고 행정관청의 심사에 있어서 자의성이 개재될 우려가 있다는 점에서 단결권의 부당한 제한이 아닌가 생각된다.

그러나 기업차원의 복수노조 금지는 한시적인 것이어서 문제의 심각성은 완화되어 있고, 행정관청의 감독권한은 노동조합의 민주적·합법적 운영을 위하여 필요하며, 그 권한 발동에 노동위원회의 의결을 얻거나 그 범위가 엄격히 제한되어 있어 단결권의 부당한 제한이라고 단정하기는 곤란할 것이다.

단결권의 면책의무로서의 효과에서는 현행법상 단체의 결성과 운영이 형벌법규와 불법행위에 해당하는 것은 거의 있을 수 없기 때문에 실제로 그 효과는 거의 문제가 되지 않는다.[22)]

단결권의 정책의무로서의 효과에 대하여는 그러한 의무에 대응한 입법조치로서 노동조합법에 부당노동행위 구제제도가 있다. 이상에 대해 단결권의 반사회적 질서설정의 효과는, '황견계약(yellow dog's contract)'('비열계약'이라고도 함)과 노조가입을 이유로 하는 해고·징계처분·전속 등을 '반사회적 질서'에 반하는 것으로 여겨 무효로 한다.

또한 이러한 반사회적 질서설정의 효과에는 사용자에 의한 조합원의 차별대우(예컨대 승급이나 승격 및 일시금 조정상의 차별, 택시회사와 버스회사에서의 성능이 나쁜 차량의 할당 등)와 조합에 대한 지배개입 등 사용자의 단결권 침해행위에 대하여 불법행위의 위법성을 가지게 된다고 하는 효과도 포함되어 있다.

단, 불법행위에 근거하는 손해배상청구권이 인정되기 위해서는 권리(이익)의 침해, 고의 또는 과실과의 상당인과관계가 있는 손해의 발생 등, 그 밖의 여러 요

21) 菅野, 勞働法, p.22.
22) 菅野, 勞働法, p.22.

건을 충족할 필요가 있다.

③ 단체교섭권

가. 의의

'단체교섭권'은 '근로자가 사용자와 단체교섭을 행하는 것을 보장하는 권리'이다.

'단체교섭'이란 '근로자가 그 대표자를 통하여 사용자 혹은 그 단체와 근로조건 그 밖의 대우와 노사관계상의 룰에 대해 단체협약의 체결 및 그 밖의 결정을 목표로 하여 교섭을 실시하는 것'을 말한다.

나. 법적 효과

단체교섭권도 전술한 바대로 자유권적 효과, 면책부여의 효과, 정책의무로서의 효과 및 반사회적 질서설정의 효과를 가진다.

자유권적 효과에 대해서 현행법상 특히 문제가 되는 것은 노동조합법이 2010년부터 기업차원의 복수노조를 허용하면서, 교섭창구의 단일화를 요구하는 규정(부칙 5조 3항)의 합헌성이다.

이에 대해서는 단체교섭권을 규정하고 있는 헌법 및 노동조합법이 복수조합의 교섭대표제를 당연히 전제로 하고 있다고는 볼 수 없으므로, 우리나라가 앞으로 복수노조를 허용하면서도 미국이나 영국·캐나다처럼 '배타적 교섭대표제'를 채용할 것인가의 여부는 입법에 위임하고 있다.

따라서 합리적인 방법(선거 등을 통한 민주적 방법에 의한 교섭노조의 결정 등)으로 단체교섭의 창구를 단일화하는 이상 '위헌'이라고는 볼 수 없다.[23]

면책부여의 효과로서는 근로자의 대표자가 단체교섭 사항에 대해 평온한 태도로 사용자에 대하여 단체교섭을 요구하는 행위의 일환으로서의 사용자에 대한 '면담강요'나 '퇴거불응'의 경우에도 위법성(민·형사상의 위법성)이 조각된다고 본

23) 菅野, 勞働法, p.26 ; 임종률, 노동법, p.23.

다. 또한 단체교섭에서의 언동도 정당성을 벗어나지 않는 한 면책된다.[24]

정책의무의 효과에 상응한 입법조치로서는 노동조합법상의 부당노동행위 구제제도(특히 82조 1호는 사용자에게 성실교섭의무를 부과하고, 그 위반에 대해 노동위원회가 구제명령을 발할 수 있도록 하고 있다) 및 단체협약의 규범적 효력(노조법 33조)이 중요하다. 노동조합법상의 쟁의조정절차도 단체교섭을 원조하는 입법조치로서 여기에 해당된다.

반사회적 질서설정의 효과에 대해서는 사용자에 의한 단체교섭의 부당한 거부는 위법한 행위이다. 그러나 그것이 민사상 불법행위가 성립하는지 그렇지 않은지에 대해서는 권리 내지 이익의 침해, 고의 혹은 과실의 존재, 상당인과관계가 있는 손해의 발생 등 그 밖의 모든 요건을 충족해야 한다.

단체교섭권의 법적 효과에 대해서는 이들 외에 단결권의 경우와 똑같이 단체교섭청구권의 유무가 큰 문제로 여겨져 왔다.

일본의 경우, 이러한 청구권을 긍정하는 판례가 1960년대 중반에 다수 출현하였으나, 60년대 말경부터는 역으로 이를 부정하는 판례가 늘어났다.[25]

단결권의 경우와 같이 사법 이론과 조화시키는 측면에서나 또한 분쟁의 성질면에서 '긍정설'은 적절하지 않지만, 노동조합이 단체교섭을 요구할 수 있는 기초적인 법적 지위를 가지는 것은 사법상으로도 인정해야 한다. 일본의 판례도 근래에는 이 입장을 지지하고 있다.[26]

④ 단체행동권

가. 의의

'단체행동권'은 '근로자가 파업이나 태업 등으로 그 주장을 관철할 목적으로 업무를 저해하는 행위, 즉 쟁의행위(strike)를 할 권리'이다. 헌법 제33조의 단체행동권은 종래에는 '쟁의권'과 동일시되어 왔으나, 근래의 학설과 판례는 '쟁의권'

---

24) 菅野, 勞働法, p.24.
25) 특히 新聞之新聞社事件, 東京高決 1975. 9. 25, 勞民 26권 5호, p.723.
26) 菅野, 勞働法, p.25.

과 '노조활동권'(쟁의행위 이외의 단체행동을 할 권리)이라는 두 종류의 권리를 내용으로 한다고 해석한다.

즉 '쟁의권'은 일정 범위에서의 쟁의행위(근로자가 자기의 주장을 요구하는 시위 또는 이를 관철하기 위한 압력행위)의 법적 보장을 내용으로 하는 권리이며, '노조활동권'은 쟁의행위 및 단체교섭 이외의 단체적 행위(전형적으로는 전단지 붙이기, 전단지 배포, 집회, 연설 등의 정보선전활동)를 일정 한도로 보장하는 권리이다.

나. 쟁의권의 내용과 효과

쟁의권의 법적 효과의 경우도 이미 기술했듯이 자유권적 효과, 면책부여의 효과, 정책의무로서의 효과 및 반사회적 질서설정의 효과로 네 가지이다.

이들 중 자유권적 효과에 대하여는 노동조합법상의 각종 쟁의행위 제한법규가 단체행동권의 부당한 제한이 되는지가 문제될 수 있다. 이들 법규 중 쟁의행위의 주체·목적·수단에 관한 것은 대부분이 단체행동권의 기본취지에 비추어 정당성이 인정되지 않는 것으로 해석되는 것을 확인하는 규정이므로 이들은 합헌적인 제한이라 할 수 있을 것이다.

쟁의행위절차에 관한 제한법규는 확실히 쟁의권 제한의 요소를 가지지만, 공공복리를 위한 것으로서 과잉침해가 되는지는 엄밀히 검토할 필요가 있다.[27)]

또 쟁의권의 정책의무로서의 효과에는 이 정책의무에 대응하는 입법조치로서 노동조합법상의 쟁의기간중의 구속제한, 쟁의기간중의 대체근로 제한, 부당노동행위 구제제도가 있다. 이로 인해 정당한 쟁의행위에 대한 사용자의 불이익대우와 간섭·개입을 적극적으로 시정하는 규범과 절차가 만들어졌다.

쟁의권에 대한 곤란한 문제는 그 면책부여의 효과 및 반사회적 질서설정의 효과와 관련한 쟁의권의 내용이다. 이 점에 대해서 먼저 주의해야 할 것은 쟁의권은 모든 쟁의행위를 보장하는 권리가 아니라 쟁의행위의 주체, 목적, 양태(樣態)상의 한계를 가지며 이 한계가 쟁의행위의 정당성의 범위가 되는 것이다.

그리고 쟁의행위의 정당성의 범위는 헌법 제33조의 기본취지에 의해 나눠진

27) 菅野, 労働法, p.26.

다. 예컨대 쟁의권은 기본적으로는 단체교섭에 있어 노사 간의 대등성을 확보하고 교섭의 결렬을 타개하기 위한 권리로서 파악해야 한다. 따라서 쟁의행위가 정당성을 인정받기 위해서는 그것은 단체교섭의 주체에 의해 이루어져야 하고, 그 목적은 단체교섭의 목적 사항에 해당하는 것이 필요하다.

또한 노동력의 집단적 거래로서의 단체교섭에 있어 근로자의 기본적 압력수단은 노동력의 집단적 거부행위(스트라이크)이기 때문에, 쟁의권은 양태 상으로는 이 파업의 법적 보장(파업권)을 중심으로 한 권리로 파악해야 한다.

즉 쟁의권은 '노무제공의 집단적 거부(스트라이크 및 태업)의 보장'을 중심 내용으로 하여, '이 집단적 노무제공의 거부를 유지·강화하기 위한 일정 한도의 피켓행위(피케팅과 직장점거) 및 사용자와의 거래중지의 호소(보이콧)의 보장'을 부수적 내용으로 하는 권리라고 해석해야 한다.

위에서 살펴본 바와 같이 쟁의권의 보장 범위 내에 있다(정당성을 인정할 수 있다)고 여겨지는 경우, 당해 쟁의행위는 쟁의권의 면책부여 효과에 의해 형사면책 및 민사면책을 향유한다. 이러한 법적 효과에 대해서는 노동조합법이 이를 확인하는 규정을 두고 있다(3조, 4조).

뿐만 아니라, 이러한 반사회적 질서설정의 효과로서 정당한 쟁의행위를 이유로 하는 해고 및 그 밖의 불이익 대우가 법률행위(해고, 징계처분 등)일 경우 '반사회적 질서(민법 103조)'의 위반으로 무효가 되며, 사실행위(예를 들어 인사고과상의 차별 등)일 경우에는 '불법행위'의 위법성을 가지게 된다(민법 750조).

단, 불법행위가 성립되기 위해서는 그 외의 다른 요건도 구비해야할 필요가 있는 것은 여기에서도 마찬가지이다.

다. 노조활동권의 내용과 효과

단체교섭권 및 쟁의권에 의하면 면책될 수 없는 유형(내지는 양태)의 단체행동(예를 들어, 선전물 부착, 리본·완장·머리띠의 착용, 데모, 선전물 배포, 집회 등)은 일정범위(정당성의 범위 내)에서 '노조활동권'에 의해 보장된다. 이 보장의 범위는 쟁의권과 마찬가지로 노조활동의 주체, 목적, 양태라는 세 가지 측면으로 나눠진다.

노조활동의 주체 면에서 이는 단체의 통제 하에 있는 활동이라고 할 수 있는 점이 필요하다. 목적 면에서는 쟁의권에 의한 보장의 경우와 같이 '단체교섭상의 압력수단'일 것은 필요하지 않으나, 헌법 33조의 기본취지에 비추어 제한된다. 이에 대해서는 '단체교섭 혹은 그 밖의 근로자의 상호부조 내지는 상호보호'라 표현하는 것이 적절하다고 생각한다.

양태 면에서 보면 쟁의행위의 경우와는 달리 근로계약상의 근로의무위반과 성실의무위반, 그리고 사용자의 업무운영에 대한 고의적인 저해는 노조활동으로서 허용될 수 없다.

그 밖의 점에서는 개개의 행위의 종류마다 사용자의 권리와 균형을 맞추어 개별적·구체적으로 검토하는 수밖에 없다. 쟁의행위의 수단으로서 행해지는 선전물 부착과 리본착용도 쟁의 중에 행하여진다는 점을 고려하면서 노조활동권의 범위 안에서 그 정당성을 판단해야 한다.

II. 노동법의 구성 및 특수성

1. 노동법의 구성

'노동법'이란 노동을 중심으로 성립하는 사인간의 관계를 규율하는 법의 영역을 말한다. 그 중에서도 노동법의 대상이 되는 '노동'은 타인을 위하여 노무를 제공하고 그 대가로 보수를 얻는 것으로, 이에는 '사용자'와 '사용(고용)되는 자'와의 관계가 성립한다. 이처럼 노동을 둘러싸고 근로자와 사용자간에 성립하는 관계를 '개별적 관계'라고 한다.

한편 노동은 공장이나 사업장 등에서 조직적으로 이루어지며, 그 노동조건은 단체를 통하여 형성되는 것이 일반적이다. 따라서 노동을 둘러싸고 근로자단체(또는 노동단체)와 사용자(또는 사용자 단체) 간에 성립하는 관계를 '집단적 관계'라고 한다.

이러한 노동관계에 대한 분류에 따라, 노동법의 영역도 크게 두 가지 체계로 구성되어 있다. 즉 개개의 근로자와 사용자간의 근로계약이나 근로조건 및 근로기준 등을 규율하는 분야를 '개별적 노동관계법(노동보호법)'이라 하며, 우리나라의 제정법으로는 '근로기준법'을 중심으로 하여 '최저임금법', '산업재해보상보험법', '기간제 및 단시간근로자 보호 등에 관한 법률', '파견근로자 보호 등에 관한 법률', '남녀고용평등법', '임금채권보장법' 등 다수의 법령이 이를 커버하고 있다.

이에 비해, 노동조합의 결성·활동 또는 단체교섭이나 단체협약 등을 규율하는 분야를 '집단적 노사관계법'(이를 '노동단체법'이라고도 함)이라 하며, 우리나라에서는 '노동조합 및 노동관계조정법'과 '노동위원회법' 등이 이를 커버하고 있다. 또한 노사 간의 참여와 협력을 통한 노사공동의 이익을 증진할 목적으로 제정된 '근로자 참여 및 협력증진에 관한 법률' 도 그 기능상 집단적 노사관계법의 범주에 속한다고 볼 수 있겠다.

최근에는 이러한 전통적인 분류방식에 덧붙여서 '고용보장법' 내지는 '노동시장법'이라 칭하는 제3의 독립된 섹터를 노동법의 한 장르로 편입하려는 경향이 있다. 이는 노동관계가 성립하기 이전에 불특정 근로자와 사용자가 구직 및 구인관계(노동시장)를 형성하고 있다는 점에 착안하여, 이를 독립된 노동법의 한 대상으로 하고 있다. '고용보험법'이나 '직업안정법', '고령자고용촉진법', '고용정책기본법', '근로자직업훈련촉진법', '장애인고용촉진 등에 관한 법률' 등이 이에 속한다.

2. 노동법의 특수성

노동법은 이상에서 살펴본 바와 같이 근로자의 근로관계를 그 대상으로 하며, 근로자의 생존권을 확보하는 것을 목적으로 하는 법규의 총체이다. 따라서 노동법은 다른 법과는 달리 다음과 같은 특징을 가진다.

첫째, 노동법은 위에서도 언급했듯이 시민법의 수정원리로 등장하였기 때문에, 기존의 사인간의 관계를 규율하는 사법적 질서를 수정하는 내용이 다수 포함되어 있으며, 근로계약관계에 있어서는 민법에 우선하는 특별법의 지위에 있다. 또한 노동법은 실질적인 노사 간의 평등을 통하여 사적자치를 도모하며 근로조건을 보호하기 위하여 강행적 효력을 가지며, 공법과 사법이 교차하는 특징을 가지고 있다.

둘째, 노동법은 다른 장르의 법(예를 들어 헌법, 민법, 형법, 상법 등)과는 달리 통일된 단독 법률이 존재하지 않는다는 점이다. 따라서 통상적으로 말하는 "노동법"이란 근로기준법 및 노동조합 및 노동관계 조정법을 비롯하여 노동위원회법, 남녀고용평등법, 산업재해보상보험법, 근로자참여 및 협력증진에 관한 법률, 고용보험법 등 다양한 법규들의 집합을 의미한다. 또한 노동법은 사용자와 근로자 개인 간의 근로관계는 물론, 사용자와 근로자단체인 노동조합간의 관계를 규율하고 있다는 점에서도 특이하다고 할 수 있다. 후자의 예로서는 노동조합법 및 노위법이 대표적이며, 그 외의 법들은 기본적으로 전자에 속한다고 할 수 있겠다.

셋째, 노동법은 재판규범이면서도 생활규범(practical rules)적인 성격이 강하다는 점이다. 다시 말해서 노동법의 경우, 구직활동에서부터 직장인들이 경험하게 되는 채용, 진급·승진, 출장, 파견, 교육훈련, 산재, 임금, 휴가, 근로시간, 징계, 해고 및 은퇴과정에 이르기까지 다양한 법률행위 및 사실행위가 그 대상으로 된다는 점이다. 따라서 노동법은 전문가를 위한 법이라기보다 오히려 일반 직장인들을 위한 최소한의 법률상식으로서의 비중이 크다고 볼 수 있다.

III. 노동법의 발전과 전개

1. 각 국의 노동법

노동법의 기원은 19세기 초에 제정된 영국의 「공장법」(1802년의 「도제(徒弟)의 건강 및 풍기에 관한 법률」이 최초라고 한다)이라고 통칭되는 일련의 입법이다. 당시의 입법은 공장 내에서의 열악한 근로조건 하에서 혹사당하고 있던 도제 및 소년을 보호대상으로 한 것으로, 주로 근로시간에 대한 제한에 주안을 두고 있었으나 점차 위생·교육면에 있어서도 사용자에게 일정한 의무를 부과하게 되었다. 이러한 공장법의 규제대상은 그 후 성인 여성에까지 확대되었으며, 감독제도 및 벌칙의 도입으로 인하여 그 실효성을 확보하기에 이르렀다.

영국에 이어 다른 나라에서도 노동보호법이 제정되었는데, 그 규제내용도 근로시간뿐만 아니라 안전위생, 산업재해, 휴일, 휴가 및 최저임금에 대한 규제에까지 이르게 되었다. 또한 20세기에 들어서는 규제의 대상이 연소자 및 여자에 한하지 않고 성인남자에까지 적용되는 입법이 늘어나게 되었다.

이처럼 개별적 노동관계입법은 당초에는 일부근로자들을 위한 공법적인 단속규정에서 출발하였지만, 그 적용대상이 확대되면서 차츰 근로계약의 규제를 목적으로 하는 계약법으로서의 색채가 강하게 되었다. 현재의 개별적 근로관계법규는 이러한 요소들이 혼재하고 있는 상태라고 할 수 있다.

한편 집단적 노사관계법의 경우는 대략적으로 금지→방임→보장 순으로 발전되어 왔다. 우선 프랑스혁명기의 「르·샤플레법」(1791년)에서 볼 수 있듯이 시민혁명에 의하여 제정된 입법은 근로자단체를 경제활동의 자유를 방해하는 것으로 간주하여 노동조합의 결성 및 활동에 대하여 형벌을 과하는 법규를 만들었다. 그러나 노동운동이 활발해지고 정치상황이 달라진 결과, 서구에서는 19세기 후반에서 20세기 초에 이르러 노동조합의 결성이나 단체행동을 금지하는 형벌법규를 폐지하는 입법이 이루어졌으며, 노동조합의 결성 및 단체행동을 오히려 근로자들의 자유(교섭 및 계약의 자유)에 속하는 것으로 보아 이를 방임하는 태도를 취하였다.

20세기에 들어서는 1918년 독일공화국헌법(바이마르헌법)을 선두로 각 국의 입법에서는 노동조합을 조직하고 활동할 수 있는 권리(단결권)를 보장하는 헌법규정을 두게 되었다. 이는 국가가 노동조합에 대하여 간섭하지 않는데 그치지 않고 적극적으로 사용자에 의한 단결권 침해를 금지하는 취지를 담고 있는 것이었다. 또한 헌법상의 규정과는 별도로 노동3권을 인정하는 입법들도 생겨났는데 미국의 「와그너법」(1935년)이 대표적이다. 이 법에서는 부당노동행위제도를 도입하여 노동3권의 보장 및 노사관계의 안정을 위하여 행정관청이 적극적으로 그 역할을 할 것을 규정하고 있다.

2. 우리나라 노동법

구분	정치사	경제상황·기타	노동입법내용
미군정	1945. 8.15 일제로부터 해방 1945. 9 미군정	미국원조에 의지	1945.10~1946.11 미군정법령
제1공화국 이승만 정권	1948. 7.17 대한민국헌법제정 1948. 8.18 대한민국정부수립 (초대대통령 이승만) 1950. 6.25 한국전쟁 발발 1953. 7.27 휴전협정체결 1960. 4.19 학생혁명	제1공화국헌법: 노동3권보장/ 이익균점권 국민1인당 GNP: 134달러	1953.3~5 노동4법 제정 근로기준법 노동조합법 노동쟁의조정법 노동위원회법
제2공화국	1960.11.29 제2공화국헌법 1960.11 한국노총설립 1961. 5.16 군사쿠데타		1961.12.6 고용안정법
군사혁명 정부		제1차 경제개발계획 (1962~1966)	
제3공화국 박정희 정권	1962.12.26 제3공화국헌법	제2차 경제개발 계획 (1967~1971)	1962. 1.22 근로기준법개정 1963. 4~5 노동법개정 1963.11. 5 산재보험법 1967. 1.17 훈련법
제4공화국 유신체제	1971.12 국가비상사태선언 1971.12.27 국가보위에관한특별 조치법(1981년까지) 1972.10.17 유신체제(비상계엄령) 1972.12.29 유신헌법	제3차 경제개발 계획 (1972~1976) 제4차 경제개발계획 (1977~1981)	1971.1.1 외국인투자기업의 노동조합과노동쟁의에 관한 임시조치법 1973. 3.13 노동법개정 1974.12.24 노동법개정
제5공화국 전두환 정권	1980. 5 광주민주화혁명 1980.10. 2 제5공화국헌법 1987. 6.29 민주화선언 1987.10.26 제6공화국헌법 (현행 헌법)	제5차 경제개발계획 (1982~1986) 제6차 경제개발계획 (1987~1991)	1980.12.31 노동법개정 노사협의회법 1981.12.31 산업안전보건법 1986.12.31 노동법개정 최저임금법 1987.11.28 노동법개정 1987.12. 4 남녀고용평등법
제6공화국 노태우 정권	1988. 9 서울올림픽 1990. 1.22 전국노동조합협의회 (전노협)설립 1991.12. 9 ILO가입		1989. 3 근기법, 평등법개정 (노조법은 대통령이 거부권) 1990. 1.13 신체장애자고용촉진법 1991.12.31 고령자고용촉진법
문민정부 김영삼 정권	1995.11.11 전국민주노동조합 총연맹(민주노총)설립 1996.12 OECD 가입 1997.12 IMF체제 1998. 1.13 제1기노사정위원회	1997.11.21 IMF에 긴급 지원금 요청 1997.12. 3 IMF의 구조 조정프로그램에 합의	1993.12.27 고용대책기본법 고용보험법 1996.12.26 노동법개정 1997. 3.10 노동법개정

구분	정치사	경제상황·기타	노동입법내용
국민의 정부 김대중 정권	1998. 6.18 퇴출기업명단발표 1998. 6.29 시중5개은행 구조조정 1998. 7. 3 민영화계획발표 1998.12.15 5대재벌 구조조정 합의		1998.2.14 구조조정관련법 노동법개정 1998.2.20 근로자파견법 1999.1.29 교원노조법
참여정부 노무현 정권	2003. 8.26 "주40시간(주5일제)"도입		2003.3 외국인근로자 고용 등에 관한 법률 2006.1 공무원의 노동조합 설립 및 운영 등에 관한 법률 2006.11. 기간제 및 단시간 근로자 보호 등에 관한 법률
이명박 정권	2008.2 4대강 사업 추진 2008.5 광우병파동 촛불집회 2009.5 쌍용자동차사태	2008.9 리먼 브라더스 사태	2010.7 근로시간면제제도 2011.7 복수노조 교섭창구 단일화

IV. 공공부문의 노동법

1. 개요

현행 헌법 제33조 1항은 "근로자는 근로조건의 향상을 위하여 자주적인 단결권·단체교섭권 및 단체행동권을 가진다."라고 규정하여, 근로자 일반에 대하여 널리 노동3권을 보장하고 있다. 이는 구 헌법 제33조 제1항의 단서규정[28]을 삭제함으로써 노동3권의 보장수준을 크게 강화시킨 것이다.

그러나 노동3권에 대해서도 다른 기본권과 마찬가지로 몇 가지 제한이 있을 수 있다. 현행 헌법 제33조 2항은 "공무원인 근로자는 법률이 정하는 자에 한하

28) 구 헌법 제33조 제1항에서는 "근로자는 근로조건의 향상을 위하여 자주적인 단결권 · 단체교섭권 및 단체행동권을 가진다. 다만, 단체행동권의 행사는 법률이 정하는 범위 안에서 보장된다."라고 규정하고 있었다.

여 단결권·단체교섭권 및 단체행동권을 가진다."라고 규정하고, 같은 조 제3항에서는 "법률이 정하는 주요방위산업체에 종사하는 근로자의 단체행동권은 법률이 정하는 바에 의하여 이를 제한하거나 인정하지 아니할 수 있다"고 규정하고 있다.

또한 기본권 일반에 대하여 적용되는 제한규정은 노동3권에 대해서도 적용된다. 여기에 속하는 것으로는 국가안전보장·질서유지 또는 공공복리를 위하여 필요한 경우에 법률로써 국민의 자유와 권리를 제한할 수 있게 하는 일반적 법률유보조항(헌법 37조 2항)과, 긴급명령(헌법 76조) 및 비상계엄(헌법 77조·계엄법 9조 1항)과 관련된 국가긴급권조항이 있다.

2. 공무원에 대한 노동3권의 제한

(1) 관련규정

> **헌법 제33조 2항**
>
> 공무원인 근로자는 법률이 정하는 자에 한하여 단결권·단체교섭권 및 단체행동권을 가진다.

헌법 제33조 2항은 공무원의 근로자성을 긍정하면서도 다른 한편으로는 노동3권이 보장되는 공무원의 구체적 범위는 법률의 정함에 유보하고 있다. 이를 근거로 제정된 국가공무원법 제66조 및 지방공무원법 제58조는 사실상 노무에 종사하는 공무원(현업공무원)[29] 이외에는 노동운동 기타 공무 이외의 일을 위한 집

29) 사실상 노무에 종사하는 공무원(현업공무원)이라 함은 정보통신부 및 철도청 소속의 현업기관과 국립의료원의 작업현장에서 노무에 종사하는 기능직 공무원 및 고용직 공무원을 말한다.

단적 행위를 할 수 없다고 규정하고 있었다.[30]

그러나 2006년부터 시행된 공무원의 노동조합설립 및 운영 등에 관한 법률의 제정으로 6급 이하의 일반직 공무원에 대해서도 단결권 및 단체교섭권의 행사를 허용하고 있다.[31]

(2) 제한근거

공무원의 노동3권이 제한되는 이론적 근거에 관해서는 공무원의 근로관계가 이윤추구를 목적으로 하는 사용자와 노무를 제공하는 임금 근로자간의 거래관계가 아니라는 것과, 공무원의 임용행위가 공법상의 계약의 성질을 가진다는데 있다.

그 이외에 공무원의 근로관계의 특수성으로부터 연유하는 노동3권의 제한의 논거로는 첫째 국민전체의 봉사자, 둘째 공무원 처우개선을 위한 법률상·예산상의 제약, 셋째 직무의 공공성 등을 들 수 있다.

3. 교원

종래에는 국·공립학교교원이든 사립학교교원이든 노동3권이 인정되지 않았다. 국·공립학교교원의 경우 '교육공무원'이라는 신분을 가지고 있는 관계로 국가공무원법 제66조가 적용되어 노동3권의 행사가 인정되지 않았던 것이다.

그러나 사립학교교원은 교육공무원이 아니므로 마땅히 근로자로서 노동3권을 행사할 수 있어야 했음에도 불구하고, 사립학교법 제55조 및 제58조 1항 4호는 사립학교교원의 노동기본권의 행사를 인정하지 않아 위헌여부가 논란이 되었다.

이에 헌법재판소는 i) 교원지위 법정주의(헌법 31조 6항)는 노동3권 보장에 우선

30) 헌법재판소는 공무원의 노동운동을 금지한 지방공무원법 제58조 1항 등에 대해, "헌법 제33조 제2항은 노동3권을 향유할 수 있는 공무원의 범위를 입법에 위임하고 있는데, 이 조항이 입법재량을 벗어난 것은 아니다."라고 하여 합헌결정을 내린 바 있다(헌재 2005. 10. 27, 2003헌바50).

31) 단 동법은 공무원노동조합과 그 조합원에 대한 정치활동은 금지하고 있다(제3조).

하는 의의를 가진다는 점, ii) 생존권적 기본권의 경우, 일정한 대상조치가 부여되면 당해 기본권을 부인하더라도 권리의 본질적 내용을 침해하는 것이 아니라는 점 등을 근거로 합헌결정을 내린 바 있다.[32)]

그러나 1998년 10월 31일 노사정위원회에서 교원의 노동조합 결성권을 보장하기로 합의하였고, 이에 따라 1999년에 「교원의 노동조합설립 및 운영 등에 관한 법률」이 제정되어, 초·중등교육법에 의한 교원은 시·도 단위 또는 전국단위에 한하여 노동조합을 설립할 수 있게 되었다. 교원노동조합의 경우 단체교섭권과 단체협약이 인정되나, 쟁의행위는 금지된다.

4. 주요방위업체에 종사하는 근로자

(1) 관련규정

> **헌법 제33조 3항**
>
> 법률이 정하는 주요방위산업체에 종사하는 근로자의 단체행동권은 법률이 정하는 바에 의하여 이를 제한하거나 인정하지 아니할 수 있다.

(2) 제한근거

헌법 제33조 3항은 주요 방위산업체에 종사하는 근로자의 단체행동권을 제한 또는 금지할 수 있다고 규정하고 있으며, 노동조합법 제41조 2항은 "「방위사업법」에 의하여 지정된 주요 방위산업체에 종사하는 근로자 중 전력, 용수 및 주로 방산물자를 생산하는 업무에 종사하는 자는 쟁의행위를 할 수 없다"고 규정하고 있다.

또한 같은 법 제71조는 공중의 일상생활과 밀접한 관련이 있거나 국민경제에

32) 이른바 전교조 사건(헌재 1991. 7. 22, 89헌가106).

미치는 영향이 큰 사업으로서 정기노선 여객운수 및 항공운수사업, 수도·전기·가스·석유정제·공급사업, 공중위생사업, 의료사업 및 혈액공급사업, 은행 및 조폐사업, 방송·통신사업을 공익사업으로 규정하고 단체행동권의 행사와 관련하여 특별한 취급을 하고 있다(동조 1항).

뿐만 아니라, 위의 공익사업 중에서 그 업무의 정지 또는 폐지가 공중의 일상생활을 현저히 위태롭게 하거나 국민경제를 현저히 저해하고 그 업무의 대체가 용이하지 아니한 철도(도시철도), 항공운수업, 수도·전기·가스 및 석유정제·공급사업, 병원사업, 한국은행, 통신사업에 대해서는 "필수공익사업"으로 규정하고 위의 조항 이외에도 단체행동권을 제한하는 특별규정(직권중재)을 두고 있다(동조 2항).

5. 헌법 제37조 제2항에 의한 노동3권의 제한

헌법 제37조 2항은 "국민의 모든 자유와 권리는 국가의 안전보장·질서유지 또는 공공복리를 위하여 필요한 경우에 한하여 법률로써 제한할 수 있으며, 제한하는 경우에도 자유와 권리의 본질적 내용을 침해할 수 없다"라고 규정하고 있다.

헌법 제37조 2항에 의한 기본권 제한의 일반적 기준은 '국가안전보장', '질서유지'또는 '공공복리'이다. "국가안전보장"이란 국가의 존립과 안전에 관계되는 모든 경우를 말하며, "질서유지"란 공공의 안녕질서의 유지를 말하는 것으로 경찰법상의 안녕질서의 의미로 이해되고 있다.

그러나 공공복리에 대한 내용이 무엇이냐에 관해서는 의견이 갈라지고 있으며, 추상적으로는 개별적인 국민의 이익의 전체적 조화 또는 사회적 정의 등을 의미한다고 한다. 따라서 이 개념은 매우 막연한 것이라고 할 수 있다. 그런데 노동3권의 제한과 관련해서 공공복리가 오늘날까지 가장 중요한 근거로 제시되고 있다. 그러나 공공의 복리라는 개념은 공공의 편의로 잘못 대처되어 노동3권의 보장을 무의미하게 할 위험이 있으며, 공공복리가 자의적으로 풀이될 때에는 쟁의권 내지 쟁의행위의 제한이 안이하게 긍정되는 결과를 가져오기 쉽다.

그러므로 노동3권을 제한할 수 있는 공공복리의 개념은 근로자를 포함한 국민전체의 생존확보를 위한 요청을 그 내용으로 하는 것이라고 엄격하게 해석하여야 할 것이며, 법률적인 개념으로 이해되어야 한다.

6. 비상사태 등에 의한 제한

국가비상사태에 있어서는 헌법 제76조(긴급명령)의 규정에 따라 대통령의 긴급재정경제처분·명령과 긴급명령에 의하여 노동3권이 잠정적으로 제한될 수 있으며, 헌법 제77조(비상계엄)의 규정에 의한 비상계엄선포에 의하여 단체행동이 제약받을 수도 있다.

V. 노동법의 법원

"법원"(法源 : fons iuris, source of law, Rechtsquelle, source du droit)이라 함은 일반적으로 법의 존재형식, 즉 '법의 해석 및 적용'에 원용(援用)될 수 있는 규범을 의미한다.

따라서 노동법의 법원으로서는 크게 노동3권을 규정하고 있는 헌법을 비롯하여 법률, 명령, 규칙, 조례와 같은 성문법은 물론, 관습법이나 조리 등과 같은 불문법 및 국제법상의 조약이나 국제관습법 등도 노동법의 법원으로 될 수 있다.

이를 보다 구체적으로 살펴보면, 우선 성문법의 법원으로서는, 노동기본권을 보장하고 있는 헌법은 물론 이를 구체화한 노동관계법령(근기법, 노조법, 노위법 비롯하여 명령, 규칙 등)은 물론, 단체협약이나 취업규칙, 근로계약 등이 있으며, 이들을 보강하는 민법, 상법, 형법, 행정법, 소송법 등도 노동법의 법원이 될 수 있다.

불문법의 법원으로서는, 위의 성문법을 보강하는 역할을 하는 노동관행 내지는 관습 등이 대표적이며, 국제법상의 조약도 헌법에 의하여 체결·공포된 경우에는 국내법과 동일한 효력을 가지므로 당연히 노동법의 법원이 되며, 그 외 ILO의 권고나 국제관습법 등도 노동법의 법원이 될 수 있다.

CASE STUDY

☑ Case1

K대학에 재학 중인 S양은 여름방학 기간 동안 집근처에 있는 홀인원골프장에서 캐디로 아르바이트를 하던 중, 손님이 친 골프공에 맞아 왼쪽 눈을 실명하였다. S양은 골프장 또는 근로복지공단에 산업재해에 따른 보상을 신청할 수 있을까?
단, S양은 골프장은 노무공급계약을 체결한 바는 없으며, 경기를 보조한 대가로 봉사료(caddie fee)만 받을 뿐 골프장으로부터 어떠한 지시·감독도 받지 않았다.

Check Point : 사용종속관계의 여부, 특수형태근로종사자의 근로자성, 근기법 제2조
*대판 1996. 7. 30, 95누13432(캐디사망 유족급여)
*대판 2006. 12. 7, 2004다29736(학습지교사의 근로자성)
*이정(편역),「고용사회와 노동법」p.28《Case》
*「노동판례백선」p.22《Case6》

☑ Case2

H社의 종업원만으로 구성된 H노동조합은 2주전에 행정관청에 노동조합설립신고를 하여 신고증을 교부받은 다음, 회사 측의 일방적인 구조조정에 항의하기 위해 단체교섭을 요구했으나, H社는 팀장 상당수가 H노동조합에 가입하고 있다는 이유로 단체교섭을 거부하였다. 이러한 H社의 행동은 정당한가?

Check Point : 관리직노동조합의 노동조합 적격성 여부, 노조법 제2조 4호
*대판 2011. 9. 8, 2008두13873
*「노동판례백선」p.262《Case66》

제2장 노동법의 주체

노동관계법령상에 등장하는 권리·의무의 주체로는, 근로자와 사용자 그리고 노동조합을 들 수가 있겠다.

우선, 근로자들을 채용함에 있어서는 근로자와 사용자가 권리의무의 주체가 되며, 근로관계를 맺음(근로계약의 체결)에 있어 양당사자는 동등한 입장에서 근로조건을 결정해야 한다. 그러나 양당사자가 대등한 관계에 있지 못하는 것이 현실이다.

여기서 등장하는 것이 노동조합이다. 노동조합은 개개의 근로자를 대신하여 사용자와의 관계에서 근로조건이나 노동조합 고유의 문제에 대하여 교섭한다. 이러한 교섭과정에서, 노동조합은 사용자와의 관계에서 보다 유리한 조건을 관철할 목적으로, 경우에 따라서는 쟁의행위를 하기도 한다. 이처럼 노동조합은 근로자의 의견 및 이익을 수렴하여 사용자와 교섭을 하며, 교섭이 여의치 못할 경우에는 사용자와 일전을 불사하는 과격한 수단을 취하기도 한다.

위에서 열거한 근로자, 사용자 및 노동조합 이외에, 사용자단체를 노동법상의 주체로 보는 견해도 있다. 그러나 우리나라의 경우에는 유럽의 여러 나라들과는 달리 사용자단체가 노사관계법령상에 등장하는 경우는 극히 제한되어 있다.

노동법상의 직접적인 주체는 아니지만, 국가가 노사관계에 미치는 영향도 무시할 수가 없다. 국가는 근로조건의 최저기준을 설정하거나 또는 노동조합과 사용자가 단체교섭을 할 수 있는 분위기를 조성하는 등, 건전한 노사관계의 정립을 위하여 배후에서 많은 노력을 하고 있다.

뿐만 아니라, 국가는 노사 간의 분쟁을 해결함으로써 노사 당사자는 물론 제3자에게 미치는 손실이 극소화될 수 있도록 하는 역할도 하고 있다.

I. 근로자

노동관계법령상에 등장하는 근로자의 개념으로는 ①근로기준법상의 근로자로서의 임금을 목적으로 사업이나 사업장에 근로를 제공하는 자(근기법 2조 1항 1호), ②노동조합법상의 근로자로서 임금·급료, 그 밖에 이에 준하는 수입으로 생활하는 자(노조법 2조 1호), ③근로자 직업능력개발법상의 근로자로서 사업주에 고용된 자와 취업할 의사를 가진 자(직능법 2조 4호, 고평법 2조 4호)와 같이 세 가지 유형으로 나눌 수 있다.

1. 근로기준법상의 근로자

근기법 제2조1항(근로자의 정의)

"근로자"란 직업의 종류에 관계없이 임금을 목적으로 사업이나 사업장에 근로를 제공하는 자를 말한다.

여기서 말하는 "직업의 종류에 관계없이"란 의미는 근로기준법상의 근로자는 종사하는 직업의 종류와 상관없이 성립된다는 의미이다. 즉 근로의 성질, 근무형태나 직종·직급 등이 근로자 여부를 판단하는 기준이 되지 아니한다.

"사업"이란, '업(業)으로서 계속적으로 행하는 것'을 말하며, 영리를 목적으로 하는 것은 물론, 영리를 목적으로 하지 않는 것—예를 들어, 사회사업단체나 종교단체가 행하는 계속적인 활동도 "사업"의 개념에 속한다. "사업장"이란, "업"으로서 행위가 이루어지고 있는 공간을 의미하며, 사업소·본점·지점 등의 명칭과

는 상관없다.[1)]

"임금을 목적으로 근로를 제공하는"자라 함은 근로자가 사용자에게 고용되어 사용자의 지휘·명령에 따라 자신의 노무를 제공하고 그 대가로 임금을 받는 자를 말한다.

여기서 "임금"이라 함은 근로기준법 제2조에 규정된 임금을 말한다. 따라서 지급의 명목에 관계없이 근로의 대상(代償)으로 지급되는 것은 모두 포함된다. 다만 현재 임금을 받고 있지 않더라도 근로계약관계를 유지하고 있는 무급으로 휴직·정직 중인 자, 파업참가 근로자, 무급의 노조전임자 등에도 근로기준법이 적용된다.

"근로"라 함은 정신적·육체적 노동을 모두 포함하며(근기법 2조 1항 3조), 이때 노동이란 독립적 노동이 아니라 '종속적 노동'에 한정된다. 따라서 타인으로부터 지휘·감독을 받지 않고 근로 제공 장소·시간 등에 구애받지 않는 자영업자의 경우나 회사와 직접적인 근로관계에 있지 않는 임원의 경우에는 근로기준법상의 근로자로 볼 수 없다.

*** 도급노무자의 근로자성**

근로기준법상의 근로자와 개념과 관련하여 보험모집인이나 학습지교사, 수금원, 외판원 등과 같은 도급계약에 의한 노무자(이들을 '특수형태근로종사자'라고도 함)들의 근로자성을 둘러싸고 종종 다툼이 있는데, 이에 대해 판례는 ①사용자가 업무내용을 결정하는지의 여부 및 업무수행과정에서 구체적·개별적 지휘·감독의 유무, ②취업규칙 등의 적용 여부, ③사용자가 근무 시간·당소를 결정하는 지의 여부 및 그 결정의 구속성 유무, ④업무를 타인에게 대행하게 하는 등 업무의 대체성 유무, ⑤비품·원자재·작업도구 등의 소유관계, ⑥보수의 노무대가성 유무와 기본급·고정급 유무, ⑦노무공급관계의 계속성과 상대방에의 전속성 유무와 정도, ⑧근로소득세의 원천징수 여부 및 사회보장법상 근로자로서의 지위를 인정받는지의 여부, ⑨당사자의 경제·사회적 여건 및 노동관계법에 따른 보호의 필요성

---

1) 일본법에서도 근로자에 해당하는 개념의 "노동자"에 대한 정의규정을 두고 있는데, 일본의 노기법 제9조는 "직업의 종류를 막론하고, 사업 또는 사업소(이하 "사업"이라 함)에 사용되어, 임금을 지급받는 자를 말한다."라고 정의하고 있다.

등을 종합적으로 고려하여 판단해야 된다는 입장을 취하고 있다.[2]

2. 노동조합법상의 근로자

노조법 제2조 1호(근로자)

> "근로자"라 함은 직업의 종류를 불문하고 임금·급료 기타 이에 준하는 수입에 의하여 생활하는 자를 말한다.

근로기준법에서 말하는 근로자는 근로관계를 전제하고 있는 것에 반해, 노동조합법상의 근로자는 노동조합에 가입할 수 있는 근로자의 범위에 해당하는 자를 기준으로, 즉 노조활동의 주체로서 근로자의 개념을 규정하고 있다.

여기서 "직업의 종류를 불문"이라는 의미는 근로기준법과 마찬가지로 근로자는 직업의 종류에 의하여 한정되지 아니하며, 직종의 구별 없이 모두 근로자의 개념에 포함된다.

"임금·기타 이에 준하는 수입"이라 함은 근로자가 타인에게 고용되어 근로를 제공하고 그 보수로서 받는 것 일체를 의미한다. 따라서 '임금에 준하는 수입에 의하여 생활하는 자'는 근로기준법상의 근로자는 될 수 없지만 노동조합법상의 근로자에는 포함된다.

"수입에 의하여 생활하는 자"라 함은 임금수입을 얻어 생활하고 있거나 임금수입을 얻어 생활하려는 자를 말하고, 임금수입이 유일한 생활자금 또는 주된 생활자금이 되는지 여부는 불문한다. 따라서 임금수입자는 물론 임금수입을 받으려는 자, 즉 노동의사를 가진 실업자도 노동조합법상의 근로자에 해당한다.[3]

---

2) 예를 들어 대판 1994. 12. 9, 94다22859; 대판 1996. 4. 26, 95다20348 등. 최근 판례로는 대판 2006. 12.. 7, 2004다29736.

3) 판례는 구직 중인 자도 노동조합에 가입할 수 있다고 한다(대판 2004. 2.27, 2001두8568).

3. 기타법상의 근로자

근로자직업능력개발법 제2조 4호는 "「근로자」라 함은 사업주에게 고용된 자와 취업할 의사를 가진 자를 말한다."라고 규정하고 있다(고평법 2조 4호도 같은 취지).

여기서 "근로자"란 노동조합법상의 근로자 개념과 실질적으로 동일하다. 즉, 현재 임금수입을 얻고 있는 자(고용된 자)뿐만 아니라 장차 임금수입에 의하여 생활하려는 자(취업하려는 자)도 포함한다.

한편, 최저임금법, 임금채권보장법, 산업안전보건법, 산업재해보상보험법에서는 근로자란 "근로기준법 제2조의 규정에 의한 근로자"라고 간접적으로 정의하고 있다.

II. 사용자

1. 근로기준법상의 사용자

> 근기법 제2조 2호(사용자의 정의)
>
> "사용자"란 사업주 또는 사업 경영 담당자, 그 밖에 근로자에 관한 사항에 대하여 사업주를 위하여 행동하는 자를 말한다.

근로기준법상의 "사용자"란 근로관계의 당사자로서 임금·급료 등의 지급의무를 부담하며 근로자에 대하여 지시권(指示權)을 가지는 자를 말한다.

"사업주"라 함은 경영주체를 말하는 것이며 개인경영의 경우에는 경영주를 의미하고 법인경영인 경우에는 법인을 의미한다. "사업경영담당자"라 함은 사업주로부터 사업경영의 전부 또는 일부에 대하여 포괄적 위임을 받고 대외적으로

사업을 대표하거나 대리하는 자(CEO)를 말한다.[4)]

"근로자에 관한 사항에 대하여 사업주를 위하여 행동하는 자"라 함은 인사·급여·후생·노무관리 등과 근로조건의 결정 또는 근로의 실시에 관해서 지휘·명령 내지 감독을 할 수 있는 일정한 책임과 권한이 사업주에 의하여 주어진 자를 말한다. 이와 같은 책임과 권한의 유무는 부장 또는 과장이라는 형식적인 직명에 따를 것이 아니라 구체적인 책임과 권한에 의하여 판단되어야 할 것이다.

2. 노동조합법상의 사용자

노조법 제2조 2호(사용자)

"사용자"라 함은 사업주, 사업의 경영담당자 또는 그 사업의 근로자에 관한 사항에 대하여 사업주를 위하여 행동하는 자를 말한다.

노동조합법 제2조 2호의 사용자에 관한 규정도 문언 상 근로기준법상의 규정과 동일하다. 그러나 근로기준법상의 사용자는 같은 법의 준수의무자로서 파악되는 것이지만, 노동조합법상의 사용자의 개념은 노동조합의 상대방, 단체교섭의 상대방 및 부당노동행위 금지규범의 대상주체로서의 의미를 가진다.

따라서 사업주는 물론 경영담당자나 사업주를 위하여 행동하는 자는 경우에 따라서는 사용자로 간주되어 단체교섭의 상대방 또는 부당노동행위의 주체가 될 수 있다.

4) 대판 1988. 11. 22, 88도1162; 대판 2008. 4. 10, 2007도1199.

III. 노동조합

1. 노동조합의 종류

"노동조합"이란 일반적으로 근로자가 사용자와의 관계에 있어, 보다 유리한 근로조건을 확보하기 위하여 교섭하거나 또는 단체행동을 하기 위하여 자주적으로 조직한 단체를 말한다.

노동조합은 조합원의 범위에 따라 또는 그 구성원이 개인인가 단체인가에 따라 크게 두 가지로 구별된다.

(1) 조합원의 범위에 따른 구분[5]

① 직능별 조합(craft union)

동일한 직종의 근로자("직인"이라고도 함)가 자기의 기능과 관련하여 이익을 도모하기 위하여 광범위한 지역을 대상으로 조직하는 노동조합을 말하며, 원시적인 노동조합의 형태이다.

이러한 형태의 노동조합에서는 기능 습득 과정이나 자격을 통제하며, 자기들의 기능에 적절한 임금을 설정한 뒤, 그 이하의 근로는 거부하며 공제활동을 한다.

② 산업별 조합(industrial union)

동일한 사업에 종사하는 근로자가 직접 가입하는 대규모의 횡단적인 노동조합이다. 이러한 형태의 노동조합은 산업혁명의 영향으로 비숙련근로자들이 대

5) 이에 대한 상세한 사항은, 菅野, 勞働法, p.460 이하 참조.

량으로 출현함에 따라 생성되게 되었다.

산업별 노동조합은 당해 산업의 사용자단체 또는 주요 대기업과의 단체교섭을 통하여 산업 횡단적인 임금·근로조건의 기준을 설정하게 된다. 유럽이나 미국의 노동조합은 대개 이러한 형태를 띠고 있다.

③ 일반 노조(general union)

사업이나 직종을 불문하고 광범위한 지역에 걸쳐 근로자를 조직하는 노동조합이다. 유럽이나 미국 등에서는 산업별 조합이 다른 산업에까지 진출하여 거대한 일반노조를 형성하고 있는 경우를 볼 수 있다.

④ 기업별 노조(enterprise union)

특정기업 또는 사업장에 소속한 근로자들이 직종에 관계없이 조직한 노동조합으로서, 우리나라나 일본의 경우, 노동조합의 대부분은 이러한 조직형태를 띠고 있다.

이들 노동조합은 상부단체인 산업별 연합체를 조직하고, 이러한 연합체를 통하여 "연합(일반적으로 "ㅇㅇ노총" 등이 이에 해당)" 등의 전국적 조직에 가입하고 있다.

⑤ 지역 일반 노조(area general union)

일정지역의 기업(주로 중소기업)에 종사하는 근로자들이 기업이나 산업과는 상관없이 서로 합동하여 조직된 노동조합의 한 형태로서,[6] 이러한 움직임은 1950년대 중반부터 일본에서 일어나기 시작하였는데, 최근에 들어서는 관리직이나 파트타임 근로자 등, 기업별노조에 가입이 불가능한 근로자들이 특정지역이나 기업의 테두리를 벗어나서 노조를 조직하는 경우도 있다.

---

6) 이러한 의미에서 이를 "합동노조"라고도 하는데, 이들 지역일반노조의 상당수가 전국일반노동조합의 지방본부 내지는 지부의 역할을 하고 있다.

(2) 구성원이 개인인가 단체인가에 따른 구분

① 단위노조

구성원이 근로자 개인인 경우를 말하며, 이들 중 내부적으로 독자적인 노동조합이라 할 수 있는 하부조직을 갖는 경우, 이를 "단일노조"라고 하기도 한다. 우리나라의 단위노조는, 일본과 같이 기업단위 또는 사업장(공장) 단위로 조직되어 되어 있는 것이 일반적이며, 각 사업장(공장)마다 하부조직인 지부 등을 두고 있는 경우가 많다.

② 연합노조

구성원이 노동조합인 경우를 말하며, 노동조합법에서 말하는 "연합단체(또는 전국적 규모의 연합단체; national center)"를 말한다(2조 4호 본문 참조).

③ 혼합노조

구성원이 근로자 개인 및 노동조합으로 되어 있는 경우를 말하며, '혼합조직'이라고도 한다.

(3) 우리나라의 노동조합의 조직형태

우리나라의 경우, 1953년에 노동법이 제정되었을 때에는 실질적으로 기업별노조와 산업별노조가 혼재하는 상황이었으나, 1963년에 노동조합법이 개정되면서 산업별노조를 지향하였다.

그 후, 1973년의 노동조합법 개정 시에 산업별노조를 유도하는 규정들을 삭제하고, 그 대신 노동조합의 설립신고를 의무화하여 산업별노조의 형태로부터 기업별노조의 형태로 귀화시키려는 의도가 다시 부활됐으며, 1980년의 노동조합법 개정 시에는 기업별노조의 강제를 명문화하였다(13조).

그러나 기업별노조를 강제하는 조항은 1987년의 노동조합법 개정 시에 삭제되어 적어도 실정법상에서는 조직을 강제화하는 규정은 사라졌다.

여기서 우리나라의 노동조합의 조직형태를 보면, 수차례에 걸친 기업별 노동조합으로 유도 및 강제로 인하여, 유럽 같은 횡단적 산업별노조 보다는 오히려 일본과 같은 각 사업체(기업) 단위로 노조가 결성되어 있는 기업별노조를 기반으로 하여 그 상부조직으로서 전국적 레벨의 노조가 존재하고 있다.

2. 노동조합의 개념 및 요건

> **노조법 제2조 4호(노동조합)**
>
> "노동조합"이라 함은 근로자가 주체가 되어 자주적으로 단결하여 근로조건의 유지·개선 기타 근로자의 경제적·사회적 지위의 향상을 도모함을 목적으로 조직하는 단체 또는 그 연합단체를 말한다. 다만, 다음 각목의 1에 해당하는 경우에는 노동조합으로 보지 아니한다.
>
> 가. 사용자 또는 항상 그의 이익을 대표하여 행동하는 자의 참가를 허용하는 경우
> 나. 경비의 주된 부분을 사용자로부터 원조 받는 경우
> 다. 공제·수양 기타 복리사업만을 목적으로 하는 경우
> 라. 근로자가 아닌 자의 가입을 허용하는 경우. 다만, 해고된 자가 노동위원회에 부당노동행위의 구제신청을 한 경우에는 중앙노동위원회의 재심판결이 있을 때까지는 근로자가 아닌 자로 해석하여서는 아니 된다.
> 마. 주로 정치운동을 목적으로 하는 경우

(1) 노동조합의 개념

"노동조합"의 개념은 ①근로자가 주체가 되어(주체성), ②자주적으로(자주성), ③근로조건의 유지·개선 기타 근로의 경제적·사회적 지위의 향상을 도모할 목적으로(목적성), ④조직된 단체 또는 그 연합단체(단체성)라는 4가지 요소로 이루어져 있다.

이러한 의미에서 위의 노동조합법 제2조 4호는 헌법 제33조가 예정하고 있는 노동조합의 개념을 재확인하고 있다고도 볼 수 있다.

그러나 노동조합이 노동조합법이 규정하고 있는 각종 절차에 참가하거나 구제를 받기 위해서는 노동조합법 제2조 4호의 전문(4가지 요소) 및 이를 보다 더 구체적으로 명시한 단서(가~라)의 '노동조합의 결격요건'을 구비해야만 한다(이를 소위 "노조법 적격 노동조합"이라 함).

이러한 요건을 구비하지 못하면 노동조합법상의 노동조합으로 인정되지 못한다. 한편 이러한 결격요건을 구비하지 못하더라도 전문의 요건을 구비한 경우에는 실질적으로 자주적인 근로자단체라고 볼 수 있으므로 헌법 제33조상의 보호(민·형사상의 면책 및 단결권 침해에 대한 사법구제)를 받을 수 있다(이를 소위 "헌법상의 노동조합" 또는 "자주성 불비 노동조합"이라고 한다).[7]

(2) 노동조합의 요건

① 근로자가 주체

"근로자"란 직업의 종류를 불문하고 임금·급료 기타 이에 준하는 수입에 의해 생활하는 자로서 근로계약의 전제여부를 불문하는 개념이며, '주체'가 된다는 의미는 양적으로는 근로자가 구성원이고, 질적으로는 근로자가 주도적 지위에 선다는 의미이다.

*** '근로자가 아닌 자'의 의미**

노동조합법은 '근로자가 아닌 자'의 가입을 노동조합의 결격요건으로 규정하고 있는데(2조 4호 라목), 이때 근로자의 의미를 특정 사업주에 고용되어 있는 자로 한정하여 해석하는 경우[8]에는 '근로의사를 가진 실업자(노동조합법상의 근로자)'까지 노조가입을 제한하게 되는 결과로 되어 논리적 모순이 발생한다. 따라서 위의 '근로자가 아닌 자'에 대한 노조가입이 배제되는 것은 '기업별 단위노조'에만 적용된다고 해석하는 것이 합리적이다. 다시 말해서 근로의사를 가진 실업자는 본인을 해고한 기업의 단위노조에는 가입할 수 없지만, 초

7) 菅野, 勞働法, p.477 ; 野田・和田・中窪, 勞働法の世界, p.223
8) 대판 1992. 2. 11, 91도1342.

기업적인 산별노조 등에는 가입할 수 있다고 본다.[9]

*** '중노위에서 해고를 다투는 자'에 대한 근로자성 인정여부**

노동조합법은 근로자가 아닌 자의 노조가입을 제한하면서도 예외적으로 '해고된 자가 중앙노동위원회에 부당노동행위의 구제신청을 한 경우에는 동 위원회의 재심판결이 있을 때'까지 근로자로 보아야 한다는 예외규정을 두고 있는데(2조 4호 라목 단서), 이는 해고된 자가 기업별 단위노조로부터 배제되어 권리구제를 받지 못하거나 또는 이로 인하여 노조활동이 제한받는 것을 방지하기 위한 것이다.

② 자주성

"자주적으로 단결한다"는 것은 대외적으로 사용자 등 제3자의 지배·간섭을 받지 않고, 대내적으로 근로자의 자유로운 노동조합의 설립 및 가입을 의미한다.

여기서 '사용자'란 사업주뿐만 아니라 경영담당자 또는 항상 그의 이익을 대표하여 행동하는 자를 포함한 넓은 의미의 개념이며, 이들이 노동조합의 조직이나 운영에 직·간접적으로 개입을 하는 경우에는 그 노동조합은 진정성이 없는 소위 '어용노조'로 되며, 경우에 따라서는 부당노동행위가 성립될 수도 있다.

*** '항상 사용자의 이익을 대표하여 행동하는 자'의 의미**

노동조합법은 사용자는 물론 '항상 사용자의 이익을 대표하여 행동하는 자'가 노동조합에 참가하는 경우에도 이를 결격사유로 규정하고 있는데(2조 4호 가목), 이는 노동조합이 사용자의 지배·간섭으로 인하여 자주성을 상실하지 않도록 하는 위한 것이 주된 목적이다. 여기서 '항상 사용자의 이익을 대표하여 행동하는 자'라 함은 인사·노무사항에 대해 직접적인 권한을 가지거나 감독하는 지위에 있는 자 또는 그 직무상 의무와 책임이 당해 노동조합의 조합원으로서 책임과 의무에 저촉되는 지위에 있는 자를 말한다.[10] 이에 해당하는 자로서는 관리자기 전형적인 예이지만, 직무상 인사경영사항에 해당하는 비밀정보를 접하게 되

9) 같은 취지; 대판 2004. 2. 27. 2001두8568; 임종률, 노동법, p.47.
10) 菅野, 勞働法, p.482.

는 임원의 비서나 전속운전기사 및 근태를 점검·단속하는 수위(단, 종업원에 대한 감독권한은 가지지 못하고 단순히 내방객을 안내하거나 시설을 순찰하는 경우는 제외) 등도 이에 해당될 수 있다. 이들이 노동조합의 설립 및 운영에 직·간접적으로 개입하는 경우 '어용노조'로 간주되며, 이와는 별도로 부당노동행위가 성립할 수도 있다.

*** '경비의 주된 부분을 사용자로부터 원조 받는 경우'의 의미**

노동조합법은 노동조합이 사용자로부터 경비의 주된 부분을 원조 받는 경우에도 이를 결격요건으로 규정하고 있는데(2조 4호 나목), 이는 노동조합이 경제적으로 사용자네 종속되어 자주성을 상실하는 것을 방지하기 위함이다. 여기서 '경비의 주된 부분'이란 노동조합의 용무를 위한 출장비·수당지급이나 노조전임자에 대한 임금지급 등이 이에 해당한다. 그러나 노조사무실의 광열비 부담이나, 노동조합휴가, 취업시간 중의 노조활동에 대한 임금공제의 예외적 적용 등은 이에 해당하지 않는다고 본다.

*** '관리직노동조합'에 대한 노동조합의 인정여부**

최근 들어 관리직에 대한 구조조정이 일상화되면서 관리직노동조합이 출현하고 있는데, 이들에 대한 노동조합의 인정여부가 문제로 되고 있다. 과거에는 '관리직'하면 통상적으로 '과장급 이상'을 말했는데, 근래에 와서는 많은 기업이 소위 '스텝(제)'라고 하여 관리직을 확대하는 추세이다. 이러한 관리직 노동조합에 대해 사용자가 이들을 자의적으로 '항상 사용자의 이익을 대표하여 행동하는 자'에 포섭하여 단체교섭을 거부하는 경우, 노동조합법 제2조 4호에서 말하는 '사용자의 이익대표자'의 개념은 매우 제한적이기 때문에 경우에 따라서는 부당노동행위가 성립할 수 있다.[11]

11) 우리나라와 상황이 비슷한 일본의 경우에도 기업별 관리직노동조합의 적법성을 인정하여 사용자에 의한 단체교섭거부를 부당노동행위로 인정한 사례가 있다(セメダイン事件, 中労委 平10. 3. 4, 労判 734号, p.81).

③ 근로조건의 유지·개선 기타 근로자의 경제적·사회적 지위향상이 목적

"근로조건"이란 임금·근로시간·복리후생·해고 기타 대우 등을 의미하는 바, 이는 근로자의 노무제공과 관련되는 협의의 근로조건을 의미한다.

"경제적·사회적 지위"란 상기의 협의의 근로조건 이외 근로조건에 영향을 미치는 경영·인사사항, 근로자가 국민일반 내지 사회구성원으로서 갖는 지위 등도 포함하는 '생활조건'을 의미한다고 볼 수 있다.

하지만 노동조합이 근로조건의 유지·개선 등을 주된 목적으로 하면서 부수적으로 공제·수양활동이나 정치활동은 무방하다.

④ 단체성

"단체"란 그 기본규칙과 운영조직을 갖추고 계속적으로 활동하는 복수의 인적 결합체를 말하며, 일시적 쟁의단(ad-hoc organization)은 계속성이 결여되어 노동조합법상의 노조로 될 수 없다.

"연합단체"란 자주성·목적성·단체성을 구비한 근로자단체로 구성되는 그 상부단체를 말한다. 지부나 분회는 노동조합의 하부조직에 불과하므로 그 자체로서 독자적인 노동조합이라고 볼 수 없으나, 지부나 분회의 고유한 사안에 대해서는 경우에 따라서는 독자적인 교섭권을 행사할 수 있다.

(3) 노동조합의 설립과 권한

① 노동조합의 설립

우리나라의 경우, 유럽의 여러 나라에서 볼 수 있는 '자유설립주의'가 아니라, 노조설립 신고증(申告證)을 교부받아야 비로소 노동조합법상의 노동조합으로 인정되는 "신고주의"를 채택하고 있으나(노조법 12조 참조), 노동관서에 대한 신고가 형식적인 절차에 그치고 있는 현실을 감안할 때 "자유설립주의"로 전환하는 것이 옳다고 생각한다(*노동조합의 설립요건에 대해서는 제3편 제1장 참조).

② 노동조합의 권한

가. 법인취득

노동조합은 그 규약이 정하는 바에 의하여 법인이 될 수 있다(노조법 6조 1항). 단, 법인으로서 법률행위(계약이나 부동산의 소유 등)를 하기 위해서는 대통령령이 정하는 바에 따라 등기를 하여야 하며(동조 2항), 노동조합법에서 규정하는 이외의 사항에 대해서는 민법상의 사단법인에 관한 규정의 적용을 받는다(동조 3항).

나. 민사상의 면책

사용자는 노동조합법에 의한 단체교섭 또는 쟁의행위로 인하여 손해를 입은 경우, 노동조합 또는 근로자(조합원)에 대하여 그에 따른 손해배상을 할 수 없다(3조).

다. 형사상의 면책

노동조합이 단체교섭이나 쟁의행위 기타의 행위로서 노동조합법 제1조의 목적을 달성하기 위하여 한 정당한 행위에 대해서는 형법 제20조(정당행위)의 적용을 받는다. 다만, 어떠한 경우에도 폭력이나 파괴행위만은 정당한 행위로 해석되지 아니한다(4조).

라. 부당노동행위의 구제신청

사용자의 부당노동행위로 인하여 그 권리를 침해당한 근로자 또는 노동조합은 노동위원회에 그 구제를 신청할 수 있다(노조법 82조).

여기서 말하는 "부당노동행위"란 노동조합법 제81조에서 규정하고 있는, ①불이익취급(1호), ②황견계약(2호), ③단체교섭의 거부(3호), ④지배개입(4호), ⑤보복행위로서의 불이익취급(5호) 등을 말한다.

CASE STUDY

Case1

근로계약·취업규칙·단체협약의 적용대상이 중복되는 경우, 어느 것이 우선하며, 그 이유는 무엇인지?

Check Point : 유리성의 원칙, 근기법 제97조(위반의 효력)

Case2

G社는 사내 노동조합과의 단체교섭이 결렬된 후, 특별한 이유 없이 장기간에 걸쳐 무상으로 임대해주던 노조사무실을 양도할 것을 통고 하였다. 이러한 G社의 조치는 정당한가?

Check Point : 노사관행의 일방적 파기와 부당노동행위의 성립 여부

제3장 근로조건의 결정 시스템

I. 근로계약

근기법 제2조 4호 (근로계약의 정의)

"근로계약"이란 근로자가 사용자에게 근로를 제공하고 사용자는 이에 대하여 임금을 지급하는 것을 목적으로 체결된 계약을 말한다.

"근로계약"은 근로자가 근로를 제공하고, 사용자가 이에 대하여 임금을 지급함을 목적으로 하는 계약으로서 이는 근로자의 직업 선택의 자유와 사용자의 채용의 자유를 바탕으로 자유로이 체결함이 원칙이다.

그러나 산업사회의 전개와 더불어 노사 간의 실질적 불평등이 심화되어 이들 당사자 간의 계약은 더 이상 자유의사에 기초한 계약이 될 수 없게 되었다.

이에 따라 근로자와 사용자가 고용계약을 체결하는 경우 근로자의 지위를 법적으로 보호함으로써 당사자가 실질적으로 자유롭고 대등한 관계를 유지시킬 수 있도록 하기 위하여 대두된 법적 개념이 바로 근로계약이다.

II. 취업규칙

"취업규칙"이라 함은 '근로자가 준수하여야 할 규율과 임금·근로시간 등의 근로조건에 관하여 사용자가 일방적으로 정한 사업장규칙'을 말한다.

근로계약은 사용자와 근로자가 개별적으로 이를 체결하고 그 내용을 확정하는 것이 원칙이지만, 사용자가 다수의 근로자와 일일이 계약내용을 약정한다는 것은 번잡한 일이며, 또한 노사의 근로관계는 어느 정도 정형화되어 있기 때문에 근로계약의 체결에 있어서 취업규칙을 이용하는 것이 일반적인 현상이다.

다시 말해 취업규칙은 기업경영에 있어 근로자의 행동기준을 체계적으로 질서화하고 근로자의 근로조건을 획일화하기 위하여 작성되는 것이다.

III. 단체협약

근로조건은 단체협약에 의하여도 결정된다. "단체협약"이라 함은 '노동조합과 사용자가 단체교섭을 실시하고 당사자의 합의에 따라 개별적 근로관계 또는 집단적 노사관계 등에 관하여 체결한 협약'을 말한다.

단체협약은 근로자단체인 노동조합과 사용자간에 체결하므로 근로계약과 구별된다. 또한 단체협약은 당사자 간의 합의에 의하여 체결되고 그 효력이 노동조합 및 노동조합의 조합원에게만 미치는 협약이라는 점에서 사용자가 일방적으로 작성하고 모든 근로자에게 효력이 미치는 취업규칙과도 구별된다.

IV. 노사관행

"노사관행"이란 '취업규칙·단체협약·근로계약 등으로 성문화되지 않은 채 노사관계의 현장에서 근로조건·직장규율·시설관리·노조활동 등에 관하여 장기간 반복·계속 행하여진 처리방법'을 말한다.

따라서 근로조건에 대한 규정이 없거나 아니면 규정과는 다른 노사관행이 이미 정착되어 있는 경우에는 근로조건이 노사관행에 따라 보충적으로 결정되는 경우가 있다.

문제는 이처럼 노사 간에 사실상의 행위준칙으로서 이미 정착되어 있는 노사관행을 사용자가 일방적으로 무시할 때 법적으로 어떻게 되느냐가 문제로 될 수 있다.

이러한 경우에는 민법상의 일반적인 계약논리에 따른 계약위반('사실인 관습'으로서 계약의 내용으로 된 경우)이나 '권리남용' 또는 '부당노동행위'에 해당할 수 있다.

노동법의 세계

제2편
기업과의 만남

제1장 모집 및 채용
제2장 근로계약의 기본원리
제3장 평등원칙
제4장 취업규칙
제5장 비정규고용 및 외국인고용

CASE STUDY

Case1

로스쿨 3년차에 재학 중인 L양은 발군의 어학실력을 내세워 외국계 유명종합상사인 M社의 해외영업파트에 지원하였으나 최종심사에서 탈락하였다. 이에 L양은 지인을 통해 M社에 알아본 결과, 해외영업의 경우에는 외국바이어 접대와 해외출장이 잦은 점을 고려하여 L양 대신 남자를 채용하였다는 사실을 알았다. L양이 취할 수 있는 권리구제방법은?

Check Point : 모집·채용단계에서의 성차별(고평법 제7조), 국가인권위원회에의 진정

Case2

올해 2월말에 대학졸업 예정인 M군은 작년에 적극적으로 취업활동을 한 결과, 작년 12월초에 H신용카드회사로부터 채용이 내정되었다는 사실과 함께 올해 1월부터 실시하는 교육훈련에 참가하라는 통지를 받았다. 그러나 M군은 작년 연말에 친구들과 함께 스키를 타다가 부상(3개월 정도의 입원치료를 요함)을 당하여 교육훈련에 참가하지 못하자, H社는 M군과에 대한 채용을 취소한다고 통보해왔다. H社의 조치는 정당한가?

Check Point : 채용내정의 법적 성격, 채용내정취소의 사유,
*서울지판 1999. 6. 18, 98가합67930
*서울고판 2000. 4. 28, 99나41468.

제1장 모집 및 채용

I. 모집 및 채용의 자유

1. 의의

근로관계의 성립에 대하여는 사용자와 근로자 모두에게 계약체결의 자유가 있고, 이를 사용자측에서 보면 '채용의 자유'로 된다. 그리고 근로관계의 전개 및 종료에 있어서는 사용자의 계약의 자유가 광범하게 제한되는 것에 대하여, 근로관계의 성립에 있어서는 사용자의 계약의 자유, 즉 채용의 자유가 기본적으로 유지되어 왔다. 그러나 채용의 자유에 대하여도 법률에 의한 약간의 제한이 있다.

근로계약을 체결할 것인지의 여부를 결정하는 자유를 근로자 측에서는 '직업선택의 자유'로, 사용자 측에서는 '채용의 자유'로 파악할 수 있다. 사용자는 근로자를 고용할 지의 여부 및 만일 고용하는 경우 몇 명의 근로자를 고용할 것인가의 여부를 결정할 자유가 있다.

이러한 결정은 경영상의 필요성에 비추어 기업이 자유로이 판단하는 것이며, 이는 영업의 자유의 한 내용을 이루고 있다.

현행법상에는 기업의 채용 여부 및 채용 인원 결정에 대하여 이를 강제하는 일반법은 존재하지 아니한다. 다만, '국가유공자예우 등에 관한 법률', '고령자고용촉진법' 및 '장애인고용촉진 등에 관한 법률' 등에서 이를 간접적으로 장려하고 있을 뿐이다.

또한 사용자는 근로자의 모집방법을 결정할 수 있는 자유를 갖는다. 사용자가 근로자를 채용함에 있어서 어떠한 모집방법을 택할 것인가에 대해서 특별한 법적 규제를 하고 있지 않다. 공공 직업안정기관을 통한 모집, 학교를 통한 모집, 신문광고 및 잡지 등에 의한 모집 등 어떤 방법을 택하는가는 사용자의 자유이다.

2. 모집 및 채용의 자유와 그 제한

사용자는 누구를 어떤 기준에서 채용할 것인가를 결정하는 자유, 즉 '근로자 선발의 자유'를 갖는다. 채용기준으로서는 능력·기능·지능·학력·연령·경험·성격 및 건강 등 여러 가지가 있으나, 이들 요소 중 어느 기준에 의하여 근로자를 채용할 것인가는 원칙적으로 사용자의 자유이다. 그러나 선발의 자유에 대하여는 약간의 제한이 현행법상 존재하다.

첫째, 근로기준법상 '연령에 의한 채용제한'이다. 근로기준법 제64조 1항은 "15세 미만인 자는 근로자로 사용하지 못한다. 다만, 대통령이 정하는 기준에 따라 고용노동부장관이 발급한 '취직인허증(就職認許證)'을 소지한 자는 그러하지 아니하다."라고 규정하여, 15세 미만자는 대통령령이 정하는 기준에 따라 고용노동부장관이 발급한 취직인허증을 소지한 자를 제외하고는 근로자로 채용할 수 없다.

이것은 아동의 건전한 성장과 교육의 기회가 방해되지 않도록 하기 위한 것이다. 취직인허증은 본인의 신청에 의하여 의무교육에 지장이 없는 한 직종을 지정하여서만 발급할 수 있다(64조 2항). 이 채용제한 규정에 위반되게 15세 미만자를 채용한 경우에는 벌칙(110조)이 적용되고, 15세 미만자와의 근로계약은 사법상 무효로 된다.

둘째, 근로기준법상 특정 직종에 대한 '여성과 연소자의 채용제한'이다. 동법 제65조 1항 및 2항은 "사용자는 임신 중이거나 산후 1년이 지나지 아니한 여성(이하 임산부)과 18세 미만자를 도덕상 또는 보건상 유해·위험한 사업에 사용할 수 없으며, 임산부가 아닌 18세 이상의 여성은 보건상 유해·위험한 사업 중 임신 또는 출산에 관한 기능에 유해·위험한 사업에 사용할 수 없다."라고 규정하고 있다.

이들의 사용이 금지되는 직종에 관하여는 시행령 제40조에 자세히 규정되어 있다. 이 채용제한 규정에 위반되면 벌칙이 적용되고, 해당 근로계약은 사법상 무효가 된다.

한편 연소자에 대하여는 그 연령을 증명하는 가족관계기록사항에 관한 증명서와 친권자 또는 후견인의 동의서를 사업장에 비치하여야 한다. 이에 위반하면 벌칙이 적용되지만, 연소자와의 근로계약 자체가 사법상 무효가 되는 것은 아니다.[1]

*** 미성년자와의 근로계약 체결**

미성년자(19세 미만자)의 경우에는 연소자(13세 이상 15세 미만)와는 달리 채용에 대한 특별한 제한은 없다. 또한 민법상으로는 법정대리인(친권자나 후견인)이 미성년자의 동의를 받아 미성년자를 대신하여 고용계약을 체결할 수 있지만, 노동법에서는 친권남용(강제노동이나 임금착취)으로부터 미성년근로자를 보호하기 위하여 사용자는 미성년자를 채용하는 경우에는 법정대리인이 아니라 직접 미성년자와 근로계약을 체결하도록 규정하고 있다(근기법 67조 1항 참조). 이 규정에 위반하게 되면 벌칙(114조)가 적용되며, 법정대리인과 체결한 근로계약은 사법상 무효가 된다.

셋째, 남녀고용평등법 제7조는 "① 사업주는 근로자를 모집하거나 채용할 때 남녀를 차별하여서는 아니 되며, ② 사업주는 여성 근로자를 모집·채용할 때 그 직무의 수행에 필요하지 아니한 용모·키·체중 등의 신체적 조건, 미혼 조건, 그 밖에 고용노동부령으로 정하는 조건을 제시하거나 요구하여서는 아니 된다."라는 의무규정을 두고 있다.[2] 사용자가 이를 위반한 경우 500만 원 이하의 벌금에 처해진다(37조 4항).[3]

---

1) 임종률, 노동법, p.341
2) 예컨대 구직광고에서 '남자영업'이나 '여성경리' 등과 같이 노골적으로 성별을 명시하는 경우는 물론, '웨이트리스'나 '벨 보이', 'ROTC 출신자', '병역을 필한 자' 등과 같이 특정성(性)을 암시하는 경우에도 이에 해당한다고 볼 수 있다.
3) 모집·채용단계에서 성차별을 받았다고 생각되는 근로자는 「국가인권위원회」에 진정을 하

근로기준법상의 남녀차별금지조항(6조)도 남녀차별을 금지하고 있으나, 이는 근로자가 채용된 후에만 적용된다는 문제점이 있었다. 이러한 문제점을 시정·보완하기 위하여 채용 시의 남녀차별을 금지하는 위의 규정이 탄생하게 되었다.

넷째, 직업안정법 제2조는 "누구든지 성별·종교·신체적 조건·사회적 신분 또는 혼인 여부 등을 이유로 직업소개·직업지도 또는 고용관계의 결정에 있어서 차별대우를 받지 아니 한다."라는 규정을 두어 근로자 선택의 자유에 대한 제한을 두고 있다. 이를 위반하여도 아무런 처벌이 부과되지 아니한다.

다섯째, 고용정책기본법 제7조는 "사업주는 근로자를 모집·채용할 때, 성별, 신앙[4], 연령, 신체조건, 사회적 신분, 출신지역, 출신학교, 혼인·임신 또는 병력(病歷)등(이하 "성별 등"이라 한다)을 이유로 차별을 하여서는 아니 되며, 균등한 취업기회를 보장하여야 한다."고 규정하고 있다. 이를 위반하여도 아무런 처벌이 부과되지 아니한다.

*** 고용상의 연령차별금지**

2008년 3월 21일에 개정된 '고용상 연령차별금지 및 고령자고용촉진에 관한 법률'에 의하여 2009년 3월 22일부터 근로자를 모집하거나 채용할 때 연령차별이 금지되고 2010년부터는 임금, 임금 외의 금품지급 및 복리후생, 교육·훈련 및 배치·전보·승진, 퇴직·해고 등 고용의 모든 단계에서 합리적인 이유 없이 연령을 이유로 차별을 할 수 없게 된다. 이를 위반하고 시정명령을 이행하지 않으면 최고 3천만 원의 과태료가 부과된다. 따라서 차별행위로 피해를 입은 근로자는 국가인권위원회에 진정을 제기할 수 있고 고용노동부장관은 차별행위로 국가인권위원회의 권고를 받은 사업주 등이 권고를 이행하지 않으면 피해자의 신청이나 직권으로 시정명령을 할 수 있다. 또한 근로자가 차별에 대한 진정, 소송, 신고 등을 한 것을 이유로 해당 근로자를 해고하거나 불리한 처우를 한 사업주에 대해서는 2년 이하의 징역 또는 1천만 원 이하의 벌금을 부과하게 된다. 단, 직무의 성격에 비추어 특

여 권리구제를 받을 수 있다. 이 문제는 원래「남녀차별금지 및 구제에 관한 법률」에 따른 '남녀차별개선위원회'의 관할사항이었으나, 동법이 폐지되면서 국가인권위원회로 이관되었다.

4) 일본의 노동기준법 제3조(균등대우)는 신앙(信仰)이라는 표현 대신에, '종교적 신앙'의 의미와 '정치사상'을 포괄하는 의미인 '신조(信条)'라는 표현을 쓰고 있다.

정 연령기준이 불가피하게 요구되거나 근속기간에 따라 임금 등에서 합리적인 차등을 하는 경우, 정년을 규정하는 경우, 특정 연령집단의 고용유지·촉진을 위한 지원조치 등은 차별금지에서 제외된다.

II. 채용내정

1. 의의

"채용내정"이란, 기업이 우수한 인재를 사전에 확보하기 위하여 졸업 이전에 입사시험을 실시하고 졸업 이후에 채용될 것을 약정하는 것과 같은 불확정적 근로계약으로써, 이는 실제 근로의 제공이 없다는 점에서 '수습'이나 '시용'과는 구별된다.

2. 법적 성질

(1) 근로계약 예정설

이 설에 의하면 채용내정을 노사당사자가 근로계약을 약속한 '예약'이라고 본다. 사용자는 객관적으로 합리적이라고 판단되는 사정이 발생한 경우에 한하여 예약을 해제할 수 있다고 한다.

이러한 예약을 이행하지 않고 근로계약을 체결하지 아니하는 경우에 당사자는 '손해배상'을 청구할 수 있으나 근로계약의 체결 자체를 요구할 수는 없다고 한다.[5]

---

5) 菅野, 勞働法, p.140, 이상윤, 노동법, p.171.

(2) 근로계약 체결 과정설

이 설에 의하면 채용내정은 일련의 '근로계약 체결과정'의 한 절차라고 한다. 즉, 채용내정은 채용공고에서 근로계약 체결까지의 일련의 절차 중에서 한 부분에 불과하므로, 나머지 절차가 충족되는 경우에 한하여 근로계약이 체결된다고 한다.

다만, 사용자가 객관적이고 합리적인 사유가 없는데도 불구하고 근로계약 체결절차를 중도에서 중지하는 경우에는 채용 내정자는 '손해배상'을 청구할 수 있다고 한다.[6]

(3) 근로계약 성립설[7]

이 설에 의하면 회사의 모집공고를 사용자에 의한 '청약의 유인'으로, 응모자의 응모를 근로자의 청약으로, 채용내정을 '사용자의 승낙'으로 간주함으로써 근로계약이 성립된 것으로 본다.

이 견해는 다시 졸업을 못하는 등의 일정한 사유가 발생하면 근로관계가 당연히 해제되는 취지의 '해제조건부 근로계약 성립설'과 졸업 등의 사유를 근로계약의 정지조건으로 보는 '정지조건부 근로계약 성립설'로 나누어진다.[8]

3. 근로계약의 성립시기

졸업예정자가 채용시험에 응시하는 것을 청약으로, 사용자에 의한 채용내정 통지를 승낙으로 보아야 하므로 근로계약은 채용내정 통지를 발송한 때에 성립

---

6) 菅野, 勞働法, p.140, 이상윤, 노동법, p.171.

7) 서울지판 1999. 6. 18, 98가합67930 ; 서울고판 2000. 4. 28, 99나41468.

8) 菅野, 勞働法, p.134. 대법원은 채용내정을 해약권이 유보된 근로계약관계로 보아, 채용내정자는 내정통지를 받은 입사일 이후에는 종업원으로서의 지위는 물론 임금청구권도 행사할 수 있다고 한다(대판 2002. 12. 10, 2000다25910).

한다고 본다.

다만, 이때의 근로계약은 채용내정을 취소할 수 있는 사유가 발생한 경우에는 채용내정을 취소할 수 있는 해약권이 유보된 근로계약으로 봄이 상당하다.

4. 채용내정과 근로관계

(1) 본채용의 거부

채용내정 이후 '본채용'을 거부하는(채용내정의 취소) 것은 근로기준법상의 해고에 해당된다. 다만, 실제 근로의 제공이 없다는 점에서 통상해고 보다는 그 인정범위를 넓게 보아, 사회통념상의 상당성과 합리성이 인정될 수 있어야 할 것이다.

채용내정 이후 근로자 측의 사유로 말미암아 본채용을 거부하는 정당한 사유로는 i) 해제조건의 성취(졸업 불가), ii) 채용내정자의 현격한 노동력의 질적 저하, iii) 개인범죄로 구속, iv) 장기요양이 필요한 질병발생 등이 있을 수 있다.

또한, 사용자측의 본채용 거부 사유에는 극도의 불황이나 경기의 변동 등이 있을 수 있으나, 이 경우에 사용자는 채용내정 이후의 발생 사유에 관하여 사용자에게 예견가능성 및 회피가능성이 없었음을 입증해야 할 것이다.[9]

(2) 근로기준법의 적용관계

채용내정자는 실제 근로의 제공이 없으므로 근로제공을 전제로 하는 임금, 휴게·휴일 등의 규정은 적용되지 않는다.

다만, 실제근로를 전제로 하지 않는 균등대우, 근로조건의 명시, 위약예정의

9) 채용내정자를 경영상의 이유로 해고하는 경우, 근로자대표자와 사전협의가 필요한 지에 대해 대법원은 이를 부정하고 있다(대판 2000. 11. 28, 2000다51476), 또한 근로기준법상의 채용내정자에 대해 근로기준법상의 해고예고조항이 적용되는지에 대해서는 '수습 중의 근로자'에 대해 동 조항이 적용되지 않으므로(35조 5호) 형평성의 원칙에 따라 채용내정자에게도 적용되지 않는다고 보는 것이 합리적이다.

금지 등의 규정은 적용된다고 본다.

III. 시 용

1. 의의

'시용'이라 함은 "정식 근로계약을 체결하기 이전에 근로자의 능력, 적성을 평가하기 위하여 시험적으로 고용하는 것"으로서, 대개는 입사 후 1~3개월 정도의 기간 동안에 업무에 관한 일반적인 사항을 숙지·함양함과 동시에 본채용에 앞서 종업원으로서의 적성과 자질 등에 대한 평가가 이루어진다.

이는 실제 근로의 제공이 있다는 점에서는 '채용내정'과 구별되고, 확정적 근로계약이 없다는 점에서는 '수습(근기법 35조 5호)'과 구별된다.

2. 법적성질

시용의 법적성질에 관하여 정지조건설[10]·해제조건설[11]·해지권유보설[12] 등이 있으나, 판례[13] 및 통설은 '해지권유보설'을 취하여 사용자는 시용근로자의 부적격성을 이유로 해지할 수 있는 권리를 유보하고 있다고 본다.

---

10) 정식근로자로서 적격하다는 평가를 근로계약의 효력발생조건으로 하여 정식 채용된다는 견해.

11) 정식근로자로서 적절하지 못하다는 평가를 근로계약의 해제조건으로 하여 정식 채용된다는 견해.

12) 시용자는 정식근로자로서 적절하지 못하다는 평가를 이유로 근로관계를 해지할 수 있는 권리를 유보한다는 견해.

13) 시용 중의 근로관계는 일종의 해약권이 유보된 근로관계로서, 시용기간 중의 해고 또는 본사원채용거부는 유보해약권의 행사라고 할 것이다(대판 1991. 5. 31, 90가합18673).

3. 시용기간 및 그 연장

(1) 시용기간

시용기간은 원칙적으로 당사자 간의 합의로 정할 것이나, 이는 근로자의 적격성 판단에 필요한 최소한의 기간(예를 들어 3개월)이어야 할 것이다.

따라서 부당히 장기간이거나 기간의 정함이 없는 시용기간은 인정될 수 없을 것이다.[14]

(2) 시용기간의 연장

시용기간의 연장은 원칙적으로 부인되나, 다만 기간 연장의 특별한 사유가 있고, 근로자의 동의가 있으면 근로자에게 특별한 불이익이 없는 경우에 한하여 이를 연장할 수 있을 것이다.

4. 시용과 근로관계

(1) 본채용의 거부

시용에서의 본채용 거부는 법률상 '해고'에 해당하므로, 사용자가 본채용을 거부하기 위해서는 근로기준법상의 '정당한 이유(23조 1항)을 구비하여야 한다.

그러나 시용의 경우에는 동제도의 인정 취지상 통상적인 해고의 경우보다는 그 인정범위가 넓을 것이며, 판례는 사회통념상 상당성·합리성을 그 범위로 본

14) 근로기준법 시행령 제16조는 "수습사용중의 근로자란 수습사용한 날부터 3월 이내인 자를 말한다."라고 규정하고 있는데, 이를 시용기간의 하나의 합리적인 판단기준으로 해석할 수도 있다.

다.[15]

따라서 본채용의 거부 시 정당한 사유를 제시하지 않거나, 제시된 사유가 근로관계의 유지와는 전혀 무관할 경우에는 부당해고에 해당되어 무효로 된다.

(2) 근로기준법의 적용관계

시용 중의 근로자는 근로기준법상의 수습근로자와 유사한 지위에 있으므로, 수습근로자에게 적용되지 않는 규정 이외에는 원칙적으로 시용근로자에게도 적용된다고 본다.

15) 시용기간 중에 있는 근로자를 해고하거나 시용기간 만료 시 본 계약의 체결을 거부하는 것은 사용자에게 유보된 해약권의 행사로서, 당해 근로자의 업무능력, 자질, 인품, 성실성 등 업무적격성을 판단하려는 시용제도의 취지·목적에 비추어 볼 때 보통의 해고보다는 넓게 인정되나, 이 경우에도 객관적으로 합리적인 이유가 존재하여 사회통념상 상당하다고 인정되어야 할 것이다(대판 2001. 2. 23, 99두10889).

IV. 근로조건의 명시

1. 개념

> 근기법 제17조(근로조건의 명시)
>
> 사용자는 근로계약을 체결할 때에 근로자에게 임금, 소정근로시간, 제55조에 따른 휴일, 제60조에 따른 연차유급휴가, 그 밖에 대통령령으로 정하는 근로조건을 명시하여야 한다. 이 경우 임금의 구성항목계산방법·지급방법, 소정근로시간, 제55조에 따른 휴일 및 제60조에 따른 연차유급휴가에 관한 사항은 서면으로 명시하고 근로자의 요구가 있으면 그 근로자에게 교부하여야 한다.
>
> * 근로기준법 시행령 제8조(명시하여야 할 근로조건)
>
> ① 법 제17조 전단에서 "그 밖에 대통령령으로 정하는 근로조건"이란 다음 각 호의 사항을 말한다.
>
> 1. 취업의 장소와 종사하여야 할 업무에 관한 사항
> 2. 법 제93조 제1호부터 제12호까지의 규정에서 정한 사항
> 3. 사업장의 부속 기숙사에 근로자를 기숙하게 하는 경우에는 기숙사 규칙에서 정한 사항

근로기준법은 근로계약에 포함되어 반드시 명시되어야 하는 근로조건을 규정하고 있다.

근로기준법상 사용자는 근로계약의 체결 시에 임금·근로시간 기타 근로조건을 근로자에게 명시해야 한다고 규정함으로써, 근로자가 근로조건의 불확정상태에서 취업을 강제당하지 않도록 하고 있다. 근로조건 명시의무에 위반하면 벌칙(근기법 114조)이 적용되지만, 근로계약이 무효로 되는 것은 아니다.

2. 명시의 시기

사용자가 근로자에 대하여 근로조건을 명시하여야 할 시기는 '근로계약의 체결 시'이다.

"근로계약의 체결 시"라 함은 반드시 근로자와 사용자간에 근로계약이 유효

하게 성립되는 시기에 국한되는 것은 아니며, 근로계약의 체결 이전일지라도 근로자와 사용자간에 계약에 관한 교섭이 진행되는 시기를 포함하는 것으로 넓게 해석하여야 할 것이다.

채용내정의 경우에는 그 법적 성질을 어떻게 파악하느냐에 따라 차이가 있으나, 채용내정의 시기를 계약의 성립시기로 보아야 하므로 채용내정 시에 근로조건을 명시하여야 한다.

근로계약의 변경 또는 갱신의 경우에도 근로조건을 명시하여야 하느냐의 문제가 있다. 이에 관해서는 명문의 규정은 없지만, 근로계약의 변경이 새로운 계약의 체결에 준한다고 인정될 때에는 명시의무가 있다고 해석된다.

3. 명시의 내용

(1) 통상근로자의 경우

사용자가 명시하여야 할 근로조건은 "임금·근로시간 기타의 근로조건"을 말한다.

"기타의 근로조건"은 취업의 장소와 종사하여야 할 업무에 관한 사항, 근로기준법 제93조 제1호부터 제12호까지에 규정된 사항 및 사업장의 부속기숙사에 근로자를 기숙하게 하는 경우에는 기숙사규칙에 정한 사항을 말한다(근기법 시행령 8조).

다만, 임금의 구성항목, 계산방법 및 지불방법에 관한 사항에 관하여는 대통령령이 정하는 방법에 따라 명시하여야 한다. 이 경우 대통령령이 정하는 방법이라 함은 '서면으로 명시하는 것'을 말한다(동법 시행령 8조).

(2) 단시간 근로자의 경우

사용자는 기간제근로자 및 단시간근로자와 근로계약을 체결할 때에는 근로계약, 근로시간·휴게, 임금의 구성항목·계산방법 및 지불방법, 휴일·휴가, 취업의 장소와 업무, 근로일 및 근로일별 근로시간(이는 단시간 근로자에 한함)을 서면으로 명시하여야 한다(근기법 시행령 9조 1항, 기간제법 17조).

4. 명시의 방법

근로기준법은 임금 이외의 근로조건의 명시방법에 관하여 아무런 명문의 규정도 두고 있지 않으므로, 문서에 의하든 구두로 행하든 상관이 없다. 다만 당사자 사이에 있을 지도 모를 후일의 분쟁에 대비하기 위하여 문서 또는 게시의 방법에 의하여 명시하는 것이 바람직하다.[16]

그러나 사용자는 임금의 구성항목·계산방법·지급방법과 소정근로시간, 유급주휴일, 연차휴가에 관한 사항은 서면으로 명시하여야 하며, 근로자의 요구가 있으면 이를 근로자에게 교부하여야 한다.

5. 명시위반의 효과

근로계약 체결 시 근로조건을 명시하지 아니한 경우에 벌칙이 적용되는 것은 별도로 하고 사법상의 효력은 유효하다.

그러나 명시된 근로조건이 사실과 다른 경우에 근로자는 즉시 계약의 해지(동법 19조 1항), 채무불이행으로 인한 손해배상을 노동위원회에 청구할 수 있으며(동법 19조 2항), 취업을 목적으로 거주지를 변경한 경우에는 사용자는 귀향여비를 지급하여야 한다(동법 19조 2항 후단).

16) 김형배, 근로기준법, p.176.

CASE STUDY

☑ Case1

M社의 펀드메니저로 근무하던 L씨는 공금횡령협의로 해고되었다가 중앙노동위원회로부터 부당해고 구제판정을 받고 원직에 복귀하였다. 하지만 두 달이 지나도록 M社는 L씨에게 임금상당액을 이체할 뿐, 구체적인 업무를 부여하지 않고 있다. L씨가 M社에 대해 취할 수 있는 행동은?

Check Point : 근로자의 취업청구권
*대판 1996. 4. 23, 95다6823

☑ Case2

S물산에 근무하던 C씨는 본인이 적극적으로 지원하여 미국 아이비리그 중의 하나인 Y대학로스쿨에 입학하였다. C씨는 어학연수기간을 포함하여 2년간의 유학생활을 마치고 회사에 복귀하여 근무하던 중, 국내 유명 로펌으로부터 스카웃제의를 받아 회사를 옮길 생각이다. 이에 C씨가 Y社에 사표의사를 밝히자, Y社는 C씨가 유학을 조건으로 서명한 서약서를 내보이며, C씨의 유학에 소요된 비용 전액을 환수하겠다고 했다. 이러한 S社의 주장은 정당한 것인가? 서약서에는 "S社는 C씨의 유학기간 중에 소요되는 비용일체(학비, 생활비 등)를 부담한다. C씨는 귀국 후 5년간 S社에 근무하여야 하며, 이를 어길 시에는 S社가 부담한 유학비용 전액을 상환한다."라고 되어 있다.

Check Point : 회사연수의 성격, 위약예정금지(근기법 제20조)
*대판 1980. 7. 8, 80다590

제2장 근로계약의 기본원리

I. 근로계약상의 근로자 및 사용자의 권리 및 의무

'근로계약'은 "근로자가 사용자에게 근로를 제공하고 사용자는 이에 대하여 임금을 지급하는 것을 내용으로 하는 계약"으로서, 이는 실질적인 '사용종속관계를 전제'로 하는 '계속적인 채권계약'의 성질을 가진다.

따라서 근로계약은 민법상의 '고용(655조)'이나 '도급(664조)', '위임(680조)'와는 구별되나, 이들 민법상의 계약관계가 실질적으로 '사용종속관계'를 전제로 하는 이상 근로계약으로 볼 수도 있다.[1)]

이러한 근로계약은 '근로제공 의무'와 '임금지급 의무'라는 기본적인 의무 이외에, 근로계약의 계속적 성질과 조직에의 편입이라는 특성으로부터 일반계약보다 강한 '신의칙'이 요구되어 근로자에게는 충실의무, 사용자에게는 배려의무 등의 부수적 의무가 발생된다.

---

1) 대법원은 「현대미포조선사건(대판 2008.8.8, 2005다75088)」에서 "하청회사와 원청회사 간의 도급계약이 형식적이고, 하청회사가 실질적으로 업무수행의 독자성이나 사업경영의 독립성을 갖추지 못한 채 원청회사의 일개 사업부서로서 기능하거나 노무대행기관의 역할을 수행할 뿐인 경우에는, 원청회사와 하청회사의 근로자들 사이에 묵시적인 근로계약관계의 성립되었다고 봄이 상당하다."라고 설시한 바 있다. 이에 대한 상세한 것은 李 鋌, "発注会社の工場内で作業する請負労働者の法的地位", 「労働判例」, Vol. 926(2008) 참조.

1. 근로자의 의무

(1) 근로자의 주된 의무-근로제공의무

근로자의 '근로제공의무'는 근로계약상 부담하는 근로자의 주된 의무로서 '근로제공'이란 근로자 자신의 노동력을 사용자가 이용할 수 있는 상태로 두는 것을 의미한다. 근로기준법 등의 관련법령은 근로제공의무에 관하여 근로자를 보호한다는 취지에서 근로자에 대한 강제근로를 금지시키고 있으며, 또한 근로시간을 제한하여 근로자의 노동력을 보호하고 있다.

한편, 근로제공의 구체적인 종류·내용·장소·시간 및 양·질에 관하여는 당사자가 관련법령에 위배되지 아니하는 범위 안에서 단체협약·취업규칙 및 근로계약 등에 의하여 이를 자유로이 약정할 수 있는 것이 원칙이며, 이러한 약정이 없는 경우에는 근로계약의 취지, 경영관행 및 사회통념 등에 의하여 결정되는 것이 원칙이다.

그러나 구체적인 근로의 내용이 법률·공서양속에 반하거나, 근로자에게 예견불가능한 양심상의 가책을 주거나 또는 생명·건강상의 위험을 초래하는 경우 등에는 근로자는 정당하게 근로제공 거부권을 행사할 수 있다.

근로자가 그의 귀책사유로 근로제공의무를 위반한 경우에 사용자는 해고·손해배상청구를 할 수 있으며, 다만 근로제공은 근로자의 인격과 불가분의 관계를 이루고 있으므로 그 의무의 불이행에 대하여는 직접강제이든 간접강제이든 강제이행은 허용되지 않는다.

(2) 근로자의 부수적 의무

① 부작위 의무

가. 비밀유지의무

근로자는 근로제공과 관련하여 알게 된 사업·경영상의 비밀을 제3자에게 누설하지 않아야 하며, 이는 근로관계의 존속 중에는 물론 근로관계의 종료 후에도 부담한다.

나. 경업피지의무

상법상의 상업사용인은 영업주의 허락 없이 제3자 또는 자기의 재산으로 영업주의 영업부류에 속하는 거래를 할 수 없으며, 이러한 경업피지의무는 근로관계의 존속 중은 물론, 약정으로 근로관계 종료 후까지 연장할 수 있다.

그러나 상법상의 상업사용인에 해당하지 않는 일반 근로자에게는 일반적으로 경업피지의무가 인정되지 않는다.

다. 수뢰금지의무

근로자는 근로의무에 위반하거나 위반할 우려가 있는 뇌물을 수령해서는 아니 된다.

라. 선동금지의무

근로자는 다른 근로자로 하여금 근로계약을 침해하게 하거나 경영 질서를 파괴하게 하는 행위를 유도해서는 아니 된다.

② 작위의무

가. 고지의무

근로자는 사용자에게 발생하거나 또는 이미 발생한 사고나 손해를 사용자에게 고지할 의무를 부담한다.

나. 손해예방의무

근로자는 사용자의 손해발생 사정이 급박하여 사용자의 이익이 침해될 우려가 있는 경우에는, 이를 예방하기 위한 보안작업을 수령할 의무를 부담한다.

③ 부수적 의무 위반 효과

근로자의 귀책사유로 부수적 의무를 위반한 경우에는, 근로자는 채무불이행 책임을 지며, 그 성질에 따라서는 강제이행이 허용될 수도 있다. 또한 부수적 의무 위반으로 경영 질서를 침해하게 되면 징계사유로도 될 수 있다.

(3) 근로자의 임금청구권

근로자는 근로제공의 대가로서 사용자에 대하여 임금을 청구할 수 있으며, 이는 근로계약상 근로자의 주된 권리에 해당된다. 임금은 근로자의 생계원천으로서 매우 중요한 근로조건에 해당하는 바, 근로기준법은 이러한 임금을 보호하기 위하여 임금지급의 원칙(근기법 43조), 임금채권의 우선변제(동법 38조), 도급근로자의 임금보호(동법 47조), 금품 청산(동법 36조), 임금의 시효(동법 49조) 등을 규정하고 있다.

(4) 근로자의 취업청구권

취업청구권(노무청구권, 보직청구권)이란 근로계약의 존속 중에 사용자가 정당한 이유 없이 근로자의 의사에 반하여 근로자의 노무수령을 거부하는 경우, 그 근로자가 사용자에게 근로제공의 수령을 청구할 수 있는 권리를 말한다.

근로자가 취업청구권을 갖고 있는지에 관하여는 다양한 견해가 제기되고 있다. '부정설'은 근로제공의무는 의무일 뿐 권리는 아니라는 생각, 즉 사용자는 임금을 지급하는 이상 그 근로자의 노동력을 사용할 것인가 여부는 자유이고 근로수령의무 자체를 가지는 것은 아니라는 생각에 근거하여 취업청구권은 원칙적으로 인정할 수 없다고 한다.[2] 다만 이 견해도 당사자 사이에 특약이 있는 경우 또는 특수한 기능자의 경우에는 예외적으로 취업청구권을 인정한다.[3]

---

2) 일본의 통설·판례의 입장이다.
3) 임종률, 노동법, p.335.

이에 대하여 '긍정설'은 근로관계의 존재가 단순히 근로자와 사용자간의 채권·채무관계만을 의미하는 것이 아니라 근로자의 노동을 통한 인격실현의 과정이라는 측면을 중시함으로써 취업청구권을 인정하고 있다.[4)]

확실히 근로제공은 임금획득의 이익만 주는 것이 아니라 근로자의 자아실현의 충족감도 부여 할 수 있다. 이 점에서 사용자의 취업거부는 인격적 법익을 침해한 행위로서 사용자는 그 침해로 인한 정신적 고통에 대하여 배상할 의무가 있다.[5)]

2. 사용자의 의무

(1) 사용자의 주된 의무-임금지급의무

사용자는 근로의 대상(對價)인 임금을 지급할 의무를 부담하며, 이는 근로계약상 사용자의 주된 의무에 해당된다. 따라서 사용자의 임금지급의무는 근로자의 근로제공의무와 쌍무적 관계에 있으며, 임금은 제공된 노무에 대한 반대급부로서의 성질을 가진다. 따라서 '근로의 대상'으로 지급되지 않은 것은 임금이 아니다.

임금은 제공된 근로에 대한 반대급부 내지 대상이므로, 근로자가 결근·조퇴 등 그 책임 있는 사유로 근로제공을 하지 못한 부분에 대하여는 임금지급의무가 발생하지 않고, 단위 기간에 대하여 약정된 임금에서 근로제공의무를 이행하지 못한 부분에 대하여 임금을 삭감할 수 있는 것이다.

---

4) 이상윤, 노동법, p.182.

5) 사용자는 특별한 사정이 없는 한 근로자와의 근로계약의 체결을 통하여 자신의 업무지휘권·업무명령권의 행사와 조화를 이루는 범위 내에서 근로자가 근로제공을 통하여 참다운 인격의 발전을 도모함으로써 자신의 인격을 실현시킬 수 있도록 배려하여야 할 신의칙상의 의무를 부담하므로, 사용자가 근로자의 의사에 반하여 정당한 이유 없이 근로자의 근로제공을 계속적으로 거부하는 경우에는 근로자의 인격적 법익을 침해한 것이 되므로, 사용자는 그로 인한 근로자의 정신적 고통에 대하여 배상할 의무를 부담한다고 한다(대판 1996. 4. 23, 95다6823).

그러나 사용자가 근로제공의 수령을 거부하거나 부당해고 등의 유책한 행위로 인하여 근로자가 근로제공을 할 수 없었던 경우에는 임금을 지급하여야 한다. 또한 근로자가 그 책임 없는 사유로 인하여 하자 있는 근로를 제공한 경우라도 임금을 삭감할 수는 없다.[6]

(2) 사용자의 부수적 의무

① 안전배려의무

사용자는 근로자가 경영조직에 편입되는 단계에서부터 근로자의 생명·신체·건강에 대하여 안전하게 보호할 의무를 부담한다.[7]

'안전배려의무'는 근로자의 건강 등을 침해하지 않을 소극적 의무 및 예상되는 위험으로부터 근로자를 보호하는 조치를 강구할 적극적 의무를 그 내용으로 하며, 기타 근로자의 물건에 대한 적절한 조치, 근로자의 인격에 대한 배려 등도 이에 포함된다. 그런 의미에서 직장 내 성희롱도 사용자의 근로자에 대한 일종의 안전배려의무 위반으로 볼 수 있다.

*** 직장 내 성희롱(sexual harassment)**

'성희롱'이란 상대방에게 성적 굴욕감을 느끼게 하거나 불이익을 주는 성적 언동을 업무와 관련하여 하는 행위를 통상 지칭하는 것으로, 우리나라에서는 '직장 내 성희롱'이란 용어가 1999. 2. 「남녀고용평등법」에 처음으로 도입되었다. 동법에 의하면, '직장 내 성희롱'을 '사업주·상급자 또는 근로자가 직장 내의 지위를 이용하거나 업무와 관련하여 다른 근로자에게 성적 언동 등으로 성적 굴욕감 또는 혐오감을 느끼게 하거나 성적 언동 또는 그 밖의 요구 등에 따르지 아니하였다는 이유로 고용에서 불이익을 주는 것'으로 정의하고 있다(제2조 제2호).

---

6) 임종률, 노동법, p.332.

7) 안전배려의무는 사용자와 근로자간에 특정한 약정이 없더라도 당연히 발생하는 의무이다(대판 1989.8.8, 88다카33190).

성적 표현행위의 위법성 여부는 쌍방 당사자의 연령이나 관계, 행위가 행해진 장소 및 상황, 성적 동기나 의도의 유무, 행위에 대한 상대방의 명시적 또는 추상적인 반응의 내용, 행위의 내용 및 정도, 행위가 일시적 또는 단기간의 것인지 아니면 계속적인 것인지 여부 등의 구체적 사정을 종합하여, 그것이 사회공동체의 건전한 상식과 관행에 비추어 볼 때 용인될 수 있는 정도의 것인지 여부 즉 선량한 풍속 또는 사회질서에 위반되는 것인지 여부에 따라 결정되어야 한다.[8]

② 균등대우의무

사용자는 정당한 이유가 없는 한 근로자를 균등하게 대우할 의무를 부담하는 바, 여기에서 정당한 이유란, 기술·능력·학력 등에 따른 합리적인 차별사유를 의미한다.

'균등대우의무'는 주로 근로조건 및 해고에 있어서 남녀의 차별 및 생산직과 관리직의 차별 등이 문제로 된다. 이에 대하여, 근로기준법은 근로조건의 균등대우, 퇴직금 차등제도의 금지 등을 규정하고, 노동조합법은 부당노동행위제도를, 남녀고용평등법은 양성의 근로조건에 관한 평등을 규정한다.

---

8) 대판 1998. 2. 10, 95다39533.

II. 근로계약기간의 설정

1. 법규정

> 기간제법 제4조(기간제근로자의 사용)
>
> ① 사용자는 2년을 초과하지 아니하는 범위 안에서(기간제 근로계약의 반복갱신 등의 경우에는 그 계속 근로한 총기간이 2년을 초과하지 아니하는 범위 안에서 기간제 근로자를 사용할 수 있다.) 다만, 다음 각 호의 어느 하나에 해당하는 경우에는 2년을 초과하여 기간제근로자를 사용할 수 있다.
>
> 1. 사업의 완료 또는 특정한 업무의 완성에 필요한 기간을 정한 경우
>
> 2~6 (중략)
>
> ② 사용자가 제1항의 단서의 사유가 없거나 소멸되었음에도 불구하고 2년을 초과하여 기간제근로자로 사용하는 경우에는 그 기간제근로자는 기간이 정함이 없는 근로계약을 체결한 근로자로 본다.

민법에 의하면 고용계약기간을 3년 이상으로 정할 수도 있으나(민법 659조), 종래의 근로기준법은 일정한 사업완료에 필요한 기간을 정하는 경우를 제외하고는 그 기간의 약정에 있어서 1년을 초과하여 정할 수 없다고 규정하고 있었다(구 근기법 23조).

위의 규정은 노사 간의 실질적 불평등으로 인하여 근로자가 강제근로나 인신구속 등을 당하지 않도록 하기 위한 것이었으나, 근래에 들어서는 이러한 규정이 오히려 근로자들에게 불리하게 악용될 가능성이 있어 원래 입법취지와는 맞지 않게 되었다.

이러한 가운데 2006년 12월에 기간제법이 제정되면서 근기상의 근로계약기간 제한규정은 삭제되고 근로계약기간에 대해서는 기간제법 제4조가 적용되게 되었다. 그 결과, 사용자는 특별한 경우(예컨대 사업의 완료나 특정한 업무의 완성 등)를 제외하고는 2년 이상 근로계약을 체결할 수 없으며, 이 기간을 초과하는 경우에는 기간이 정함이 없는 근로계약을 체결한 것으로 간주되게 된다.

2. 원칙적 근로계약기간

(2) 근로계약기간의 변경

① 합의에 의한 근로계약기간의 변경

2년 이하의 근로계약기간이 종료되는 경우, 당사자 간의 합의나 자동갱신약정에 의해 근로계약기간을 갱신할 수 있다. 다만, 판례는 정당한 이유 없이 장기근로관계의 존속을 회피할 목적으로 사용자가 '연쇄적 근로관계'를 행하는 경우에는, 이를 기간의 정함이 없는 근로계약으로 본다.

② 묵시적인 근로계약기간의 변경

2년 이하의 근로계약기간이 종료한 후에 당사자 간의 이의 제기 없이 근로관계가 지속되는 경우에 이를 '묵시적 갱신'으로 본다. 다만, 이러한 묵시적 갱신 이후의 근로계약기간에 관하여, 이를 기간의 정함이 없는 근로계약으로 보는 견해와 종전과 동일한 근로계약기간으로 보는 견해가 있으나, 판례는 후설의 견해[9]를 취한다.

3. 예외적 근로계약기간

(1) 기간의 정함이 없는 근로계약

---

9) 민법 제662조에 의하면 고용계약이 만료된 후 노무자가 계속하여 노무를 제공하는 경우, 사용자가 상당한 기간 내에 이의를 제기하지 아니한 때에는 앞의 고용계약과 동일한 조건으로 고용한 것으로 보게 되어 있으므로 당초의 해외취업 계약기간이 1년이었다면 그 연장계약기간도 특단의 사정이 없는 한 1년으로 연장되었다고 보아야 하며, 이에 반하는 주장을 하는 경우 그 주장자에게 입증책임이 있다(대판 1986. 2. 25, 85다카2096).

"기간의 정함이 없는 근로계약"은 근로기준법상으로는 예외적 근로계약 형태에 속하나, 실제에서는 통상적인 근로계약의 형태에 속하며, 이는 근로자에게 퇴직의 자유가 보장되는 한 근로관계의 존속보호에도 적합한 형태라 할 수 있다.

"기간의 정함이 없는 근로계약"에 있어서 근로자는 언제든지 자유로이 계약을 해지할 수 있으나, 사용자는 계약해지의 정당한 사유가 있어야 한다.

(2) 사업의 완료 또는 업무의 완성에 필요한 기간

"사업의 완료 또는 특정한 업무의 완성에 필요한 기간"을 정한 근로계약이란 특정의 사업이 유기적 성질임이 객관적으로 명백한 경우에는 그 종기(終期)를 근로계약기간의 종료시점으로 하는 근로계약을 말한다.

다만, 그 기간이 합리적으로 인정되는 기간보다 부당히 장기간이거나 불확정한 기한일 경우에는 그 계약기간의 유효성이 인정될 수 없다.

III. 근로계약체결에 대한 근로기준법상의 규제

1. 위약예정금지

(1) 의의

> 근기법 제20조(위약예정의 금지)
>
> 사용자는 근로계약불이행에 대한 위약금 또는 손해배상액을 예정하는 계약을 체결하지 못한다.

근로자가 근로계약을 향후 이행하지 아니하는 경우 사용자가 손해발생의 여부 및 실제 발생된 손해액과 상관없이 일정한 액수의 '위약금'이나 '손해배상'을 청구할 수 있도록 미리 계약에 정하여 두는 것을 '위약예정계약'이라고 한다.

사용자는 근로계약의 불이행에 대한 위약금이나 손해배상액을 예정하는 계약을 체결하지 못하는 바, 이는 실질적인 노사의 불평등에 의해 근로자가 강제근로를 당하지 않도록 하는 취지이다.

(2) 내용

① 금지의 주체

금지의 주체는 사용자에 한하므로, 근로자가 사용자의 채무불이행에 대해 위약예정을 할 수는 있다.

② 금지의 대상

금지의 대상은 위약을 '예정'하는 계약이므로, 근로자의 과실에 의한 실제 손해에 대한 사용자의 배상청구 및 신원보증계약 등은 금지되지 아니한다.[10]

③ 해외연수비 반환약정

해외연수비를 회사에서 부담한 당해 근로자에 대해 일정한 의무복무기간을 설정하고, 의무복무기간 내에 퇴사 시 해외연수비를 반환할 것을 내용으로 하는 약정의 유효성이 문제로 된다.

판례[11]는 이에 대하여 해외연수비 반환약정은 순수한 금전소비대차계약의 채

---

10) 근로기준법 제24조(현행 20조)는 사용자가 근로자와의 사이에서 근로계약불이행에 대한 위약금 또는 손해배상액을 예정하는 계약의 체결을 금지하는 데 그치는 것이므로 근로자에 대한 신원보증계약은 이에 해당되지 아니 한다(대판 1980. 9. 24, 80다1040).

11) 소외 회사의 해외파견자 근무의무기간 요령에 해외파견기간이 1년 이상일 경우 귀국일로부터 5년 이상 근무하지 아니할 때에는 파견에 소요된 경비 및 기타 손해를 배상하도록 되어 있는 규정은 피용자가 해외에서 교육을 받을 때 사용자가 그에 필요한 모든 비용을 지

무면제에 관한 약정이고, 의무복무기간은 상환의무의 면제기간이라고 보아 위약예정에 해당하지 않는다고 본다.

2. 전차금상쇄의 금지

(1) 의의

> **근기법 제21조(전차금 상쇄의 금지)**
>
> 사용자는 전차금(前借金) 그 밖에 근로할 것을 조건으로 하는 전대(前貸)채권과 임금을 상계하지 못한다.

사용자는 전차금 기타 근로할 것을 조건으로 하는 전대채권과 임금을 상계할 수 없는 바, 이는 근로자의 기본생활을 보장하고 강제근로를 방지하기 위한 취지이다.

"전차금"이라 함은 '근로자가 근로를 제공하여 향후 임금에서 변제하기로 하고 근로계약을 체결할 때에 사용자로부터 미리 차용한 금전'을 말한다. "전대채권"이란

'전차금 이외에 근로자 또는 그 친권자 등에게 지급되는 금전'으로서 전차금과 동일한 내용을 가지는 것이다.

급하고 피용자가 귀국 후 약정기간을 근무하지 아니하고 퇴직한 경우에는 실제로 소요된 비용을 사용자에게 반환하되 약정기간 동안 근무하는 경우에는 이를 면제하기로 한 약정으로 보아야 할 것이고, 근로기준법 제24조(현행 20조)에서 금지된 위약금 또는 손해배상 예정의 약정은 아니다(대판 1980. 7. 8, 80다590). 같은 취지; 대판 1974. 1. 29, 72다2565; 대판 1982. 6. 22, 82다카90; 대판 1992. 2. 25, 91다26232; 1990. 3. 15; 근기 01254-3825.

(2) 내용

① 금지의 주체

근로기준법 제21조의 금지주체는 사용자이므로, 근로자가 사용자에 대하여 단독행위로서 전차금과 임금을 상계할 수는 있다. 양당사자에 의한 상계계약은 인정될 수 있을 것이나, 사용자에 의해 근로자의 의사가 강제될 수 있는 경우에는 상계계약은 허용되지 않을 것이다.

② 금지의 대상

본 조는 전차금 등과 임금의 '상계'를 금지하는 것이므로 전차금 및 전대채권 자체의 성립은 허용된다. 또한 근로자의 임금에서 공제조합융자금이나 주택융자금을 분할변제의 형태로 상계하는 것도 본조 위반에 해당하지는 않는다고 본다.

③ 임금가불

'임금가불'은 선차금과 유사한 면도 있으나, 기왕 근로에 대한 임금을 미리 지급 받는 것으로서 이는 전차금 상계에 해당하지 않으며, '임금 전액불 원칙'에도 반하지 않는다.

3. 강제저축의 금지

(1) 의의

> **근기법 제22조(강제 저금의 금지)**
>
> ① 사용자는 근로계약에 덧붙여 강제 저축 또는 저축금의 관리를 규정하는 계약을 체결하지 못한다.
>
> ② 사용자가 근로자의 위탁으로 저축을 관리하는 경우에는 다음 각 호의 사항을 지켜야 한다.
>
> 1. 저축의 종류·기간 및 금융기관을 근로자가 결정하고, 근로자 본인의 이름으로 저축할 것
> 2. 근로자가 저축증서 등 관련 자료의 열람 또는 반환을 요구할 때에는 즉시 이에 따를 것

사용자는 근로계약에 부수하여 강제저축 또는 저축금의 관리를 규정하는 계약을 체결하지 못하는 바, 이는 강제근로를 방지하고 사용자의 기업자금에의 유용 등을 방지하기 위한 취지이다.

(2) 내용

① 근로계약에 덧붙여

"근로계약에 덧붙여"라는 것은 근로계약의 체결 시에 또는 근로계약의 존속을 그 조건으로 한다는 의미하며, "강제저축 등을 규정하는 계약"이란 근로자의 의사에 반하여 근로자가 사용자 또는 제3자에게 저축을 하는 계약을 의미한다.

② 예외적 저축금 관리 허용

근로자의 자유의사에 의하여 저축금을 사용자에게 관리하여 줄 것을 위탁하는 경우 사용자는 저축금을 관리할 수 있다(근기법 22조 2항).

다만, 이러한 경우라고 하더라도 사실상 강제저금으로 작용할 우려가 있기 때

문에, 이 경우에도 i) 근로자가 저축의 종류·기간, 금융기관을 자유로이 결정하고, ii) 근로자 본인의 명의로, iii) 근로자 저축증서 등에 대한 열람, 반환 요구 시 사용자는 즉시 이에 따를 것 등의 요건이 구비되어야 한다.

4. 신원보증계약

'신원보증계약'은 채무의 인수·보증 기타 명칭의 여하를 불문하고 피용자의 행위로 인하여 사용자가 받은 손해의 배상을 약정하는 계약을 말한다.

신원보증계약은 근로자가 근무 중에 고의·과실 또는 의무불행이행으로 인하여 사용자에게 배상을 해야 할 경우에 대비하여 사용자가 신원보증인과 단독으로 또는 신원보증인과 근로자를 연대채무자로 하여 체결하는 계약이다.

또한 신원보증계약은 현실적으로 발생한 손해에 대한 책임담보를 전제로 하는 것이기 때문에 위약금예정계약은 아니며, 따라서 근로기준법 제20조(위약예정의 금지)에 위배되지 않는다.[12]

12) 김형배, 근로기준법, p.184.

CASE STUDY

Case1

특정 종교재단법인이 설립한 D대학의 법과대학에서 노동법을 담당하고 있는 J교수는 최근 승진심사에서 누락되었다. 그 이유는 특정 종교와 관련한 봉사활동 점수가 부족하다는 것이었다. 이러한 D대학의 조치는 법적으로 아무런 문제가 없는가?

Check Point : 균등처우(근기법 제6조), 경향사업에 대한 예외적 인정 여부

Case2

L양은 작년에 대학을 졸업하면서 시내 U사립초등학교 교사로 부임하였으나, 초임급이 같은 동기생인 남자선생에 비해 10만원이 적었다. 이에 학교당국에 문의한 결과, 남자의 경우에는 병역의무기간이 경력으로 인정해 주는 임금규정에 따른 것이라는 설명을 들었다. 이러한 U학교의 임금규정은 관연 적법한가?

Check Point : 동일가치 동일임금(남녀고용평등법 제8조 1항)
* 대판 2003. 3. 14, 2002도3883.
* 「노동판례백선」 p.30《Case8》

제3장 평등원칙

I. 근로기준법상의 균등(평등)대우

1. 의의

> 근기법 제6조(균등한 처우)
>
> 사용자는 근로자에 대하여 남녀의 성(性)을 이유로 차별적 대우를 하지 못하고, 국적·신앙 또는 사회적 신분을 이유로 근로조건에 대한 차별적 처우를 하지 못한다.

근로기준법 제6조는 "사용자는 근로자에 대하여 남녀의 성(性)을 이유로 차별적 대우를 하지 못하며, 국적, 신앙 또는 사회적 신분을 이유로 근로조건에 대한 차별적 처우를 하지 못한다."라고 규정하고 있다.

이러한 근로기준법의 '균등대우' 규정은 헌법 제11조[1]의 법 앞의 평등 원칙을 근로자와 사용자의 근로관계에 구체적으로 실현하고자 하는 취지를 갖는다.

"차별적 대우"란 특정 종류의 근로자를 다른 근로자와 구별하여 다른 대우를 하는 것을 말한다. 대체로 불리한 대우를 하는 경우에 본 조 위반이 문제되겠지

1) 헌법 11조 ① 모든 국민은 법 앞에 평등하다. 누구든지 성별·종교 또는 사회적 신분에 의하여 정치적·경제적·사회적·문화적 생활의 모든 영역에 있어서 차별을 받지 아니한다.

만, 차별대우는 유리·불리를 불문한다.

2. 차별대우의 사유

(1) 성별에 의한 차별

동일한 직종에서 동일한 근로의 능력을 갖고 있음에도 불구하고 여성근로자는 남성근로자에 비하여 근로의 기회가 제공되지 아니하거나, 채용되는 경우에도 임금 등 기타 근로조건이 남성근로자에 비하여 열악하다.

그리하여 근로기준법은 남녀의 성별을 이유로 하는 차별대우를 금지하고 있으며, 임금을 비롯하여 정년·해고·승진 등 광범위한 분야에서의 남녀차별을 본 조 위반으로 규정하고 있다. 또한 정리해고의 기준 설정 및 대상자 선정에 있어서 '남녀의 성을 이유로 차별'을 하여서는 안 된다는 점을 강조하고 있다(근기법 24조 2항 후단).

다만, 근로기준법상의 '성별에 의한 차별'은 남녀고용평등법과는 달리 채용된 이후의 근로조건에 관한 것이므로 채용단계에서의 차별대우는 규제대상에서 제외된다.

(2) 국적에 의한 차별

'국적'이라 함은 국적법상 국민으로서의 지위를 말하며, "국적에 의한 차별대우"란 불법취업 외국근로자를 포함한 외국인 근로자, 무국적자, 이중국적자 등에 대한 차별대우를 말하며, 이는 본 조의 규제 대상이 된다.[2]

국적에 따라 근로조건을 차별한 것이 근로기준법 제6조에 위반되는지의 여부 판단은 외국인 근로자와 내국인 근로자 사이의 근로조건 등을 종합적으로 비교

---

2) ILO에서는 1998년에 고용 및 직업상 차별대우금지에 관한 권고(제111호)를 채택하여 국적을 이유로 한 차별대우를 금지하고 있다.

하여야 하며, 이러한 차별이 국적만을 이유로 한 것인지 아니면 업무능력, 직장 보장의 정도, 생계비 및 채용 시의 기타 여건 등을 감안한 합리적 차별인지를 구체적으로 검토하여 판단하여야 한다.[3]

(3) 신앙을 이유로 한 차별

'신앙'이라 함은 종교적 신념 이외에 정치적·사상적 신조를 포함한 광의의 개념으로서, 신앙을 이유로 차별 대우하는 것은 본 조의 위반이 된다.

다만, 신앙의 표현행위가 기업 질서를 침해하거나 더 이상 근로관계의 존속을 유지할 수 없을 정도로 근로계약의 내용을 침해하는 경우에는 그와 같은 차별대우가 본 조 위반에 해당하지 않는다.[4]

또한, 정치적·종교적 목적활동을 사업내용으로 하는 경향사업체의 경우에는 당해 목적사업과 관련되는 종교나 정치에 반하는 행위를 한 근로자에게 불이익한 처우를 하더라도, 이는 본 조 위반에 해당하지 않는다.[5] 다만, 경향사업체 소속 근로자라 하더라도 그 사업목적과 직접 관련이 없는 업무에 종사하는 근로자에 대하여는 본 조가 그대로 적용된다고 본다.

(4) 사회적 신분에 의한 차별

'사회적 신분'이라 함은 사람이 출생하면서 갖는 생태적 신분 및 후천적으로 사회에서 차지하게 되는 계속적 지위를 의미[6]하는 바, 이러한 사회적 신분에 기

---

3) 이상윤, 노동법, p.118.

4) 특정한 종교나 사상 등을 바탕으로 하는 소위 '경향사업'의 경우, 이러한 사업과 근로자의 사상·종교 등이 조화되지 않아 불이익을 받는 경우가 있는데, 이는 사업의 특성상 반드시 부당하다고만 할 수 없을 것이다.

5) 독일의 판례 : 가톨릭교회가 운영하는 신학교(소위 '경향사업')에서 근무하는 교사가 가톨릭 교리에 반하는 내용의 교육이나 행위를 하는 경우에 그 교사에 대한 해고는 정당시된다.

6) '사회적 신분'이란 사람이 태어나면서부터 생리적으로 가지고 있는 지위 또는 후천적으로 가지게 된 지위로서 자신의 의사로도 피할 수 없는 것을 가리키는 것이고, '노조의 선출직 간부'라는 일시적 지위는 이에 해당하지 아니한다(서울민지판 1994. 9. 16, 가합40258).

한 차별대우의 금지는 봉건적·특권적 신분을 근거로 하는 근로조건의 차별대우를 금지하기 위한 것이다.

3. 근로조건에 대한 차별적 대우

(1) 근로조건

차별대우의 금지대상으로서의 '근로조건'이라 함은 근로계약 관계상 근로자에 대한 대우 일체를 말하다. 이에는 임금, 근로시간, 재해보상, 안전위생, 복리후생, 해고 등에 관한 조건이 포함된다.

다만, 채용 시에 문제되는 채용조건은 근로조건에 포함되지 않는다고 봄으로써, 이에 관하여는 본 조 위반의 문제가 발생하지 않는다.[7]

(2) 차별적 대우

'차별적 대우'라 함은 "특정 또는 일정한 근로자들을 다른 근로자들과 구별하여 달리 취급하는 것"으로서, 본 조는 합리적 이유 없는 근로조건의 차별적 대우를 금지한다. 다만, 근로자의 학력·능력·경력·근속 등에 따르는 차별은 합리적 이유가 있는 차별로서 본 조의 위반에 해당하지 않는다.[8][9]

---

7) 근로기준법 제100조에서 취업규칙에 정한 기준에 미달하는 근로조건을 판단하는 경우 등 근로조건에는 채용에 관한 기준은 포함되지 아니 한다(대판 1992. 8. 14, 92다1995).

8) 단체협약이 기능직과 고용직에 한하여 일정한 금액의 임금을 인상하고 일반직을 그 인상된 부분의 지급대상에서 제외하고 있는 규정은 기능직과 고용직의 그 동안의 불이익을 전보하여 주기 위한 조치로서 그 합리성이 없다고는 할 수 없으므로 근로기준법 제5조의 균등대우규정에 위반하여 근로자를 차별하는 것이 된다고는 할 수 없다(대판 1991. 7. 12, 90다카17009).

9) 교환직렬에서의 인력의 잉여 정도, 연령별 인원구성, 정년 차이의 정도, 차등정년을 실시함에 있어서 노사 간의 협의를 거친 점, 신규채용을 하지 못한 기간, 현재의 정년에 대한 교환직렬 직원들의 의견 등에 비추어 보아 원고가 여성전문직종인 교환직렬에 다른 일반직 직원과 비교하여 5년간의 정년차등을 둔 것이 사회통념상 합리성이 없다고 단정하기는 어

균등대우에 위반한 근로조건은 그 자체가 무효로 되며, 차별대우를 현실적으로 실행한 사용자는 500만 원 이하의 벌금에 처해진다(근기법 114조 1호).

II. 남녀고용평등법상의 평등대우

1. 의의

남녀고용평등법 제1조(목적)

이 법은 「대한민국헌법」의 평등이념에 따라 고용에서 남녀의 평등한 기회와 대우를 보장하고 모성 보호와 여성 고용을 촉진하여 남녀고용평등을 실현함과 아울러 근로자의 일과 가정의 양립을 지원함으로써 모든 국민의 삶의 질 향상에 이바지하는 것을 목적으로 한다.

남녀고용평등법 제2조 (정의)

이 법에서 사용하는 용어의 뜻은 다음과 같다.

1. "차별"이란 사업주가 근로자에게 성별, 혼인, 가족 안에서의 지위, 임신 또는 출산 등의 사유로 합리적인 이유 없이 채용 또는 근로의 조건을 다르게 하거나 그 밖의 불리한 조치를 하는 경우[사업주가 채용조건이나 근로조건은 동일하게 적용하더라도 그 조건을 충족할 수 있는 남성 또는 여성이 다른 한 성(性)에 비하여 현저히 적고 그에 따라 특정 성에게 불리한 결과를 초래하여 그 조건이 정당한 것임을 증명할 수 없는 경우를 포함한다]를 말한다. 다만, 다음 각 목의 어느 하나에 해당하는 경우는 제외한다.
   가. 직무의 성격에 비추어 특정 성에 불가피하게 요구되는 경우.
   나. 여성 근로자의 임신·출산·수유 등 모성보호를 위한 조치를 하는 경우.
   다. 그 밖에 이 법 또는 다른 법률에 따라 적극적 고용개선조치를 하는 경우.

남녀고용평등법은 근로자를 사용하는 모든 사업 또는 사업장(이하 '사업'이라 한

렵다(대판 1996. 8. 23, 94누14589).

다)에 적용한다. 다만 대통령령이 정하는 사업에 대하여는 이 법의 전부 또는 일부를 적용하지 아니할 수 있다.[10](고평법 3조 1항)

이 법에서 '차별'이라 함은 "사업주가 근로자에게 성별, 혼인, 가족 안에서의 지위, 임신 또는 출산 등의 사유로 합리적인 이유 없이 채용 또는 근로의 조건을 다르게 하거나 그 밖의 불리한 조치를 하는 경우"를 말한다(고평법 2조).

또 사업주가 채용이나 근로의 조건은 동일하게 적용하더라도 그 조건을 충족할 수 있는 남성 또는 여성이 다른 한 성에 비하여 현저히 적고 그에 따라 특정 성(性)에게 불리한 결과를 초래하며 그 조건이 정당한 것임을 증명할 수 없는 이른바 '간접차별'의 경우에도 이를 차별로 본다(동조).

그러나 i) 직무의 성격에 비추어 특정성이 불가피하게 요구되는 경우, ii) 여성 근로자의 임신, 출산, 수유 등 모성보호를 위한 조치를 취하는 경우, iii) 그 밖에 이 법 또는 다른 법률에 따라 적극적 고용개선조치를 하는 경우는 차별로 보지 않는다(동법 1항 2문). 또한 근로의 내용·성질·형태, 근무의 성적·태도·성과 등에 따른 차별의 경우에는 합리적인 차별로 인정된다.[11]

2. '동일가치노동에 대한 동일임금지급'의 원칙

근로기준법 제6조와 달리 남녀고용평등법 제8조 1항은 "사업주는 동일한 사업 내의 동일 가치의 노동에 대하여는 동일한 임금을 지급하여야 한다."라고 명문으로 구체적으로 규정하여, 동일한 사업[12]내에서 동일한 가치의 노동을 제공한 경우에 임금에 있어서 차별취급을 할 수 없도록 하였다.

---

10) 고평법 제3조 1항 단서의 규정에 따라 '동거의 친족만'으로 이루어지는 사업 또는 사업장과 가사사용인에 대하여는 법의 전부를 적용하지 아니한다(동법 시행령 제2조 1항). 동법 제3조 1항 단서의 규정에 따라 상시 5인 미만의 근로자를 사용하는 사업에 대하여는 제8조부터 제10조까지 및 법 제11조제1항을 적용하지 아니한다(동법 시행령 2조 2항).

11) 대판 1991.4.9, 90다16245.

12) 동일한 사업에 대한 판단과 관련하여 사용자가 설립한 별개의 사업이 임금차별을 목적으로 이루어졌다면, 이는 동일한 하나의 사업으로 본다(동조 8조 3항).

이 때 동일한 가치의 노동에 대한 판단기준으로는 직무수행에서 요구되는 기술, 노력, 책임 및 작업조건 등이 고려되며, 그 기준을 정함에 있어 제25조의 규정에 의한 노사협의회의 근로자를 대표하는 위원의 의견을 들어야 한다(동법 8조 2항).

동일가치의 노동 여부는 근로자의 기술(자격증, 학위, 경험 등), 노력(육체적·정신적 노력, 긴장감·노동의 정도 등), 책임(직책에 따른 책임의 정도), 작업조건(소음, 기온 등), 기타 사항(학력, 경력, 근속연수 등)을 종합적으로 고려하여 판단하여야 하며, 이러한 차이에서 발생하는 임금의 차이는 임금차별금지에 위반되지 않는다.[13]

남녀동일임금의 원칙은 강행규정의 성격을 지니고 있으므로 이에 반하는 행위는 무효이다. 그리고 남녀동일임금의 원칙에 반하는 행위를 한 경우에는 동법 제37조[14]의 규정에 따라 3년 이하의 징역이나 벌금에 처한다.

3. 모집과 채용상의 성차별금지

남녀고용평등법 제7조는 "사업주는 근로자의 모집 및 채용할 때 남녀를 차별하여서는 아니 되며(1항), 사업주는 여성 근로자를 모집·채용할 때 그 직무의 수행에 필요하지 아니한 용모·키·체중 등의 신체적 조건, 미혼 조건, 그 밖에 고용노동부령이 정하는 조건을 제시하거나 요구하여서는 아니 된다."(2항)라고 규정하고 있다.

이는 모집·채용 단계에서의 남녀차별은 채용 이후의 근로조건의 차별금지를 무의미하게 만든다는 점을 고려하여 '균등대우'라는 이념을 보다 충실하게 실현하기 위해서 모집·채용 시의 실질적 기회를 부여하기 위한 규정이다.

---

13) 대판 2003. 3. 14, 2002도3883.

14) 고평법 제37조 2항에서 사업주가 제8조 1항의 규정에 위반된 행위를 한 경우에는 3년 이하의 징역 또는 2천만 원 이하의 벌금에 처한다.

4. 교육 · 배치 및 승진에 있어서 차별금지

남녀고용평등법 제10조는 "사업주는 근로자의 교육·배치 및 승진에서 남녀를 차별하여서는 아니 된다."라고 규정하여 채용 시는 물론, 근로관계 전개 시에도 실질적 남녀평등을 실현하고자 한다.

5. 정년 · 퇴직 및 해고에 있어서의 차별금지

고평법 제11조는 "사업주는 근로자의 정년·퇴직 및 해고에서 남녀를 차별하여서는 아니 되며(1항), 사업주는 여성 근로자의 혼인, 임신 또는 출산을 퇴직 사유로 예정하는 근로계약을 체결하여서는 아니 된다."라고 규정하고 있다(2항).

이는 여성의 조기정년제나 결혼퇴직제 등 악습을 제거하려는 것이다. 특히 해고에 있어 남녀에게 동일한 사유가 있는 경우 여성에게만 해고사유로 하는 것은 본 조의 위반이 된다.

여성에 한하여 혼인하면 퇴직할 것을 조건으로 채용하거나 취업규칙 등에 의하여 여성의 혼인을 퇴직의 사유로 정하는 '결혼퇴직제'는 본 조의 위반이 된다. 여성의 조기퇴직에 대하여 퇴직위로금을 남성보다 우대하는 조치도 본 조 위반으로 보아야 할 것이다.[15]

6. 위반의 효과

남녀고용평등법의 차별금지규정 위반에 대하여는 같은 법 소정의 벌칙이 적용된다. 그리고 채용 이후의 근로조건에 있어서 이 법의 차별금지규정에 위반하는 경우에는 근로기준법에도 위반되므로 동법의 벌칙이 함께 적용된다.

---

15) 임종률, 노동법, p.357.

노동법의 세계

CASE STUDY

☑ Case1

올해 대학을 졸업한 T군은 그간 부모가 경영하고 있던 패스트푸드점을 물려받아 점포를 확장하고 상시 아르바이트 학생 5명을 채용하였다. T군은 향후 상장을 목표로 새로이 취업규칙을 작성한 다음, 이를 종업원들에게 설명하고 1달 후에는 정식으로 행정관청에 신고할 예정이었다. 그로부터 1주일이 지난 후, 종업원 중 한명이 수익금의 일부를 무단으로 착복한 사실이 밝혀져 취업규칙의 징계규정에 따라 징계처분을 하려고 한다. T군이 자기가 작성한 취업규칙에 따라 징계해도 문제가 없을까?

Check Point : 취업규칙의 법적 성질, 취업규칙의 작성·신고(근기법 제93조)

☑ Case2

K은행은 고령자법의 개정에 따라 정년을 종전의 58세에서 63세로 5년 연장하면서 55세를 정점으로 그 이후부터는 임금 기본급을 동결하는 소위 '임금피크제'를 도입하기로 하였다. 이에 K은행은 소수의 근로자들로 구성된 A노동조합 및 근로자들에게 취업규칙의 정년규정 및 임금규정을 변경하고자 협조를 구하였다. 그러나 노동조합은 끝까지 반대하였기 때문에 K은행은 하는 수 없이 각 영업소별로 변경에 동의한다는 취지의 서면을 보내 변경의 취지와 필요성을 설명한 다음, 동 서면에 직원들의 서명을 받아 취합하는 방식으로 동의를 얻어 취업규칙을 변경하였다. A노동조합은 변경된 취업규칙에 구속되는가?

Check Point : 취업규칙의 불이익변경(근기법 제94조)
*대판 2003. 11. 14, 2001다18322(의사결정방식)
*대판 2001. 1. 5, 99다70846(사회통념상의 합리성)
*「노동판례백선」 p.90《Case23》, p.98《Case25》

제4장 취업규칙

I. 의의

1. 개념

'취업규칙'이란 "사업장 내에서 근로자들의 복무규율·직장질서 및 근로조건 등에 관하여 사용자가 일방적·집단적으로 정한 규칙"을 말한다. 근로계약은 원칙적으로 사용자가 개별적으로 근로자와 체결하여 그 내용을 확정하는 것이 원칙이지만, 사용자가 다수의 근로자와 일일이 계약내용을 약정한다는 것은 번잡한 일이며, 또한 노사의 근로관계는 어느 정도 정형화되어 있기 때문에 근로계약의 체결에 있어서 취업규칙을 이용하는 것이 일반적인 현상이다.[1]

한편, 취업규칙의 작성·변경 권한은 원칙적으로 사용자에게 있으나, 취업규칙이 기업의 공동규범으로 기능하기 위해서는 '노사대등결정의 원칙'을 견지하고 그 내용의 적정성을 확보하도록 노력해야 할 것이다.

---

1) 김형배, 근로기준법, p.191.

2. 취업규칙의 법적 성질

취업규칙은 사용자 일방에 의한 작성·변경이 인정되더라도 사실상의 사회규범으로 작용하며 근로조건의 보호기능을 수행한다는 점 등으로 보아 그 법적 성질에 관해서는 견해의 대립이 있다.

(1) 학설

① 법규범설

이 설은 취업규칙은 그 자체가 법률상으로도 근로계약 당사자를 구속하는 법규범이라고 보며, 그 법규범성의 근거를 어디에서 찾느냐에 따라 견해가 나뉘고 있다.

가. 소유권설(경영권설)

취업규칙은 사용자의 소유권의 행사에 의하여 작성된 기업의 규율이고, 국가가 그러한 소유권을 법적으로 보장하기 때문에 취업규칙이 법규범이 된다는 견해이다.

그러나 사용자는 생산수단의 소유자 또는 이용자로서 공장시설 등의 관리·운영권을 보유하기는 하지만, 그 때문에 근로조건에 대한 사용자의 일방적 결정권이 정당화될 수 없다는 점에서 비판을 받고 있다.[2]

나. 관습법설

취업규칙은 사회규범으로서 작용하기 때문에 관습법에 준하는 법규범의 성질을 갖는다고 한다.[3]

그러나 관습법이 성립하기 위해서는 '관습'이 존재하여야 하는 바, 새로이 제

---

2) 김형배, 근로기준법, p.194.

3) 김치선, 노동법, p.260.

정·변경된 취업규칙에도 이러한 관습을 인정할 수 있는지는 의문시되고 있다.

다. 수권설

취업규칙은 원래는 단순한 사회규범에 불과하지만, 국가가 사용자의 지배력을 억제하고 근로자를 보호하기 위하여 근로기준법 제97조(위반의 효력)를 통하여 법규범적 효력을 가지는 취업규칙 제정권한을 수권한 것이고 이 수권에 근거하여 취업규칙은 근로계약 당사자에 대한 구속력을 가진다고 보는 견해이다.[4)]

② 계약설

이 설은 취업규칙의 구속력의 근거를 근로자의 동의에서 구하는 견해로서 이 설은 다시 여러 가지로 나누어지고 있다.

가. 순수계약설

이 설에 따르면 취업규칙도 일반적 계약의 한 유형으로서 당사자의 합의를 통해서만 취업규칙의 내용이 결정된다고 한다.

그러나 이러한 견해에 대하여는 취업규칙이 사용자가 일방적으로 정하는 것으로서 반드시 당사자의 합의에 의하여 결정되는 것이 아니라는 의문점이 제기되고 있다.[5)]

나. 사실규범설

취업규칙은 사용자가 일방적으로 정한 근로조건의 사실상의 기준, 즉 사실규범으로 보는 견해이다. 따라서 취업규칙을 법규범시하는 것은 근로관계가 노사의 자유의사를 매개로 하여 성립하는 것을 전제로 하는 근대법의 기본원리에 반하므로 취업규칙의 구속력의 근거는 근로자의 동의에서 찾아야 한다고 한다.

그러나 이 견해는 취업규칙의 사회규범으로서의 성격을 인정하고 있기 때문

4) 대판 1977. 12. 27, 77다1378.

5) 이상윤, 노동법, p.368.

에 사회규범의 근거 내지 타당성을 당사자의 합의에서 구하고 있다는 점에서 일관성이 없다.[6]

다. 사실관습설

근로조건이 당사자 간의 특별한 약정이나 단체협약에서 규정되지 아니하는 한 취업규칙에 의하여 결정된다는 것이 사실인 관습으로서 통용되고 있다는 견해이다. 이러한 견해는 취업규칙 자체는 사실인 관습이 아니나, 당사자 간의 특별한 약정이나 단체협약으로 결정되지 아니한 근로조건에 대하여는 취업규칙에 의하여 결정된다는 것이 사실인 관습이라고 한다.

그러나 이러한 견해는 취업규칙이 사용자에 의하여 일방적으로 결정된다는 사실에 대한 근거를 명확히 제시하지 못하고 있다는 문제점이 제기되고 있다.[7]

(2) 사견

근로기준법에서 근로자의 기본적인 생활을 보호하기 위하여 사용자에게 취업규칙의 작성의무를 부과하고 있으며(근기법 93조), 이에 법규범성을 부여(근기법 97조)한 것이라는 점에서 '수권설'에 찬동한다.

---

6) 김형배, 근로기준법, p.195.

7) 이상윤, 노동법, p.368.

II. 취업규칙의 작성

1. 취업규칙의 작성의무

(1) 적용범위

> **근기법 제93조(취업규칙의 작성·신고)**
>
> 상시 10명 이상의 근로자를 사용하는 사용자는 다음 각 호의 사항에 관한 취업규칙을 작성하여 고용노동부장관에게 신고하여야 한다. 이를 변경하는 경우에도 또한 같다.
> 1. 업무의 시작과 종료 시간, 휴게시간, 휴일, 휴가 및 교대 근로에 관한 사항
> 2. 임금의 결정·계산·지급 방법, 임금의 산정기간·지급시기 및 승급(昇給)에 관한 사항
> 3. 가족수당의 계산·지급 방법에 관한 사항
> 4. 퇴직에 관한 사항
> 5. 「근로자퇴직급여 보장법」 제4조에 따른 퇴직금, 상여 및 최저임금에 관한 사항
> 6. 근로자의 식비, 작업 용품 등의 부담에 관한 사항
> 7. 근로자를 위한 교육시설에 관한 사항
> 8. 산전후휴가·육아휴직 등 근로자의 모성보호 및 일·가정 양립 지원에 관한 사항
> 9. 안전과 보건에 관한 사항
>
> 9의 2. 근로자의 성별·연령 또는 신체적 조건 등의 특성에 따른 사업장 환경의 개선에 관한 사항
>
> 10. 업무상의 업무 외의 재해부조(災害扶助)에 관한 사항
> 11. 표창과 제재에 관한 사항
> 12. 그 밖에 해당 사업 또는 사업장의 근로자 전체에 적용될 사항

취업규칙의 작성·신고의무자는 상시 10명 이상의 근로자를 사용하는 사용자이다(근기법 93조).

일시적으로 10명 미만이 되는 경우가 있어도 상시적으로 10명 이상이 되는 경우는 상시 10명에 해당된다. 고용인원수에는 일용직 및 시간제 근로 등이 모두 포함된다.

다만 하나의 사업장 내에서도 근로조건·근로형태 등에 따라 근로자 일부에 적

용되는 별도의 사업규칙을 정할 수 있으며,[8)9)] 이 경우 별도의 사업규칙들을 모두 합한 것이 그 사업장의 취업규칙으로 본다.[10)] 특히 근로의 형태에 따라 복수의 취업규칙을 둔 경우에는 그 적용범위를 명확히 하여야 한다.[11)]

(2) 근로자의 의견청취

근기법 제94조(규칙의 작성, 변경 절차)

① 사용자는 취업규칙의 작성 또는 변경에 관하여 해당 사업 또는 사업장에 근로자의 과반수로 조직된 노동조합이 있는 경우에는 그 노동조합, 근로자의 과반수로 조직된 노동조합이 없는 경우에는 근로자의 과반수의 의견을 들어야 한다. 다만, 취업규칙을 근로자에게 불리하게 변경하는 경우에는 그 동의를 받아야 한다.
② 사용자는 제93조에 따라 취업규칙을 신고할 때에는 제1항의 의견을 적은 서면을 첨부하여야 한다.

---

8) 근로기준법 시행령 [별표 2]의 '단시간근로자의 근로조건 결정기준 등에 관한 사항' 제5호에서 별도의 취업규칙을 둘 수 있도록 하고, 별도의 취업규칙이 작성되지 아니한 경우에는 통상근로자에게 적용되는 취업규칙을 적용하되, 단시간근로자에 대하여 그 적용을 배제하는 규정을 둘 수 있도록 하고 있다.

9) 사용자는 하나의 사업장에 하나의 취업규칙을 작성해야 하는 것은 아니고, 근로자의 근로조건, 근로형태, 직종 등의 특수성에 따라 근로자 일부에 적용되는 별도의 취업규칙을 작성할 수 있다(대판 1996. 2. 27, 95누15698).

10) 근로기준법 제94조(현행법 제96조) "소정의 취업규칙"이라 함은 복무규율과 임금 등 근로조건에 관한 준칙의 내용을 담고 있으면 그 명칭을 불문하는 것인바, 제분회사 공장의 상하차반원들과의 사이에 체결된 노역계약서가 상하차반원들을 대상으로 한 복무규율과 임금 등 근로조건에 관한 준칙의 내용을 담고 있다면 노역계약서는 동법 제94조 소정의 취업규칙이라고 할 것이고, 이는 회사의 종업원에게 적용되는 취업규칙과는 별도로 상하차반원에게 적용되는 것이기는 하나 당해 사업장에서 근로자의 직종의 특수성에 따라 근로자 일부에 적용되는 별도의 취업규칙을 정할 수 있는 것이고, 이 경우 두 개의 취업규칙을 합한 것이 근로기준법 제94조 소정의 한 개의 취업규칙으로 되는 것이다(대판 1992. 2. 28, 91다30828).

11) 취업규칙이 일반직원과 외근노동조합직원 모두에게 적용되는지 여부에 대해서는 동 취업규칙이 적용대상 근로자를 한정하고 있는지 여부에 따라 판단하여야 하는 바, 일반직원에게만 적용되도록 규정되어 있다면 외근노동조합원에게는 동 취업규칙이 적용되지 않을 것임(1991. 6. 21, 근기01254-8855).

① 의견청취의 의미

근로기준법 제94조 1항은 "사용자는 취업규칙을 작성 또는 변경에 관하여 해당 사업 또는 사업장에 근로자의 과반수로 조직된 노동조합이 있는 경우에는 그 노동조합, 근로자의 과반수로 조직된 노동조합이 없는 경우에는 근로자 과반수의 의견을 들어야 한다."라고 규정하고 있으며, 이는 취업규칙의 내용의 적정을 기하기 위한 취지이다.

여기서 '근로자의 과반수'라 함은 정규직·기간제, 직종·직급 등에 구애되지 않고 해당 취업규칙의 적용을 받는 근로자를 말한다. 취업규칙이 일반적으로 전체 종업원을 대상으로 하는 경우가 대부분이기 때문에 통상적으로는 전체 근로자가 그 대상이 되나, 기간제 근로자를 위한 취업규칙과 같이 일부 근로자만을 적용대상으로 하는 취업규칙이 별도로 존재하는 경우에는 해당 취업규칙의 적용을 받는 일부 근로자의 동의가 필요하다.

또한 '근로자의 과반수로 조직된 노동조합'이하 함은 기업별 단위노조이든 산업별 단위노조이든 상관없으나, 단위노조의 지부·분회 등은 독자적인 노동조합이 아니므로, 특별히 상급단체가 취업규칙에 관한 사항을 위임하지 않는 한, 여기서 말하는 노동조합으로는 볼 수 없다. 그러나 의견을 듣는 것으로 족하고 협의하거나 합의할 의무가 있는 것은 아니며, 근로자가 반대의견을 표명하였으나 사용자가 이를 받아들이지 않더라도 의견청취의무 위반으로 되지 않는다.

② 의견청취의 방법

의견청취의 대상이 노조이면 그 노조의 의견서를 받고, 근로자 과반수일 경우에는 집단적 의사결정 방식 및 개별적 회람형식에 의해도 무방하나, 취업규칙을 신고할 때에는 위의 의견청취의 사실을 증명할 수 있는 것을 서면으로 제출하여야 한다.

③ 의견청취 결여시의 효과

사용자가 취업규칙을 작성할 경우에는 근로자의 과반수의 의견을 들어야 하는데 근로자 과반수의 의견을 듣지 않고 작성된 취업규칙에 대하여 벌칙 적용은 별도로 하고, 사법상의 효력을 인정할 것인가에 관해서는 이견이 있다.

근로자의 의견청취가 효력규정이라는 입장에서는 취업규칙의 작성·변경에 있어서 근로자의 의견을 청취하도록 하는 취지는 근로자의 집단적 의견의 개입을 통하여 노사대등결정의 원칙을 실현하려는 것이며, 사용자가 일방적으로 제정하는 취업규칙에 대하여 그 취업규칙을 유효하게 성립하도록 하는 조건이므로 의견청취의무에 위반한 취업규칙에 대해서는 법적 효력을 인정할 수 없다고 한다.[12]

그러나 취업규칙은 사용자가 일방적으로 작성하는 것으로서 그 내용형성의 자유도 사용자에게 속하는 것이며, 따라서 근로자들의 의견에 사용자가 구속되는 것은 아니며, 또 이러한 의견을 듣지 않은 취업규칙에 대하여 취업규칙으로서의 기능이 부인되는 것은 아니라고 해야 할 것이다.[13]

따라서 작성·변경 절차를 밟지 않은 취업규칙이라 하더라도 그 내용이 적법한 이상 벌칙(114조)은 별도로 하고 민사상의 효력에는 아무런 영향이 없다.[14] 즉 의견청취의무는 근로자의 의견을 존중하여야 한다는 취지에서 그 의견을 구하고 감독관청에 신고하도록 함으로써 취업규칙에 대하여 법령의 위반이 없도록 행정적인 감독을 하기 위해서 마련된 훈시규정 내지 단속규정이라고 해야 할 것이다.[15]

---

12) 박상필, 노동법, p.496.

13) 취업규칙의 의견청취는 취업규칙의 작성·변경에 대하여 근로자의 단체적 의견을 반영시키려고 하는 취지이며, 또 의견서 첨부는 행정감독상의 편의를 고려한 것이므로 어느 것도 취업규칙의 효력 자체에는 영향을 미치지 못하나, 이에 대한 절차적인 책임은 별도로 취급된다(1982. 2. 1, 근기1455-2895). 같은 취지 ; 대판1989. 5. 9, 88다카4277 ; 대판1991. 4. 9, 90다16245.

14) 취업규칙을 처음 작성함에 있어 근로자 과반수의 의견을 듣지 아니하거나 동의를 얻지 아니하였다 하더라도 그 취업규칙의 내용이 근로기준법에 위반되지 않는 한 그 취업규칙이 전부 무효가 되는 것은 아니다(대판 1991. 4. 9, 90다16245).

15) 김형배, 근로기준법, p.211.

2. 취업규칙의 기재사항

근로기준법 제93조는 12호에 걸쳐 취업규칙의 필요적 기재사항을 규정하고 있다. 이는 사용자의 근로조건 결정 등에 있어서 자의적인 결정을 행정적으로 감독하여 근로자를 보호하기 위한 것이다.

'필요적 기재사항'에는 ① 업무의 시작과 종료 시각, 휴게시간, 휴일, 휴가 및 교대 근로에 관한 사항, ② 임금의 결정·계산·지급방법, 임금의 산정기간·지급시기 및 승급에 관한 사항, ③ 가족수당의 계산·지급 방법에 관한 사항, ④ 퇴직에 관한 사항, ⑤ 퇴직금, 상여 및 최저임금에 관한 사항, ⑥ 근로자의 식비, 작업용품 등 부담에 관한 사항, ⑦ 근로자를 위한 교육시설에 관한 사항, ⑧ 산전후휴가 · 육아휴직 등 근로자의 모성보호 및 일 · 가정 양립 지원에 관한 사항, ⑨ 안전과 보건에 관한 사항, 근로자의 성별 · 연령 또는 신체적 조건 등의 특성에 따른 사업장 환경의 개선에 관한 사항, ⑩ 업무상과 업무 외의 재해부조에 관한 사항, ⑪ 표창과 제재에 관한 사항, ⑫ 그 밖에 해당 사업 또는 사업장의 근로자 전체에 적용될 사항이다.

근로기준법 제93조에 정한 기재사항 중 누락되거나 흠결이 있는 취업규칙에 대하여 그 효력요건을 갖추는 한 취업규칙 자체가 무효로 되는 것은 아니다. 다만, 취업규칙 작성의무를 위반하면 과태료가 부과된다(근로기준법 116조).

III. 취업규칙의 변경

1. 의의 및 법규정

취업규칙은 사용자가 일방적으로 작성하는 하는 것이므로 이를 변경하는 것도 기본적으로는 사용자의 자유에 속한다고 해석된다. 그러나 사용자에 의한 자의적인 취업규칙의 변경을 무한정 허용하는 경우, 근로자의 근로조건이 불안정하게 되고 경우에 따라서는 불이익하게 변경될 가능성이 있다.

따라서 사용자가 취업규칙의 변경에 의하여 기존 근로조건의 내용을 일방적으로 근로자에게 불이익하게 변경하려면, 종전 취업규칙의 적용을 받고 있던 근로자집단의 집단적 의사결정 방식에 의한 동의를 얻도록 함으로써[16] 사용자의 권한에 일정한 제한을 부과하고 있는 것이다.

2. 불이익하지 아니한 취업규칙의 변경

취업규칙의 변경이 근로자에게 불리하지 아니한 경우 사용자는 근로자의 과반수로 조직된 노동조합이 있는 경우에는 그 노동조합, 이러한 노동조합이 없는 경우에는 근로자의 과반수의 의견을 들어야 한다. 이 경우 근로자대표의 동의를 얻을 필요는 없다.[17]

---

16) 사용자가 취업규칙의 변경에 의하여 기존 근로조건의 내용을 근로자에게 불이익하게 변경하려면 종전 취업규칙의 적용을 받고 있던 근로자집단의 집단적 의사결정방법에 의한 동의를 받을 것을 요하고, 동의의 방법은 근로자 과반수로 조직된 노동조합이 있는 경우에는 그 조합, 그와 같은 조합이 없는 경우에는 근로자들의 회의방식에 의한 과반수의 동의가 있어야 하며, 이와 같은 방법에 의한 동의가 없는 한 취업규칙의 변경은 효력을 가질 수 없다(대판 1992. 11. 14, 91다31753).

17) 취업규칙의 작성·변경에 관한 권한은 원칙적으로 사용자에게 있으므로 사용자는 그 의사에 따라 취업규칙을 작성·변경할 수 있고 단체협약에서 취업규칙의 작성·변경에 관하여 노동조합의 동의를 얻거나 노동조합과의 협의를 거치거나 그 의견을 듣도록 규정하고 있더

의견청취는 동의 또는 합의를 의미하는 것이 아니므로 사용자는 근로자대표의 의견에 구속되지 아니한다. 따라서 근로자대표의 의견이 취업규칙의 변경에 반대하는 경우에도 적법한 의견청취절차를 밟은 경우에는 사용자는 취업규칙을 변경할 수 있다.

사용자의 의견제시에 대해 노동조합이나 근로자가 이를 거부하는 경우에도 노동조합 및 근로자대표의 의견을 들은 것으로 간주된다.[18]

3. 불이익한 취업규칙의 변경

(1) 원칙

취업규칙의 작성·(불이익하지 않는)변경에는 상술한 바와 같이 근로자의 의견을 듣는 것으로 족하다. 그러나 근로기준법 제94조 1항 단서에는 "취업규칙을 근로자에게 불리하게 변경하는 경우에는 그 동의를 받아야 한다."라고 규정하고 있다.

이는 이미 정하여진 근로조건을 사용자가 일방적으로 저하시키는 것을 방지하려는 취지이다. 이 규정은 상시 10명 미만의 근로자를 사용하는 사용자가 임의로 취업규칙을 작성·변경하는 경우에도 당연히 적용된다.

다시 말해서 취업규칙의 변경이 근로자에게 불이익한 경우, 사용자는 근로자집단의 동의를 얻어야 하며, 단지 의견을 청취하는 것으로는 부족하다. 즉, 사업장의 '근로자의 과반수로 조직된 노동조합이 있는 경우에는 그 노동조합, 이러한 노동조합이 없는 경우에는 근로자의 과반수의 동의'를 얻어야 한다. 이때 근로자의 과반수로 조직된 노동조합의 동의는 그 노동조합의 대표자의 동의로 족하며, 별도로 조합원 과반수의 동의가 필요한 것은 아니다.[19]

라도 원칙적으로 취업규칙상의 근로조건을 종전보다 근로자에게 불이익하게 변경하는 경우가 아닌 한 그러한 동의나 협의 또는 의견청취 절차를 거치지 아니한 채 작성·변경한 취업규칙의 효력이 부정되지는 않는다(대판 1994. 12. 23, 94누3001).

18) 같은 취지 ; 이상윤, 노동법, p.375

19) 대판 1997. 5. 16, 96다2507; 대판 2003. 6. 13, 2002다65097.

근로자들이 불리하게 변경된 취업규칙에 대하여 적극적으로 반대의사를 표시하지 아니하였다고 하여 근로자들의 묵시적인 동의 또는 추인이 있었다고는 볼 수 없다.[20] 또한 불리하게 변경된 취업규칙에 대해 사후승인이 인정될 수 있는지의 여부에 대하여 이는 아직 발효되지 아니한 취업규칙의 변경에 대한 동의에 해당되므로 동의 이후부터 효력을 발생하고 소급효는 인정되지 아니한다고 한다.[21] 그러나 대법원의 판례는 이를 긍정하고 있다.[22]

(2) 불이익변경의 판단기준

① 판단의 기준

가. 합리성 기준

판례는 취업규칙의 변경이 사회통념상 합리성[23]이 있다고 판단되는 경우에는 근로자의 집단적 동의는 불필요하다고 여겨왔다.[24] 이러한 판례법리는 초기에

---

20) 근로자들이 보수규정의 개정에 대하여 이의를 제기하지 않았다든가 보수규정의 개정 이후 3회에 걸쳐 단체협약을 체결하면서 노동조합이 아무런 이의를 제기하지 않았다는 것만으로 보수규정 개정에 관하여 근로자들의 묵시적 동의 내지 추인이 있었다고는 단정할 수 없다(대판 1994. 4. 12, 92다20309).

21) 김형배, 근로기준법, p.204 ; 이병태, 노동법, p.886.

22) 단체협약 부칙에 '위 단체협약 시행일 이전에 발생한 모든 사항은 위 협약에 의한 것으로 본다.'라는 규정을 둔 것은 공단이 설립된 이후 위 단체협약체결 시까지 사이에 노사관계에서 발생하였던 근로조건 등의 모든 사항에 관하여 노동조합이 그 효력을 소급적으로 승인하는 취지라고 보여지는 바, 위 단체협약에서 특별히 퇴직금 지급률의 변경을 위한 위 92. 4. 29자 취업규칙의 개정에 관한 사항을 배제하는 내용의 규정을 두지 않았으므로 노동조합은 위 단체협약에 의하여 퇴직금 지급률의 변경에 관하여도 소급적으로 동의한 것이라고 해석하여야 할 것이고, 이와 달리 위 단체협약 부칙의 의미를 원심과 같이 장래에 향하여만 효력을 승인한 것이라고 볼 것은 아니다(대판 1992. 7. 4, 91다34073).

23) 취업규칙의 변경이 사회통념상 합리성이 있는지 여부 및 근로자에게 불이익한지의 여부는 그 변경의 취지와 경위, 해당 사업체의 업무의 성질, 취업규칙 각 규정의 전체적인 체제 등 제반 사정을 종합하여 판단하여야 한다(대판 1997. 5. 16, 96다2507).

24) 취업규칙의 하나인 인사규정 중 해직사유 및 임용자격제한사유에 관한 보완 및 변경이 사회통례상 합리성이 있다고 인정되는 한 근로자에게 불이익한 것이라고 속단할 수 없는 것이므로, 그 변경에 즈음하여 근로기준법 제95조(현행법 94조)가 정하는 절차를 밟지 아니

는 정년제를 신설하고 퇴직금을 누진제에서 단수제로의 변경하는 등 근로조건을 저하시키는 경우에도 사회통념상의 합리성이 인정되면 불이익한 변경이 아니라는 논리구조를 취하였다.[25] 그러나 1989년 근로기준법 개정시에 취업규칙 불이익 변경에 근로자 집단의 동의절차가 규정된 이후에는 사회통념상 합리성 여부를 불이익 여부의 판단과 구분하여 비록 불이익 변경에 해당한다해도 사회통념상 합리성이 있으면 과반수 노조 또는 근로자의 동의를 받지 않아도 변경된 취업규칙의 효력을 인정하는 쪽으로 바뀌었다.[26]

나. 개별적 기준

취업규칙의 변경이 일부 근로자에게는 유리하고, 일부 근로자에게는 불리한 경우에 이는 불이익한 변경에 해당되는 지가 문제로 될 수 있는데, 이에 대해 대법원은 소수의 근로자에게 불리한 경우에도 불이익 변경으로 해석하고 있다.[27]

다. '사회통념상 합리성'의 의미

현행 근로기준법은 취업규칙을 불이익하게 변경하는 경우, 과반수 노조나 또는 근로자 과반수의 동의를 요하는 규정을 두고 있으므로, 이에 반하는 취업규칙은 원칙적으로 그 효력이 부인된다(위반시 벌금 500만원).

하였다고 하여 그 변경된 인사규정의 효력을 부인할 수는 없다. 취업규칙의 변경이 사회통념상 합리성이 있느냐의 여부나 근로자에게 불리한가의 여부는 그 변경의 취지와 경위, 해당사업체의 업무의 성질, 취업규칙 등 각 규정의 전체적인 체제 등 제반사정을 종합하여 판단해야 한다(대판 1988. 5. 10, 87다카2853).

25) 대판 1978. 9. 12, 78다1046; 대판 2001. 1. 5, 99다70846; 대판 2004. 7. 22, 2002다57362.

26) 대판 2001. 1. 5, 99다70846; 대판 2002. 6. 11, 2001다16772 등.

27) 취업규칙의 일부인 급여규정의 변경이 일부의 근로자에게는 유리하고 일부의 근로자에게는 불리한 경우, 그러한 변경에 근로자집단의 동의를 요하는지를 판단하는 것은 근로자 전체에 대하여 획일적으로 결정되어야 할 것이고, 또 이러한 경우 취업규칙의 변경이 근로자에게 전체적으로 유리한지 불리한지를 객관적으로 평가하기가 어려우며, 같은 개정에 의하여 근로자 상호간의 유·불리에 따른 이익이 충돌하는 경우에는 그러한 개정은 근로자에게 불이익한 것으로 취급하여 근로자들 전체의 의사에 따라 결정하게 하는 것이 타당하다(대판 1993. 5. 14, 93다1893). 같은 취지 ; 대판 1997. 8. 26, 96다1726 ; 대판 1993. 12. 28, 92다50416.

이러한 강행규정이 있음에도 불구하고, 판례는 '취업규칙을 근로자에게 불이익하게 변경하는 경우에도 그것이 당해 조항의 법적 규범성을 시인할 수 없을 정도로 사회통념상 합리성이 있는 변경에 해당하는 때에는 근로자 집단의 동의를 받지 않은 경우에도 변경의 효력을 인정'하는 예외적인 판례법리를 형성해 오고 있다.

다시 말해서 사회통념상 합리성의 판단과 관련해서는, 취업규칙의 변경의 필요성 및 내용의 양면에서 보아 근로자가 입게 될 불이익의 정도를 고려하더라도 당해 규정의 법적 규범성을 시인할 수 있을 정도가 되어야 하며, 그 구체적인 판단기준은 ① 취업규칙 변경으로 근로자가 입게 되는 불이익의 정도, ② 사용자 측의 취업규칙 변경 필요성의 내용과 정도, ③ 변경 후 취업규칙 내용의 상당성, ④ 대상 조치 등을 포함한 다른 근로조건의 개선상황, ⑤ 노동조합 등의 교섭경위와 노동조합이나 다른 근로자의 대응, ⑥ 동종 사항에 관한 국내 일반적인 상황 등을 종합적으로 고려하여야 한다고 설시한 하였는데, 이러한 판단구조는 거의 정착되어 있다고 할 수 있다.[28)]

이러한 판례법리는 후술하는 바와 같이 일본 최고재판소가 1968년의「슈보크버스사건(秋北バス事件)」및 1997년의 다이시은행사건「第四銀行事件」서 판시한 취업규칙의 판단기준을 그대로 답습한 것으로 판단되나, 우리나라의 경우에는 일본과는 달리 1989년 근로기준법 개정시에 이미 취업규칙 불이익 변경시에는 과반수 노조 또는 근로자의 동의가 필요하다는 규정이 명문화되어 상황이 달라졌음에도 불구하고, 법원이 계속적으로 종전의 법리를 유지하는 것은 강행법규의 적용을 비켜가는 것은 일종의 사법적 일탈이며 법체계상으로도 모순된다.[29)] 대법원도 이를 의식해서인지 최근의 판결에서는 사회통념상의 합리성을 판단함에 있어 위에서 열거한 ①~⑥항목을 종합적으로 고려하여 판단할 것을 전제로 하면서도, '다만, 취업규칙을 불리하게 변경하는 경우에는 그 동의를 받도록 한 근로기준법을 사실상 배제하는 것이므로 제한적으로 엄격하게 해석하여야

28) 대판 2005. 11. 10, 2005다21494 판결 등에서도 동일한 판단구조를 원용하고 있다.

29) 이에 대해서는 사법권의 한계를 넘어서는 것이라는 비판이 있다. 상세한 것은 임종률,『노동법』2015, 356면; 김형배,『노동법』2015, 312면 이하 참조.

한다'는 입장을 취하고 있다.[30] 최근에는 취업규칙 변경을 통한 '임금피크제'의 도입이 불이익한 변경으로 사회통념상의 합리성이 인정되는지 여부가 이슈가 되고 있다.*

*** 임금피크제의 도입과 사회통념상의 합리성**

국회는 2013. 4. 30. 본회의에서 '고용상 연령차별금지 및 고령자고용촉진법에 관한 법률'(이하 '고령자법') 개정을 통하여 정년 60세 제도를 도입하였다. 우리나라가 정년 60세제를 도입하게 된 배경에는 유례없이 빠르게 진행되고 있는 고령사회에 대응하는 한편, 근로자의 고용안정과 생산 가능 인구 부족현상에 대비하기 위하여 그동안 자율적으로 정해오던 정년을 60세로 연장함과 동시에 노사에게 임금체계 개편의무를 법제화하였다. 현행법에서는 아직까지 60세 정년이 권고사항으로 되어 있지만, 2016년부터는 300명 이상 사업장과 공기업에 대해, 그리고 2017년부터는 300인 미만의 사업장과 중앙 지자체 정부기관에 대해서도 점진적으로 의무화되게 된다. 따라서 지금까지는 기업이 임의로 정해온 정년을 법정 정년제의 도입에 맞추어 60세로 연장하는 한편, 임금체계 개편을 위해 단체협약을 비롯하여 취업규칙, 근로계약을 새로 체결하거나 변경이 불가피하다. 이에 기업은 취업규칙 변경을 통하여 신규고용을 창출함과 동시에, 정년연장으로 인한 코스트의 부담을 줄이기 위해 임금피크제를 도입하려고 하자, 노동계는 임금삭감을 동반하는 임금체계의 개편에는 동의할 수 없다고 하여 노사가 격렬하게 대립하고 있다. 이 경우에도 임금피크제의 도입에 대한 사회통념상의 합리성 여부가 문제가 되는 전형적인 사안이라 할 수 있겠다.

(3) 집단적 동의의 방법

① 집단적 동의의 인정

근로자의 집단적 동의는 근로자의 과반수로 조직된 노동조합이 있을 경우에는 그 노조의 동의서를 첨부하고, 근로자 과반수의 동의는 사용자의 개입 및 간

30) 대판 2010. 1. 28, 2009다32362 판결.

섭이 배제된 상태에서 근로자들의 집단적 의사결정 방식 및 합의방식에 의해 과반수의 동의를 얻는 방식에 의한다.[31]

다만, 사업장 규모나 사업의 성질 등을 고려하여 근로자가 일시에 한자리에 회합하기 곤란한 경우 등에는 사용자의 개입 및 간섭이 배제된 상태에서 근로자 상호간에 의견을 교환하여 찬반의견을 집약한 후 이를 전체적으로 취합하는 방식도 허용된다고 할 것인데, 여기서 사용자측의 개입이나 간섭이라 함은 사용자측이 근로자들의 자율적이고 집단적인 의사결정을 저해할 정도로 명시 또는 묵시적인 방법으로 동의를 강요하는 경우를 의미하고 사용자측이 단지 설명하고 홍보하는데 그친 경우에는 사용자측의 부당한 개입이나 간섭이 있었다고 볼 수 없다는 것이 판례의 입장이다.[32]

② 집단적 동의의 불인정

판례는 근로자 개인의 동의[33], 회람형식의 동의[34] 또는 노사협의회에서의 동

---

31) 취업규칙을 근로자에게 불이익하게 변경하는 경우 요구되는 '집단적 의사결정방법'이라 함은 반드시 한 사업 또는 사업장의 전 근로자가 일시에 한 자리에 집합하여 회의를 개최하는 방식만이 아니라 한 사업 또는 사업장의 기구별 또는 단위부서별로 사용자 측의 개입이나 간섭이 배제된 상태에서 근로자 상호간에 의견을 교환하여 찬반의견을 집약한 후 이를 전체적으로 취합하는 방식도 허용된다(대판 1993. 1. 15, 92다39778).

32) 대판 2003. 11. 14, 2001다18322.

33) 사용자가 취업규칙에 규정된 근로조건의 내용을 근로자에게 불이익하게 변경하는 경우에는 그 변경이 사회통념상의 합리성이 있다고 인정되지 않는 한, 취업규칙의 적용을 받고 있던 근로자들의 집단적 의사결정방법에 의한 동의를 얻어야 한다. 그 동의는 근로자 과반수로 조직된 노동조합이 있는 경우에는 노동조합의, 노동조합이 없는 경우에는 근로자들의 자주적인 의견의 집약에 의한 과반수의, 동의를 의미하는 것으로서 위와 같은 방법에 의한 동의가 없는 한 취업규칙 변경은 효력이 없다. 이는 그러한 취업규칙의 변경에 대하여 개인적으로 동의한 근로자에 대하여도 효력이 없기는 마찬가지이다(대판 1992. 12. 8, 91나15432).

34) 취업규칙을 불리하게 개정하면서 근로자 상호간 아무런 의견교환의 과정 없이 회사와 근로자들 간에 개별적으로 논의한 후 회람형식의 동의서에 근로자들이 개별적으로 동의한다는 취지로서 날인한 경우는 집단적 의사결정방법에 의한 동의라고 볼 수 없으므로 효력이 없다(서울지법 1994. 12. 22, 94가합64767).

의[35] 등은 집단적 동의방식으로 인정하지 않는다.

(4) 집단적 동의 결여시의 효과

① 원칙

근로자에게 불이익하게 취업규칙을 변경하는 경우 근로자집단의 동의를 받지 못한 경우 변경된 부분은 근로자 전체는 물론 변경에 동의한 근로자 개인에게도 취업규칙변경의 효력이 발생하지 아니한다.[36]

② 신규 근로자에 대한 적용여부

사용자가 취업규칙의 불이익변경에 있어 기존의 근로자집단의 동의를 얻지 못하여 그 변경이 무효가 된 경우에, 변경 이후에 입사한 근로자에 대해서는 어느 취업규칙을 적용하여야 할 것인가가 문제된다.

이에 대하여는 '절대적 무효설'과 '상대적 무효설'로 견해가 나뉘고 있다. 전자 즉 절대적 무효설은 현행 취업규칙의 변경이 무효라면 모든 근로자에 대해서 그 취업규칙 자체가 무효라는 견해이고, 후자 즉 상대설 무효설은 취업규칙의 변경

---

35) 노사협의회는 근로자와 사용자 쌍방이 이해와 협조를 통하여 노사공동의 이익을 증진함으로써 산업평화를 도모할 것을 목적으로 하는 제도로서 노동조합과 그 제도의 취지가 다르므로 비록 회사가 근로조건에 관한 사항을 그 협의사항으로 규정하고 있다 하더라도 근로자들이 노사협의회를 구성하는 근로자위원들을 선출함에 있어 그들에게 근로조건을 불이익하게 변경함에 있어서 근로자들을 대신하여 동의할 권리까지 포괄적으로 위임한 것이라고 볼 수 없다. 그 근로자위원들이 퇴직금규정의 개정에 동의함에 있어서 사전에 그들이 대표하는 각 부서별로 근로자들의 의견을 집약 및 취합하여 그들의 의사표시를 대리하여 동의권을 행사하였다고 볼 만한 자료도 없다면, 근로자위원들의 동의를 얻은 것을 근로자들 과반수의 동의를 얻은 것과 동일시 할 수는 없다(1994. 6. 24, 92다28556).

36) 사용자가 취업규칙을 근로자에게 불이익하게 변경하는 경우에 근로자집단의 집단적 의사결정방법에 의한 동의를 얻지 아니한 이상, 취업규칙의 변경에 대하여 개인적으로 동의한 근로자에 대하여도 변경의 효력이 발생하지 아니한다(대판 1991. 3. 27, 91다3031; 대판 1992. 12. 22, 91다45163).

은 기득권이 침해되는 기존근로자에 대해서만 무효이고 신규 입사자에 대해서는 유효하다는 견해이다.

종전의 대법원 판례는 '절대적 무효설'의 입장을 취하였으나,[37] 그 후의 판례[38]는 그 견해를 바꾸어 변경된 근로조건을 수용하고 새로 입사한 근로자에게는 그 변경된 취업규칙이 유효하게 적용된다고 보는 '상대적 무효설'을 취하고 있다.

한편, 퇴직금 누진제를 불이익하게 변경하는 경우에 상대적 무효설을 따를 경우, 하나의 사업장에 두 개의 퇴직금제도가 존재하게 되어 퇴직급여법 제4조 2항에서 규정하고 있는 퇴직금차등제도 금지규정에 위반하지 않는가 하는 의문이 생길 수 있다.

이에 대하여 대법원은 변경된 퇴직금제도와 별개의 퇴직금제도를 적용하는 결과가 되었다 하더라도 이는 근로기준법 제34조(현행 퇴급법 제4조 2항)에 위반되는 퇴직금차등제도를 설정한 경우에 해당되지 아니한다고 해석하고 있다.[39]

---

37) 예를 들어, 대판 1990. 4. 27, 89다카7754; 대판 1990. 7. 10, 89다카31443; 대판 1991. 12. 10, 91다8777 등.

38) 사용자가 취업규칙에서 정한 근로조건을 근로자에게 불리하게 변경함에 있어서 근로자의 동의를 얻지 못한 경우에 그 변경으로 기득이익이 침해되는 기존의 근로자에 대한 관계에서는 그 변경의 효력이 미치지 않게 되어 종전 취업규칙에 따른 근로조건을 수용하고 근로관계를 갖게 된 근로자에 대한 관계에서는 당연히 변경된 취업규칙이 적용되어야 하고 기득이익의 침해라는 효력배제사유가 없는 변경 후의 취업근로자에 대해서까지 그 변경의 효력을 부인하여 종전 취업규칙이 적용되어야 한다고 볼 근거가 없다(대판 1992. 12. 22, 92다45165).

39) 근로기준법 제28조 2항(현행법 34조 2항)은 하나의 사업 내에 차등 있는 퇴직금제도의 설정을 금하고 있으나, 변경된 취업규칙의 퇴직금제도가 기존근로자의 기득이익을 침해하는 것이어서 이들에게는 그 효력이 미치지 않고 부득이 종전제도의 적용을 받게 됨으로써 이러한 기득이익이 없는 취업규칙변경 후의 취업근로자에게 적용되는 퇴직금제도와 별개의 퇴직금제도를 적용하는 결과가 되었다 하여도, 이러한 경우까지 위 법조에서 금지하는 차등 있는 퇴직금을 설정한 경우에 해당한다고 볼 수는 없는 것이다(대판[전원합의체] 1992. 12. 22, 92다45165). 같은 취지 ; 대판 1993. 1. 15, 92다39778 ; 대판 1993. 1. 19, 92다9494 ; 대판 1993. 6. 11, 93다11876.

IV. 취업규칙의 신고·심사 및 주지의무

1. 신고의무

상시 10명 이상의 근로자를 사용하는 사용자는 취업규칙을 작성해야 하며, 취업규칙을 작성 또는 변경하는 경우에는 이를 고용노동부장관에게 신고해야 한다(근기법 93조). 이 경우 고용노동부장관이 고시하는 서식에 취업규칙 및 근로자 집단의 의견 또는 동의를 기입한 서면을 첨부하여 고용노동부장관에게 신고하여야 한다(근기법 93조, 94조).

다만, 신고하지 않은 취업규칙에 대해 벌칙(117조의 과태료)은 별도로 하고, 법령이나 단체협약에 위배되지 않는 한 그 효력은 유효하다.[40]

2. 법령 · 단체협약 위반의 금지

근기법 제96조(단체협약의 준수)

① 취업규칙은 법령이나 해당 사업 또는 사업장에 대하여 적용되는 단체협약과 어긋나서는 아니 된다.
② 고용노동부장관은 법령이나 단체협약에 어긋나는 취업규칙의 변경을 명할 수 있다.

고용노동부장관은 취업규칙 내용 중에 법령이나 단체협약(규범적 부분)에 위반되는 부분이 있으면 이에 대한 변경을 명할 수 있는데, 이는 사용자가 일방적으로 정하는 취업규칙이 법령이나 단체협약보다 우월할 수 없다는 것을 명확하게 하기 위한 것이다.

따라서 단체협약의 적용을 받지 않는 근로자(예컨대 비조합원)에게 적용되는 취

---

40) 취업규칙을 비치하거나 신고하지 않았다고 하더라도 사용자가 형사처벌 대상이 될 수는 있으나, 취업규칙의 효력 자체는 인정된다(중노위 1996. 6. 28, 96부해75).

업규칙의 경우에는 설사 단체협약에 위반하는 부분이 있다하더라도 상관없다.

3. 주지의무

> **근기법 제14조(법령 요지 등의 게시)**
>
> ① 사용자는 이 법과 이 법에 따른 대통령령의 요지(要旨)와 취업규칙을 근로자가 자유롭게 열람할 수 있는 장소에 항상 게시하거나 갖추어 두어 근로자에게 널리 알려야 한다.
> ② 사용자는 제1항에 따른 대통령령 중 기숙사에 관한 규정과 제99조 제1항에 따른 기숙사 규칙을 기숙사에 게시하거나 갖추어 두어 기숙(寄宿)하는 근로자에게 널리 알려야 한다.

근로기준법은 취업규칙의 실효성을 확보하기 위하여 사용자로 하여금 근로기준 관련법령과 취업규칙을 각 사업장에 비치하여 근로자에게 주지시키도록 의무화하고 있다.

사용자가 취업규칙을 게시 또는 비치하지 아니한 경우 벌칙의 적용을 받게 되나(근기법 116조), 그 취업규칙은 당연히 무효로 되지 아니한다.

V. 취업규칙과 법령 등과의 관계

1. 법령 및 단체협약과의 관계

취업규칙은 법령 및 단체협약의 하위규범으로서 이에 위배될 수 없음이 원칙이나, 다만 '유리한 조건 우선의 원칙'*에 의해 상위규범 보다 유리한 근로조건을 규정할 수는 있다.

* '유리한 조건 우선의 원칙'의 의미

근로계약이 단체협약보다 근로자에게 유리한 경우에도 단체협약의 강행적·보충적 효력이 미치는지가 문제로 될 수 있다. 독일의 경우에는 산업별·통일적 교섭을 통하여 이루어지는 단체협약상의 최저근로조건을 보완하기 위하여 각 기업의 특수성을 반영하여 근로자에게 유리한 근로계약이나 사업장협정을 인정하는 소위 '유리성의 원칙'을 명문으로 규정하고 있다. 이에 비해 우리나라나 일본에서는 이와 같은 명문의 규정을 두고 있지 않기 때문에 해석상 다툼이 있을 수 있으나, 안이하게 유리성의 원칙을 인정하는 경우에는 노동조합의 존재의의를 약화시킬 가능성이 있기 때문에 이에 대한 명문의 규정이나 특약이 없는 한, 이를 인정하지 않는 것이 타당하다고 본다.

2. 근로계약과의 관계

근기법 제97조(위반의 효력)

취업규칙에서 정한 기준에 미달하는 근로조건을 정한 근로계약은 그 부분에 관하여는 무효로 한다. 이 경우 무효로 된 부분은 취업규칙에 정한 기준에 따른다.

개별 근로자가 취업규칙과 다른 내용의 근로계약을 체결할 수는 있으나, 취업규칙에서 정한 근로조건의 기준에 미달하는 근로조건을 정한 경우에는 이는 무효가 되며(강행적 효력), 무효가 된 부분에 대해서는 취업규칙에서 정한 기준이 적용된다(보충적 효력).

이처럼 취업규칙의 강행적·보충적 효력을 규정하고 있는 이유는 취업규칙에서 정하는 근로기준에 미달하는 근로자들의 근로조건을 향상시켜 이들을 보호함과 동시에, 전체 근로자들의 근로조건을 가능한 한 획일화·통일화하는데 그 주된 목적이 있다.

이러한 점에서 근로계약상의 근로조건이 단체협약상의 그것보다 유리한 경우에 이를 인정할 것인가(유리성의 원칙)를 둘러싸고 이론(異論)이 있는 것과는 다르다고 할 수 있으며, 명시적인 규정은 없지만 근로계약에서 정하지 못한 근로조건에 대해서도 취업규칙의 기준이 적용된다고 해석된다.

CASE STUDY

Case1

웹디자이너인 주부 A씨는 W社에서 파견사원으로 웹디자인업무에 종사하고 있다. 하지만, A씨는 자기와 거의 동일한 일에 종사하고 있는 B사 소속의 웹디자이너에게는 매달 지급되는 특별수당 및 근속수당 등을 지급받지 못하고 있다. A가 할 수 있는 권리구제방법은?

Check Point : 비정규직에 대한 차별금지(파견법 제21조1항~3항)

Case2

C는 H자동차회사의 사내협력업체에 입사하여 근무하던 중, 근무태도가 불량하다는 이유로 사내협력업체로부터 해고되었다. 그러자 C는 사내협력업체는 실체가 없을 뿐만 아니라, H사가 자기를 직접적으로 지위·감독하였으며, 또한 근로조건도 H사가 사실상 결정을 했다고 주장하면서, H사를 상대로 노동위원회에 부당해고구제신청을 하였다. C의 주장은 정당한가? 참고로 C는 자동차 컨베이어공정에서 H사의 근로자들과 혼재되어 작업에 종사하였으며, 출퇴근시간을 비롯하여 연장근로, 야간근로도 H사의 근로자들과 동일하였다. 참고로 위 협력업체는 H사 소유의 생산시설 및 부품, 소모품을 사용하여 Y사가 미리 작성하여 교부한 각종 작업지시서에 따라 단순·반복적인 업무를 수행하였다.

Check Point : 도급과 파견의 구별기준
*대판 2010.7. 22, 2008두4367; 대판 2015. 2. 26, 2011다78318.
*「노동판례백선」 p.214《Case54》

Case3

외식업 및 송풍기 제조업을 하고 있는 K社는 식당주방 및 제조공정에 종사할 인력이 부족하여 외국으로부터 외국인근로자 및 재외동포를 채용하고자 한다. 하지만 K사는 외국인을 채용한 경험이 없어 법률상담을 요청해왔다. 어떻게 법적 어드바이스를 하면 좋을까?

Check Point : 취업관리제 및 고용허가제의 절차

제5장 비정규직고용 및 외국인고용

I. 비정규직 근로자

1. 비정규직 근로자의 개념

(1) 비정규직 근로자의 의의

비정규직 근로자[1]는 한마디로 정규근로자가 아닌 고용형태의 근로자를 말한다. 일반적으로 정규고용의 개념 요소를 어떻게 볼 것인가는 논자에 따라 다를 수 있겠지만, 우선 i) 기간의 정함이 없이 고용되어, ii) 자기가 고용된 기업에서 근무하는, iii) 상근(full-time)근로자로 정의할 경우, 그에 대응하는 비정규고용의 형태로서는, a) 계약기간을 정하여 취업하는 기간제근로, b) 파견근로, c) 단시간근로 등을 들 수 있다.

다시 말해, 사용자에 의하여 직접 고용되어 고용과 사용이 일치하고 정년까지

---

1) '비정규직 근로자'란 법률상 용어라기보다는 사회적으로 정규직 근로자에 비해 근로조건 등에서 구별되는 근로자를 통칭해서 사용하는 강학상의 개념으로, 일반적으로는 기간제근로자(계약직), 파견근로자, 단시간근로자 등이 여기에 포함된다. 그러나 도급이나 특수형태근로종사자까지 포함하는 광범위한 개념으로 사용하는 경우도 있다(이정, "비정규근로에 대한 문제점 및 정책적 대안을 중심으로", 외법논집, 제20집[2005] 참조).

의 고용이 보장되는 고용형태를 '정규(standard)근로'라 하고, 그 이외의 고용형태를 '비정규(irregular)' 또는 '비정형(contingent, atypical, non-standard)근로'라 한다.

정규근로는 근로기준법 소정의 해고제한규정에 의한 보호를 받게 되어 중대한 귀책사유가 없는 한 정년까지 고용이 보장되지만, 비정규근로는 기간만료 등에 의하여 본인의 귀책사유가 없음에도 근로계약관계가 종료되어 해고제한규정에 적용되지 않는다.

(2) 비정규직 근로자의 분류

비정규근로는 매우 다양한 형태로 이루어지고 있고 새로운 형태가 계속 늘어나고 있다. 비정규근로 형태를 개략적으로 유형화한다면 크게 a) 근로계약기간이 정해져 있는 기간제근로자와 파트타임이라고 불리는 단시간 근로자 등의 직접고용 비정규직, b) 용역회사와 근로계약을 맺은 근로자가 다른 회사에 가서 그 회사의 지휘·감독 하에서 근로에 종사하는 파견을 비롯한 용역·도급·사내하청 등의 간접고용 비정규직, c) 마지막으로 골프장 경기보조원·학습지도교사·레미콘기사 등과 같이 법률상 개인사업자 형식으로 되어 있기 때문에 근로기준법과 각종 사회보험(산재보험은 제외) 등의 적용이 배제되는 특수고용형태에 종사하는 비정규직으로 분류할 수 있다.[2]

2) 한편, 근로계약기간에 대한 정함이 없다고 하더라도 상시 5인 미만의 근로자를 사용하는 영세사업장에 근무하는 근로자의 경우 근로기준법의 해고제한규정이 적용되지 않기 때문에 정년까지의 고용이 보장되지 않는다는 측면에서는 광의의 비정규직 근로자에 해당하는 것으로 볼 수도 있다.

2. 비정규직 근로자의 증가원인

(1) 노동비용의 감소

최근, 특히 IMF 위기 극복과정에서의 우리나라에서 비정규직 근로자의 확산은 기업의 혁신적인 경영전략이라고 보기보다는 실질적으로 기업의 구조조정과 비용절감을 위한 정규직의 비정규직으로의 대체와 아웃소싱을 통한 고용승계의무 등을 우회하려는 노무관리정책에 기인한 바가 큰 것으로 분석된다.

(2) 경제구조의 변화와 자발적 비정규화

경제구조의 서비스 산업화, 정보사회화 및 세계화 등으로 인하여 장기적·항상적 일자리 보다는 일시적·임시적 고용수요가 증대하는 현상이 확산되었다.

여성의 사회진출이 활발해지고 경제활동인구의 고령화로 인하여 노동의 공급측면 구성이 다양화됨과 동시에, 근로자 측에서도 자유 시간에 대한 선호경향이 증대하면서 일정한 수준에서 자발적인 비정규직 선호 현상이 증대되었다.

3. 비정규식근로자의 보호규정

경기변동과 고용시장의 유동화로 인하여 비정규직근로자들이 급증하면서 정규직과의 차별문제가 사회적인 이슈로 등장하게 되자, 비정규직에 대한 남용을 방지하고 불합리한 차별을 시정하기 위하여 2006년 12월에 기간제법을 제정하고 파견법을 대폭적으로 개정하기에 이르렀다. 이에 대한 내용을 개략적으로 소개하면 다음과 같다.

(1) 기간제근로자

① 개념 및 적용법률

'기간제근로자'란 기간이 정함이 있는 근로계약을 체결한 근로자를 말한다(기간제법 2조 1호). 기간제근로자는 상용근로자에 대립되는 개념으로 임시직·촉탁직·계약직이라 불리는 직군들이 이에 속한다.

기간제근로자도 근로자이므로 근로기준법과 노동조합법을 비롯하여 근로자에게 적용되는 법들이 기본적으로 적용되는 것과는 별도로 '기간제법의 적용을 받게 된다.

기간제법은 상시 5명 이상의 근로자를 사용하는 모든 사업 또는 사업장에 적용되며, 다만 동거하는 친족만 사용하는 사업 또는 사업장과 가사사용인에 대하여는 적용하지 아니 한다(3조 1항). 그러나 4명 이하의 근로자를 사용하는 사업 또는 사업장에 대하여도 대통령령으로 정하는 바에 따라 이 법의 일부를 적용할 수 있으며(3조 2항), 국가 및 지방자치단체의 기관에 대하여는 상시 사용하는 근로자 수에 관계없이 이 법을 적용한다(3조 3항).[3]

3) 기간제법은 2007년 7월 1일부터 시행하되, 차별의 금지에 시정에 관한 규정은 사업 또는 사업장 규모에 따라 그 시행시기를 달리하는데, 예를 들어 ① 상시 300인 이상의 근로자를 사용하는 사업 또는 사업장, 국가 및 지방자치단체의 기관, 정부산하기관, 정부투자기관, 지방공사 및 지방공단, 정부출연연구기관 및 연구회, 국립대학병원은 2007. 7. 1부터, ② 상시 100인 이상 300인 미만의 근로자를 사용하는 사업 또는 사업장은 2008. 7. 1부터, ③ 상시 100명 미만의 근로자를 사용하는 사업 또는 사업장은 2009. 7. 1부터 시행한다(부칙1항).

② 사용기간

> **기간제법 제4조(기간제근로자의 사용)**
>
> ① 사용자는 2년을 초과하지 아니하는 범위 안에서(기간제 근로계약의 반복갱신 등의 경우에는 그 계속 근로한 총기간이 2년을 초과하지 아니하는 범위 안에서 기간제 근로자를 사용할 수 있다.
> 다만, 다음 각 호의 어느 하나에 해당하는 경우에는 2년을 초과하여 기간제근로자를 사용할 수 있다.
> 1. 사업의 완료 또는 특정한 업무의 완성에 필요한 기간을 정한 경우
> 2. 휴직·파견 등으로 결원이 발생하여 당해 근로자가 복귀할 때까지 그 업무를 대신할 필요가 있는 경우
> 3. 근로자가 학업, 직업훈련 등을 이수함에 따라 그 이수에 필요한 기간을 정한 경우
> 4. 「고령자고용촉진법」 제2조 제1호의 규정에 의한 고령자와 근로계약을 체결한 경우
> 5. 전문적 지식·기술의 활용이 필요한 경우와 정부의 복지정책·실업대책 등에 의하여 일자리를 제공하는 경우로서 대통령이 정하는 경우
> 6. 그 밖에 제1호 내지 제5호에 준하는 합리적인 사유가 있는 경우로서 대통령령이 정하는 경우
>
> ② 사용자가 제1항의 단서의 사유가 없거나 소멸되었음에도 불구하고 2년을 초과하여 기간제근로자로 사용하는 경우에는 그 기간제근로자는 기간이 정함이 없는 근로계약을 체결한 근로자로 본다.

가. 사용기간의 제한

기간제법은 기간제근로자를 보호하기 위하여 총사용기간이 2년을 초과하지 않는 범위 내에서 기간제근로자를 사용할 수 있도록 한 다음, 이 기간을 초과하여 사용하는 경우에는 기간을 정함이 없는 근로자로 본다.[4]

따라서 2년 이상의 근로계약을 체결하는 경우는 물론, 단기간의 근로계약의 갱신을 반복한 결과 총기간이 2년을 초과하는 경우에도 기간의 정함이 없는 근로계약으로 된다. 다만, 일정한 기간을 두고 기간제근로자를 사용한 경우에는 2년의 제한규정이 적용되지 않는다고 본다.

---

4) 기간제법을 제정할 당시에는 사용사유를 제한하는 규정을 둘 것인가가 쟁점이 되었으나, 현행법에서는 사용기간에 대한 제한규정만 두고 있다.

나. 사용기간 제한의 예외

기간제근로자에 대해서는 2년이라는 제한규정을 두고 있으나, 다음의 경우에는 예외적으로 2년을 초과하여 기간제근로자를 사용할 수 있다.

즉, ① 사업의 완료나 특정한 업무의 완성에 필요한 기간을 정한 경우와 같이 사용기간을 확정할 수 있는 경우, ② 휴직·파견·학업·직업훈련 등으로 결원이 생겨 이에 대한 대체근로가 필요한 경우, ③ 전문적 지식·기술의 활용이 필요한 경우,* ④ 고령자 및 정부의 복지정책·실업대책의 차원에서 일자리를 제공하는 경우 및 기타 이에 준하는 합리적인 사유가 있는 경우로서 대통령령이 정하는 경우에는 2년을 초과하여 기간제근로자를 사용할 수 있다.

*** 전문적 지식 · 기술의 활용이 필요한 경우**

여기에 속하는 것으로는 ① 박사학위를 소지하고 해당 분야에 종사하는 경우, ② 기술사 등급의 국가기술자격을 소지하고 해당 분양 종사하는 경우, ③ 건축사·관제사·공인회계사·공인노무사·변리사·변호사·감정평가사·세무사·의사·항공사 등 전문자격을 소지하고 해당 분야에 종사하는 경우 등이 있다(기간제법시행령 3조 1항).

③ 차별의 금지

사용자는 기간제근로자임을 이유로 당해 사업 또는 사업장에서 동종 또는 유사한 업무에 종사하는 기간의 정함이 없는 근로계약을 체결한 근로자에 비하여 차별적 처우를 하여서는 아니 된다(8조 1항).

여기서 '차별적 처우'란 임금 그 밖의 근로조건에 관하여 합리적인 이유 없이 불리하게 처우하는 것을 말한다(2조 3호). 따라서 기간제근로자의 근로조건 등이 '비교대상이 되는 근로자'[5]에 비해 불리하게 되어 있는 경우라도 이것이 해당 근

---

5) '비교대상이 되는 근로자'로는 비정규직과 동일하거나 유사한 업무에 종사하는 근로계약기간의 정함이 없는 소위 '상용근로자'가 되나, 이러한 상용근로자가 없는 경우에는 누구를 비교대상 근로자로 해야 할지가 문제로 될 수 있다. 예컨대 사업 또는 사업장에 비정규직

로자의 능력이나 기술 등에 기초한 경우에는 차별적 처우에 해당하지 않는다.

④ 차별의 시정

기간제근로자라는 이루로 차별적 처우를 받았다고 생각하는 근로자는 노동위원회에 그 시정을 신청할 수 있다(9조 1항). 이때 근로자는 차별적 처우의 내용을 구체적으로 명시해야 하며(동조 2항), 이에 대한 입증책임은 사용자가 부담한다(동조 4항).

노동위원회는 차별에 대한 시정신청을 받은 때에는 지체 없이 필요한 조사와 당사자에 대한 심문을 하여야 한다(10조 1항).

차별사건의 경우에는 심판위원회나 조정위원회가 아니라 별도로 설치된 '차별시정위원회'가 담당하는 것을 제외하고는 부당노동행위 구제절차와 거의 같다.

⑤ 불이익처우의 금지 및 우선고용

사용자는 기간제근로자가 ① 노동위원회에 차별시정을 신청하거나 노동원회에 참석·진술하거나 노동위원회의 판정에 대하여 재심신청이나 행정소송을 제기한 것, ② 확정된 시정명령의 불이행을 고용노동부장관에게 신고한 것, ③ 기간제법 또는 이에 따른 하위법규의 위반사실을 고용노동부장관 또는 근로감독관에게 통고한 것을 이유로 해고나 그 밖의 불리한 처우를 하지 못한다(기간제법 16조). 이에 위반하면 2년 이하의 징역 또는 1천만 원 이하의 벌금에 처해진다(동법 21조).

사용자는 상용근로자를 채용하는 경우, 그 사업 또는 사업장에 같은 종류 또는 비슷한 업무에 종사하는 기간제근로자를 우선적으로 고용하도록 노력하여야 한다(동법 제5조).

만이 있는 경우에는 그 중에서 가장 상용근로자에 가까운 근로자를 비교대상으로 함이 합리적이라 생각된다.

(2) 단기간근로자

① 개념 및 적용법률

'단시간근로자'란 1주 동안의 소정근로시간이 해당 사업장에서 같은 종류의 업무에 종사하는 통상근로자의 소정근로시간에 비해 짧은 근로자를 말한다(근기법 2조 1항 8호, 기간제법 2조 2호).

단시간근로자도 근로자인 이상 근로기준법과 노동조합법을 비롯하여 노동관계법이 기본적으로 적용된다. 다만, 단시간근로자의 경우에는 상용근로자에 비해 근로시간이 짧기 때문에 아래와 같이 일부 규정의 적용이 비례적으로 적용되거나 배제되는 경우도 있다.

② 근로기준법 적용의 특례

단시간근로자는 통상근로자에 비해 근로시간이 짧기 때문에 통상근로자를 전제로 한 근로기준법을 그대로 적용하는 것이 적합하지 않는 경우가 있다. 따라서 단시간근로자에 대해서는 근로기준법 중 일부 규정에 대해서는 근로시간에 비례해서 이를 적용하거나(근기법 18조 1항 참조), 경우에 따라서는 적용을 배제할 수도 있다.

예를 들어 주휴일·산전산후에 따른 임금 및 연차휴가일수를 산정할 경우, 통상근로자와는 달리 근로시간비례의 방식에 따라 산정하여야 한다(근기법시행령 9조 별표2 참조). 또한 사용자는 단시간근로자에게 초과근로*를 시키려면 취업규칙 등에 그 내용 및 정도를 명시해야 하며, 초과근로에 대하여 가산임금을 지급하기로 한 경우에는 그 지급률을 명시해야 한다(동조).

그 외에 1주 동안의 소정근로시간이 15시간 미만인 소위 '초단시간근로자'에 대해서는 주휴일·연차휴가에 관한 규정을 적용하지 않으며(근기법시행령 9조), 퇴직급여제도를 설정할 의무가 없다(퇴직금법 4조 1항 단서).

*** 단시간근로자에 대한 초과근로의 제한**

사용자는 단시간근로자에 대하여 소정근로시간을 초과하여 근로하게 하려면 해당 근로자의 동의를 받아 1주 동안에 12시간을 초과하지 않는 범위 내에서 초과근로를 하게 할 수 있다(기간제법 6조 1항). 단시간근로자는 본인이 동의하지 아니한 초과근로에 대해서는 이를 거부할 수 있다(동조 2항).

③ 차별의 금지 및 시정

사용자는 단시간근로자임을 이유로 그 사업 또는 사업장의 같은 종류 또는 비슷한 업무에 종사하는 통상근로자에 비해 차별적 처우를 해서는 안 된다(기간제법 8조 2항).

사용자로부터 차별적 처우를 받았다고 생각되는 단시간근로자는 기간제근로자와 마찬가지로 노동위원회에 그 차별에 대한 시정을 신청할 수 있으며, 그 절차는 기간제근로자의 경우와 동일하다.

단시간근로자는 사용자의 부당한 초과근로요구에 대한 거부나 노동위원회에 신청 및 노동기관에 법규위반사실을 신고했다는 이유로 해고 그 밖의 불리한 처우를 받지 않는다(기간제법 16조). 또한 사용자는 통상근로자를 채용할 때에 그 사업 또는 사업장에 같은 종류 또는 비슷한 업무에 종사하는 단시간근로자를 우선적으로 고용하도록 노력해야 한다(기간제법 7조 1항).

(3) 파견근로자

① 근로자파견의 의의

근로자파견은 파견사업주가 근로자를 고용한 후에 그 고용관계를 유지하면서 사용사업주와 근로자파견계약을 체결하고 그 계약의 내용에 따라 파견근로자로 하여금 사용사업주의 지휘·명령을 받아 종사하게 하는 것으로서, 고용과 사용이 분리되어 파견근로자는 파견사업주에게 고용되는 고용관계가 성립하고 파견근로자와 사용사업주 사이에는 지휘·명령과 노무의 제공이라는 사용관계가 성립한다(파견법 제2조 참조).

원래 근로자파견은 근로자 공급사업으로서 직업안정법에 의하여 금지되다가 '파견근로자보호 등에 관한 법률'의 제정으로 인하여 합법화된 근로자 공급사업이다.

② 근로자파견의 규제

가. 파견대상의 제한

근로자파견법은 파견근로자를 보호하고 노동시장에서 파견근로자의 비중이 높아져 고용불안을 야기하는 것을 방지하기 위하여 근로자파견사업의 대상을 일정하게 제한하고 있다(5조).

첫째, 근로자파견사업은 제조업의 직접생산공정업무를 제외하고 전문지식·기술, 경험 또는 업무의 성질 등을 고려하여 적합하다고 판단되는 업무로서 대통령이 정하는 업무를 대상으로 한다(근로자파견법 5조 1항). 이에 따라 시행령에서는 컴퓨터 전문가, 사업전문가 등 32개 업무를 대상업무로 열거하여 규정하고 있다(동법 시행령 2조 1항 [별표 1]).

둘째, 이들 대상업무가 아니더라도 출산·질병·부상 등으로 결원이 생긴 경우 또는 일시적·간헐적으로 인력을 확보하여야 할 필요가 있는 경우에는 근로자파견사업을 행할 수 있다(동법 5조 2항). 다만 이와 같은 임시파견에 의하여 파견근로자를 사용하고자 할 경우 사용사업주는 당해 사업 또는 사업장에 근로자의 과반수로 조직된 노동조합이 있는 경우에는 그 노동조합, 근로자의 과반수로 조직된 노동조합이 없는 경우에는 근로자의 과반수를 대표하는 자와 사전에 성실하게 협의하여야 한다(동법 5조 4항).

그러나 ① 건설현장에서 이루어지는 업무, ② 항만운송사업법 등에 의한 하역업무로서 직업안정법에 의하여 근로자공급사업 허가를 받은 지역의 업무, ③ 선원법에 의한 선원의 업무, ④ 산업안전보건법에 따른 유해·위험한 업무, ⑤ 그 밖에 근로자보호 등의 이유로 근로자파견사업의 대상으로서 적절하지 못하다고 인정되어 대통령령으로 정하는 업무는 임시파견도 허용되지 않는다(동법 5조 3항 단서).

위의 파견대상 제한규정에 위반하여 파견을 하거나 파견을 하는 자로부터 파견의 역무를 제공받는 경우나, 고용노동부장관의 허가를 받지 않고 파견사업을 하는 자로부터 파견의 역무를 제공받은 경우에는, 해당 파견사업주 및 사용사업주는 3년 이하의 징역 또는 3천만 원 이하의 벌금에 처해진다(동법 43조).

*** 이중파견의 허용여부**

파견사업주로부터 파견된 근로자를 사용사업주가 또 다시 다른 사업체로 파견할 수가 있는지, 즉 이중파견의 허용여부가 문제로 될 수 있다. 이에 대해서는 통상 파견은 파견사업주와 파견근로자 사이의 근로계약과 파견회사와 사용회사 사이의 파견계약에 기초하여 이루어지는 점에 비추어, 이중파견의 경우에는 사용사업주와 파견사업주 사이에 근로계약관계가 존재하지 않으므로 이는 허용되지 않는다고 본다.

나. 문제점

위에서 살펴본 것처럼 근로자파견법은 파견허용 대상 업무가 제조업의 직접 공정업무를 제외하고 전문지식·기술·경험 등을 필요로 하는 업무(상시적 허용업무), 출산·질병·부상 등으로 결원이 생긴 경우, 일시적·간헐적으로 인력 확보 필요가 있는 경우(예외적 허용업무)로 한정되어 있음에도 불구하고, 시행령으로 상시적 허용업무를 비서, 타자원, 사무원, 도서우편 또는 관련 사무원, 수금원 및 관련 근로자, 전자교환 사무원, 주유원, 전화외판원, 간병인, 청소원 등 매우 광범위한 직종에 걸쳐 허용하고 있고(2조 별표1 참조), 나아가 대상 업무 이외의 업무에 대한 불법파견[6]도 상당수 존재한다.

그 결과 실제로는 도급, 시설관리용역[7] 및 사내하청[8] 등의 형태로 불법파견이

---

6) 법규상 용역 근로자를 사용할 수 없는 업종인데도 파견 형태로 근로들을 고용하는 경우를 말하며, 실제로는 용역이면서 서류상으로만 도급형식을 빌린 불법파견이 많다.

7) 시설관리용역은 청소, 수위, 전기 등 업종 전반에 광범위하게 이용되고 있는데, 대부분 사용업체가 업무 지휘·감독은 물론 채용과정부터 깊숙이 개입하여 사실상 직업소개에 불과한 경우가 많다.

8) 하청회사가 원청회사 사업장 안에서, 원청회사의 생산시설을 이용하여 일정한 생산 업무를 도급받아 하는 경우이며, 근로자파견법이 금지하고 있는 제조업 등의 직접생산 공정업무에 일상적으로 투입되는 경우가 많다.

이루어지고 있는 경우가 많다. 우리나라의 경우에는 IMF금융위기 이후 '고용의 유연화' 및 '경비절감' 차원에서 아웃소싱이 늘어나면서, 특히 제조업과 서비스업에서의 광범위하게 사용하고 있는 도급(특히 사내하도급)에 대한 불법파견 여부가 법적 분쟁으로 다투게 되는 경우가 증가하고 있다.*

*** 도급과 파견의 구별기준(판례법리)**

최근 일련의 대법원 판례에서 나타나고 있는 사내하도급과 근로자파견관계와의 판단 메커니즘을 보면, 다음과 같은 일련의 패턴을 보이고 있는 것이 특징이다. 우선 ① 사내하도급업체의 「독립성(또는 독자성)」을 판단하여 그것이 부정되면 「묵시적 근로계약관계」의 법리에 따라 하도급 근로자와 도급업체 사이에 직접적인 근로관계의 성립을 인정한다. ② 사내하도급업체의 독립성이 인정되면 묵시적 근로계약관계 법리에 따른 직접적인 근로관계의 성립은 부정되고, 「파견관계」 인지 「도급관계」 인지의 문제로 넘어간다. ③ 파견과 도급의 구별은 「지휘명령권」의 기준을 적용하여 구체적인 사건에서 도급업체가 사내하도급 근로자에 대해 지휘명령을 하였는지에 따라 구별한다. ④ 지휘명령권의 행사가 인정되면 파견관계로, 인정되지 않으면 도급관계로 판단하는 구조이다.[9]

또한 대법원은 최근 KTX 여승무원사건[10] 및 현대자동차사건[11]에서 도급과 파견을 구별하기 위해서는 계약이 명칭이나 형식에 구애되지 않고 ① 원청회사가 업무수행에 관하여 구속력 있는 지시를 하는 등 상당한 지휘·명령을 하였는지 여부, ② 원·하청 근로자가 공동 작업을 하는 등 원청회사의 사업에 실질적으로 편입되었는지 여부, ③ 하청기업이 근로자 선발 및 근무조건(근로자 수, 교육 및 훈련, 작업·휴게시간, 휴가, 근무태도 점검 등)에 관한 실질적 결정권을 가지는지의 여부, ④ 원·하청근로자의 업무가 구분되고 전문성과 기술성이 있는지의 여부, ⑤ 하청기업이 독립적 기업조직이나 설비를 갖추고 있는지의 여부 등의 요소를 바탕으로 그 근로관계의 실질을 판단해야 한다는 일반론을 제시한 바 있다.

---

9) 김영문, "사내하도급 근로자와 원청기업의 노동력 제공관계", 「노동법률(제232호)」, (주)중앙경제, 2010. 9, 36-37면 ; 이정, "사내하도급 근로자에 대한 파견근로의 판단", 「월간노사 FOCUS(통권 제42호)」, 2010. 11, 32면 참조.

10) 대판 2015. 2. 26. 2011다78318; 대판 2015. 2. 26. 2012다96922.

11) 대판 2015. 2. 26. 2010다93707 판결.

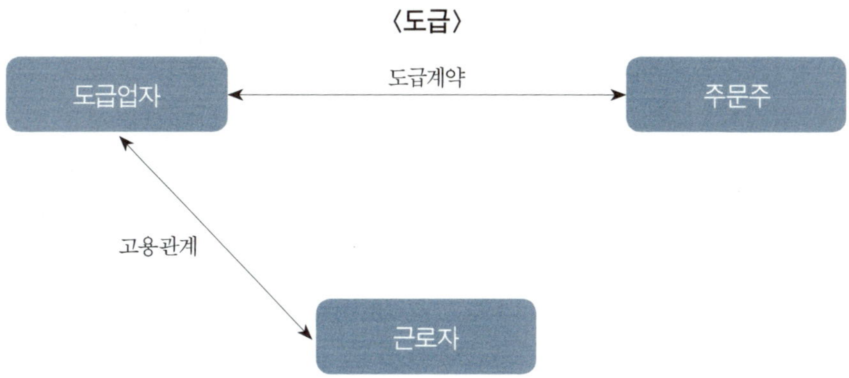

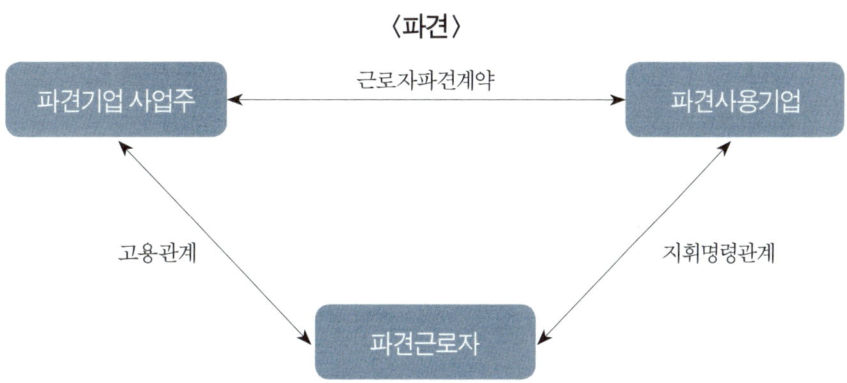

③ 파견기간의 세한

근로자파견이 너무 길면 파견근로자가 정규근로자로 진출·등용되는 것을 방해할 우려가 있기 때문에 근로자파견법은 파견기간에 대하여 일정한 규제를 하고 있다.

첫째, 파견대상업무에 대한 근로자파견의 기간은 1년을 초과할 수 없으며, 다만 파견사업주·사용사업주·파견근로자 간에 합의가 있는 경우에는 파견기간을 연장할 수 있다. 이 경우 1회를 연장할 때에는 그 연장기간은 1년을 초과하지 못하며, 연장된 기간을 포함한 총파견기간은 2년을 초과하지 못한다(동법 6조 1항 및 2항). 단 고령자인 파견근로자의 경우에는 이러한 제한규정에도 불구하고 2년을 초과하여 파견기간을 연장할 수 있다(동조 3항).

둘째, 출산·질병·부상 등 그 사유가 객관적으로 명백한 임시파견을 하는 경우의 파견기간은 그 사유의 해소에 필요한 기간을 초과할 수 없다(동법 6조 4항 1호).

셋째, 일시적·간헐적으로 인력을 확보할 필요가 있어 임시파견을 하는 경우의 파견기간은 3월을 초과할 수 없으며, 다만 그 사유가 해소되지 아니하고 파견사업주·사용사업주·파견근로자간의 합의가 있을 때에는 1회에 한하여 3월의 범위 안에서 그 기간을 연장할 수 있다(동법 6조 4항 2호).

④ 불법파견과 직접고용

사용사업주는 다음과 같은 불법파견의 경우에는 해당 파견근로자를 직접 고용해야 한다(6조의 2 제1항).* 즉 ① 파견허용업무(5조 1항)에 해당하지 않고 임시파견의 사유에 해당하지 않음에도 불구하고 2년을 초과하여 계속적으로 파견근로자를 사용하는 경우(5조 2항 위반), ② 소정의 절대적 금지업무에 해당함에도 불구하고 파견근로자를 사용하는 경우(동조 3항 위반), ③ 파견기간의 제한에도 불구하고 2년을 초과하여 계속적으로 파견근로자를 사용하는 경우(6조 2항·4항 위반), ④ 고용노동부장관의 허가를 받지 않은 파견사업주로부터 2년을 초과하여 계속적으로 파견의 역무를 제공받은 경우(7조 3항 위반)가 이에 해당한다.

그러나 해당 파견근로자가 명시적인 반대의사를 표시하는 경우나 또는 대통령령이 정하는 정당한 이유가 있는 경우에는 적용되지 아니 하며(6조의 2 제2항), 사용사업주가 이를 위반하면 과태료가 부과된다(46조의 2).

*** 직접고용과 소위 '무기계약직'**

종전에는 불법파견에 대해 사용사업주의 근로자로 간주하는 소위 '고용의제규정'이 적용되었으나, 2007년 파견법 개정시에 동 규정은 '직접고용규정'으로 바뀌었다. 파견근로자나 기간제근로자가 2년이 경과하거나 또는 불법파견의 경우, '무기계약직'이란 이름으로 사용기업에 직접 고용되는 경우가 많은데, 이 무기계약직의 경우 고용면에서는 정규직에 유사하지만, 임금이나 복리후생면에서는 정규직과 차이가 있어 '준규직' 또는 '중규직'이라고도 한다.

⑤ 기타 파견의 제한

파견사업주는 쟁의행위 중인 사업장에 그 쟁의행위로 중단된 업무의 수행을 위하여 근로자를 파견해서는 아니 된다(16조 1항). 이는 쟁의행위의 실효성을 확보하기 위하여 대체근로를 제한한 것으로, 이에 위반하면 벌칙(44조)이 적용된다.

또한 정리해고를 한 후 대통령령으로 정한 일정기간 동안에는 해당 업무에 파견근로자를 사용해서는 아니 되며(16조의 2항), 이에 위반하는 경우에는 벌칙(44조)이 적용된다.

⑥ 차별의 금지 및 시정

파견사업주와 사용사업주는 파견근로자임을 이유로 사용사업주 사업 내에 같은 종류 또는 비슷한 업무를 수행하는 근로자에 비하여 파견근로자에게 차별적 처우를 해서는 아니 된다(21조 1항).

"차별적 처우"란 임금 그 밖의 근로조건 등에 대하여 합리적인 이유 없이 불리하게 처우하는 것을 말하며, 차별적 처우를 받았다고 생각하는 파견근로자는 노동위원회에 그 시정을 신청할 수 있으며, 그 절차에 대해서는 기간제법의 관련 규정을 준용한다(21조 2항·3항).

II. 외국인 근로자

1. 외국인근로자들의 유입배경

우리나라의 경우, 1980년 이후 산업의 구조적 변화와 함께 이른바 3D업종에 대한 인력부족 현상이 심화되기 시작했다. 이를 계기로 외국인 근로자들의 국내 취업이 증가하게 되었는데, 이러한 현상은 특히 3D업종을 중심으로 한 영세기업이나 중소기업에서 두드러졌다.

이러한 외국인근로자들의 유입은 부족한 노동력을 보충한다는 차원에서는 긍정적인 측면도 있으나, 다른 한편으로는 취업을 중간에서 알선하는 대가로 금전을 착취하는 브로커문제나 불법체류, 그리고 각종 범죄 등이 새로운 사회적 문제로 대두되기에 이르렀다.

게다가 원래 연수를 목적으로 한 산업연수생제도로 그 취지와는 달리 단순 노동력을 보완하는 수단으로 이용되고 있었을 뿐만 아니라, 이들은 실질적으로 근로자임에도 불구하고 그들의 최저생계를 보장할 수 있는 노동법의 적용을 배제하는 등 법적으로 많은 문제점을 가지고 있었다.

2. 외국인근로자들의 취업경로

(1) 산업연수생(연수취업)제도

"산업(기술)연수생"이란 중소기업협동조합중앙회의 추천에 의하여 송출회사를 통해 입국하여 인력난을 겪고 있는 중소제조업체에서 일하는 연수생을 말한다.

산업연수생제도는 원래 1990년 이후 해외에 진출한 한국기업에 고용된 현지 근로자들의 기능향상을 위해 이들을 국내기업에 일시적으로 취업하게 한 제도였다. 그러나 이러한 제도가 실제로는 인력난을 해소하기 위해 편법으로 이용되거나 또는 연수기간이 만료되었음에도 불구하고 불법으로 잔류(over stay)하는 불법체류라는 새로운 문제를 불러일으키게 되었다.

그럼에도 불구하고, 인력부족현상이 해소되지 않고 장기화되자, 1997년에는 산업연수제도의 골격을 유지하면서 근로자신분을 일정기간만 인정하는 '연수취업제'를 도입하였다. 이 제도의 특징은 연수생에게 일정기간 산업연수를 시킨 후 기술자격검정 등의 절차를 거쳐 근로자신분으로 취업자격(체류자격은 '연수취업')을 부여하는 것이다.

연수취업의 경우, 당초에는 2년간의 연수를 마치면 1년간의 취업이 허용되었으나, 2002년부터는 1년간 연수를 하면 2년간 취업을 할 수 있는 제도로 바뀌었다. 그 결과, 산업연수생의 수를 보면, 2002년 초에는 85,500명이었으나, 그 후 제조업·건설업·연근해업·농축산업 부문의 정원이 크게 늘어나 145,500명 수준까지 이르렀다.

그러나 이러한 산업연수생제도에 대해서는 원래의 취지와는 달리 외국인들의 노동력을 착취하고 인권을 침해할 소지가 있다는 비판이 제기되면서 그 동안 병행되어 오던 이 제도를 2007년부터 폐지하고 고용허가제로 일원화하였다.[12]

(2) 취업관리제

"취업관리제"란 2002년 11월 1일부터 시행된 것으로, 중국동포 등 재외동포들에게 체류자격을 발급하여 입국시킨 뒤, 노동부가 고용안정센터를 통하여 취업에 종사시킴과 동시에, 이들의 취업이 허용되는 업종이나 규모 그리고 출국까지 관리하게 된다.

취업이 허용되는 분야는 종래의 산업연수생이 투입되고 있던 업종이 아닌 서비스분야이다. 다시 말해서, 음식점이나 사원지원서비스, 사업복지사업, 청소관련서비스 등의 업종을 중심으로 제한된다(유흥 관련 업소는 금지).

12) 헌법재판소는 산업연수생제도에 대해 "외국인 이주노동자들에게도 부여된 헌법적 권리 즉 평등권, 행복추구권, 직업선택의 자유, 법치주의 및 시장경제의 원리를 명백히 침해하는 위헌적인 제도"라도 하여 위헌판결을 내렸다(산업기술연수생 도입기준 완화결정 등 위헌확인[헌재 2007. 8. 30, 2004헌마670 전원재판부]).

중국동포 등 재외동포들에게 방문동거사증(F-1)을 발급하여 체류자격 외 활동(취업)을 허용하고 있다. 재외동포의 국내취업은 언제나 가능한 것이 아니라, 내국인의 채용이 어려운 경우에 한하여 인정된다.

재외동포는 일반대상자와 특별대상자로 나뉘는데, '일반대상자'는 국내에 8촌 이내의 혈족 또는 4촌 이내의 인척이 있거나 대한민국호적에 등재되어 있는 자 및 그의 직계비속으로서 40세 이상인 외국국적 동포가 그 대상이 된다. '특별대상자'는 위의 일반대상자에 해당하지 않는 40세 이상의 사람 중에서 일정한 사항을 고려하여 방문동거사증을 발급받는다.

재외동포에 대해서는 1년 동안 취업이 허용되며, 1년 연장이 가능하여 최장 2년까지 취업이 허용된다. 또한 국내에서의 장기체류를 방지하기 위하여 국내취업이 종료한 후 일정기간이 경과되지 않는 경우에는 국내 재취업을 금지하며 가족동반도 금지된다.

3. 고용허가제

(1) 의의 및 도입배경

"고용허가제"란 사업주에게 특정 외국인근로자의 고용을 허가하고 외국인근로자에게는 당해 사업주에게 고용되는 조건으로 일정기간 취업비자를 발급해 주는 제도를 말하며, 이 제도는 2003년 8월 16일에 '외국인근로자의 고용 등에 관한 법률'이 제정·시행되기에 이르렀다.[13]

13) 제241호 국회(임시회) 제2차 위원회(2003. 7. 15)는 법안심사소위원회의 심사결과를 받아들여 '외국인근로자의 고용 등에 관한 법률안'을 위원회 대안으로 심사·의결하여 본회의에 넘겨 2003년 7월 31일 본회의에서 통과되었다.

(2) 고용허가제의 주요내용

① 외국인 인력도입에 대한 체계화

국내 고용시장의 인력수급 동향과 연계하여 외국인근로자의 도입규모를 결정할 수 있는 체제를 구축하였다. 외국인근로자의 고용관리와 보호에 관한 주요사항을 심의·의결하기 위하여 국무총리 산하에 '외국인력정책위원회'를 두고 있으며, 외국인 고용제도의 운영 및 외국인근로자의 권익보호 등에 관한 사항을 사전에 심의하기 위하여 정책위원회에 '외국인력정책실무위원회'를 두기로 하였다.

② 내국인에 대한 구인노력 강화조항

외국인고용법 제6조 1항은 "외국인근로자를 고용하고자 하는 자는 직업안정법 제4조 제1호의 규정에 의한 직업안정기관에 우선 내국인 구인신청을 하여야 한다."라고 규정하여 내국인 구인노력(1개월)을 하였음에도 인력을 채용하지 못한 사업주에 한하여 외국인근로자 고용을 허용한다.

사용자가 외국인근로자를 고용하려면 정부의 허가를 받아야 한다. 다시 말해서, 외국인을 고용하려는 사용자는 직업안정기관에 외국인근로자 고용허가를 신청하여야 하며, 직업안정기관의 장은 외국인 구직명부에 등록된 자 중에서 적격자를 추천하고 사용자가 외국인을 선정하면 외국인근로자 고용허가서를 발급한다(외고법 8조).

사용자는 고용허가서를 발급받아 그 선정한 외국인근로자와 근로계약을 체결한 뒤 그 근로자를 입국시켜 해당 사업 또는 사업장에 근로하게 할 수 있게 된다. 이 때 근로계약은 고용노동부령으로 정하는 '표준근로계약서'를 사용하여야 하며(동법 9조 1항), 이를 위반할 시에는 형벌(500만원)이 부과된다(동법 30조).

③ 송출비리 방지를 위해 외국인력 선정·도입절차 개선

산업연수생제도의 운영과정에서 드러난 민간 송출회사의 부조리 소지를 제거하기 위해 공공부분(고용노동부장관 등)에서 외국인근로자 선정·도입업무를 담당하도록 하고 있다.

직업안정기관이 아닌 자는 외국인근로자의 선발·알선 그 밖에 채용에 개입할 수가 없으며(외고법 8조 6항), 이를 위반하면 형벌(1년 이하의 징역이나 금고 또는 1천만원 이하의 벌금)이 부과된다(동법 29조).

④ 외국인의 정주화 방지 대책 수립

고용허가제를 도입할 경우 가장 우려하고 있는 상황이 외국인 근로자의 유입 증대와 유입된 근로자들의 국내 정주문제이다.

외국인근로자의 정주화 방지를 위하여 국내 취업기간을 3년으로 설정하고 있다(외고법 18조). 최초 계약기간은 1년을 넘지 못하도록 하고 있으며, 1년 단위로 계약을 연장하여(외고법 9조 1항), 3년까지 국내에 체류할 수 있도록 규정하고 있다(동법 18조 1항). 그러나 3년의 기간을 마치고 출국 전에 일정한 요건을 갖춘 자는 1회에 한하여 2년 미만의 범위에서 취업활동 기간을 연장 받을 수 있다(동법 18조의 2 제1항).

외국인근로자가 국내에 취업한 후 출국하는 경우, 일정기간(6개월)이 경과해야만 재입국 및 취업을 허용하고 있다(동법 18조의 3). 다만, 3년간의 취업기간이 만료하는 외국인근로자에 대해 사용자로부터 요청이 있는 경우에는 대통령령으로 정하는 바에 따라 출국 후 6개월의 기간을 단축할 수 있다(동법 18조의 4).

⑤ 외국인력의 권익보호

외국인근로자라는 이유로 차별을 해서는 안 되므로(동법 22조), 산재보험, 최저임금, 노동3권의 부여 등 노동관계법이 외국인근로자에게도 똑같이 적용된다.

사용자는 외국인 근로자를 차별대우 할 수 없으며, 사업주는 외국인 근로자의 임금체불에 대비한 보증보험 가입을 의무화하고 있다(동법 23조 1항). 또한 외국인 근로자는 질병·사망 등에 대비한 상해보험 가입을 의무화하여 근로자의 권익을 보호하고 있다(동조 2항).

외국인근로자가 사업 또는 사업장에서 정상적인 노동관계를 지속하기가 곤란한 경우에는 직업안정기관에 직장변경을 신청한 다음(동법 25조 1항), 신규취업의 경우와 마찬가지로 고용허가서를 받아 근로계약을 체결하여야 한다(동조 2항).

직장변경을 신청한 날부터 2개월 이내에 출입국관리법에 따른 근무지변경 허가를 받지 못하거나 사용자의 근로계약 종료 후 1개월 이내에 직장변경을 신청하지 않은 외국인근로자는 출국하여야 하며(동조3항), 외국인근로자의 직장변경은 취업활동 허용기간 동안 원칙적으로 3회로 제한된다(동조 4항).

⑥ 불법체류자 방지대책

외국인근로자 고용의 법제 및 제도적 장치를 마련함과 동시에 불법체류에 대해서는 지속적이고 강력한 단속을 실시하여, 사전에 내국인 채용노력을 다하지 않거나 불법으로 외국인을 고용할 경우 고용주를 처벌하여 외국인의 불법취업을 원칙적으로 차단하기 위한 장치를 마련하고 있다. 뿐만 아니라 체류기간이 종료하였음에도 불구하고 출국하지 않는 경우에도 처벌할 수 있도록 하였다.

노동법의 세계

제3편 단체와의 만남

CASE STUDY

Case1

드림社에는 직원 20명으로 조직된 친목회가 있는데, 이번에 이를 노동조합으로 조직을 개조하여 회사와의 단체교섭을 하려고 한다. 노동조합으로 인정되기 위해서는 어떤 조치가 필요할까? 또한 회사가 이를 노동조합으로 인정하지 않을 경우, 취할 수 있는 법적 수단으로는 어떤 것이 있을까?

Check Point : 노동조합의 설립요건(노조법 제2조)
*이정(편역), 「고용사회와 노동법」 p.271《Case》참조

Case2

H대학에는 민주노총 산하 Y지부가 조직되어 있다. H대학은 단체교섭과정에서 Y지부의 조합원 중에는 과장급 직원, 인사·노부·예산·경리 등의 업무를 담장하는 직원, 총장의 비서 내지 전속 운전기사, 수위 등이 포함되어 있다는 이유로 단체교섭을 거부하는 한편, 이들에게 Y지부 탈퇴를 내용으로 하는 시정조치 및 경고문을 발송하였다. 이러한 H대학의 행동은 정당한가?

Check Point : 노조법상의 근로자 개념, 노조가입 제한
*대판 2011. 9. 8, 2008두13873
*「노동판례백선」 p.262《Case66》

Case3

【Case3】H社는 오로지 노조업무에만 종사하는 소위 '노조전임자'에 대해 오랜 관행에 따라 임금을 지급해 왔는데, 내년부터는 노조전임자에 대해 무급휴직으로 할 것을 일방적으로 통고해 왔다. 이러한 회사의 조치는 법적으로 문제가 없는가?

Check Point : 노동조합의 결격요건(노조법 제2조 4호)
노조전임자에 대한 임금지급 금지(노조법 제24조)
부당노동행위(노조법 제81조 4호)

제1장 노동조합

"노동조합"이라 함은 '근로자들이 그들의 근로조건을 유지 또는 개선할 목적으로 조직한 상설단체'이다. 노동조합은 이러한 목적을 실현하기 위하여 '자주적으로 조직'되고 '민주적 방식에 따라 운영'되어야 한다. '자주성'과 '민주성'을 확보하지 못한 노동조합은 근로자의 이익보호에 적합하지 못하고 헌법에 의하여 보장된 단결권을 유명무실하게 만들 우려가 있다.

따라서 노동조합의 자주성과 민주성은 근로자의 헌법상 단결권 보호를 위한 최소한도의 필요조건이라고 말할 수 있다. 노동조합의 자주성과 민주성은 노동조합의 설립 및 운영에 불가결한 요소이므로 노동조합법은 '자주성'과 '민주성'을 노동조합의 필수적인 설립요건으로 규정하고 있다.

I. 노동조합의 설립요건

1. 실질적 요건

> **노조법 제2조 4호(노동조합)**
>
> "노동조합"이라 함은 근로자가 주체가 되어 자주적으로 단결하여 근로조건의 유지·개선 기타 근로자의 경제적·사회적 지위의 향상을 도모함을 목적으로 조직하는 단체 또는 그 연합단체를 말한다. 다만, 다음 각목의 1에 해당하는 경우에는 노동조합으로 보지 아니한다.
> 가. 사용자 또는 항상 그의 이익을 대표하여 행동하는 자의 참가를 허용하는 경우
> 나. 경비의 주된 부분을 사용자로부터 원조 받는 경우
> 다. 공제·수양 기타 복리사업만을 목적으로 하는 경우
> 라. 근로자가 아닌 자의 가입을 허용하는 경우. 다만, 해고된 자가 노동위원회에 부당노동행위의 구제신청을 한 경우에는 중앙노동위원회의 재심판결이 있을 때까지는 근로자가 아닌 자로 해석하여서는 아니 된다.
> 마. 주로 정치운동을 목적으로 하는 경우

노동조합법 제2조 4호는 노동조합의 개념에 대하여 "노동조합이라 함은 근로자가 주체가 되어 자주적으로 단결하여 근로조건의 유지·개선 기타 근로자의 경제적·사회적 지위의 향상을 도모함을 목적으로 조직하는 단체 또는 그 연합단체를 말한다."고 정의한 다음, 단서 소정의 사유에 해당하는 경우에는 "노동조합으로 보지 아니한다."라고 규정하고 있다.

따라서 근로자단체가 노동조합이 되기 위해서는 본문 및 단서가 정하는 요건을 갖추어야 한다. 이 중 본문은 노동조합의 대외적 자주성의 확보에 없어서는 아니 되는 불가결한 요건, 즉 '적극적 요건'을 정의하고 있으며, 동조 단서는 노동조합의 대외적 자주성의 확보에 없어서는 아니 되는 요건, 즉 '소극적 요건'을 열거하고 있다.

(1) 적극적 요건

근로자단체가 노동조합이 되려면 우선 "근로자가 주체가 되어 자주적으로" 단결하여 "근로조건의 유지·개선 기타 경제적·사회적 지위의 향상을 도모함을 목

적"으로 조직된 "단체 또는 그 연합단체"여야 한다. 즉 자주성·목적성·단체성의 요건을 갖추어야 한다.[1]

① 자주성

노동조합이 되려면 "근로자가 주체가 되어 자주적으로" 조직되어야 한다. 여기서 "근로자"라 함은 노동조합법 제2호 1호 "직업의 종류를 불문하고 임금·급료 기타 이에 준하는 수입에 의하여 생활하는 자"를 말하며, '주체'가 된다는 것은 양적으로는 근로자가 구성원이고, 질적으로는 근로자가 주도적 지위에 선다는 의미이다.

그리고 "자주적"이라 함은 대외적으로 사용자 등 제3자의 지배·간섭을 받지 않고, 대내적으로 근로자의 자유로운 조합의 설립 및 가입을 의미한다.

② 목적성

근로자가 주체가 되어 자주적으로 조직된 단체라 하더라도 노동조합이 되려면 "근로조건의 유지·개선 기타 경제적·사회적 지위의 향상을 도모"하는 것을 목적으로 하여야 한다.

"근로조건"이라 함은 임금·근로시간·복리후생·해고 기타 대우 등을 의미하며, 이는 근로자의 노무제공과 관련되는 협의의 근로조건을 의미한다.

"경제적·사회적 지위"라 함은 상기의 협의의 근로조건 이외의 근로조건에 영향을 미치는 경영·인사사항, 근로자가 국민일반 내지 사회구성원으로서 갖는 지위 등도 포함하는 '생활조건'을 의미한다고 볼 수 있다.

---

1) 김유성, 노동법, p.58.

③ 단체성

노동조합은 "단체 또는 연합단체"에 해당되어야 한다.

"단체"라 함은 그 기본규칙과 운영조직을 갖추고 계속적으로 활동하는 복수의 인적결합체를 말하며,[2] 이론적으로는 2명 이상이면 노동조합 설립이 가능하며, 조합원의 탈퇴 등으로 인하여 조합원이 1명만 남은 경우에도 노종조합으로서 존속이 가능하다.[3] 그러나 일시적 쟁의단(爭議團)은 계속성이 결여되어 노동조합법상의 노동조합이 될 수 없다.[4]

"연합단체"라 함은 자주성·목적성·단체성을 구비한 근로자단체로 구성되는 그 상부단체를 말한다.

(2) 소극적 요건

노동조합법상 노동조합이 되려면 노동조합법 제2조 4호 단서에서 규정하고 있는 요건에 해당하지 않아야 한다.

즉, 노동조합법은 ① 사용자 또는 그 이익을 대표하여 행동하는 자의 참가 허용, ② 사용자로부터 주된 경비원조, ③ 공제 · 수양 기타 복지사업만을 목적으로 하는 경우, ④ 근로자 아닌 자의 가입 허용, ⑤ 정치운동을 주목적으로 하는 경우 등은 노동조합법상의 노동조합으로 보지 아니한다.

---

2) 일반적으로 어떠한 인적 결합체가 법인격 없이 권리능력의 주체가 되려면 그 구성원의 개인성과는 별개로 권리·의무의 주체가 될 수 있는 독자적 존재로서의 단체적 조직을 갖추어야 하는데, 이를 위해서는 그 결합체가 고유의 목적을 가지고 사단적 성격을 가지는 규약을 만들어 이에 근거하여 의사결정기관 및 집행기관인 대표자를 두는 등의 조직을 갖추고 있고, 기관의 의결이나 업무집행방법이 다수결의 원칙에 의하여 행하여지며, 구성원의 가입, 탈퇴 등으로 인한 변경에 관계없이 단체 그 자체가 존속되고, 그 조직에 의하여 대표의 방법, 총회나 이사회 등의 운영, 자본의 구성, 재산의 관리 기타 단체로서의 주요사항이 확정되어 있어야 한다(대판 1999. 4. 23, 99다4504).

3) 다만, 이러한 경우에도 조합원이 증가될 일반적 가능성이 없으면 노동조합으로서의 단체성을 상실한다고 본다(대판 1998. 3. 13, 97누19830).

4) 같은 취지; 임종률, 노동법, p.43 및 김유성, 노동법 II, p.59.

① 사용자 또는 그 이익대표자의 참가

단서 '가'목은 "사용자 또는 항상 그의 이익을 대표하여 행동하는 자의 참가를 허용하는 경우"를 노동조합의 소극적 요건으로 규정하고 있다.

이는 노동조합에 사용자 또는 그 이익대표자의 참가를 허용할 경우에 노조의 자주성을 침해당할 우려가 있기 때문에 이를 금지하고 있는데, 이에 해당하는 자로서는 관리자가 대표적이지만 그 외에도 직무상 인사나 경영상의 비밀이나 정보를 접하게 되는 임원비서나 전속기사 및 근로자에 대한 사항에 대하여 지휘감독을 하는 지위에 있는 자(예를 들어 수위 등)도 이에 해당한다고 본다.

이에 대해서는 사용자 또는 이익대표자가 노동조합에 참가할 경우, 이로 인하여 노동조합의 자주성이 실질적으로 상실되었는지의 여부에 상관없이 노조법상의 노동조합으로 인정하지 않아야한다는 견해도 있다.[5]

하지만, 사용자 및 이익대표의 해당여부는 각 기업의 구체적 운영 실태에 따라 판단하는 것이 바람직하다고 생각된다. 예컨대 노동조합이 '외형상' 사용자의 이익대표자의 참가를 허용하는 경우에도 '실질적'으로 노동조합의 자주성·민주성을 침해하거나, 침해할 우려가 없으면 이러한 자는 '실제로' 사용자의 이익대표자에 해당되지 않으므로 노동조합법 제2조 4호의 소극적 요건에 해당되지 아니하고, 따라서 노동조합의 지위를 상실하지 아니한다.[6]

대법원의 견해도 인사, 노무, 예산, 경리, 임원의 비서 및 전속기사, 수위 등의 업무를 담당한다는 사정만으로는 곧바로 '항상 사용자의 이익을 대표하여 행동하는 자'에 해당한다고 볼 수 없고, 실질적인 담당 업무의 내용 및 직무권한 등에 비추어 볼 때 그 직무상의 의무와 책임이 노동조합원으로서의 의무와 책임에 저촉되는 것으로 평가할 수 있을 때 이에 해당한다고 보고 있다.[7]

---

5) 임종률, 노동법, p.45.
6) 서울 고판 1997.10.28, 97라94.
7) 대판 2011. 9. 8, 2008두13873.

② 경비의 원조

단서 '나'목은 "경비의 주된 부분을 사용자로부터 원조 받은 경우"를 노동조합의 소극적 요건으로 규정하고 있다.

노동조합은 경비의 주된 부분을 사용자에게 원조 받을 경우 재정적 부문에서 자주성을 침해당할 우려가 있어 이를 금지하고 있으며, 여기서의 "경비"란, 현금·현물·기타의 금전외적 이익 공여를 불문하고, 노동조합 운영에 소요되는 경비를 말한다.

다만, 노동조합의 자주성을 침해하지 않는 최소한 규모의 조합사무소 제공·후생자금·복리기금의 교부·근로시간 중의 교섭에 대한 임금 지급 및 한시적인 노조전임자 임금지급 등은 허용된다.

③ 복리사업만을 목적으로 하는 경우

단서 '다'목은 근로자단체가 "공제·수양 기타 복리사업만을 목적으로 하는 경우"에 노동조합이 될 수 없다고 규정하고 있다.

이는 노동조합이 공제·수양 기타 복리사업만을 목적으로 하는 경우에는 노동조합의 목적성에 위배되므로 이를 금지하며, 다만 근로조건의 향상을 주목적으로 활동하면서 부수적으로 복리사업을 진행할 수는 있다.

④ 근로자가 아닌 자의 가입

단서 '라'목은 "근로자가 아닌 자의 가입을 허용하는 경우"에 노동조합이 될 수 없다고 규정하고 있으며, '다만 해고된 자가 노동위원회에 부당노동행위의 구제신청을 한 경우에는 중앙노동위원회의 재심판정이 있을 때까지 "근로자가 아닌 자"로 해석하여서는 아니 된다.'라고 하여 일정한 예외를 인정하고 있다.

가. 근로자가 아닌 자의 개념

근로자가 아닌 자의 가입을 허용하는 것은 노동조합의 자주성을 침해할 수 있으므로 이를 금지하는 바, 여기에서의 "근로자"의 개념에 대하여 "노동조합법상의 근로자로 보는 견해"[8]와 "취업자"만으로 보는 견해가 대립하고 있다.

이에 대하여 대법원은 "노동조합의 구성원인 근로자와 사용주 사이에는 고용에 따른 종속관계가 있어야 하고 이러한 관계가 없는 자는 노동조합법이 정한 적법한 노동조합을 조직할 수 없다."[9]라고 판시하면서도, "노조법 제2조 제4호 '라'목 단서는 '기업별 노동조합'의 조합원이 사용자로부터 해고됨으로써 근로자성이 부인될 경우에 대비하여 마련된 규정으로서, 이와 같은 경우에만 한정적으로 적용되고, 원래부터 일정한 사용자에의 종속관계를 필요로 하지 않는 산업별·직종별·지역별 노동조합 등의 경우에까지 적용되는 것은 아닌 점 등을 근거로, 노조법 제2조 제1호 및 제4호 '라'목 본문에서 말하는 '근로자'에는 특정한 사용자에게 고용되어 현실적으로 취업하고 있는 자뿐만 아니라, 일시적으로 실업 상태에 있는 자나 구직중인 자도 노동3권을 보장할 필요성이 있는 한 그 범위에 포함된다."[10]라는 태도도 유지하고 있다.

이러한 판례의 태도는 노동조합의 조직형태 결정의 자유를 전제하면서, 산업별 노동조합이 아닌 기업별 노동조합 형태를 취한 경우에만 후술하는 단서를 적용하기 위한 개념으로서 "취업자"를 의미한다고 봄이 타당할 것이다.

따라서 직종별 노조·산업별 노조의 경우에는 "노동조합법상의 근로자로 보는 견해" 즉, 근로계약을 필요로 하지 아니하는 견해가 타당하며, 기업별 노조의 경우에는 근로계약의 성립을 전제로 하는 "취업자"만으로 보는 견해가 타당하다고 본다.

나. 해고의 효력을 다투는 자

노동조합법 제2조 4호 '라'목 단서는 "해고된 자가 노동위원회에 부당노동행위의 구제 신청을 한 경우에는 중앙노동위원회의 재심판정이 있을 때까지 근로자가 아닌 자로 해석하여서는 아니 된다."라고 규정하고 있다.

이는 사용자가 정당한 이유 없이 근로자를 해고함으로써 노동조합의 설립이

---

8) 김치선, 노동법, p.309 ; 박상필, 노동법, p.399 ; 이병태, p.114.
9) 대판 1992. 5. 26, 90누9438.
10) 대판 2004. 2. 27, 2001두8568.

나 존속을 저지하는 것을 막기 위한 것에 그치는 것이 아니라, 해고된 근로자가 해고된 때로부터 상당한 기간 내에 노동위원회에 부당노동행위 구제신청을 하여 그 해고의 효력을 다투고 있는 경우에는 그 해고에도 불구하고 근로자의 신분이나 노동조합원으로서의 신분을 계속 보유하는 것으로 보아 그 지위를 보장하여 주려는 데에 취지가 있다.[11)]

한편, 구법에서는 해고의 효력을 다투기만 하면 그 기관이 법원이든 노동위원회든, 그리고 근로기준법상의 부당해고 구제신청이든 노동조합법상의 부당노동행위 구제신청이든 가리지 아니하고 근로자로서의 자격이 유지되었으나, 신법[12)]은 피해고자의 권리남용 및 피해고자를 둘러싼 노사분쟁의 장기화를 방지하기 위하여 보호의 범위를 "노동위원회에 대한 부당노동행위 구제신청"으로 제한하고 있다.[13)]

따라서 동 규정은 근로자가 노동위원회에 부당노동행위 구제신청을 제기한 경우에만 그 효력이 인정되므로, 해고자가 ⅰ) 법원에 민법상 해고무효확인소송을 제기하거나, ⅱ)노동위원회에 근기법에 의한 부당해고구제신청을 하여 해고의 효력을 다투는 경우에는 노조법상 근로자로서의 지위가 인정되지 않는 것으로 해석되어야 할 것이다.[14)]

동 규정에서 또 문제가 되는 점은 "근로자가 아닌 자로 해석하여서는 아니 된다"는 규정의 적용범위에 관한 것이다. 동 규정의 적용범위가 노동조합의 설립과 존속만을 보호하는 데 그친다는 견해와 조합원인 지위 즉 사업장출입·조합임원출마·단체교섭 또는 쟁의행위에의 참가 등을 행할 권리까지 보호한다는 견해가 있다.

이에 대하여 대법원[15)]은 "노동조합의 위원장이 해고의 효력을 다투고 있는 경우, 동 위원장은 노동조합의 설립·존속뿐 아니라 노동조합의 활동에 있어서도 조합원의 지위를 유지한다고 할 것이다"라고 판시하고 있다.

---

11) 대판 1992. 3. 31, 91다14413.
12) 개정 1997. 3. 13 법률 제5310호.
13) 김유성, 노동법, p.64.
14) 이상윤, 노동법, p.523.
15) 대판 1997. 5. 7, 96누2057.

⑤ 정치운동이 주된 목적

단서 '마'목은 "주로 정치운동을 하는 경우"를 노동조합의 소극적 요건으로 규정하고 있다. 이는 노동조합은 근로조건의 유지·개선 기타 근로자의 경제적·사회적 지위향상을 도모하는 것을 본래의 목적으로 하므로 정치운동을 주로 하는 단체는 노동조합법상 노동조합이 될 수 없다.

다만, 노동조합은 근로자의 근로조건의 유지·개선이라는 필요목적을 침해하지 아니하는 범위 안에서 부수적으로 정치활동을 할 수 있다. 이 범위 내에서 노동조합은 특정 정당이나 후보를 지지·반대하는 활동을 하거나 후보자초청토론회의 개최 등을 행할 수 있다. 다만, 교원노조의 경우에는 일체의 정치활동이 금지된다.[16]

2. 노동조합의 설립신고 및 심사제도

노동조합법 제12조(신고증의 교부)

① 고용노동부장관, 특별시장·광역시장·도지사·특별자치도지사 또는 시장·군수·구청장 (이하 "행정관청"이라 한다)은 제10조제1항의 규정에 의한 설립신고서를 접수한 때에는 제2항 전단 및 제3항의 경우를 제외하고는 3일 이내에 신고증을 교부하여야 한다.
② 행정관청은 설립신고서 또는 규약이 기재사항의 누락 등으로 보완이 필요한 경우에는 대통령령이 정하는 바에 따라 20일 이내의 기간을 정하여 보완을 요구하여야 한다. 이 경우 보완된 설립신고서 또는 규약을 접수한 때에는 3일 이내에 신고증을 교부하여야 한다.
③ 행정관청은 설립하고자 하는 노동조합이 다음 각 호의 1에 해당하는 경우에는 설립신고서를 반려하여야 한다.
  1. 제2조 제4호 각목의 1에 해당하는 경우
  2. 제2항의 규정에 의하여 보완을 요구하였음에도 불구하고 그 기간 내에 보완을 하지 아니하는 경우
④ 노동조합이 신고증을 교부받은 경우에는 설립신고서가 접수된 때에 설립된 것으로 본다.

16) 이에 대해서는 「교원의 노동조합설립 및 운영에 관한 법률」 제3조 참조.

(1) 설립신고제도

노동조합법 제10조는 노동조합을 설립하고자 하는 자는 신고서에 규약을 첨부하여 행정관청에게 제출하여야 한다고 규정하고 있다.

이때 신고서에는 ①명칭, ②주된 사무소의 소재지, ③조합원수, ④임원의 성명과 주소, ⑤소속된 연합단체가 있는 경우에는 그 명칭, ⑥연합단체인 노동조합에 있어서는 그 구성노동단체의 명칭, 조합원수, 주된 사무소의 소재지 및 임원의 성명·주소를 기재하여야 한다.[17]

또한 노동조합법 제12조는 행정관청은 노동조합법 제10조 제1항의 규정에 따라 "설립신고서를 접수한 때에는 일정한 경우를 제외하고는 3일 이내에 신고증을 교부하여야 한다."라고 규정하여 노동조합의 설립에 대하여 신고주의를 채택하고 있다.

이러한 노동조합의 설립신고제도의 입법취지에 관하여 이견이 있으나, 판례는 노동조합의 설립에 관하여 신고주의를 택하고 있는 취지는 소관 행정관청으로 하여금 노동조합에 대한 효율적인 조직체계의 정비·관리를 통하여 노동조합이 자주성과 민주성을 갖춘 조직으로 존속할 수 있도록 노동조합을 보호·육성하고 그 지도·감독에 철저를 기하게 하기 위한 노동정책적인 고려에서 마련된 것이라고 하고 있다.

즉 기본적으로 노동조합의 설립의 자유를 보장하면서, 이러한 노동정책의 목적을 달성하기 위해 설립신고주의를 택하여 조합이 자주성과 민주성을 갖추도록 행정관청으로 하여금 지도·감독하도록 한 것이라고 본다.[18]

---

17) 근로조건의 결정권이 있는 독립된 사업 또는 사업장에 조직된 노동단체는 지부·분회 등 명칭여하에 불구하고 법 제10조 제1항의 규정에 의한 노동조합의 설립신고를 할 수 있다(노조법시행령 7조).

18) 대판 1997. 10. 16, 96누9826.

(2) 설립심사제도

노동조합법 제12조는 노동조합이 행정관청에 설립신고를 하는 경우 행정관청은 이의 적법성 여부를 심사하여 신고증을 교부하도록 규정하고 있다. 이를 노동조합의 '설립심사제도'라고 한다.

노동조합의 설립심사의 대상에 대하여는 '실질적 심사설'과 '형식적 심사설'로 견해가 나뉘어져 있다. 실질적 심사설에 의하면 행정관청은 심사를 하는 경우 노동조합이 설립요건을 실제로 충족시키는지의 여부, 즉 민주성 및 자주성을 갖추고 있는지의 여부를 실제로 파악하여야 한다고 한다. 반면 형식적 심사설에 의하면 행정관청은 심사를 하는 경우 실질적 심사를 하여서는 아니 되며 심사는 설립신고서와 규약을 기준으로 하여 필요한 내용의 기재 여부 및 서류의 구비 여부 등 요식행위에 그쳐야 한다고 본다.

생각하건대, 노동조합의 설립신고서 및 규약에 대한 심사 등의 경우 설립신고서에 규약이 첨부되어 있지 아니하거나 설립신고서 또는 규약의 기재사항 중 누락이 있는지의 여부를 심사하는 경우에는 형식적 심사로도 충분하다고 할 것이나, 설립신고서 또는 규약의 기재사항 중 허위사실이 있는지의 여부를 심사하는 경우에는 실질적 심사가 필요하다고 할 것이다.

다만, 실질적 심사를 행하는 경우 설립신고제도 본래의 취지와는 달리 노동조합의 설립을 '허가'하는 것으로 변질될 우려가 있기 때문에 행정관청의 심사권한은 자의성이 배제되는 범위에서 최소한도의 수준으로 제한되어야 할 것이다.

노동조합이 심사기준을 충족하여 노동조합의 설립요건을 갖춘 경우에는 설립신고서를 접수한지 3일 이내에 설립신고증을 교부하여야 한다. 이 경우 당해 노동조합은 노동조합법상의 노동조합이 된다.

노동조합이 설립신고증을 교부 받은 후 설립신고서의 반려사유가 발생한 경우에는 행정관청은 30일의 기간을 정하여 그 시정을 요구하고, 그 기간 내에 이를 이행하지 아니하는 경우에는 당해 노동조합에 대하여 이 법에 의한 노동조합으로 보지 아니함을 통보하여야 한다(노조법 시행령 9조 2항).

노동조합의 실질적 요건 중 적극적 요건인 자주성·목적성·단체성을 구비하지 못한 근로자단체는 노동조합법상의 보호는 물론 헌법상의 보호도 받을 수 없으며, 적극적 요건은 갖추었으나 노동조합법 제2조 4호 각목에 해당하는 경우(소극적 요건을 결여한 경우)에는 행정관청은 설립신고서를 당해 노동조합에게 반려하여야 한다(노조법 12조 3항 1호).

또한 행정관청은 설립신고서 또는 규약이 기재사항의 누락 등으로 보완이 필요한 경우에는 대통령령이 정하는 바에 따라 20일 이내의 기간을 정하여 보완을 요구하여야 한다.

이 경우 보완이 된 설립신고서 또는 규약이 접수한 때에는 3일 이내에 신고증을 교부하여야 한다.(동법 12조 2항) 그러나 20일 이내에 보완이 되지 아니하는 경우에는 설립신고서를 반려하여야 한다(동법 12조 3항 2호).

II. 노동조합의 성립 및 법적 효과

1. 노동조합의 성립시기

노동조합법 제12조 4항은 "노동조합이 신고증을 교부받은 경우에는 설립신고서가 접수된 때에 설립된 것으로 본다."라고 규정하고 있다. 이는 노동조합의 성립시기를 그 설립요건을 실제로 갖추고 있는 확실한 시점으로 앞당겨 주는 역할을 하고 있다.[19]

종래 노동조합의 성립시기에 관하여 ① 설립신고서를 접수시켰을 때로 보는 견해, ② 신고증을 교부받았을 때로 보는 견해, ③ 신고증을 교부받을 것을 조건으로 신고서를 접수한 때로 보는 견해 등이 대립되어 왔으나, 이 규정은 이러한 해석론상의 다툼을 입법적으로 해결한 것이다.[20]

19) 이상윤, 노동법, p.542.
20) 임종률, 노동법, p.58.

2. 노동조합의 성립의 법적 효과

(1) 노동조합의 설립요건을 갖추고 있는 경우

노동조합의 실질적 요건과 행정관청으로부터 신고증을 교부받은 경우 노동조합은 노동조합법상의 노동조합으로 성립하게 된다.

노동조합법상 노동조합에 대하여는 노동조합법 등의 관련 법령에 의하여 각종의 법적 보호가 인정되고 있다. 노동조합법 제7조 1항은 "이 법에 의하여 설립된 노동조합이 아니면 노동위원회에 노동쟁의의 조정 및 부당노동행위의 구제를 신청할 수 없다."라고 규정하고 있으며, 동조 3항은 "이 법에 의하여 설립된 노동조합이 아니면 노동조합이라는 명칭을 사용할 수 없다."라고 규정하고 있다.

또한 노동조합은 법인격을 취득할 수 있고(동법 6조), 그 사업체를 제외하고는 조세가 면제되며(동법 8조), 단체협약의 지역적 효력확장이 인정되고(동법 36조), 정당한 노동3권 행사에 대한 민사·형사상의 면책을 인정하고 있다(동법 3조, 4조). 뿐만 아니라 노동위원회법은 노동위원회에 근로자위원을 추천할 수 있다고 규정하고 있다(노위법 6조).

(2) 노동조합의 설립요건을 결여한 경우

① 실질적 요건은 갖추었으나 신고증을 교부받지 못한 경우

실질적 요건을 갖추었으나 신고증을 교부받지 못한 노동조합의 법적 지위에 관하여는 법내노조설, 법외노조설 및 비노조설 등의 견해가 있다.

'법내노조설'에 의하면 설립신고서를 제출하지 아니하였거나, 설립신고를 미필한 조합도 노동조합법상의 노동조합으로서의 적법한 자격을 갖는다고 본다. 즉, 노동조합은 설립신고와 관계없이 노동조합의 실질적 요건을 갖춘 노동조합의 조직을 결성한 때에 노동조합으로 성립되며, 노동조합법 등에서 인정하는 각종 법적 보호의 대상이 된다고 보는 견해이다.

이에 비해 '법외노조설'은 신고증을 교부받지 못한 경우에는 노동조합법상의

노동조합이 아니므로 노동조합법상의 법적 보호를 받지 못한다고 보는 견해이다.[21]

그러나 이러한 법외노조도 헌법상의 단결권보장의 대상이 되는 헌법상의 노조로서 노동조합법 등이 인정하는 법적 보호 이외에 헌법상의 보호 내지 이익은 누릴 수 있다고 하는 견해도 우리나라 판례의 입장이다.

마지막으로 '비노조설'은 노동조합법상의 법적 보호를 받을 수 없음은 물론 그 외의 노동조합으로서의 어떠한 헌법적 보호도 받을 수 없다는 견해이다.[22]

생각하건데, 헌법 제33조 1항은 법내노조에 한하여 노동3권을 보장한 취지는 아니며, 또한 노동조합법상의 노조 보호 요건도 근로자단체의 법체계 내로의 유인이라는 정책적 의미에 불과할 뿐 노동3권 자체를 박탈하고자 하는 취지가 아니라는 점에서는 '법외노조설'에 찬동한다.

따라서 법외노조도 헌법상 단결권 등 노동3권의 보장에 의한 법적 보호를 받게 되므로, 개별적인 하위 법률규정의 유무에 불구하고 그러한 근로자단체의 정당한 결성·활동 등의 권리를 행사할 수 있고, 그 권리 행사에 대하여는 민·형사상 면책효과가 생기며, 그러한 단결체의 정당한 결성·활동 등의 권리에 대한 침해는 위법성이 있는 불법행위 등을 구성하여 사법적인 구제대상이 된다고 할 것이다.

② 실질적 요건을 갖추지 못한 경우

실질적 요건을 갖추지 못한 조합이라 함은 민주성 또는 자주성을 갖추지 못한 조합을 말한다. 실질적 요건이 결여된 조합에 대하여는 비노조설이 일반적 견해이다.

즉, 실질적 요건이 결여된 조합은 노동조합법상의 노동조합이 될 수 없음은 물론 법외노조설이 주장하는 단체교섭권, 단체협약체결능력 및 민·형사면책 등의 보호도 부여되지 아니한다.

---

21) 대법원은 "노동조합으로서의 실질적 요건을 갖추지 못하였으므로 단체교섭권이나 쟁의행위의 정당한 주체로 될 수 있는 노동조합이라고 볼 수 없다는 것이지, 노동조합법상의 노동조합이 아닌 근로자의 단결체는 무조건 단체교섭권 등이 없다는 것은 아니므로"라고 하여 직·간접적으로 법외노조설을 긍정하는 것으로 판단된다(대판 1979. 12. 11, 76누189).

22) 이상윤, 노동법, p.537.

Ⅲ. 노동조합의 운영

1. 의의

노동조합은 근로자가 그의 사회적·경제적 지위의 향상을 목적으로 자주적으로 결성하는 임의단체의 일종이므로 그 운영에 대해서는 조합규약과 다수결에 의한 자치를 원칙적으로 인정할 필요가 있다.

다시 말해서 노동조합은 내부운영의 방식을 스스로 정하고 그에 따라 자주적으로 운영하여야 하며, 노동조합이 단결력을 확보·유지하려면 모든 조합원에게 평등한 참여권을 인정하고 조합원의 민주적인 토론에 의해 형성된 다수의사에 따라 조합운영을 하여야 한다.

노동조합법은 조합의 조직·운영에 원칙적으로 개입하지 아니하도록 제정·운영되어야 하는 것이 원칙이지만, 조합민주주의 원칙에 따른 민주적인 운영을 담보하기 위하여 다양한 규제조항을 규정하고 있다.

2. 조합원의 지위의 취득 및 상실

(1) 조합원지위의 취득

노동조합은 근로자가 자발적으로 결성하는 단체이므로 그 구성원의 자격을 취득하려면 '가입'이라는 자발적 행위를 필요로 한다.

가입은 노동조합마다 정해진 수속 내지 요식에 따라 이루어지며 그 정하는 날에 효력을 발생한다. 그러나 특별한 규정이 없다면 의사표시의 형식을 묻지 않으며, 또한 그것이 이루어진 날로부터 효력을 발생한다고 생각할 수 있다.

문제는 노동조합이 가입자격을 어떻게 제한할 수 있는가 하는 것이다. 노동조합은 기본적으로는 사적인 임의단체로서 구성원의 범위를 스스로 결정할 수 있는데, 노동조합은 노동조합법에 의하여 조합원을 비롯한 근로자의 근로조건을 규제하는 등의 강력한 권능을 부여받고 있기 때문에 조합원자격의 제한은 이러한 권능과 관련하여 공정하게 이루어질 것이 요구된다.

구체적으로는 노동조합이 산업·기업·공장·직종·종업원의 종류 등의 근로자의 이해관계 차이를 기준으로 가입자격을 제한하는 것은 어떠한 이해집단을 결집하는 것이 효과적인가 하는 조직형태 결정에 속하며 이는 조합의 자치에 위임된다.

노동조합의 조합원은 어떠한 경우에도 인종·종교·성별·연령·신체적 조건, 고용형태, 정당 또는 신분에 의하여 차별대우를 받지 아니 한다(노조법 9조).

(2) 조합원지위의 상실

조합원은 사망, 조합원자격의 상실, 탈퇴, 제명 및 조합의 해산에 의하여 조합원의 지위를 상실한다. 특히 조합원이 법령 또는 조합규약에서 정한 조합원자격을 상실하면 탈퇴나 제명이 없더라도 당연히 조합원의 지위를 상실한다.

노동조합법 제5조는 근로자들의 노동조합의 가입의 자유를 전제로 하고 있으며, 노동조합이 근로자의 자발적 결합에 근거하는 결사이므로 조합원은 당연히 탈퇴의 자유를 가진다.

따라서 조합원의 탈퇴에 총회 등의 승인을 요한다거나 쟁의행위 기간 중에 탈퇴를 요구하는 규정은 무효로 해석된다. 다만, 소극적 단결권을 부인하는 조직강제조항이 체결되어 있는 경우에는 조합원의 탈퇴의 자유는 제한된다.

3. 유니언숍(union shop)

(1) 유니언숍의 의의

노동조합은 사용자와의 단체교섭에서 유리한 근로조건의 획득을 주요한 목적으로 하는 단체이므로 조직을 가능한 확대하여 노동력의 독점성을 높이려고 하는 욕구를 가지는 것은 당연하다.

노동조합이 조직 확대를 위해 취하는 수단은 각종의 양상을 띠는데, 특히 사용자에 대해서는 노동조합에 가입하지 않는 근로자를 채용하지 않도록 단체협약으로 체결하는 경우가 있다.

이와 같이 근로자가 노동조합의 조합원이 될 것을 고용조건으로 하는 단체협약상의 조항을 "조직강제" 조항이라고 한다. 유니언숍은 이 "조직강제"의 한 형태이며, 사용자는 이 조항에 따라 자기가 고용한 근로자 중 해당노동조합에 가입하지 않거나 또는 해당 조합에서 탈퇴한 조합원을 해고할 의무를 지게 된다.

유니언숍과 대비되는 다른 제도로서는 ①이미 노동조합에 가입하고 있는 기존 조합원이 아니면 채용하지 않고, 조합으로부터 탈퇴·제명된 경우에는 조합원 자격을 상실하므로 해고하여야 한다는 단체협약상의 조항을 "크로즈드 숍(closed shop)"이라 하며, ②조합가입이 강제되는 것은 아니나 조합원이 아닐지라도 조합가입에 대신하여 조합비에 해당하는 연대금을 지급하는 비조직 근로자들에게는 단체협약의 혜택을 부여하거나 해고하지 않기로 하는 "에이전시 숍(ageny shop)", ③가입 여부는 자유에 맡기되 일단 가입하면 노동조합으로부터 조직 근로자를 탈퇴할 수 없도록 하고 만약 근로자가 조합을 탈퇴하는 경우에는 사용자로 하여금 그 근로자를 해고하도록 하는 "조합원 자격유지제도(maintenance of membership)", ④조합가입을 강제하는 것은 아니나 채용, 배치전환, 승진, 해고 등 사용자로 하여금 일정한 협약상의 급부에 대하여 조합원과 비조직 근로자간에 일정한 격차를 유지할 의무를 지게 하는 "조합원 우대제도(preferential shop)" 등이 있다.

(2) 조직강제조항의 허용과 제한

① 노동조합법 규정

노조법 제81조(부당노동행위)

사용자는 다음 각 호의 어느 하나에 해당하는 행위(이하 "부당노동행위"라 한다)를 할 수 없다(1호, 3~5호 생략).

2. 근로자가 어느 노동조합에 가입하지 아니할 것 또는 탈퇴할 것을 고용조건으로 하거나 특정한 노동조합의 조합원이 될 것을 고용조건으로 하는 행위. 다만, 노동조합이 당해 사업장에 종사하는 근로자의 3분의 2 이상을 대표하고 있을 때에는 근로자가 그 노동조합의 조합원이 될 것을 고용조건으로 하는 단체협약의 체결은 예외로 하며, 이 경우 사용자는 근로자가 그 노동조합에서 제명된 것 또는 그 노동조합을 탈퇴하여 새로 노동조합을 조직하거나 다른 노동조합에 가입한 것을 이유로 근로자에게 신분상 불이익한 행위를 할 수 없다.

노동조합법 제81조 2호는 근로자의 특정 조건 하에의 노동조합 가입 및 가입금지 또는 탈퇴를 고용조건으로 하는 근로계약을 부당노동행위로서 금지하고 있으며, 당해 근로계약의 관련 내용은 사법상 무효로 한다.

다만, 노동조합이 당해 사업장에 종사하는 근로자의 3분의 2이상을 대표하고 있을 때에는, 근로자가 그 조합의 조합원이 될 것을 고용조건으로 하는 단체협약의 체결은 예외로 한다.

여기서 "고용조건으로" 한다는 것은 채용이나 고용계속 등 고용 자체뿐만 아니라 임금·승진 등의 근로조건 기타 근로자의 대우에 관한 사항을 조건으로 하는 것 즉 고용상의 제반 이익을 조건으로 하는 것도 포함한다. 그러므로 승진의 조건으로 조합탈퇴·조합불가입 등을 약정하는 것도 반(反)조합계약으로 된다.[23]

② 유니언숍 협정의 허용 및 제한

유니언숍 협정은 노동조합의 가입을 기피하는 근로자 개인의 자유와 이익에 충돌되므로 일정한 조건 하에서만 허용하고 하고 있다.[24]

첫째, 유니언숍 협정은 이를 체결하는 노동조합이 당해 사업장에 종사하는 근로자의 3분의 2이상을 대표하고 있어야 허용된다(노조법 81조 2호 단서). 따라서 노동조합이 당해 사업장에 종사하는 근로자의 3분의 2이상을 대표하고 있지 않음에도 불구하고 유니언숍 협정을 체결하면 부당노동행위가 될 것이다.

여기서의 "당해 사업장"이라 함은 노동조합의 조직대상으로 된 사업 또는 사업장을 의미한다. 따라서 노조의 조직대상이 기업별로 되어 있는 경우, 그 기업 내의 모든 사업장이 당해 사업장이 된다.

마찬가지로 "종사하는 근로자"라 함은 당해 사업 또는 사업장에 종사하는 전

---

23) 김유성, 노동법 II, p.337.

24) 대법원도 노조법상의 유니언숍 협정의 허용이 헌법상의 근로자의 단결권을 침해하는 것으로 볼 수 없다고 판시하고 있고(대판 2002. 10. 25, 2000카기183), 헌법재판소 역시 근로자의 단결권을 보장한 헌법 제33조 제1항에 위반되지 아니하고 근로자의 단결하지 아니할 자유의 본질적인 내용이나 평등권을 침해하는 것으로 볼 수 없다고 결정한 바 있다(헌재 2005. 11. 24, 2002헌바95, 96, 2003헌바9).

체 근로자를 말하는 것이 아니라 그 중에서 당해 노동조합의 조합원이 될 수 있는 자격을 가지는 근로자만을 의미한다.

둘째, 유니언숍 조항을 체결하더라도 사용자는 근로자가 당해 노동조합에서 제명된 것을 이유로 신분상 불이익한 행위를 할 수 없다(81조 2호 단서). 또한 형식적으로는 조합에의 불가입이나 조합으로부터의 탈퇴지만, 실제로는 제명과 마찬가지인 경우에도 사용자는 해고할 수 없다고 보아야 한다.[25] 그러나 사용자는 근로자가 일정한 기간 내에 조합에 가입하지 않을 경우와 조합에서 탈퇴한 경우에는 해고 할 수 있다.

셋째, 유니언숍 조항이 존재하더라도 사용자는 근로자가 당해 노동조합을 탈퇴하여 새로 노동조합을 조직하거나 다른 노동조합에 가입한 것을 이유로 근로자에게 신분상 불이익한 행위를 할 수 없도록 하고 있는데, 이는 2010. 7. 1.부터 복수노조의 설립이 허용되는 경우를 상정하여 2006년 12월 노동조합법 개정 시에 추가된 것이다.

(3) 유니언숍 협정에 근거한 해고 효력

유니언숍 협정은 노동조합과 사용자간의 일정한 경우에 사용자의 해고의무를 설정하는 협정에 지나지 않고, 동 협정을 유효로 인정해도 이에 근거한 해고의 유효성은 이론적으로 해고에 대한 정당한 사유가 있는지에 대한 별개의 검토가 필요하다.

유니언숍 협정에 근거한 해고는 유니언숍제의 효용, 즉 근로자의 경우는 해당 조합이나 또는 다른 노동조합에 가입함으로써 해고를 면할 수 있다는 점, 사용자의 경우는 협약상의 의무에 근거하여 해고하는 것으로 자의적인 해고와는 다른 점 등에서 부당한 해고라고는 볼 수 없다.

즉, 유니언숍 협정이 체결되어 있을 경우 ⅰ) 근로자가 노동조합에 의해서 제명되거나, ⅱ) 근로자 스스로가 다른 노동조합에 가입하기 위하여 기존의 노동

25) 김유성, 노동법 II, p.342.

조합에서 탈퇴한 경우에는 해당 근로자를 해고할 수 없다.

하지만 근로자가 유니언숍 협정이 체결된 노조에 가입하지 않거나, 스스로 임의 탈퇴한 경우에는 회사가 해당 근로자를 해고할 수 있다. 다만, 노동조합의 조합원이 노조를 탈퇴한 후 상당기간 내에 재가입을 신청하였으나 노동조합이 정당한 사유 없이 이를 거부하는 것은 권리남용이며 사실상 제명과 같기 때문에 해당 근로자를 해고할 수 없다.[26]

4. 노동조합의 규약

"조합규약"이라 함은 "노동조합이 그 조직의 자주적·민주적 운영을 보장하기 위하여 정한 제반규칙"을 말한다(노조법 11조). 규약의 제정 및 개정에는 조합원의 총의가 반영되어야 하므로 노동조합법에서는 규약의 제정과 개정은 총회에서 조합원의 직접·비밀·무기명투표에 의하여 재적과반수의 출석과 출석조합원 3분의 2의 찬성으로 의결하여야 한다고 규정하고 있다(노조법 16조 2항).

다만 총회에 갈음하는 대의원회가 설치되어 있는 경우 규약의 개정은 대의원회에서 행할 수도 있다(노조법 17조). 제정된 규약은 노동조합 설립신고 시 신고서에 첨부하여 행정관청에 제출하여야 하며(노조법 10조 1항), 신고사항에 변경이 있는 때에는 그날부터 30일 이내에 행정관청에 통보하도록 규정하고 있다(노조법 13조).

조합규약의 내용은 노동조합이 스스로 자유로이 결정하는 것이 원칙이지만, 노동조합의 자주적·민주적 운영을 위하여 노동조합법은 규약의 '필요적 기재사항'을 규정하고 있다(노조법 11조). "필요적 기재사항"에는 명칭·목적과 사업·주된 사업소의 소재지·조합원에 관한 사항 등 노동조합의 조직과 운영에 필요한 기본사항들로 노동조합은 자주적으로 각 사항의 구체적인 내용을 정할 수 있다.

또한 필요적 기재사항 이외에도 노동조합의 자주적·민주적 운영과 활동에 필

---

26) 대판 1995.2.28, 94다15363.

요한 사항을 자유로이 정할 수 있으나, 노동조합의 규약이 노동관계법령에 위반하는 경우에는 행정관청이 노동위원회의 의결을 얻어 그 시정을 명할 수 있다(노조법 21조 1항).

5. 노동조합의 기관

(1) 의의

노동조합은 의사결정을 하는 기관, 업무를 집행하는 기관, 노조의 회계 기타 업무집행을 감시하는 기관, 노동조합을 대외적으로 대표하는 기관, 집행기관을 보조하여 일상적인 사무를 처리하는 기관 그리고 특별임무를 수행하기 위한 기관 등이 있다.

이러한 기관들은 조합자치의 원칙상 그 구성 및 권한 등은 조합의 자주적 의사에 따라 규정되지만, 노동조합법은 조합민주주의를 확립하기 위해 총회와 대의원회 및 임원에 관한 다수의 규정을 두고 있다.

(2) 총회 및 대의원회

총회는 노동조합의 최고의사를 결정하는 기관으로서 조합원 전원으로 구성되어야 한다. 그러나 총회에 모든 조합원이 참가하는 것이 불가능한 경우에 노동조합은 규약으로 총회에 갈음하여 대의원회를 둘 수 있다(노조법 17조 1항).

대의원은 조합원의 직접·비밀·무기명투표에 의하여 선출되어야 하며(동조 2항), 임기는 규약으로 정하되 3년을 초과할 수 없다(동조 3항). 대의원회를 둔 때에는 총회에 관한 규정은 대의원회에 이를 준용한다(동조 4항).

노동조합은 매년 1회 이상 총회를 개최하여야 하며(노조법 15조 1항), 노동조합의 대표자는 총회의 의장이 된다(동조 2항). 한편 의장이 필요하다고 인정할 때에 임시총회 또는 임시대의원회를 소집할 수 있다(노조법 18조 1항).

또한 조합원 또는 대의원의 3분의 1이상의 요구가 있을 때에는 지체 없이 임시총회를 소집하여야 한다(동조 2항). 만일 의장이 임시총회 또는 임시대의원회의 소집을 고의로 기피하거나 이를 해태하는 경우에는 조합원 또는 대의원의 3분의 1이상이 행정관청에게 소집권자의 지명을 요구할 수 있으며, 이 때 행정관청은 15일 이내에 노동위원회의 의결을 얻어 소집권자를 지명한다(동조 3항).

당해 노동조합에 총회 또는 대의원회의의 소집권자가 없는 경우에는 조합원 또는 대의원의 3분의 1 이상이 회의에 부의할 사항을 제시하고, 행정관청에 소집권자의 지명을 요구한 때에는 행정관청은 15일 이내에 소집권자를 지명하여야 한다(동조 4항).

노동조합의 민주적 운영을 위하여 중요사항은 조합원의 총의를 반영하기 위해 총회의 의결을 얻는 것이 타당하므로, 노동조합법은 총회의 의결을 거쳐야 하는 "필요적 의결사항"을 규정하고 있다(노조법 16조 1항).

"필요적 의결사항"에는 i) 규약의 제정과 변경에 관한 사항, ii) 임원의 선거와 해임에 관한 사항, iii) 단체협약에 관한 사항, iv) 예산·결산에 관한 사항, v) 기금의 설치·관리 또는 처분에 관한 사항, vi) 연합단체의 설립·입 또는 탈퇴에 관한 사항, vii) 합병·분할 또는 해산에 관한 사항, viii) 조직형태의 변경에 관한 사항, ix) 기타 중요한 사항 등이 있다. 노동조합법 상 열거되지 않은 사항도 총회의 의결사항으로 규약에 규정할 수 있음은 물론이다.

총회의 의결에는 재적조합원의 과반수의 출석과 출석조합원 과반수의 찬성이 있어야 한다(노조법 16조 2항 본문). 다만, 규약의 제정·변경, 임원의 해임, 합병·분할, 해산 및 조직형태의 변경에 관하여는 재적조합원 과반수의 출석과 출석조합원 3분의 2이상의 찬성이 있어야 한다(노조법 16조 2항 단서).

또한 임원선거에서 출석조합원 과반수의 찬성을 얻은 자가 없는 경우에는 규약이 정하는 바에 따라 결선투표를 실시하여 다수의 찬성을 얻은 자를 임원으로 선출할 수 있다(동조 3항).

의결방식은 규약에 정한 바에 따르되, 규약의 제정·변경과 임원의 선거·해임에 관한 사항은 조합원의 직접·비밀·무기명 투표의 방식으로 하여야 한다(동조 4항).

총회 또는 대의원회의 소집절차는 회의개최일 7일전까지 그 회의에 부의할 사항을 공고하고 규약에 정한 방법에 의하여 소집하여야 한다. 다만, 노동조합이 동일한 사업장내의 근로자로 구성된 경우에는 그 규약으로 공고기간을 단축할 수 있다(노조법 19조).

(3) 임원

노동조합은 집행기관으로서 임원을 두는데, 대외적으로 노동조합을 대표하는 대표자와 의결기관에서 의결한 사항 및 노동조합의 업무를 집행하는 임원으로 구성된다.

임원의 선임절차는 조합규약에서 정하는 바에 의하며(노조법 11조 14호), 임원은 반드시 조합원 중에서 선출되어야 하며(동법 23조 1항), 임원의 선거 및 해임은 조합원의 직접·비밀·무기명투표에 의하여야 한다(동법 16조 4항).

임원의 선거에서 출석조합원의 과반수의 찬성을 얻은 자가 없는 경우, 규약이 정하는 바에 따라 결선투표를 실시하여 다수의 찬성을 얻은 자를 임원으로 선출할 수 있다(동조 3항). 임원의 임기는 규약으로 정하되 3년을 초과할 수 없다(동법 23조 2항).

(4) 감사기관

노동조합법은 노동조합의 재정에 대하여 감사할 권한을 가지는 회계감사원을 둘 것을 예정하고 있다. 노동조합의 대표자는 회계감사원으로 하여금 6월에 1회 이상 당해 노동조합의 모든 재원 및 용도, 주요한 기부자의 성명, 현재의 경리 상황에 대한 회계감사를 실시하게 하고, 그 내용과 감사결과를 전체 조합원에게 공개하여야 한다(노조법 25조 1항).

또한 노동조합의 회계감사원은 필요하다고 인정할 경우에는 당해 노동조합의 회계감사를 실시하고 그 결과를 공개 할 수 있다(동조 2항).

6. 노동조합의 재정

(1) 조합재정자치의 원칙

노동조합의 재정은 국가 및 사용자 등 제3자로부터 간섭을 받지 아니하고 조합이 자주적·민주적으로 이를 확보·관리·사용하여야 한다.[27]

노동조합의 자주적 운영은 특히 재정 면에서 확보되어야 하며, 이를 위해 노동조합법은 노동조합이 주로 조합비에 의하여 운영될 것을 규정하는 한편, 사용자로부터 노동조합의 재정지원을 받는 경우 이는 노동조합의 자주성을 해치게 되어 노동조합의 설립이 부정되거나(노조법 2조 4호 2목) 부당노동행위에 해당된다(노조법 81조 4호).

또한 노동조합의 재정은 민주적으로 관리·사용되어야 하며, 이에 따라 노동조합법은 재정에 관한 장부·서류의 작성과 비치, 예·결산에 관한 사항 등을 규정하고 있다.

(2) 조합비

"조합비"라 함은 조합원이 노동조합 구성원의 지위에서 노동조합의 운영을 위하여 부담하는 일체의 비용을 말하며, 노동조합의 수입 중 가장 중요한 비중을 차지하고 있다.

조합비에는 정기조합비 외에 특수한 목적에 사용하기 위하여 일시적으로 징수하는 쟁의기금·구속조합원 지원금·공제회비 등의 특별조합비가 있다. 구 노동조합법 하에서는 조합비 금액에 대하여 임금의 100분의 2를 초과할 수 없도록 상한액이 제한되어 있었다.

그러나 동 조항은 조합자치의 원칙상 문제가 있다고 비판받아, 현행 노동조합법 개정에서 삭제되었다. 이에 따라 노동조합법은 조합비 기타 회계에 관한 사

27) 이상윤, 노동법, p.562.

항을 규약에 기재하도록 하고(노조법 11조 9호), 예산·결산에 관한 사항과 기금의 설치·관리 또는 처분에 관한 사항은 총회의 의결을 거쳐 조합원 스스로 결정하도록 규정하고 있다(동법 16조 1항 4, 5호).

노동조합은 조합비를 납부하지 아니하는 조합원에 대해 노조운영에 참가하는 권리를 제한 할 수 있다(동법 22조 단서).

(3) 조합재산의 소유형태

다음으로 조합재산은 조합이라는 단체의 단독소유인가 아니면 개개 조합원이 조합재산에 대하여 지분을 가지고 있는가 하는 점이 문제가 된다.

노동조합은 규약에서 법인격 취득의 취지를 규정하고 등기를 함으로써 법인이 될 수 있다(노조법 6조 1항·2항). 법인인 노동조합의 재산은 노동조합의 단독소유가 된다.

그러나 법인이 아닌 노동조합의 경우는 민법상 권리능력이 없는 사단에 해당하므로, 조합재산은 조합원 전원의 '총유(總有)'[28]가 된다고 보아야 할 것이므로 노동조합의 재산에 대한 조합원의 지분은 인정되지 않는다.

다시 말해 법인격이 있는 노동조합의 재산은 조합의 단독소유에 속하고, 법인격이 없는 노동조합의 재산은 총 조합원의 총유에 속하므로 어느 경우라도 조합원 개인의 지분은 없으며, 조합재산에 대한 조합원의 권리의무는 조합의사 즉 규약 또는 총회의 의결에 의하여 정하여진다.

(4) 조세의 면제

노동조합법 제8조는 "노동조합에 대하여는 그 사업체를 제외하고는 세법이 정하는 바에 따라 조세를 부과하지 아니 한다."라고 규정하고 있다. 이는 노동조

28) 총유의 경우에는 '총회'와 같은 사원들로 구성되는 회의에서 총유물을 처분하기로 한 때에 규약에 따라 자기 몫을 챙길 수 있을 뿐이고, 평소에는 총유물을 공동으로 이용할 수 있는데 그치는 것이 보통이다.

합이 비영리단체이므로 조세면제의 혜택이 부과되는 것으로, 노동조합의 본질적 목적을 위해 구입한 버스 등은 면세혜택이 부여된다.

노동조합의 임원이나 직원이 노동조합으로부터 받는 급여에 대하여는 납세의무자가 노동조합이 아닌 임원·직원 개인이 되므로 소득세 등이 면제되지 아니한다.

7. 노동조합의 내부통제권

(1) 의의

노동조합의 "내부통제권"이란 노조의 통일적 의사에 따른 단결력을 확보하기 위하여 조합의 규약·방침·지시 등에 위반한 조합원에 대해서 조합이 제재처분을 가할 수 있는 권한을 말한다.

노동조합의 내부통제권의 행사는 현실적으로 조합 내 주도권 쟁취와 관련되어 행사되고, 유니언숍(union shop)체결 시 투쟁적 조합원을 배제할 수 있는 수단으로 악용 가능한 점이 문제로 될 수 있다.

(2) 내부통제권의 법적 성질

노동조합의 규율과 통제에 관한 사항은 규약의 필요적 기재사항에 해당되고(노조법 11조 15호), 조합이 통제권을 행사하고자 할 경우에는 이를 준수해야 하나 규약의 규정이 추상적이거나 없는 경우에도 조합은 조합민주주의 원칙에 의한 통제권의 행사가 가능한 바, 그 근거가 무엇인지 견해가 대립하고 있다.

모든 단체는 그 조직의 유지를 위해서 내부적 통제를 필요로 한다는 점에서, 노동조합도 단체인 이상 규약의 명시여부와 관계없이 당연히 통제권을 갖는다는 '단체 고유권설'이 있고, 통제권의 근거는 헌법 제33조 1항의 단결권 보장에 있으며, 노조는 일반적 사단법리가 완전히 부인되고, 이것과는 이질적인 노동조합의 특성에 기초하여 통제권의 법리가 구성된다고 보는 '순수 단결권설', 통제권의 근거는 헌법 제33조 1항의 단결권 보장에 있으며, 노조에도 사단의 법리가 적용되나, 노조에 대하여는 단결권 보장에 근거한 더욱 강한 통제권이 요청된다고 보는 '절충 단결권설'이 있다.

생각하건대, 노조 이외의 단체에도 일정한 통제권은 인정되나, 노조는 단결권의 주체로서 성립되므로 통제권의 정당성은 단결권 보장과의 관계에서 고찰되어야 하며, 노조에게도 일반적 사단법리가 적용될 수 있다는 점에서 '절충 단결권설'이 타당할 것으로 본다.

(3) 내부통제권 행사의 대상

① 정치활동

노동조합과 조합원은 각 기본권의 향유주체로서 헌법상 정치활동의 자유를 가지는 바, 이 경우 양자 충돌 시에 문제가 된다.

이 경우에 노조의 정치활동에 관한 기본방침에 반한다는 이유로 조합원의 정치적 활동에 대하여 통제권을 행사할 수는 없는 것이다. 다만, 반조합 행위를 정치활동이라는 이름으로 행할 경우에는 통제권 행사의 대상이 될 수 있을 것이다.

② 비판활동

조합민주주의 차원에서 조합의 방침을 건전하게 비판하는 사실에 기초하고 공정성을 가지는 비판활동은 허용된다.

다만, 사실왜곡, 중상 또는 악의적인 공격목적 등에 의한 비판은 정당한 비판활동으로 볼 수 없으므로 통제의 대상이 되며, 또한 건전한 비판활동도 시기적으로 단체의사의 형성과정에서는 허용·가능하나 정당한 절차에 의해 확정된 방침에 대해서는 이를 허용할 수 없다고 본다.

③ 분파활동

노조의 단결력을 저해하는 조합원의 분파활동 및 조합의 지시나 방침에 반하는 행위 등은 통제대상이 된다.

다만, 현상적으로 분파활동으로 보일지라도, 조합의 지시·방침이 단결권 보장의 취지에 비추어 법적인 보호가치가 없거나 오히려 단결권을 저해하는 경우 등에는 이를 허용할 수 있을 것이다.

④ 위법지시의 거부

위법한 노조의 지시에 대하여, 조합원은 이에 따를 의무가 있는지의 여부 및 이의 거부 시에 통제대상이 될 수 있는가에 대하여 긍정설과 부정설의 견해가 대립한다.

생각하건대 노동조합의 결의·지시가 법률에 명백하게 위반하는 경우에 조합원은 그에 따를 의무가 없다. 다만, 조합의 결의·지시가 객관적으로 보아 중대하고 명백한 위법성을 가지지 않는 한, 위법성의 여부를 당해 시점에서 판단하기가 쉽지 않고, 그 정당성의 평가는 사회적 유동성이 있다는 점 등에서 조합원은 그에 구속된다고 보아야 할 것이다.

(4) 통제권 행사의 한계

① 내용상 한계

조합의 통제권 행사는 단결을 유지하고, 근로조건의 유지·개선이라는 조합의 정당한 목적을 달성하기 위한 범위 내에서 인정되며(목적상의 한계), 또한 조합의 통제권 행사는 그 사유와 제재처분 간에 비례의 원칙에 비추어 균형성이 유지되어야 한다(양형상의 한계).

② 절차상 한계

가. 규약상의 절차규정

조합규약에 제재의 절차규정이 있는 경우에는 반드시 이에 따라야 하며, 절차규정이 없는 경우에는 절차적 공정성을 확보한 절차에 의해야 한다.

나. 결정기관

제재처분의 결정기관은 단결권 보장의 취지 및 피처분자의 권리보호 요청에 의해, 조합원의 총의가 반영되는 총회의 결의에 의함이 원칙이며, 특히 제명처분의 경우에는 피처분자에게 심대한 타격을 주므로 총회의 전권사항으로 보아야 할 것이다.

다만, 제명 이외의 제재처분에 있어서는 규약에 의거하여, 하급 의결기관으로 위임할 수 있을 것으로 본다.

다. 변명권의 보장

제재 시에는 피처분자에게 미리 제재의 사유를 고지하고 결정기관에 출석하게 하여 충분한 변명의 기회를 보장해야 한다.

다만, 노동조합이 피처분자가 이를 태만·포기한 경우에는 이를 다툴 수 없을 것이다.

③ 위반의 효과

가. 내용상 한계의 위반

조합의 제재처분의 목적이 단결권의 보장 및 근로조건의 향상에 반하거나, 양형이 그 균형성을 상실한 경우 등에는 권리남용으로서 무효로 된다.

나. 절차상 한계의 위반

제재처분이 절차상 하자가 있는 경우에는 단결권 보장의 취지를 일탈한 것으로서 무효로 됨이 원칙이다.

다만 절차상 하자가 사소한 것에 불과하고 처분의 실질적 공정성이 확보된 경우에는 이를 유효하다고 볼 수 있을 것이다.

(5) 내부통제와 사법심사

조합자치의 원칙상 조합의 내부통제권 행사에 대하여 사법심사는 가능한 한 자제됨이 마땅하다.

그러나 조합자치의 범위를 일탈하여 조합원의 생존권 및 단결권을 부당하게 침해하는 경우, 특히 부당한 제명처분에 대하여는 사법심사가 가능할 것이다.

즉, 제재처분이 조합규약을 위반하거나 현저히 공정성을 결하거나 또는 중대한 절차상의 하자가 있는 경우 등에 한하여 예외적으로 통제권 행사에 대한 사법심사가 허용될 수 있다고 본다.[29]

29) 예컨대, 조합규약을 위반한 제재처분을 이유로 한 '조합원지위확인소송'이나, 조합규약 자체의 불공정성을 이유로 한 '노동조합규약효력정지소송' 등이 실체법상 다투어질 수 있을 것으로 생각한다.

Ⅳ. 노동조합의 활동

1. 의의

"노조활동"이라 함은 넓은 의미에서 노동조합이 헌법상 보장된 단결권·단체교섭권 및 단체행동권을 행사하는데 필요한 조직·유지 및 운영에 관한 모든 활동을 말하며, 좁은 의미에서 노동조합이 단결력을 유지·강화하기 위하여 행하는 일상적 제반활동을 의미한다.

일반적으로 노조활동이라 함은 좁은 의미에서의 노조활동을 말하며, 조합원의 모집·가입권유, 노동조합 방침의 결정·홍보·집행, 각종 집회의 개최, 설문조사나 서명활동, 유인물 배포·부착, 조합비의 징수 및 공제·수양·기타 복리사업 등이 해당된다.

이러한 노조활동권은 헌법상 보장된 노동3권의 보호에 따라 당연히 인정되는 노동조합의 헌법적 권리이다. 그러므로 정당한 노조활동은 민·형사면책이 인정되며, 사용자가 이를 제한·침해하는 경우에는 부당노동행위가 성립되므로 이에 대한 구제를 받을 수 있다.

그런데 법적 보호를 받을 수 있는 노조활동이란 "노동조합의 업무를 위한 정당한 행위"(노조법 81조 1호)에 한한다. 그러므로 정당한 범위를 벗어난 노동조합의 업무는 법적 보호를 받을 수 없게 된다.

2. 정당한 노조활동

앞서 말한 바와 같이 노조활동이란 노동조합이 단결력을 유지·강화하기 위해 행하는 일상적 제반활동을 의미하며, 이러한 노조활동은 헌법상 보장된 노동3권으로부터 당연히 인정되는 것이므로 정당한 노조활동은 민·형사책임이 면제된다. 이러한 노조활동도 그 주체·목적·양상의 세 가지 측면으로 나누어 정당성

의 기준을 살펴 볼 필요가 있다.[30]

(1) 노조활동의 주체에 의한 정당성

미조직 근로자의 활동이라도 근로조건의 유지·개선을 위한 단결활동인 이상 헌법 제33조의 단체행동권의 보호(직접 효과로서의 형사·민사면책 및 반사회적 법률행위를 통한 간접 효과로서의 불이익 취급으로부터의 보호)를 받는다.

노동조합에 조직되어 있는 근로자의 활동에 대해서는 그것이 헌법 제33조의 노조활동권에 의해 보호되기 위해서는 어느 정도 노동조합의 통제에 따르고 있냐는 점을 요하는가 하는 문제가 발생한다.

조합원이 노동조합의 기관결정과 지시에 근거하지 않고 자발적으로 한 행위라도 조합의 운동방침의 수행행위로 볼 수 있는 경우에는 '노조활동'으로서의 보호를 받는다. 이러한 경우에는 노동조합의 묵시적 수권 혹은 승인이 있다고도 생각할 수 있다.

(2) 노조활동의 목적에 의한 정당성

헌법 제33조나 노동조합법의 보호를 받는 노조활동은 단체교섭에 관련된 활동이라는 점을 요한다는 견해도 있는데, 대다수 학설은 그러한 한정을 짓지 않고 요컨대 노동조합이 실시하는 활동은 서클 활동, 사회활동, 정치활동에 이르기까지 보호의 대상이 된다고 주장한다.

문제의 중심은 정치활동이다. 일본의 판례는 일찍이 정치활동이 노동조합 목적의 범위내의 행위이고 또한 목적달성에 필요한 행위라는 점을 인정하고,[31] 또한 이 판례를 승인하면서 '조합원의 권리이익에 직접 관여하는 입법과 행정조치의 촉진 혹은 반대를 위한 활동에 대해서는 조합원의 협력의무가 있다'라고 판

30) 菅野和夫, 勞働法, p.595 이하 참조.
31) 三井美唄勞組事件(最大判 昭43.12.4), 刑集 22권 13호, p.1425.

시하기에 이르렀다.[32)]

이러한 일본의 판례의 변천에 비추어 보면, 현재 일본의 판례는 노동조합이 결정한 활동이 정치적인 것이기 때문에 즉각 헌법과 노동조합법의 보호를 부정하는 입장은 취하지 않고 적어도 '근로자의 권리·이익에 직접 관계하는 입법과 행정조치의 촉진 혹은 반대를 위해 하는 활동'에 대해서는 보호를 긍정하는 입장을 채택하고 있다고 이해할 수 있다(위법지령의 구속력을 인정하지 않는 판례의 입장에서는 만약 위의 활동이 위법이라면 협력의무=지령의 구속력을 긍정할 수 없기 때문이다).

우리나라의 경우 종래에는 노동조합의 정치활동, 특히 공직선거에서 특정 정당 또는 후보자를 지지하거나 반대하는 활동은 금지되었기 때문에 노동조합이 정치활동을 할 여지가 없었으나, 1998년 4월 30일「공직선거 및 선거부정방지법」의 개정으로 인하여 단위노조의 정치자금 기부를 제외하고는 노동조합이 그 명의 또는 그 대표자의 명의로 특정 정당 또는 후보자를 위한 선거운동을 할 수 있게 되었다.

(3) 노조활동의 양상에 의한 정당성

① 일반적 기준

노조활동의 양상면에서의 정당성에 대해서는 일반적으로 다음의 세 가지 원칙이 존재한다.

(a) 첫째, 취업시간내의 노조활동이 원칙적으로 정당성을 인정받지 못하는 경우이다.

이 근거는 근로자의 근로계약상의 근로제공의무이다. 단, ① 취업규칙과 단체협약상의 허용규정이 있는 경우, ② 관행상 허용되어 있는 경우, ③ 사용자의 승낙이 있는 경우에는 근로의무 내용이 수정되어 취업시간 중의 노조활동이 허용

32) 國勞廣島地本事件(最三小判 昭50.11.28), 民集 29권 10호, p.1698.

된다.[33]

(b) 둘째, 사업장내의 노조활동에 대해서는 사용자의 시설관리권에 근거하는 규율과 제약에 따르는 경우이다. 단, 이러한 규율과 제약은 사업의 원활한 수행을 위해 어떠한 합리성(필요성)을 인정하는 경우라는 것을 요한다고 해석해야 한다.

시설관리권과 노조활동과의 관계에 대한 학설 가운데는 기업별 노동조합은 사업장의 시설을 이용하는 것이 노조활동 상 불가결하므로 단결권 내지 노조활동권에 근거하여 기업시설을 일정한도에서 이용하는 권한을 가지고 사용자는 이 이용을 수인(受忍)할 의무가 있다는 '수인의무설'이 유력했다.

하지만 대법원 판례는 노조활동이 사업장 내에서 이루어지는 경우에는 사용자의 시설관리권에 바탕을 둔 합리적인 규율이나 제약에 따라야 하고 폭력과 파괴행위 등의 방법에 의하지 않는 것이어야 한다고 한다.[34]

---

33) 이와 관련된 대법원 판결로 대판 1994. 9. 30, 94다4042, 대판 1995. 3. 14, 94누5496, 대판 1995. 2. 17, 94다44422, 대판 1994. 2. 22, 93도613 등이 있다. 또한 이 경우 문제가 되는 것이 "직무성실의무"와 노조활동 간의 문제이다. "직무성실의무"란 근로자는 근로계약의 가장 기본적인 의무로서, 사용자의 지휘명령에 복종하면서 직무를 성실히 수행할 의무를 지며 따라서 근로시간 중에는 직무에 전념하여 다른 사적 활동을 삼가야 할 의무를 진다. 이 의무는 취업규칙에서 통상적으로 '종업원은 회사의 지시 명령을 지키고 직무상의 책임을 자각하고 성실히 직무를 수행해야 한다.', '종업원은 전력을 다해 그 직무의 수행에 전념해야한다.' 등으로 규정하고 있다. 문제는 직무성실의무가 요구하는 주의의무의 정도인데 주로 근무시간 중의 반전(反戰) 플레이트 착용과 조합의 리본 투쟁, 조합 뱃지 착용 등이 직무충실의무에 반하지 않는지 여부로서 문제가 되어 왔다. 일본의 판례는 '직원은 전력을 다해 그 직무 수행에 전념하지 않으면 안 된다'는 '일본전신전화공사법'의 규정을 직원은 근무시간 및 직무상의 주의력의 모든 것을 직무 수행을 위해 이용하고 직무에만 종사해야한다는 뜻으로 해석하여, 근무 중 직장 동료에게 호소하는 반전 플레이트 착용은 정신적 활동 면에서 이 의무에 위반된다고 판시했다.

34) 즉, 사용자가 취업규칙이나 단체협약에 근로자에 대하여 회사 내에서 노무제공과 무관한 집회, 연설, 벽보판의 게시, 유인물의 배포 등 활동을 일반적으로 금지하고, 사용자의 허가를 받은 경우에 한하여 허용한다는 규정을 두어 이를 규율하고 있을 때, 이와 같이 사업장에서 업무 이외의 활동에 대하여 허가제를 규정한 것은 취업시간 뿐만 아니라 휴게시간 중에 있어서도 사업장에서의 시설관리나 다른 직원의 휴게시간의 자유로운 이용을 방해할 염려가 있고 그 내용 여하에 따라서는 기업질서를 어지럽힐 가능성이 있으므로 그 합리성을 부인할 수는 없다는 것이다. 그러나 조합활동을 함에 있어서는 이러한 규율이나 제약에 따라 반드시 사용자의 허가를 받아야 하는 것은 아니고 구체적으로 사용자의 시설관리권

일본의 판례 역시 노동조합에 의한 기업시설의 이용은 본래 사용자와의 단체교섭에 의한 합의에 근거하여 이루어져야하고 이용의 필요성이 크기 때문에 조합이 이용권한을 취득하거나 사용자가 수인의무를 지거나 하는 일 없이 노동조합이 사용자의 허락을 얻지 않고 기업시설에서 노조활동을 하는 것은 이를 허용하지 않는 것이 사용자의 시설관리권 남용으로 인정할 수 있는 특단의 사정이 없는 한 정당성을 가질 수 없다는 입장을 취하고 있다.[35]

기업레벨의 조합에 의한 기업시설의 이용은 기업레벨의 노사관계운영에 있어서 중요한 과제인데 노사당사자에 의해 자주적인 룰 형성이 시도되어야 하는 사안이다.

따라서 노동조합은 그러한 룰 형성의 교섭을 먼저 시도해야 하고 그것이 주효하지 않은 경우에 노조활동권에 의한 보호가 문제시되어야 한다. 이 보호의 내용은 기업시설 이용의 형태(시설관리권과의 충돌양상)에 따라 다른데, 기본적으로는 그것은 사용자의 허락을 얻을 수 없다는 하자(위법성)가 노조활동상 어쩔 수 없다는 필요성에서 일정 한도로 조각된다는 견해에 따라야 할 것이다.[36]

(c) 셋째, 노조활동이 아무리 취업시간외에 사업장외에서 이루어진 경우라도 근로자의 근로계약상의 성실의무에 의한 약간의 제약이 존재하는 것이다.

이미 전술했듯이 인적 계속적 관계로서의 근로계약에 있어서는 근로자는 사용자의 이익을 배려해야 할 성실의무를 지고 있고 관련 의무는 근로자의 취업시간외 행동에도 이를 수 있다.

예를 들어 근로자가 고용주인 사용자의 제품·서비스의 불매를 호소하는 보이콧은 이 성실의무와 충돌할 것이다. 이러한 행동은 노조활동으로서는 면책될 수

을 침해하였는지 여부 등 여러 가지 사정을 종합하여 그 정당성 여부를 판단하여야 하여야 한다(대법원 판결들은 구체적인 사안에 따라 후술하도록 한다).

35) 國鐵札幌運轉區事件(最三小判 昭54.10.30, 民集 33권 6호, p.647).

36) 판례의 입장에서 이에 대한 실질적 고찰을 한 판례로서는 三菱電機事件(東京高判 昭63.3.31, 判タ 682호, p.132)이 있다. 또한 최근의 國産自動車交通事件(最三小判 平6.6.7, 勞旬 1349호, p.58)은 회사 구내에서 허가받지 않은 시간 내 조합대회에 대해 회사의 업무저해가 없다는 등의 이유로 위법이라고까지는 할 수 없다는 원심판단을 인정하고 있다.

없고 쟁의행위로서만 면책될 수 있다고 생각할 수 있다.

② 리본·완장 등의 착용

노동조합이 리본·플레이트·완장·머리띠 등을 취업시간 중에 착용하여(이들은 '리본투쟁', '머리띠투쟁'이라 부름) 쟁의중의 압력수단으로서 이용하는 경우가 많다.

이와 관련된 대법원 판결로 '병원에 근무하는 직원인 노동조합원들이 병원의 승인 없이 조합원들로 하여금 모든 직원이 착용하도록 되어 있는 위생복 위에 구호가 적힌 주황색 셔츠를 근무 중에도 착용하게 함으로써 병원의 환자들에게 불안감을 주는 등으로 병원 내의 정숙과 안정을 해치는 행위를 하였으므로 노조활동으로서 정당하지 않다'[37]고 판시한 사례가 있다.

이러한 취업시간 중의 리본 등의 착용에 대해서 일본 판례는 당초에는 정당성을 원칙적으로 인정하는 경향에 있었으나, 그 후에는 역으로 정당성을 원칙적으로 부정하는 경향으로 전환하였다.[38]

③ 선전물 부착

근로자가 사업장의 여러 가지 시설에 대해 선전물을 부착하는 것도 어려운 법률문제를 발생하게 한다. 먼저 형사면에서는 건조물 파손죄 혹은 기물 파손죄에 해당하는지의 여부가 문제로 된다.

이와 관련된 대법원 판결로 '조합원이 근무시간 중에 조합간부들과 공동하여 지하철공사의 사무실내 집기 등을 부수고 적색 페인트, 스프레이로 복도계단과 사무실 벽 등 200여 군데에 노동해방, 김OO 퇴진, 양키 고 홈 등의 낙서를 하여 수리비 42,900,000원이 소요되는 재물손괴를 하였다면, 이는 조합활동권의 정

---

37) 대판 1996. 4. 23. 95누6151(물론, 본 판결에서는 주황색 셔츠 외에도 노동조합이 벽보나 현수막을 부착한 행위도 함께 다루어졌다).

38) 國鐵青函局事件(札幌高判 昭48.5.29, 勞民 24권 3호, p.257)이 계기가 되었다. 東大勞研 · 注釋勞組法(上), p.540.

당성의 범위 밖에 속한다고 한다'[39]고 판시한 사례가 있다.

전형적인 일본의 사례[40]에서는 택시회사에서 조합간부가 회사에 대한 투쟁수단으로서 신문지 등에 요구사항을 기재한 선전물 수십 장을 회사사무실과 계단벽, 유리창, 입구 미닫이, 칸막이 등에 풀로 붙이자, 회사가 이를 떼어 내고 조합간부가 선전물을 다시 부치는 행위가 세 번 반복된 경우의 행위가 유죄로 판정되었다.

④ 선전물 배포

선전물 배포가 사업장내에서 이루어지는 경우에는 선전물 부착의 경우와 동일하게 시설관리권과의 관계가 문제로 된다.[41]

이와 관련된 대법원 판결로 '회사의 사전 승인이나 허가를 받도록 하고 있다고 할지라도 근로조건의 유지·향상이나 복지 증진을 위한 근로자들의 정당한 행위까지 금지할 수는 없는 것이므로 그 행위가 정당한가 아닌가는 회사의 승인이나 허가 여부만을 가지고 판단할 것은 아니고, 그 유인물의 내용·매수, 배포의 시기·대상·방법, 이로 인한 기업이나 업무에의 영향 등 여러 가지 사정을 고려하여야 하고, 특히 취업시간이 아닌 휴게시간 중의 배포는 다른 근로자의 취업에 나쁜 영향을 미치거나 휴게시간의 자유로운 이용을 방해하거나 구체적으로 직장질서를 문란하게 한 것인지 여부 등이 정당성을 판단하는 기준이 된다'고 판시한 사례가 있다.[42]

일본 판례는 종업원에 의한 선전물 배포 일반에 대해서는 사업장내에서 선전물 배포 허가제를 정하는 취업규칙은 유효하며 종업원이 그것을 위반하면 징계

39) 대판 1990. 5. 15, 90도357.

40) 金澤タクシー事件(最一小決 昭43.1.18), 刑集 22권 1호, p.32.

41) 유인물을 근로자에게 직접 전달하지 않고 공장 구내에 은밀히 뿌리는 방법으로 배포하는 것은 비록 배포시기가 노동조합의 대의원 선거운동 기간이었다 할지라도 사용자의 시설관리권을 침해하고 직장질서를 문란케 할 위험성이 있으므로 정당성이 인정되지 않는다(대판 192.6.23, 92누4253).

42) 대판 1996. 9. 24, 95다11504, 대판 1997. 12. 23, 96누11778, 대판 2000. 6. 23, 98다54960.

대상이 되는데, 사업장의 '풍기질서를 어지럽힐 우려가 없는 특별한 사정'이 있는 경우에는 허가제 규정 위반으로 할 수 없다고 판시하고 있다.[43]

한편 기업시설이용 노조활동의 정당성에 대해서는 앞에서 제시한 허락설의 판단기준 내(사용자의 허락거부가 '시설관리권의 남용'이라고 인정되는 특단의 사정 유무)에서 판단하고 있다.[44]

3. 편의제공

(1) 편의제공의 의의

"편의제공"이라 함은 '사용자가 노동조합과의 원만한 관계를 유지하기 위해 노동조합의 존립과 활동에 필요한 물적·인적 조건에 대하여 적극적으로 제공하는 각종 지원'을 편의제공이라 한다.

이러한 편의제공과 관련해서 현실에서 자주 문제되는 것으로는 노조전임자제도, 조합사무실제공, 조합비공제제도(check off system)가 있다.

위의 편의제공의 법적 성질에 대하여 편의제공은 헌법상 보장된 단결권을 근거로 하고 있으므로, 사용자는 편의제공을 승인·보장할 의무만을 부담하고 이를 거부할 권리는 없다고 하는 '단결권설'과 편의제공은 단체협약·취업규칙 및 노사관행에 의하여 또는 사용자가 원하는 경우에 임의로 인정하는 것이며, 사용자는 편의제공을 인정할 아무런 의무도 없다고 하는 '협정설'이 있다.[45]

생각하건대, 편의제공은 헌법상 보장된 노동3권에서 파생되는 것이 아니며, 또한 노동조합법 제24조 1항은 "근로자는 단체협약으로 정하거나 사용자의 동의가 있는 경우에는 근로계약 소정의 근로를 제공하지 아니하고 노동조합의 업무에만 종사할 수 있다."라고 규정하고 있으므로 사용자가 노동조합에 대하여

43) 電電公社目黑電報電話局事件(最三小判 昭52.12.13), 民集 31권 7호, p.974.
44) 앞의 國鐵札幌運轉區事件(最三小判 昭54.10.30).
45) 김유성, 노동법, p.107~108.

편의를 제공하는 것이므로 노동조합과 사용자간의 동의나 협정에 의하여 결정된다고 보는 협정설이 타당하다고 본다.

(2) 노조전임자제도

① 의의

노동조합의 임원이 종업원의 지위를 보유한 채 노동조합 업무에 전념하도록 허용하는 제도를 "노조전임자제도"라고 한다. 우리나라의 노동조합은 대부분이 기업별 노동조합이라는 점에서 사용자에 대하여 이 제도를 요구하는 경우가 많다.

그러나 법리상으로는 노조전임자를 요구할 권리가 헌법 제33조의 단결권에 당연히 포함되어 있지 않고, 노조전임자제도는 사용자의 승낙이 있어야 비로소 성립하는 것으로 이 승낙의 여부는 사용자의 자유이다.[46]

② 노조전임자의 법적 지위

노조전임자의 법적 지위에 관하여 학설·판례는 '휴직자'에 준하는 지위에 있다고 보는데 그 견해가 일치하나, 구체적으로는 취업규칙의 적용문제, 산재보상의 적용문제 등에 관해 논란이 있다.

취업규칙의 적용문제에 대하여 판례는 노조전임자에게 사용자와의 기본적인 근로관계가 유지된다는 점에서 전임자가 취업규칙상의 규정된 절차를 거치지 않고 출근하지 않으면 무단결근에 해당된다고 본다.[47]

---

46) 노조전임자제도에 대해서는 이정, "노조전임자에 대한 급여지급관행과 법적 문제점",『노동법학』제28호(2008), p.275 이하 참조.

47) 노조전임자도 사용자와의 사이에 기본적 근로관계는 유지되는 것이므로 단체협약에 특별한 규정을 두거나 특별한 관행이 존재하지 아니하는 한 취업규칙 등에 따라 출근을 하지 아니하는 경우 이는 무단결근에 해당된다고 하며, 이 경우 노조전임자의 출근은 통상적인 조합업무가 수행되는 사무실에서 조합업무를 개시할 수 있는 상태에 임하는 것이다(대판 1995. 4. 22, 94다58087).

또한 판례는 기본적으로 노조전임자가 노동조합업무의 수행 중에 입은 재해에 대해 업무상 재해성을 인정하지만, 상부단체관련 업무, 불법노조활동 또는 쟁의행위 돌입 이후 활동 중에 발생한 재해는 업무상 재해로 보지 않는다.[48]

그러나 노조전임자라고 하더라도 여전히 종업원의 지위를 유지하고 있으며, 정당한 쟁의활동을 수행하더라도 근로자로서의 지위는 그대로 유지되며 단지 근로계약상의 주된 권리·의무만이 정지된다는 점, 노동쟁의와 관련된 노조활동이 노동조합의 가장 중요한 목적활동임에 비추어 일반적 노조업무수행과 쟁의행위 돌입 후의 노조활동을 구별하는 것이 논리상 타당하지 않다는 점에서 쟁의행위 돌입 이후 활동 중에 발생한 재해를 업무상 재해로 보지 아니한다는 판례의 논지에 대하여 의문이 있다.[49]

③ 노조전임자에 대한 급여지급

기업별 노조가 주종을 이루는 현실 상황에서 노조전임자에 대한 사용자의 급여지급이 일종의 관행으로 존재해 왔다. 이에 대하여 부당노동행위의 해당여부에 대하여 논란이 제기되어 왔으나 현행 노동조합법은 "노동조합의 업무에만 종사하는 자(이하 "전임자"라고 한다)는 그 전임기간동안 사용자로부터 어떠한 급여도 지급받아서는 아니 되고"(동법 24조 2항), "노조전임자에게 사용자가 급여를 지원하는 경우에는 부당노동행위에 해당된다."라고 규정하여 이를 금지하고 있다(동법 81조 4호). 다만, 노동조합법부칙은 노동조합 전임자에 관한 적용의 특례규정(제6조)을 두어 2009년 말까지 그 적용을 유예하여 오다가, 2010년부터 이 규정을 삭제함과 동시에 '근로시간면제제도'(일명 '타임오프제'라고도 한다)를 도입하였다.[50]

---

48) 대판 1993. 1. 26, 92다11695 ; 대판 1994. 2. 22, 92누14502 ; 대판 1996. 6. 28, 96다12733.

49) 김형배, 노동법, p.726.

50) 노조전임자에 대한 법적 문제에 대해서는 이정, "노조전임자에 대한 급여지급관행과 법적 문제점", 노동법학, 제28호(2008), p.276 이하 참조.

④ 근로시간면제제도

'근로시간면제제도'란 "단체협약으로 정하거나 사용자가 동의하는 경우에 사업 또는 사업장별로 조합원수를 고려하여 결정된 근로시간 면제 한도를 초과하지 아니하는 범위에서 근로자는 임금의 손실 없이 사용자와의 협의·교섭, 고충처리, 산업안전 활동 등의 업무와 건전한 노사관계 발전을 위한 노동조합의 유지·관리업무를 할 수 있도록 한 제도"를 말한다(동법 24조 4항).[51]

이 제도는 노조전임자에 대한 종전의 임금지급관행을 개선하기 위하여 도입한 것으로, 노동조합은 노사가 합의한 근로시간면제 한도 내에서는 풀타임의 노조전임자나 파트타임의 노조전임자를 둘 수도 있다. 하지만 근로시간 면제범위를 초과하거나 또는 이와는 별도로 노조전임자를 두고 임금지급을 요구하거나 이를 관철할 목적으로 쟁의행위를 할 수 없다(동법 24조 5항).

(3) 조합사무소의 제공

조합의 사무소는 노조활동에 있어서 반드시 필요한 물적 시설이다. 우리나라의 경우 기업별 노조형태를 취하고 있으므로 기업 내에 조합사무실 설치요구와 사용자의 시설관리권의 충돌이 문제된다.

현행 노동조합법은 사용자에 의한 '최소한의 규모의 노동조합사무소의 제공'을 노동조합의 결격사유인 '경비 원조'에 해당하지 않고, 또한 부당노동행위에도 해당하지 않는다고 규정하고 있다(노조법 2조 2호, 81조 4호).

그러나 노동조합이 헌법 33조에 의해 당연히 조합사무소 대여 청구권을 가지는 것이 아니라는 점은 다른 편의제공의 경우와 동일하다.

---

51) 근로시간면제제도의 도입 배경 및 문제점에 대해서는 이정, "새 노조법의 시행과 향후 노사관계의 전망", 법률신문, 제3809호(2010. 1. 14) 참조.

(4) 노동조합의 조합비공제제도(check off system)

"조합비공제"(check-off)라 함은 사용자가 조합원의 임금에서 조합비를 사전에 공제하고, 이를 일괄하여 노동조합에게 교부하는 제도를 말한다. 이러한 조합비공제제도는 조합원이 조합비를 납입하지 아니하거나 지연하는 것을 방지하여 노조재정을 안정시키고 단결권 강화를 도모하고자 하는데 있다.

문제는 이 조항이 근로기준법 제43조 1항이 적용되는가 하는 점과 실제로 조합비를 공제하기 위해서는 단체협약 등 노사 간의 합의만 있으면 되는지 아니면 이에 더하여 개별조합원의 동의가 필요한지 하는 점이다.

근로기준법 제43조 1항은 "임금은 통화로 직접 근로자에게 그 전액을 지급하여야 한다. 다만, 법령 또는 단체협약에 특별한 규정이 있는 경우에는 임금의 일부를 공제하거나 또는 통화 이외의 것으로 지급할 수 있다."라고 규정하고 있으며, 단체협약에 특별히 규정된 경우에 한하여 임금의 일부를 공제할 수 있도록 예외를 인정하고 있다.

조합비 사전공제는 그 개념상 조합비를 임금으로부터 공제하는 것이므로 과연 근로기준법 제43조 1항이 조합비 사전공제의 경우에도 적용되는가에 관한 이견이 있다.

우리나라의 통설은 동 조항의 적용을 긍정하여 단체협약 형태가 아닌 노사협정이나 관행에 근거하여 임금을 공제할 수 없으며, 조합비공제제도는 근로기준법 제43조 1항에 따라 단체협약으로 규정되는 경우에 한하여 비로소 유효하게 성립된다고 한다.

다음 문제는 조합비공제제도가 유효하게 성립되기 위하여 근로기준법에 규정된 단체협약 이외에 공제에 대한 개별조합원의 동의가 별도로 필요한지의 여부에 관하여 의문이 제기되고 있다.

이에 관하여 단체협약 이외에도 조합원 개인의 동의가 필요하다고 하는 동의필요설[52]이 있으나, 조합비공제제도는 근로기준법 제43조 1항은 명문으로 단체

52) 김유성, 노동법(II), p.114 ; 박상필, 노동법, p.233.

협약에 의한 예외를 인정하고 있으며, 이미 노동조합에 가입한 조합원을 대상으로 사전 동의를 필요로 하는 것은 조합비공제제도가 가지는 본질적 취지를 훼손할 우려가 있기 때문에 단체협약의 체결만으로 충분하며 조합원 개인에 의한 별도의 동의는 필요하지 아니하다고 본다.

다만, 조합비공제제도는 조합원이 사용자에게 노동조합에 납부할 조합비의 변제를 위임한 것이라고 전제하면서 조합원이 사용자에게 노동조합에 공제의 중지를 요청하면 사용자는 이에 따라야 한다고 본다.

V. 노동조합의 해산과 조직변경

1. 의의

노동조합은 근로조건의 유지·개선과 사회·경제적 지위 향상을 위한 근로자들의 자주적이고 민주적인 단결체이며, 노동시장 통제기능, 공제기능, 경영참가기능, 경제적 기능, 정치적 기능 등을 한다.

이러한 노동조합이 그 존재기초나 존재이유를 상실했을 경우 자발적으로 해산하는 경우와 노동조합의 존속 중 그 조직을 변경하는 조직변경이 있다.

2. 노동조합의 해산

(1) 해산의 의의

노동조합의 "해산"이라 함은 현존하는 노동조합이 그 존재기초나 존재이유를 상실했을 경우 조합이 자발적으로 해체하는 것으로 노동조합의 소멸을 의미하는 것은 아니며, 법인인 노조는 해산을 하더라도 청산의 목적 범위 내에서 청산

종료 시까지 권리·의무를 부담한다.

(2) 해산 사유

노동조합은 i) 규약에서 정한 해산사유가 발생한 경우, ii) 합병 또는 분할로 소멸한 경우, iii) 총회 또는 대의원회의 해산결의가 있는 경우, iv) 노동조합의 임원이 없고 노동조합으로서 활동을 1년 이상 하지 아니한 것으로 인정되는 경우로서 행정관청이 노동위원회의 의결을 얻은 경우에 해산한다(노조법 28조 1항).

또한 i)의 경우 "해산에 관한 사항"은 조합규약의 필요적 기재사항이므로 조합규약에 해산사유가 규정되어 있는 경우 당해 해산사유가 발생하면 조합은 해산된다. iii)의 총회 또는 대의원회가 조합의 해산을 의결한 경우 조합 규약에 정한 해산사유 발생과는 상관없이 조합은 해산하게 되고, 과반수의 출석과 출석조합원 3분의 2 이상의 찬성으로 의결한다. iv)의 경우와 같이 노동조합의 활동이 없는 경우에는 노동조합이 대내적·대외적 활동을 담당하는 임원인 위원장·부위원장 등이 없고, 노동조합으로서의 활동을 1년 이상 수행하지 아니한 경우에 노동조합은 해산되며(실질적 요건), 상기의 해산사유가 있는 경우 행정관청이 그 사유의 존재에 관하여 노동위원회의 의결을 얻은 때에 당해 노동조합은 해산된 것으로 본다(절차적 요건).

(3) 해산의 절차

노동조합이 해산하는 경우 노동조합의 대표자는 해산한 날로부터 15일 이내에 행정관청에 이를 신고해야 한다. 이러한 해산신고는 해산의 효력요건이 아니라 단순한 행정절차에 불과하다.

해산된 노동조합은 청산절차를 개시하고, 청산중의 노동조합은 통상의 노조활동은 중단하나, 청산의 범위 내에서는 그 활동을 지속하며 청산절차가 완료되며 노동조합은 소멸한다.

3. 노동조합의 조직변경

“조직변경”이란 노동조합의 존속 중 그 조직을 변경하는 것을 말하는데, 노동조합의 신설과는 달리 총회의 의결과 규약의 변경으로 이루어진다.

조직변경의 종류에는 조합원의 자격범위를 변경하는 경우, 단위조직과 연합체간에 상호 전환하는 경우, 직종별 조합, 산업별 조합 및 기업별 조합 간에 상호 전환하는 경우 등이 있다.

조직변경에 의하여 단결의 실체가 변하지 않는 이상 노조는 동일성을 유지하게 되므로 노동조합과 사용자간의 관계는 원칙적으로 그대로 유효하다.

조직변경을 하려는 노동조합은 총회 또는 대의원회에서 조직변경을 의결하여야 하며(노조법 16조 1항 8호), 이 경우 재적조합원 과반수의 출석과 출석조합원 3분의 2 이상의 찬성이 있어야 한다(동조 2항).

4. 노조의 합병 및 분할로 인한 소멸

(1) 합병

“합병”이라 함은 2개 이상의 노동조합이 하나의 노동조합에 합병되는 현상으로서 기업별 노조의 경우 기업 합병 시에 발생한다.

합병의 유형으로는 기존 노조를 해산한 다음 새로운 노동조합을 결성하는 신설합병과 일방의 노조를 해산하고 그 조합원을 타방의 노조에 가입하게 하는 흡수합병이 있다.

합병을 하려는 노동조합은 합병에 관한 합의내용을 각자의 총회 또는 대의원회에서 의결하여야 하며(노조법 16조 1항 7호), 합병의 의결에는 재적조합원 과반수의 출석과 출석조합원 3분의 2 이상의 찬성이 있어야 한다(동조 2항).

신설합병의 경우에 신설노조의 조합원은 새로운 규약을 제정하고, 조합대표자는 동 규약에 설립신고서를 첨부하여 설립신고를 하여야 한다(동법 10조).

흡수합병의 경우에 흡수노조의 조합원은 기존의 규약을 변경하고 조합대표자는 변경된 내용을 행정관청에 통보하여야 한다(동법 13조 2항). 소멸노조의 대표자는 해산한 날로부터 15일 내에 행정관청에 이를 신고하여야 한다(동법 28조 2항).

흡수합병의 경우에는 피흡수 노조가, 신설합병인 경우에는 기존노조가 소멸하게 된다. 이 경우 소멸노조는 해산하게 되며(동법 28조 1항 2호), 합병 이전에 소멸노조가 체결한 단체협약 및 권리·의무는 흡수노조·신설노조에게 포괄적으로 이전되어 그 효력이 유지되는 것이 원칙이다.

(2) 분할

"분할"이라 함은 하나의 노동조합이 2개 이상의 노동조합으로 분할됨으로써 기존의 노동조합이 완전히 소멸되는 것을 말한다.

분할을 하려는 노동조합은 총회 또는 대의원회에서 분할을 의결하여야 하며(노조법 16조 1항 7호), 이 경우 기존노동조합은 소멸하게 되므로 조합대표자는 해산한 날로부터 15일 이내에 행정관청에 이를 신고하여야 한다(동법 28조 2항). 새로운 노동조합의 조합원은 새로운 규약을 제정하여 설립신고서를 첨부하여 설립신고를 하여야 한다(동법 10조).

분할의 경우 기존노조의 권리의무는 신설노조에게 포괄적으로 이전되어 그 효력이 유지된다. 기존노조의 재산도 분할 결의에서 정한 바에 따라 귀속하게 된다. 다만, 분할의 경우 기존 노조가 체결한 단체협약의 효력은 기존노조와 신설노조간의 실질적 동질성을 인정하기 어렵기 때문에 원칙적으로 종료한다.[53]

---

53) 김유성, 노동법(II), p.120.

노동법의 세계

CASE STUDY

Case1

A사는 F사로부터 파견근로자 10명을 사용하고 있는데, 이들 파견근로자들이 노동조합을 결성한 다음 A사에 대해 처우개선(통근수당지급 및 대기실 냉·난방시설요구)을 요구해왔다. A사는 이러한 노동조합의 요구에 응해야 하는가?

Check Point : 단체교섭의 당사자 적격성 여부 및 단체교섭의 대상
*대판 1993. 11. 23, 92누13011

Case2

P택시회사는 사내에 조직된 초기업노동조합의 Y지부와 단체협약을 체결한 다음, 이에 따라 임금을 공제하였다. 그러자 검찰은 Y지부는 노동조합 설립신고를 하지 않았기 때문에 노동조합으로서의 지위를 가지지 못하며, 따라서 동 단체협약에 따라 임금을 공제한 것은 근기법 위반이라는 이유로 기소하였다. 이러한 검찰의 판단은 정당한가?

Check Point : 지부·분회의 단체교섭권
* 대판 2001. 2. 23, 2000도4299.
* 「노동판례백선」 p.286《Case72》

Case3

K방송사의 B노조는 회사와의 단체교섭에서 ① 새로 부임하는 사장은 친기업적인 정서를 가진 인물이기 때문에 그에 대한 인사를 철회할 것, ② 인원삭감을 동반하는 전면적인 조직개편을 즉시 중단할 것을 끝까지 주장하였다. 이에 대해 회사는 "점진적으로 검토하겠다." 라는 말만 되풀이 할 뿐 협상이 아무런 진척이 보이지 않자, B노조는 더 이상 단체교섭을 하는 것은 무의미하다는 판단아래 파업에 돌입했다. 이러한 B노조의 행동은 정당한가?

Check Point : 성실교섭의무 위반과 부당노동행위, 단체교섭 및 쟁의행위의 대상

제2장 단체교섭

I. 단체교섭의 의의

1. 단체교섭의 개념 및 기능

단체교섭은 다의적인 개념으로서 오늘날에는 다음과 같은 의의를 가지고 있다. 우선 노동력의 집합적 거래(collective bargaining)라는 원초적 의의이다. 즉, 단체교섭이란 원래는 개개의 근로자가 자신의 근로조건에 대해 사용자와 개별적으로 거래하는 것을 대신하여 다수의 근로자가 단결하여 대표자를 선출하고 이 대표자를 통하여 집합적으로 거래하는 운동을 의미한다(Sidney & Beatrice Webb, Industrial Democracy, 1897).

여기서의 단체교섭은 근로조건에 관한 다수의 개별적 거래를 집합하여 일원화하고 대표자를 통하여 통일적인 교섭을 실시하는 것에 목표가 있다. 근로자에 있어서의 통일적 거래의 이점은 최종적으로는 노동력의 집단적인 거부행위(파업)로써 행사되는 단결력에 있다.

이러한 원초적 의의로서의 단체교섭은 근로조건에 관한 근로자의 교섭력 강화 수단뿐만 아니라 근로조건의 통일적 형성과 노사평화의 달성 등 사용자에 있어서도 묵인하기 힘든 효용을 가지고 있다. 그래서 노동조합과 사용자의 관계가 확립되고 안정화됨과 동시에 단체교섭은 노사에 의해 보다 넓으면서도 보다 적극적인 역할을 부여받게 된다.

이리하여 오늘날에는 단체교섭은 노사관계에 관한 노사의 합의에 의한 룰의 형성과 그 운용이라는 제2의 중요한 역할을 하고 있다. 다시 말하면 단체교섭은 근로조건 거래 절차뿐만 아니라 노사관계의 합의에 의한 운용(노사자치) 수단도 되고 있다.

이상은 단체교섭의 주요한 의의이며 그 밖에 부차적인 의의로서 노사 간 의사소통의 수단인 측면이 있다. 즉 단체교섭은 노사가 상대방에게 자기의 생각과 불만을 전달하고 상대방을 이해하거나 대응을 촉구하는 수단으로서도 이용된다.

또한 단체교섭은 개개의 근로자의 근로관계상의 불만·권리주장 등을 노동조합이 대리하여 교섭한다는 기능(대리기능)도 맡기게 이르렀다.[1]

2. 단체교섭의 법적 보호

산업사회 초기에는 근로자 집단이 단결력을 배경으로 하여 사용자에 대해 근로조건 기타사항에 관하여 개선을 요구하는 행위는 강박죄(强迫罪) 등의 명목으로 처벌 대상이 되었다. 그러나 19세기 중반 이후 이러한 법적 억압은 철폐되어 각국에서는 단체교섭 그 자체를 금압하는 경우가 적어도 사기업 부문에서는 보이지 않게 되었다.

단체교섭 과정에 있어서 법적 억압이 제거된 후 선진자본주의 제국에 있어서 단체교섭의 법적 취급으로서는 '방임형'과 '조성형'을 들 수 있다.

'방임형'은 단결과 쟁의행위를 보장하여 단체협약에 특별한 효력을 부여한 후 단체교섭 과정에는 쟁의조정 한도로 밖에 관여하지 않는 입법태도를 말한다. '방임형'은 영국, 프랑스, 독일 등 주로 산업별 노조형태를 채택하고 있는 국가에서 주로 나타난다. 예컨대, 독일에서는 사용자에 대해 단체교섭을 의무화하지 않고 단체교섭을 할지의 여부 및 어떠한 양상으로 할지는 당사자의 힘의 관계에

1) 菅野和夫, 勞働法, p.519.

위임된다.

이에 반해 '조성형'은 사용자에 대해 단체교섭의 자리에 나와 교섭에 해당하는 의무를 부과함으로써 근로자에게 단체교섭 그 자체에 대한 법적 조력을 주는 입법태도를 말한다. '조성형'[2]은 미국, 일본, 우리나라와 같이 주로 기업별 노조형태를 채택하고 있는 국가에서 주로 나타난다. 조성형은 미국의 경우처럼 단체교섭권을 법률차원에서 보호하는 국가와 우리나라나 일본처럼 헌법차원에서 보호하는 국가로 나눌 수 있다.

우리나라 헌법 제33조는 단체교섭권을 보장하여 단체교섭을 요구하는 행위나 단체교섭과정에서의 정당한 언동에 대하여 민·형사면책을 부여하고 공서(민법 103조) 형성을 통하여 불이익취급으로부터의 보호를 주고 있다. 노동조합법이 정당한 단체교섭에 대한 민·형사책임의 면제(노조법 3조, 4조)를 규정한 것은 이러한 효과를 확인하기 위한 것에 불과하다.[3]

---

2) 菅野和夫, 勞働法, p.520.

3) 임종률, 노동법, p.110.

II. 단체교섭의 주체

1. 개념

헌법 제33조 제1항이 규정하고 있는 '단체교섭권'의 주체는 근로자 개인과 노동조합이다. 하지만 근로자 개인은 사실행위로서의 '단체교섭'을 행할 수 없다. 즉, 근로자 개인과 노동조합은 모두 헌법상의 단체교섭권을 보유하고 있지만, 단체교섭권의 행사는 노동조합만이 할 수 있다.[4]

또한 단체교섭의 주체의 문제를 생각함에 있어서 단체교섭의 '당사자'와 '담당자'라는 두 개의 개념을 구별할 필요가 있다. 단체교섭의 "당사자"라 함은 단체교섭을 자신의 이름으로 수행하고 그 법적 효과가 귀속되는 주체이며, 이에는 노동조합, 사용자, 사용자단체가 있다.

단체교섭의 "담당자"라 함은 단체교섭을 사실행위로서 직접 담당하는 자로서 이에는 노동조합의 대표자, 노동조합의 수임인 및 사용자, 사용자단체의 대표자 및 사용자(단체)의 수임인 등이 있다. 한편 사용자는 헌법상의 단체교섭권을 가지고 있지 아니하므로 단체교섭의 주체이기보다는 근로자 측과 교섭할 의무를 지는데 불과하다.

2. 단체교섭의 당사자

(1) 근로자 측 당사자

4) 이와 같은 견지에서 이상윤, p.604. 물론, 근로자 개인도 사용자와 '개별적인 교섭'은 얼마든지 할 수 있을 것이다. 다만, 근로자 개인이 사용자와 '개별적으로 하는 교섭'은 '다수의 근로자가 단결하여 대표자를 선출하고 그 대표자를 통하여 집합적으로 거래하는 운동'이라는 '단체교섭의 개념'에 해당된다고 볼 수 없다. 따라서 근로자 개인은 사용자와 '단체교섭'이 아닌 '개별적인 교섭 또는 거래행위'를 할 수 있을 뿐이다.

① 단위노동조합 및 근로자단체

노동조합법상의 노동조합은 당연히 단체교섭의 당사자가 되며, 따라서 노동조합이 단체교섭을 요구하는 경우 사용자가 정당한 이유 없이 단체교섭을 거부하는 경우에는 부당노동행위 등이 성립된다.

기타 근로자단체도 노동조합으로서의 실질적 요건과 조직성을 구비하면 단체교섭의 당사자가 될 수 있다. 그러나 법외노조의 경우 사용자가 이를 거부하여도 부당노동행위가 성립하지 아니한다.

일시적 '쟁의단(爭議團)'에 관하여 이견은 있으나, 미조직 근로자집단도 대표자를 선정하여 교섭의 체제를 갖추고 있는 등 노동조합으로서의 실체성을 갖추고 있다면 단체교섭의 당사자가 된다고 보아야 할 것이다.[5] 다만, 이 경우에 '일시적 쟁의단'은 법외노조인 이상 사용자가 단체교섭을 거부 할지라도 부당노동행위가 성립하지는 않는다.

② 연합단체

연합단체가 단순히 연락·협의기관에 지나지 않는 경우 단체교섭의 당사자가 될 수 없으나, 노동조합으로서의 실질적 요건과 조직성을 갖추고(노조법 2조 4호), 그 이외에도 소속 노동조합에 대한 통제력을 가지는 경우에는 그 단체에 독자적인 사항 및 소속노동조합에 공통적인 사항에 대해 그 단체고유의 단체교섭권을

---

5) 김유성, 노동법 II, p.130 ; 임종률, 노동법, p.113 ; 박상필, 노동법, p.426. 하지만 아직까지 '일시적 쟁의단'이 단체교섭의 당사자가 된다고 본 판례는 없는 것으로 확인된다. 대법원은 노동조합이 아닌 '일시적 쟁의단'이 문제된 사안에서 '적법한 절차를 거쳐 쟁의주체로서 조직된 단체가 아니어서 단체교섭권이 없는 임의단체이다(대판 1996. 1. 26, 95도1959)'고 하거나, '노동조합으로서의 실질적 요건을 갖추지 못하였으므로 단체교섭권이나 쟁의행위의 정당한 주체로 될 수 있는 노동조합이라고 볼 수 없다는 것이지, 노동조합법상의 노동조합이 아닌 근로자의 단결체는 무조건 단체교섭권 등이 없다는 것은 아니다(대판 1997. 2. 11, 96누2125)'고 판시하고 있다. 하지만 이 판례가 '일시적 쟁의단'의 단체교섭 당사자성을 부인하였다고 보기는 어렵다. 다만, 대법원은 노동조합으로서의 실체성을 갖추지 못한 근로자 단체는 그 명칭 여하에 상관없이 단체교섭의 당사자가 될 수 없다고 보는 태도를 유지하고 있는 것으로 이해할 필요가 있다.

가진다. 또한 규약의 규정 혹은 관행이 있다면 단위조합만의 사항에 대해 단위조합과 경합하여 단체교섭권을 가진다.

한편 상부연합단체와 소속노동조합이 경합하여 단체교섭권을 가진 경우에는 동일 사항에 대해 이중교섭의 우려가 발생한다. 이 경우 사용자는 이중교섭을 회피하기 위하여 양 조합 간에 단체교섭권이 조정·통일되기까지 일시적으로 단체교섭을 거부할 수 있다고 보는 것이 타당할 것이다.

③ 지부 및 분회

단위노동조합의 내부에서 그 자체로 한 개의 노동조합으로서의 조직을 구비하고 있는 지부나 분회도 당해 조직만의 사항에 대해서는 그 자신의 단체교섭권이 인정된다.[6]

다만 지부나 분회는 상부조직인 노동조합의 통제에 따라야 한다. 즉, 상부조직인 단위노동조합과의 교섭권의 분배에 따를 것, 상부조직인 단위조합 자신이 하는 단체교섭에 저촉하지 않을 것, 규약과 관행상 필요한 상부조직의 승인을 얻거나 지시에 따를 것 등의 일정한 제약을 받는다.

즉, 산별노조의 지부 및 분회도 노동조합으로서의 실체성을 갖추고 있다면 단체교섭의 당사자가 된다는 것이 대다수 학설과 판례의 원칙적인 태도이다. 따라서 산별노조의 지부 및 분회는 상부조직인 노동조합의 통제에 따라야할 의무가 있지만, 그것은 어디까지나 산별노조 조직 내부적 문제에 불과할 뿐 노동조합으로서의 실체성을 갖추고 있는 산별노조 지부 및 분회의 단체교섭권이나 단체협약 체결 능력에 영향을 미치지 않는다고 해석될 수 있을 것이다.[7]

---

6) 노동조합의 하부단체인 분회나 지부가 독자적인 규약 및 집행기관을 가지고 독립된 조직체로서 활동을 하는 경우 당해 조직이나 그 조합원에 고유한 사항에 대하여는 독자적으로 단체교섭하고 단체협약을 체결할 수 있고, 이는 그 분회나 지부가 노동조합및노동관계조정법시행령 제7조의 규정에 따라 그 설립신고를 하였는지 여부에 영향받지 아니한다(대판 2001.2.23, 2000도4299).

7) 이러한 입장에 대해서 산별노조의 지부 및 분회는 노동조합으로서의 실체성 여하에 상관없이 노동조합의 하부조직에 불과하므로 단체교섭의 당사자가 될 수 없고, 단체협약의 체결 능력도 없다는 비판적인 견해가 있다. 이와 같은 견해는 주로 산별노조의 지부 및 분회

④ 복수노조 병존 사업장에서의 창구단일화

> **노동조합법 제29조의 2(교섭창구 단일화 절차)**
>
> ① 하나의 사업 또는 사업장에서 조직형태에 관계없이 근로자가 설립하거나 가입한 노동조합이 2개 이상인 경우 노동조합은 교섭대표노동조합을 정하여 교섭을 요구하여야 한다. 다만, 제2항에 따라 교섭대표노동조합을 자율적으로 결정하는 기한 내에 사용자가 이 조에서 정하는 교섭창구 단일화 절차를 거치지 아니하기로 동의한 경우에는 그러하지 아니하다.
>
> ② 교섭대표노동조합 결정 절차에 참여한 모든 노동조합은 대통령령으로 정하는 기한 내에 자율적으로 교섭대표노동조합을 정한다.
>
> ③ 교섭대표노동조합을 정하지 못하고 제1항 단서에 따른 사용자의 동의를 얻지 못한 경우에는 교섭창구단일화 절차에 참여한 노동조합의 전체 조합원 과반수로 조직된 노동조합(위임 연합 등의 방법으로 교섭창구 단일화 절차에 참여한 노동조합 전체 조합원의 과반수가 되는 경우 포함)이 교섭대표노동조합이 된다.
>
> ④ 제2항과 제3항에 따라 교섭대표노동조합을 결정하지 못한 경우에는 교섭창구 단일화 절차에 참여한 모든 노동조합은 공동으로 교섭대표단을 구성하여 사용자와 교섭하여야 한다. 이 때 공동교섭대표단에 참여할 수 있는 노동조합은 그 조합원 수가 교섭창구 단일화 절차에 참여한 노동조합의 전체 조합원 100분의 10 이상인 노동조합으로 한다.

가. 교섭창구 단일화 의무

2011. 7. 1.부터 복수노조 설립이 본격적으로 허용됨에 따라 하나의 사업 또는 사업장에 복수의 노동조합이 병존하는 경우, 복수의 노동조합과의 단체교섭에 따른 교섭비용이 증가하고 노노갈등이 발생할 수 있다. 이에 노조법은 단체교섭을 효율적으로 진행하기 위하여 교섭창구 단일화를 의무화하는 제도를 도입하였다(노조법 제29조의 2).

따라서 하나의 사업 또는 사업장에 복수의 노동조합이 병존하는 경우, 노동조합은 사용자와의 단체교섭을 진행하기 위하여 교섭창구를 단일화 절차를 거쳐야 한다. 이러한 절차를 거치지 않고 단체교섭을 요구하는 경우에는 사용자가 단체교섭을 거부하더라도 부당노동행위에 해당하지 않는다.

의 단체교섭권을 인정할 경우, 산별노조의 역할과 기능이 형해화 될 수 있다는 주장으로 연결된다.

교섭창구 단일화의 대상은 하나의 사업 또는 사업장 내에 존재하는 모든 노동조합에 대해 조직형태에 관계없이 적용되므로, 그 조직이 기업별이든 산별이든 상관없다.

다만, 복수노조가 병존하는 경우에도 '노사자치'를 존중하기 위하여 교섭대표노조를 자율적으로 결정하는 기한 내에 사용자가 교섭창구 단일화 절차를 거치지 않기로 동의한 경우에는 예외적으로 개별교섭을 허용하고 있다.

나. 교섭창구 단일화 절차

교섭창구 단일화 절차는 다음과 같이 크게 4단계로 이루어진다(구체적인 절차에 대해서는 동법 시행령 제14조 이하 참조).

첫째, 교섭창구 단일화 절차에 참여할 노동조합을 확정하는 예비적 절차이다. 노동조합은 단체협약이 만료되기 3개월 이전이나 단체협약이 없는 경우에는 언제든지 사용자에게 단체교섭을 요구할 수 있으며, 사용자는 이를 공고한다. 이에 다른 노동조합도 공고기간 내에 조합원 수 등을 적은 서면으로 사용자에게 단체교섭을 요구하면, 사용자는 참여노동조합을 확정하여 공고하게 되는데, 이의가 있다고 판단되면 노동조합의 신청에 의해 노동위원회가 시정을 할 수 있다.

둘째, 참여노동조합이 확정되면 자율적으로 교섭대표노조를 결정하여 연명으로 사용자에게 통지하여야 한다. 자율적 결정방법에 대해서는 특별한 규정을 두고 있지 않으므로 투표에 의하든 합의에 의하든 상관없으며, 특정 노동조합을 교섭대표로 하든 이와는 별도로 교섭대표단을 결성하는 것도 무방하다.

셋째, 자율적 결정기한 내에 교섭대표노조를 결정하지 못한 경우에는 참여노동조합 전체 조합원의 과반수로 조직된 노동조합(이하, 과반수노조) 교섭대표노조가 된다. 이 때 독자적으로는 과반수가 안 되지만 다른 노동조합과의 연합이나 위임 등에 의하여 과반수가 되는 경우에도 교섭대표노조가 될 수 있다.

넷째, 과반수노조도 없는 경우에는 참여노동조합이 공동으로 교섭대표단을 구성하게 되는데, 이때 참여노동조합 전체 조합원의 10% 미만인 노동조합은 이에 참여할 수 없다. 참여노동조합이 공동교섭대표단 구성에 실패할 경우, 노동위원회는 10명의 범위 내에서 각 노동조합의 조합원 수의 비율을 고려하여 교섭위원을 선정할 수 있다.

다. 교섭단위 결정

교섭단위는 하나의 사업 또는 사업장별로 결정하는 것이 원칙이다. 그러나 현격한 근로조건의 차이·고용형태·교섭관행 등을 고려하여 교섭단위를 분리할 필요가 있다고 인정되는 경우에는 노동위원회가 쌍방 또는 일방 당사자의 신청으로 교섭단위를 분리하는 결정을 할 수 있다(노조법 29조의 3).

라. 공정대표의무 등

교섭대표노동조합과 사용자는 교섭창구 단일화 절차에 참여한 노동조합 또는 그 조합원 간에 합리적인 이유 없이 차별하여서는 안 된다(노조법 29조의 4). 공정대표의무는 원래 교섭대표노조에 부과되는 의무지만, 파트너인 사용자에 대해서도 동일하게 의무를 공동으로 부과하고 있는 것이 특징이다.[8]

노동조합은 교섭대표노조와 사용자가 공정대표의무에 위반하여 특정의 참여 노동조합 또는 조합원을 차별한 경우에는 그 행위가 있은 날부터 3개월 이내에 노동위원회에 그 시정을 요청할 수 있고, 노동위원회는 합리적 이유 없이 차별했다고 인정한 때에는 시정명령을 할 수 있다. 시정명령 또는 결정에 대한 불복절차 등에 관하여는 부당노동행위 구제명령에 대한 불복 및 판정의 효력에 관한 규정을 준용한다.

(2) 사용자측 당사자

① 사용자

단체교섭의 당사자로서의 사용자는 원칙적으로 근로계약 당사자로서의 사용자를 의미한다. 따라서 개인 사업에 있어서는 사업주 개인이, 법인인 경우에는

---

8) 미국에서는 공동대표노조가 공정대표의무를 위반하게 되면 당해 노동조합에 대한 부당노동행위가 성립하게 된다.

당해 법인이 사용자가 된다.

대법원 역시 판례[9]에서 이러한 사용자의 개념을 '근로자와의 사이에 사용종속관계가 있는 자, 즉 근로자와의 사이에 그를 지휘 감독하면서 그로부터 근로를 제공받고 그 대가로서 임금을 지급하는 것을 목적으로 하는 명시적이거나 묵시적인 근로계약관계를 맺고 있는 자를 말한다'고 판시하고 있다.

하지만 최근 노동시장에는 근로자파견이나 사내하청처럼 근로자와 사용자 간에 명시적이거나 묵시적인 근로계약관계를 기초로 하지 않은 고용형태가 크게 증가하면서, 단체교섭의 당사자로서의 사용자의 개념이 보다 '확장'될 필요성이 있다는 주장이 제기되고 있다.

이에 학설은 단체교섭의 당사자로서 사용자의 개념은 반드시 근로계약관계를 전제하지 않더라도 실질적으로 사용자 권한을 행사하여 근로조건에 사실상 지배력을 미치는 자는 널리 이에 해당할 수 있다고 본다. 따라서 사용자 개념의 분열(파견근로계약관계), 사용자 개념의 확대(항운노조의 근로제공[10]) 등과 같이 그 구체적 취업실태에 따라 이를 판단해야 할 것이다.

예컨대, 파견법은 파견사업주가 근로자를 고용한 후 그 고용관계를 유지하면서 근로자파견계약의 내용에 따라 사용사업주의 지휘·명령을 받아 사용사업주를 위한 근로에 종사하게 하였을 경우, 파견중인 근로자의 파견근로에 관하여는 파견사업주 및 사용사업주를 근로기준법 제2조의 규정에 의한 사용자로 보아 근로기준법을 적용하되, 근로기준법의 특정 조항의 적용에 있어서는 그 중 일부 조항은 파견사업주를, 일부 조항은 사용사업주를 사용자로 보는 등의 상세한 규정을 두고 있다. 따라서 이와 같은 경우에 사용사업주는 비록 파견근로자와 명시적이거나 묵시적인 근로계약을 체결한 상대방은 아니지만, 적어도 파견법이

9) 대판 1997. 9. 5, 97누3644.

10) 대법원은 전국항운노동조합연맹 산하 단위노동조합이 근로자공급사업의 허가를 받아 그 소속 조합원들을 하역회사의 하역업무에 종사하게 한 사안에서, '위 하역회사는 위 단위노동조합 소속 조합원들에 대하여 단체교섭의 당사자로서의 사용자의 지위에 있지 않다(대판 1997. 9. 5, 97누3644)'고 판시하여 아직까지는 항운노조와 관련된 고용관계에서 하역회사의 단체교섭 상대방성을 인정하고 있지 않은 것으로 판단된다.

사용사업주를 파견근로자의 근로기준법상 사용자로 규정하고 있는 범위에 대해서는 사용사업주도 파견근로자로 조직된 노동조합의 단체교섭 상대방이 된다고 보는 것이 타당할 것이다.[11]

② 사용자단체

사용자단체는 노동관계에 관하여 그 구성원인 사용자에 대하여 조정 또는 규제할 수 있는 권한을 가진 자여야 하고, 사용자단체가 이러한 권한을 갖기 위해서는 노동조합과의 단체교섭 및 단체협약을 체결하는 것을 그 목적으로 하고 또 그 구성원인 각 사용자에 대하여 통제력을 가지고 있어야 한다. 따라서 사용자단체는 노동조합과의 단체교섭 또는 단체협약을 체결하는 것을 그 목적으로 함을 그 정관 또는 규약에 정하고 있거나 그에 관하여 그 구성원인 사용자들의 위임이 있고 또 그 구성원인 각 사용자들에 대하여 다수결원리 등에 의한 통제력을 갖거나 정관 또는 규약에 그 구성원의 제명에 관하여 규정하고 있어야 할 것이다. 하지만 전국경제인연합회나 한국경영자총협회 등의 단체는 구성원들의 경제적 지위의 향상 등을 목적으로 하는 경제단체이지 노동조합에 대응하는 단체가 아니고, 그 정관 및 관행상으로 노동조합과 사이에 단체교섭 및 단체협약을 체결한 권한이 있다거나 이러한 권한을 구성원들로부터 위임받았다고 볼 수 없으므로 노동조합의 단체교섭요구에 응하여야 할 사용자단체로 볼 수 없다.[12]

---

11) 아직까지 우리나라에서는 파견근로자로 조직된 노동조합이 사용사업주에 대하여 단체교섭권을 갖는지 여부가 문제된 대법원 판결은 없는 것으로 보인다. 하지만 일본의 최고재판소는 소위 '아사히방송사건'에서 파견근로자로 조직된 노동조합이 그 사용사업주에 대하여 '부분적인 단체교섭권'을 갖는다고 판시한 바 있다. 이와 같은 일본 최고재판소의 판결은 향후 우리나라에서 파견근로자로 조직된 노동조합의 해당 사용사업주에 대한 단체교섭권 인정 여부가 문제될 경우 적지 않은 영향을 줄 것으로 예상된다.

12) 대법원도 이와 같은 태도를 취하고 있다(대판 1999. 6. 22, 98두137).

3. 단체교섭의 담당자

(1) 근로자측 담당자

① 노동조합의 대표자

노동조합의 대표자는 별도의 위임 없이 노동조합법 제29조 1항에 의해 당연히 단체교섭 및 단체협약을 체결할 권한을 갖는다. 노동조합 대표자가 단체협약을 체결하는 경우, 노동조합 규약상의 '인준투표제'*에 의한 제한이 가능한지가 문제된다. 또한 이러한 조항이 있는 경우에도 노동조합 대표자가 독자적으로 단체협약을 체결하는 경우 그 효력 여부에 대하여 견해가 다르다.

먼저 노동조합 대표자의 협약체결권에 대하여 구법 하에서 판례[13]와 다수의 학설은 노동조합의 대표자가 노동조합을 대표하여 단체협약을 체결할 권한을 가지는 것은 단체대표의 법리에 비추어 당연하고, 교섭권한이 있는 자에게 체결권한이 없다고 한다면 단체교섭이 원활하게 진행되지 못하여 결과적으로 교섭권 자체가 무의미하다는 등의 이유로 노동조합 대표자의 협약체결권을 긍정하였다.

현행 노동조합법 제29조 1항은 이러한 판례의 견해를 반영하여, 노조대표자는 단체교섭 및 단체협약체결권한을 가진다고 명시함으로써 구법 체계 하에서의 논란을 입법적으로 해결하였다.

그러나 단체협약의 체결권한이 부여되었다고 하더라도 그 권한이 노조대표자의 고유권한인지 아니면 규약 상 제한이 가능한지가 여전히 문제가 되고 있다.

이에 대하여 학설은 노조대표자에게 부여된 협약체결권한은 이를 제한하는 것까지 금지하는 강행규정이라고 볼 수 없으며, 노동조합 민주주의의 확보차원에서도 이를 제한할 수 있다고 봄이 타당하다는 견해와 노조대표자에게 부여한 협약체결권한은 노조대표자의 고유한 권한으로서 이를 제한하는 것은 위법·무

---

13) 대판(전합) 1993.4.27, 91누12257.

효라는 견해로 나뉘고 있다.

대법원은 '노동조합의 대표자가 단체교섭의 결과에 따라 사용자와 단체협약의 내용을 합의한 후 다시 협약안의 가부에 관하여 조합원총회의 의결을 거쳐야만 한다는 것은 대표자의 단체협약체결권한을 전면적·포괄적으로 제한함으로써 사실상 단체협약체결권한을 형해화하여 명목에 불과한 것으로 만드는 것이어서 노조법 제29조 제1항에 반한다'[14]고 판시하여 노동조합의 규약에 의하여 노조대표자의 협약체결권을 제한하는 것은 위법하여 무효라는 태도를 취하고 있다.

하지만 노조대표자의 협약체결권은 포괄적·전면적으로 제한하여 동 권한을 약화시키는 것이 아닌 한, 동 권한을 제한할 수 있다고 보는 것이 타당하다고 본다. 왜냐하면, 근로조건 등에 관한 규범형성 기능을 하는 단체협약 체결에 있어서 노동조합의 총회를 통하여 정당화 과정을 거치는 것이 조합 민주주의 요청에 부합하며, 이러한 노동조합 민주주의는 추상적 차원이 아닌 문제되는 각 상황에 대하여 일관하여 관철되어야 할 원리라고 볼 수 있기 때문이다. 더구나 노조법 제16조는 '단체협약에 관한 사항'을 노동조합 총회의 '필수적 의결사항'으로 규정하고 있으므로, 단체협약에 관한 사항을 총회의 의결을 거치도록 규정한 노동조합 규약이 위법하다고 보는 것은 입법적으로도 논리적이지 않다고 생각한다.

*** '인준투표제'의 적법성 여부**

이는 노조대표가 전체 조합원의 의사에 반하여 근로조건을 체결하는 것을 방지하기 위하여 도입한 것으로, 통상적으로는 조합원의 직접투표를 통하여 과반수의 찬성을 얻어 노조대표가 단체교섭을 체결할 수 있도록 하는 것을 말한다. 하지만 종종 노조대표가 합의한 단체협약이 인준투표에서 부결되어 노조내부의 갈등은 물론, 사용자와의 관계에서도 신뢰감을 상실하게 하는 등의 문제가 발생할 소지가 많았다. 이에 대해 대법원(전원합의체)은 "대표자와 위임을 받은 자의 교섭권한에는 당연히 협약체결권도 포함되어 있고, 인준투표제는 대표자 등의 협약체결권을 전면적·포괄적으로 제한하는 것이어서 위법하다."라고 판시한 바 있다(대판[전합] 1993.4.27, 91누12257).

---

14) 대판 2005. 3. 11, 2003다27429.

② 노동조합으로부터 위임을 받은 자

가. 위임의 상대방

노동조합의 대표자뿐만 아니라 노동조합으로부터 교섭권한을 위임받은 자도 그 위임받은 범위 내에서 단체교섭을 행할 수 있다(노조법 29조 2항). 따라서 단체교섭 당사자는 수임자에게 교섭권한을 제한하여 위임할 수 있다. 이 경우 노동조합은 위임사실을 그 상대방에게 통보해야 한다(동조 3항).

이 경우 위임을 받을 자의 성명(위임을 받은 자가 단체인 경우에는 그 명칭 및 대표자의 성명)과 교섭사항과 권한범위 등, 위임의 내용이 포함되어야 한다(동법 시행령 14조 2항). 즉, 단체교섭권한은 그 범위를 반드시 구체화하여야 하며, 포괄적인 권한의 위임은 노동조합의 자주성을 상실하게 되므로 무효라고 보아야 할 것이다.[15]

나. 제3자 위임금지조항

"제3자 위임금지조항"이라 함은 노사 간 단체협약으로 통상 노동조합이 조합원 이외의 제3자에게 단체교섭을 위임하지 않겠다는 내용의 조항을 말한다.

노동조합이 이 조항에 위반하여 단체교섭권을 위임할 경우 문제가 되며, 제3자 위임금지조항의 법적 효력에 대하여 사용자와의 협약에 의한 자율적 제한으로서 유효한 것이라는 견해[16]와 헌법상 단체교섭권의 부당한 제한이므로 무효라는 견해[17]가 대립하고 있다.

생각하건데, 제3자 위임금지조항은 노동조합이 스스로 선택한 것이므로, 단체교섭의 위임을 허용하고 있는 규정의 취지를 상실하게 할 정도의 특별한 사유가 없는 한, 이를 무효라고 할 수는 없을 것이다.[18]

---

15) 이상윤, 노동법, p.622
16) 김유성, 노동법(II), p.135 ; 이상윤, 노동법, p.622 ; 박상필, 노동법, p.430.
17) 박홍규, 노동법, p.959 ; 김형배, 노동법, p.743.
18) 같은 취지 ; 菅野和夫, 勞働法, p.533.

다. 유일교섭단체조항

"유일교섭단체조항"이라 함은 사용자가 특정의 노동조합만을 단체교섭의 상대방으로 인정하고 기타의 노동조합과는 단체교섭을 하지 않는다는 내용의 단체협약조항을 말한다.

유일교섭단체조항은 사용자가 강력한 교섭력을 가진 연합단체나 다른 노동조합과의 교섭을 회피하려는 의도 하에서 체결하는 경우도 있지만, 노동조합이 사용자와의 교섭에서 다른 노동조합을 배제하려는 의도를 가지고 체결하기도 한다.[19]

이러한 유일교섭단체조항은 헌법상 보장된 단결선택의 자유를 침해하여 무효이며, 또한 이 조항을 이유로 사용자가 단체교섭을 거부하면 부당노동행위가 된다.[20]

(2) 사용자측 담당자

사용자측의 단체교섭 담당자에는 사용자, 사용자 단체의 대표자 또는 사용자측으로부터 위임을 받은 자가 있다. 대표자 이외의 자(인사부장, 공장장, 사업소장 등)가 단체교섭의 담당자가 될 수 있는가에 대해서는 해당기업조직 내에서 관리·결정권한의 배분에 따라 단체교섭권한이 어느 직위의 관리자에게 어떻게 배분되고 있는가에 의존한다.

어려운 문제는 지사·지점 등의 부하조직의 장이 단체교섭에 응해야하는 담당자인가 여부인데, 해당조직의 장에 실질적인 결정권한이 귀속하는 사항인가의 여부가 기본적인 판단기준이 된다. 또한 교섭권한을 인정받는 사용자측의 담당

---

19) 김유성, 노동법(II), p.136.

20) 특히, 2011. 7. 1.부터 '복수노조'를 설립할 수 있게 되어, 이제는 복수의 노동조합 간에 단체교섭권에 대한 정당한 경합이 발생할 수 있으므로 모든 노동조합의 단체교섭권을 아무런 차별 없이 동등하게 보장되어야 하는 것은 당연하다. 즉, 단체협약으로 특정 노동조합에 대해서만 단체교섭권을 인정하는 조항을 둔다면, 이는 정당한 단체교섭권자의 단체교섭권을 전면적으로 제한하는 것이므로 더 이상 '유일교섭단체조항'이 허용 되어서는 안 된다.

자는 해당사항에 대해 처리권한(협약체결권한)이 없다는 이유로 단체교섭을 거부할 수 있는 것이 아니고 교섭에 응한 후 협약체결에 관해서는 권한 자와 협의하여 적절한 처리를 취해야 한다.[21]

III. 단체교섭의 대상

1. 개념 및 한계

노동조합 등 근로자단체는 어떠한 사항에 대해서 사용자 또는 사용자단체에게 단체교섭을 요구할 수 있는가? 즉, 사용자 또는 사용자단체가 노동조합 등의 단체교섭 요구에 대하여 성실하게 응하여야할 의무는 어느 범위까지 인정되느냐 하는 점이 단체교섭권의 내용 또는 인정범위에 속하는 단체교섭 대상의 문제로서 논의 되고 있다.

단체교섭의 대상의 범위를 정하는 것은 노동조합의 교섭요구에 대하여 사용자가 교섭응낙의무를 부담하는 범위를 정하는 문제로서 이는 부당노동행위제도상의 단체교섭 거부의 정당한 이유 판단 및 쟁의행위의 정당성 판단과 관련된다.

현행 노동조합법은 단체교섭의 대상에 관하여 '근로조건의 향상', '임금·근로시간·복지·해고 기타 대우 등 근로조건' 등으로 규정할 뿐 구체적인 규정은 없다. 이는 위법한 사항이 아닌 한 교섭대상에 제한을 두지 않음으로써 노사자치를 보장하고자 하는 취지로 해석할 수 있을 것이다.

단체교섭의 대상은 교섭자체의 성질 또는 전체 법질서와의 정합성 차원에서 일정한 내재적 한계를 갖게 되는데, 이에는 사용자의 처분가능성, 조합원 관련

---

21) 菅野和夫, 勞働法, p.553.

성, 집단성 등이 있다.[22] 다시 말해, 교섭대상은 사용자에게 법적인 또는 사실적인 처분가능성이 존재함으로써 당해 노사관계에서 해결 가능한 사안이어야 한다.

따라서 순수 정치적 사항, 구속 근로자의 석방요구 등은 사용자의 처분가능성이 없으므로 교섭대상이 될 수 없으며, 교섭의 당사자인 노동조합의 조합원과 관련 있는 사항이어야 하므로, 원칙적으로 비조합원에 관한 사항은 교섭대상이 될 수 없다. 다만, 비조합원 관련 사항이라도, 그것이 조합원의 근로조건 등에 영향을 미치는 경우에는 교섭대상이 될 수 있을 것이다.

마지막으로 교섭대상은 모든 조합원에게 적용될 수 있는 집단성을 가져야 하므로 특정 조합원에 대한 징계·해고·채용 등은 원칙적으로 교섭대상이 될 수 없다. 다만, 개별 조합원 관련 문제라도 그것이 부당노동행위에 해당하거나 다른 조합원의 근로조건 등과 관련될 경우에는 집단성이 인정되어 교섭대상이 될 수 있을 것이다.

2. 교섭사항의 일반적 기준

현행 노동조합법상 단체교섭 대상에 관해 구체적 언급이 없으므로, 우리나라의 학설은 일반적으로 미국의 삼분체계를 참조하여, 사용자의 수인의무(受忍義務)의 정도에 따라 이를 의무적·임의적·위법적 교섭사항으로 구분한다.[23]

'의무적 교섭사항'은 사용자에게 교섭응낙의무가 발생하는 교섭사항으로서, 이에는 임금·근로시간·기타 근로조건 등이 여기에 속한다. 사용자가 정당한 이유 없이 이를 거부하면 부당노동행위가 성립하고 쟁의행위가 인정된다.

'임의적 교섭사항'은 사용자가 임의로 교섭에 응할 수 있으나, 이를 거부하더라도 부당노동행위가 성립하지 않으며, 이를 이유로 쟁의행위를 할 수 없는 사항을 말한다.

22) 김유성, 노동법(II), p.140.
23) 이상윤, 노동법, p.630 ; 김유성, 노동법(II), p.141 ; 임종률, 노동법, p.121 이하.

'위법적 교섭사항'은 설사 노사 간 합의가 성사되더라도 이는 강행법규나 사회질서에 반하여 무효로 되는 사항을 말하며, 이에는 클로즈드숍(closed shop)조항, 차별적 대우를 내용으로 하는 조항 등이 여기에 속한다.

판례 및 학설이 상기 기준을 취하나 의무적 교섭사항과 임의적 교섭사항이 현실적으로 구분되기 어렵고, 쟁의행위와 관련해서는 임의적 교섭사항과 위법적 교섭사항을 동일 취급한다는 점 등이 문제로 지적될 수 있다.

생각하건데, '교섭대상을 구별하는 문제에서 가장 중요한 사항은 교섭대상이 의무적 교섭사항으로 인정될 경우, 그 의무적 교섭사항에 대해서는 사용자의 교섭응낙의무가 발생한다는 점이다. 즉, 교섭응낙의무가 발생한 의무적 교섭사항에 대해서는 사용자가 교섭을 거부하거나 해태할 경우에 부당노동행위가 성립될 수 있고, 노동조합은 교섭 결렬을 이유로 쟁의행위에 돌입할 수 있다는 점에서 교섭대상을 어떻게 구별하느냐에 따라서 단체교섭권에 기인한 법률적 효과가 완전하게 달라질 수 있다.

따라서 교섭대상에서 교섭응낙의무가 발생하는 '의무적 교섭사항'을 구별하고 그 범위를 확정하는 문제는 일률적으로 판단하기 보다는 단체교섭권의 보장취지에 비추어 개별·구체적으로 판단하는 것이 보다 바람직하다고 판단된다.

IV. 단체교섭대상의 내용

1. 근로조건 관련 사항

(1) 근로조건 그 밖의 대우

"근로조건"이라 함은 근로계약상의 조건 내지 약속사항이며, "그 밖의 대우"라 함은 근로관계에 있어서 근로자의 그 밖의 경제적 대우를 말하는 것이다. 예컨대, 임금의 결정·계산과 지급방법, 임금의 산정기간·지급시기 및 승급에 관한 사항, 퇴직금·상여금에 관한 사항, 시업·종업의 시각, 휴게시간, 휴일, 휴가 및 교대근무에 관한 사항, 퇴직에 관한 사항, 근로자의 작업용품 등 부담에 관한 사항, 복리후생시설에 관한 사항, 근로자를 위한 교육시설에 관한 사항 등 당해 조합원 전체에 적용될 임금·근로시간·복지·해고 기타 대우 등 근로계약관계의 내용을 이루는 근로조건의 결정에 관한 사항이 근로조건 그 밖의 대우의 대표적인 것이라고 할 수 있다.

근로의 내용·밀도·방법·장소·환경도 원칙적으로 근로조건이 되는데 일상적인 경미한 사항으로 그 성질상 사용자의 노무지휘권에 위임되어 있는 것은 근로조건이 아니고 의무적 교섭사항이 아니라고 볼 수 있다.[24]

(2) 인사에 관한 사항

조합원의 전직·징계·해고 등은 인사에 관한 기준이나 절차에 관한 사항은 근로조건 그 밖의 대우에 관한 사항으로 의무적 교섭사항이 된다.[25]

문제는 특정조합원에 대해 이루어진 전직·해고 등의 철회요구인데, 이 경우 특정조합원의 채용·징계·전직·해고 등은 그것이 노동조합이나 다른 조합원의 대우와 관련되는 경우에 한해 교섭대상이 될 수 있다.

(3) 경영·생산에 관한 사항

새로운 기계의 도입, 설비의 갱신, 생산 방법, 공장사무소의 이전, 경영자·상급관리자의 인사, 영업양도, 회사조직의 변경, 업무의 하청 등의 경영·생산사항은 원칙적으로 의무교섭대상에 해당되지 않는다. 대법원 역시 사용자의 경영권을 근본적으로 제한하는 것이므로 경영·생산에 관한 사항은 의무교섭대상이 될 수 없다는 원칙적인 태도를 유지하고 있다.[26]

---

24) 菅野和夫, 勞働法, p.534.
25) 菅野和夫, 勞働法, p.535.
26) 대표적인 판결로서 대판 1994. 3. 25, 93다30242를 들 수 있는데, 동 판결에서는 "가. 회사

하지만 경영·생산에 관련된 사항이라고 할지라도 근로조건의 유지·개선 또는 근로자의 경제·사회적 지위와 관련이 있을 경우에는 의무교섭대상이 될 수 있다는 것이 학계의 통설적인 견해이다.[27]

예컨대 추상적이고 막연한 이유로 특정인사에 대한 사장취임에 반대하는 사항은 단체교섭의 대상이 될 수 없겠지만, '주된 목적이 노동조합의 근로조건의 개선과 관련하여 경영진의 퇴진을 요구하는 경우에는 경영·생산에 관한 사항도 단체교섭의 대상이 된다'[28]는 대법원 판결이 있다.

결론적으로 경영·생산에 관련된 사항은 회사의 경영권에 속하는 사항이므로 단체교섭에 있어서 의무교섭대상이 될 수 없는 것이 원칙이지만, 경영·생산에 관련된 사항을 원인으로 근로조건 또는 근로자의 경제·사회적 지위에 중대한 변화가 발생할 경우에는 경영·생산에 관련된 사항도 의무교섭대상이 될 수 있다.* 이와 같은 결론이 단체교섭권의 보장 취지에 비추어 고려했을 때도 타당하다고 생각된다.

*** '경영상 이유에 의한 해고(정리해고, 근기법 제24조)'가 의무교섭대상이 되는지 여부**

경영·생산에 관련된 사항에서 가장 문제가 되는 사안이 근기법 제24조에 의한 '경영상 이유에 의한 해고', 소위 '정리해고'가 단체교섭의 의무교섭대상이 되는가 하는 점이다. 통상적으로 '해고'는 근로관계가 종료 되는 것을 의미하므로, 매우 중대한 근로조건의 변동에

가 그 산하 시설관리사업부를 폐지시키기로 결정한 것은 적자가 누적되고 시설관리계약이 감소할 뿐 아니라 계열사와의 재계약조차 인건비 상승으로 인한 경쟁력 약화로 불가능해짐에 따라 불가피하게 취해진 조치로서 이는 경영주체의 경영의사 결정에 의한 경영조직의 변경에 해당하여 그 폐지 결정 자체는 단체교섭사항이 될 수 없다. 나. 노동조합이 시설관리사업부 폐지 자체의 백지화만을 고집하면서 그 폐지에 따른 근로자의 배치전환 등 근로조건의 변경에 관하여 교섭하자는 회사의 요청을 전적으로 거부하고 폐지 백지화 주장을 관철시킬 목적으로 쟁의행위에 나아갔다면 그 쟁의행위는 그 목적에 있어 정당하지 아니하다."고 판시한 바 있다.

27) 菅野和夫, 勞働法, p.535 ; 김유성, 노동법(II), p.145.

28) 근로자들이 쟁의행위를 함에 있어 연구소장의 퇴진을 요구하였다 하더라도 이는 부차적인 것이고 주된 목적은 일부 근로자들에 대한 파면처분이 노동조합의 핵심적 관심사항인 연구자율수호운동을 주동한 것에 대한 보복조치라고 하여 이의 철회를 구하는 것이고 그 뜻은 조합원의 근로조건의 개선요구에 있다고도 볼 수 있다면 이는 단체교섭사항이 될 수 있는 것이므로 위 쟁의행위는 그 목적에 있어 정당하다(대판 1992.5.12, 91다34523).

해당된다. 따라서 집단적인 해고일 뿐만 아니라 '사용자의 사유'에 의한 해고라고 할 수 있는 정리해고는 해고 중에서도 가장 중대한 근로조건의 변동을 가져오는 유형이라고도 볼 수 있다.

학계에서는 대체적으로 정리해고는 원칙적으로는 경영권에 속하는 사항이지만 근로조건에 중대한 변화를 가져오는 사항인 만큼 의무교섭사항이 된다고 보고 있다.

하지만 이에 대한 대법원의 태도는 명확하게 일치하고 있지 않다. 대법원은 정리해고가 의무교섭사항이 되는지 여부에 대하여 일률적인 결론을 내리기보다는 종합적인 판단을 통해 결론을 내리고 있어 사안의 특성에 따라서 다양한 결론이 내려지고 있는 것으로 판단된다.

그러한 대법원의 입장을 잘 보여주는 예로서 "정리해고나 사업조직의 통폐합 등 기업의 구조조정의 실시 여부는 경영주체에 의한 고도의 경영상 결단에 속하는 사항으로서 이는 원칙적으로 단체교섭의 대상이 될 수 없고, 그것이 긴박한 경영상의 필요나 합리적인 이유 없이 불순한 의도로 추진되는 등의 특별한 사정이 없는 한, 노동조합이 실질적으로 그 실시 자체를 반대하기 위하여 쟁의행위에 나아간다면, 비록 그 실시로 인하여 근로자들의 지위나 근로조건의 변경이 필연적으로 수반된다 하더라도 그 쟁의행위는 목적의 정당성을 인정할 수 없다"[29]는 대법원의 판결이 있다. 이와 같은 대법원의 판결을 본다면 정리해고가 근기법 제24조의 요건을 충족할 경우에는 의무교섭사항이 되지 않는다는 결론이 된다.

하지만 정리해고는 근로조건에 중대한 변화를 가져오는 해고 중에서도 '가장 중대한 유형'일 뿐만 아니라, 순수하게 사용자의 사정에 의해서 실시하는 것이며, 이미 근기법 제24조가 정리해고를 실시하기 위해서는 '근로자의 과반수로 조직된 노동조합 또는 근로자의 과반수를 대표하는 자와 성실하게 협의하여야 한다'고 규정하고 있는 만큼 정리해고는 의무교섭사항이 된다고 보는 것이 타당하다고 생각한다.

따라서 대법원은 정리해고의 단체교섭 대상성을 판단함에 있어서 사용자의 경영권과 근로자의 단체교섭권을 좀 더 명확하게 구분할 필요가 있다. 즉, 정리해고의 실시여부 그 자체는 사용자의 경영권에 속하는 사항이지만, 정리해고의 실시에 의해서 발생하는 근로조건의 변동사항은 의무교섭사항이 된다고 보는 이원화된 판단구조를 통해 정리해고의 단체교섭 대상성을 판단할 필요가 있다.

29) 대판 2002. 2. 26, 99도5380.

2. 집단적 노사관계의 운영에 관한 사항

유니언숍이나 노조활동에 관한 편의제공과 , 단체교섭의 절차, 노사협의 절차, 쟁의행위에 관한 절차, 노동조합과 사용자 사이의 여러 가지 관계 등에 관한 사항은 의무적 교섭사항이다. 이러한 사항들은 단체협약에 규정된 경우에는 채무적 부분에 속하는 사항이다.[30]

V. 단체교섭의 방식과 절차

1. 성실교섭의무

(1) 의의

> **노조법 제30조(교섭 등의 원칙)**
>
> ① 노동조합과 사용자 또는 사용자단체는 신의에 따라 성실히 교섭하고 단체협약을 체결하여야 하며 그 권한을 남용하여서는 아니 된다.
> ② 노동조합과 사용자 또는 사용자단체는 정당한 이유 없이 교섭 또는 단체협약의 체결을 거부하거나 해태하여서는 아니 된다.

"성실교섭의무"라 함은 노동조합과 사용자·사용자 단체가 신의에 따라 성실히 교섭하고 단체협약을 체결하여야 하며, 그 권한을 남용해서는 안 될 내용의 의무를 말한다.

구법과 달리 현행 노동조합법은 성실교섭의무를 사용자, 사용자단체뿐만 아

30) 菅野和夫, 勞働法, p.536.

니라 노동조합에 대해서도 부담시킴으로써 노사양측이 자율과 책임을 기초로 성실히 교섭에 임할 것을 규정하고 있다(노조법 30조).

또한 사용자가 성실교섭의무에 위반하는 경우에는 부당노동행위가 성립한다(노조법 81조 3항). 다만, 우리나라의 노동조합법은 미국의 경우와 달리 근로자 측의 부당노동행위를 인정하지 않기 때문에, 노동조합이 성실교섭의무에 위반하더라도 사용자가 정당하게 교섭을 거부할 수 있는 사유가 되는데 불과하고 부당노동행위가 되지는 않는다.

(2) 성실교섭의무의 내용

사용자에게는 근로자 대표자와 성실하게 교섭에 임할 의무가 있다(노조법 30조). 즉 사용자는 단순히 노동조합의 요구와 주장을 청취할 뿐만 아니라 단체교섭의 과정에서 합의를 달성하기 위한 노력을 수행해야 하며, 처음부터 단체교섭을 거부하거나, 단순한 의사 전달자를 교섭담당자로 세우거나 또는 위법한 내용에 대한 합의를 고집하는 경우 등은 성실교섭의무의 위반 행위로 된다.

비록, 사용자가 단체교섭을 거부할 정당한 이유가 있다거나 단체교섭에 성실히 응하였다고 믿었더라도 객관적으로 정당한 이유가 없고 불성실한 단체교섭으로 판정되는 경우에도 사용자의 부당노동행위가 성립하며, 정당한 이유인지의 여부는 노동조합측의 교섭권자, 노동조합 측이 요구하는 교섭시간, 교섭장소, 교섭사항 및 그의 교섭태도 등을 종합하여 사회통념상 사용자에게 단체교섭의무의 이행을 기대하는 것이 어렵다고 인정되는지 여부에 따라 판단된다.[31]

또한 단체교섭 과정에서 노조 측에 대하여 필요한 설명(설명의무)이나 관련 자료를 제공(자료제공의무)함으로써 노조를 설득하도록 노력해야 한다. 다만, 이때의 설명의 정도나 공개정도는 구체적·개별적으로 판단해야 할 것이다.

마지막으로 교섭의 당사자는 교섭의 결과 합의에 도달하면, 이를 단체협약으로 체결할 의무를 부담한다. 따라서 합의된 내용의 서면화를 거부하거나, 협약

31) 대판 1998. 5. 22, 97누8076.

안에 대한 서명 날인을 거부하는 행위 등은 성실교섭의무의 위반으로 된다.[32)]

그러나 교섭당사자는 교섭권한이 없거나 또는 교섭권한이 없는 자로부터 위임을 받은 자가 상대방으로서 교섭을 요구하는 경우에는 이를 정당하게 거부할 수 있으며, 단체교섭의 의무교섭사항이 아닌 사항에 대한 교섭요구에 대해 사용자는 정당하게 단체교섭을 거부할 수 있다.

또한 상대방이 폭력·파괴행위를 하는 경우 또는 단체교섭의 담당자·일시·장소 등에 대한 사전협정을 중대하게 위반하는 경우 등은 교섭요구를 정당하게 거부할 수 있다.

***(보론) 단체교섭의무위반에 대한 구제**

사용자가 단체교섭의무를 위반할 경우 노동조합은 행정적·사법적으로 구제 받을 수 있는 방법이 있다.

먼저 행정적으로는 노조법 제31조 제3호에 의거하여 노동위원회에 부당노동행위구제신청을 할 수 있다. 다만, 노조법상 설립신고를 한 노동조합만이 노동위원회에 부당노동행위 구제신청을 할 수 있다.

또한 사법적으로도 민사집행법 제300조 제2항에 따라 단체교섭 응낙 가처분을 신청하거나, 민사 본안소송으로서 사용자의 단체교섭의무 위반이 있음을 이유로 하여 그 채무의 이행을 구하는 소송이나 사용자의 단체교섭의무의 확인을 구하는 소송을 제기할 수 있을 것이다.

사용자의 단체교섭의무 위반이 있을 때 노동조합은 그것이 채무불이행 또는 사용자의 고의·과실에 의한 불법행위를 구성한다는 이유로 사용자를 상대로 그로 인하여 발생한 손해의 배상을 청구하는 방법도 생각할 수 있다. 대법원도 이와 같은 취지에서 단체교섭의무 위반이 불법행위를 구성한다고 판시한 바 있다.[33)]

---

32) 김유성, 노동법(II), p.147.

33) 대판 2006. 10. 26, 2004다11070(판결요지 : 가. 사용자의 단체교섭 거부행위가 원인과 목적, 과정과 행위태양, 그로 인한 결과 등에 비추어 건전한 사회통념이나 사회상규상 용인될 수 없다고 인정되는 경우에는 부당노동행위로서 단체교섭권을 침해하는 위법한 행위로 평가되어 불법행위의 요건을 충족하는바, 사용자가 노동조합과의 단체교섭을 정당한 이유 없이 거부하다가 법원으로부터 노동조합과의 단체교섭을 거부하여서는 아니 된다는

2. 단체교섭의 방식

(1) 전형적 형태

단체교섭의 여러 형태 중 전형적인 것은 다음의 세 가지이다. 참고로 우리나라의 경우에는 기업별 교섭이 주류를 이루어 왔지만 최근에 와서 노동조합이 산업별 교섭을 지향하면서 기업별 교섭과 산업별 교섭이 혼재하는 양상을 띠고 있다.

가. 산업별 교섭

산업별 노동조합이 산업별 사용자 단체와의 사이에서 당해 산업의 근로자에게 공통의 근로조건 그 밖의 사항에 대해 실시하는 단체교섭이다. 영국이나 독일과 같은 유럽국가에서는 이 산업별 전국교섭 내지 지역교섭이 단체교섭의 전통적 형태이지만, 우리나라의 경우에는 금속노조를 비롯하여 보건의료노조 등이 이러한 교섭방식을 채택하고 있다.

나. 기업별 교섭

하나의 기업(사업 또는 사업장) 내의 종업원이 근로조건 그 밖의 사항에 대해 이들 종업원으로 조직된 노동조합이 개개의 사용자와 행하는 단체교섭이다. 우리나라나 일본에서는 기업별 노동조합이 지배적이기 때문에 이 교섭형태가 통례이다.

또한 미국의 산업별 노동조합의 경우에도 기업·사업장 레벨에서의 로컬·유니언과 개개의 사용자와 공장단위의 단체교섭이 주요한 교섭형태의 하나가 되고

취지의 집행력 있는 판결이나 가처분결정을 받고도 이를 위반하여 노동조합과의 단체교섭을 거부하였다면, 그 단체교섭 거부행위는 건전한 사회통념이나 사회상규상 용인할 수 없는 행위로서 헌법이 보장하고 있는 노동조합의 단체교섭권을 침해하는 위법한 행위이므로 노동조합에 대하여 불법행위가 된다. 나. 사용자가 '노동조합과의 단체교섭을 거부하여서는 아니 된다'는 취지의 가처분결정을 받기 전에 해당 노동조합과의 단체교섭을 거부한 것은 불법행위가 되지 않으나, 위 가처분결정 후에도 해당 노동조합과의 단체교섭을 거부한 것은 그 노동조합에 대하여 불법행위가 된다고 본 사례.)

있다. 프랑스에서도 근년의 기업레벨에서의 단체교섭 제도의 발전이 보인다.

다. 직장교섭

직장의 근로자 단체가 직장에서 발생하는 여러 문제에 대해 직장관리자와 실시하는 교섭이다. 일본에서는 직장투쟁의 일환으로서 노동조합에 의해 의식적으로 추진되는 경우가 많았다.

한편 산업별 노동조합과 산업별 단체교섭이 중심이 되어 기업 내의 활동이 소홀히 되기 쉬운 노사관계의 경우에는 노동조합의 의도에 반하여 이루어지는 현상이 생긴다.[34]

(2) 기업별 교섭과 산업별 통일교섭의 중간형태

우리나라나 일본에 지배적인 기업별 교섭에 대해서는 기업의 벽을 넘기 힘들다는 약점이 오래 전부터 지적되어 노동조합운동에서 산업별 교섭으로 지향되었다. 이 기업별교섭의 한계를 극복하기 위한 노력은 기업별 교섭과 산업별 교섭의 중간에 위치하는 다음과 같은 교섭형태를 만들어 냈다.

가. 기업별 교섭에 대한 상부단체 임원의 참가

상부단체의 임원이 산하의 기업별 노동조합에서 교섭권한의 위임을 받아 기업별 단체교섭에 참가하는 교섭형태이다.

나. 공동(연명)교섭

기업별 노동조합과 그 상부단체가 각각의 단체교섭권에 근거하여 공동으로 사용자와 단체교섭에 임하는 형태이다.

---

34) 菅野和夫, 勞働法, p.522.

다. 집단(연합)교섭

집단(연합)교섭이란 본래는 산업별 노동조합의 통제 하에 수 개의 기업별 노동조합과 각 기업과의 교섭을 동일 테이블에서 동시에 실시하는 교섭형태를 의미하는데, 단순히 산업별 노동조합의 통제 하에서 그 스케줄에 맞춰 기업별 노동조합이 일제히 기업별 단체교섭을 실시하는 방식도 그렇게 부르는 경우가 있다.

라. 대각선교섭

산업별 상부단체가 단독으로 개개의 사용자와 교섭하는 방식으로, 여기에도 교섭의 스케줄을 맞추지 않고 개별적으로 실시하는 경우와 이 스케줄에 맞춰 일제히 실시하는 경우가 있다. 또 대각선 교섭의 상대방 사용자를 한 곳으로 모이게 하여 교섭을 동시에 집단적으로 실시하는 방식(대각선 집단교섭)이 시도되는 경우도 있다.

3. 단체교섭의 절차

현행 노동조합법은 2010년 개정 시 마련된 교섭창구단일화 관련 규정을 제외하고는 일반적인 단체교섭에 관한 절차에 대하여 아무런 규정을 두고 있지 않다. 이는 노사자치의 원칙에 따라 단체교섭의 절차를 노사가 자주적으로 규범화할 것을 기대하고 있는 취지로 보아야 할 것이다.[35]

일반적인 경우 노동조합과 사용자는 단체교섭의 절차에 관하여 사전에 미리 교섭담당자·인원·일시·장소·기간 등을 협정한다. 그러므로 이와 같은 사전협정을 중대하게 위반하여 노동조합이 단체교섭을 요구할 경우에는 사용자는 정당하게 이를 거부할 수 있을 것이다.[36]

35) 이상윤, 노동법, p.638.
36) 김형배, 노동법, p.750.

CASE STUDY

Case1

Z社는 종업원으로 구성된 L노동조합이 장기간에 걸쳐 불법쟁의를 선동한 책임을 물어 노조위원장을 징계하기로 하고 노동조합에 동의를 구했다. 하지만 노동조합은 무조건 반대하였기 때문에 일방적으로 해고통고를 하였다. 그러자 B노조는 회사가 근로자를 해고할 때에는 노동조합의 사전 동의가 필요하다는 단체협약상의 규정을 위반했다는 이유로 회사 측의 해고처분은 무효라고 주장하고 있다. 이러한 노동조합의 주장은 정당한가?

Check Point : 해고협의(동의)조항의 효력
* 대판 2003. 6. 19, 2001두3136; 대판 2004. 3. 14, 2003두10978

Case2

S유통은 사내 노동조합과의 단체협약이 올해 3월말일부로 이미 종료되었으나, 연봉제도입을 둘러싸고 노사 간의 의견이 대립하여 아직까지 새로운 단체협약을 체결하지 못하고 있다. 이에 회사 측은 종래의 단일호봉제는 문제가 있다고 판단하고 6월 중순경에 취업규칙을 변경하여 연봉제를 도입함과 동시에, 노동조합 측에 내년부터 단체협약을 해소한다고 통보하였다. 이러한 회사 측의 조치는 문제가 없는가? 단, S유통과 노동조합이 체결한 단체협약에는 새로운 단체협약이 체결될 때까지는 종래의 단체협약이 유효하다는 규정이 있다.

Check Point : 단체협약의 유효기간(노조법 제32조), 단체협약의 자동갱신조항의 유효성

제3장 단체협약

I. 총설

1. 단체협약의 의의

단체협약은 우리나라의 실정법상 개념으로서는 그 성립요건에 관한 노동조합법의 규정(31조)에 근거하여 "노동조합과 사용자 또는 사용자단체와의 사이에 근로조건 기타 노사관계의 제반사항에 대해 합의한 문서로써 양당사자가 서명날인 한 것"으로 정의할 수 있다.

단체협약의 경우, 그 내용이 강행법규나 공서 양속에 반하지 않는 한 아무런 법적 제한이 없다.

2. 단체협약의 기능

우리나라에서 지배적인 기업별 협약을 중심으로 단체협약의 기능을 보면 첫째, 근로조건 그 밖의 근로자의 대우 기준을 설정하여 이것을 일정기간 보장하는 기능(근로조건 규정의 기능)이 있다. 둘째, 노동조합과 사용자 사이의 제반관계를 규율하는 기능(노사관계질서 형성의 기능)이 있다. 셋째, 노사협의제나 인사협의제 등을 통하여 사용자의 경영권 행사에 대한 노동조합의 관여를 제도화하는 기능(경영규제의 기능) 등을 수행한다.

반면 직업별 또는 산업별 단체협약의 경우에는 노동시장에 있어서 노동력 가격의 수준을 설정함으로써 사용자에 의한 임금 인하 경쟁을 배제하는 기능(카르텔 기능)이 인정된다.[1]

3. 단체협약의 법적 성질

(1) 서설

우리나라에서는 단체협약을 단순한 계약이상의 효력으로 인정하고 있으므로 그 법적 성질을 어떻게 해석할 것인가의 문제가 발생할 수 있다. 이는 동시에 단체협약의 규범적 효력을 어떻게 해석할 것인가의 문제이기도 하다.

이 문제에 관한 학설은 크게 보면 당사자 간의 의사를 중시하는 '계약설'과 단체협약을 법률과 유사한 법규범으로 파악하는 '법규범설'이 대립하고 있다.[2]

(2) 계약설

'계약설'은 단체협약의 체결과 성립 및 효력에 사법적 계약의 법리가 적용되는 것이라고 한다.

계약설은 단체협약이 규범적 성질을 갖는 근거는 국가가 법률의 규정에 의하여 규범적 성질을 내용으로 하는 법적 효력을 부여하였기 때문이라는 '수권설'[3]과 단체협약이 규범적 성질을 갖는 것은 노사당사자가 당사자 간에 적용되는 일종의 규범을 설정하고 이를 준수하기로 합의하고 이를 계약내용으로 체결하였

---

1) 菅野和夫, 勞働法, p.546.
2) 김유성, 노동법(II), p.158.
3) 김유성, 노동법(II), p.151 ; 박상필, 노동법, p.438.

기 때문이라는 '규범계약설'[4]이 있다.

(3) 규범설

'규범설'은 노사 간의 합의에 의하여 자치적으로 단체협약에 대하여 법적 효력이 부여된다는 '자치규범설'과 노사 간의 자주적인 합의에 의하여 단체협약을 그들의 집단적 노사관계를 규율할 법규범으로 받아들이고자 하는 오랜 관습이 법적 확신을 얻어 관습법으로 형성되었기 때문에 단체협약에 법적 효력이 부여된다고 하는 '관습법설'이 있다.[5]

II. 단체협약의 성립

1. 단체협약의 당사자

(1) 근로자측 당사자

노동조합으로서의 실질적 요건과 형식적 요건을 갖춘 노동조합법상의 노동조합은 단체협약의 당사자가 될 수 있음은 당연하며, 우리나라와 일본의 유력설은 노동조합 설립의 형식적 요건을 갖추지 못한 소위 법외노조 등의 근로자단체도 단체협약의 당사자가 될 수 있다고 한다.[6]

또한 단위노조의 상부단체인 연합체가 단체교섭의 당사자가 된 경우에는 단체협약을 체결할 수 있다. 그러나 단위노조의 지부·분회가 단체협약을 체결하기

---

4) 김형배, 노동법, p.752.
5) 이상윤, 노동법, p.646.
6) 西谷敏, 勞働組合法, p.482; 이상윤, 노동법, p.648.

위해서는 첫째, 협약상의 권리의무의 주체가 될 수 있기 위한 사단조직을 정비하고 있어야 하며 둘째, 해당 단위노조 내에서 해당 사항에 대해 독자적인 단체교섭권을 가지고 있어야 한다.

(2) 사용자측 당사자

단체협약의 사용자측 당사자는 "사용자 또는 그 단체"이다. 이 중 "사용자"란 개인 기업이면 그 기업주 개인, 법인 내지 회사 기업이면 그 법인 내지 회사이다.

그리고 단체협약의 당사자가 될 수 있는 사용자 단체는 구성원인 사용자를 위해 통일적인 단체교섭을 하여 단체협약을 체결할 수 있는 것이 규약 또는 관행상 당연히 예정되어 그 체결을 위한 의사 통일과 통제를 할 수 있는 단체라는 점을 요한다(노조법 2조 3호).

2. 단체협약의 형식

> 노조법 제31조(단체협약의 작성)
>
> ① 단체협약은 서면으로 작성하여 당사자 쌍방이 서명 또는 날인하여야 한다.
> ② 단체협약의 당사자는 단체협약의 체결일부터 15일 이내에 이를 행정관청에게 신고하여야 한다.
> ③ 행정관청은 단체협약 중 위법한 내용이 있는 경우에는 노동위원회의 의결을 얻어 그 시정을 명할 수 있다.

(1) 서면작성

구두에 의한 합의는 합의 내용이 명확해도 단체협약일 수 없으며, 단체협약은 반드시 서면으로 작성하여야 한다(노조법 31조 1항). 명칭과 형식은 문제되지 않는다.

다시 말해서 '단체협약'이라는 제목을 반드시 붙일 필요는 없다. 즉 명칭·표제여하를 불문하고 협약당사자간의 합의를 문서화한 것이라면 당해 서면은 단체협약이다.

(2) 서명 또는 날인

서명 또는 날인에 의해 표기해야 할 것은 원칙적으로는 해당협약의 양당사자의 명칭과 쌍방에 있어서 협약체결권한을 가지는 자의 명칭이다.

협약체결권자의 명칭 밖에 기재되어 있지 않은 경우에도 협약 당사자가 누구인가가 명확하고 그 자가 협약당사자를 위해 서명 또는 날인한 것이 명확하다면 이 요건을 충족하고 있는 것이라고 생각할 수 있다.[7]

서명 대신 기명을 한 경우 문제가 발생하지만, 우리나라의 관행으로 보아 이를 허용하여야 한다고 본다.[8]

III. 단체협약의 신고

단체협약의 당사자는 단체협약을 체결한 날로부터 15일 이내에 당사자 쌍방이 연명으로 단체협약서 사본을 첨부하여 행정관청에 제출하여야 한다(노조법 31조 2항, 동법 시행령 15조, 시행규칙 11조). 이를 신고하지 않은 경우 과태료는 부과되지만(동법 96조 2항), 단체협약의 효력에는 영향이 없다.

행정관청은 단체협약 중 위법한 내용이 있는 경우에는 노동위원회의 의결을 얻어 그 시정을 명할 수 있다(동법 31조 3항).

7) 菅野和夫, 勞働法, p.551.
8) 김유성, 노동법(II), p.163 ; 이상윤, 노동법, p.651.

Ⅳ. 단체협약의 내용과 효력

1. 단체협약의 규범적 내용과 효력

(1) 규범적 부분

단체협약의 내용 중 근로조건 및 기타 근로자의 대우에 관하여 정한 부분을 이른바 규범적 부분이라고 하며, 근로시간·임금·휴일·휴가·복리후생·재해보상 등에 관한 협정이 이에 속한다.

단체협약의 규범적 부분은 근로조건의 개선이라는 단체협약의 핵심적 기능을 실현하는 본질적 부분이기 때문에 규범적 부분이 전혀 없는 협정은 단체협약이라고 할 수 없을 것이다.

*** 해고협의(동의) 조항**

단체협약 중에 사용자가 근로자에 대해 해고, 전직, 정직 등을 하는 경우에 노동조합과 사전에 협의 또는 동의를 요구하는 규정을 두는 경우가 있다. 사용자가 이러한 해고협의(또는 동의)조항을 무시하고 일방적으로 인사처분을 하는 경우에는 절차위반으로 당연히 무료가 된다. 문제는 근로자에게 중대한 위반행위가 있어 사용자가 당해 근로자에 대한 해고를 노동조합에 동의를 구했지만, 노동조합이 무조건 반대하여 사용자가 일방적으로 해고를 한 경우, 그러한 해고가 무효로 되는지의 여부이다.

이에 대법원은 사용자가 인사권행사에 노동조합의 사전 동의를 얻지 않는 경우에는 원칙적으로 무효로 되지만, 노동조합의 사전 동의권은 신의성실의 원칙에 입각하여 합리적으로 행사하여야 하므로 노동조합에 중대한 배신행위가 있고, 이로 인하여 사용자측의 절차의 흠결이 초래된 경우이거나 객관적으로 명백한 사유가 있음에도 불구하고 노동조합이 합리적인 이유 없이 동의를 거부하는 등 동의남용의 경우 또는 노동조합측이 사전 동의권을 포기하였다고 인정되는 경우에는 동의를 얻지 않고 행한 해고라도 무효가 되지 않는다

고 판단하였다.[9]

(2) 규범적 부분의 효력

단체협약의 규범적 효력은 단체협약상의 기준에 위반하는 근로계약 부분을 무효로 하는 '강행적 효력'과 이에 의하여 무효로 된 부분 또는 근로계약에서 규정되지 않은 부분이 사용자 및 개별근로자의 특별한 의사표시를 기다리지 아니하고 단체협약상의 기준에 의하여 보충되는 '직접적 효력' 두 요소로 구성된다.[10]

① 강행적 효력

이는 근로조건 기타 근로자의 대우에 관한 단체협약상의 기준에 위배되는 취업규칙, 근로계약의 부분을 무효로 하는 효력이다(노조법 33조 1항).

② 직접적 효력

이는 단체협약이 개별적 근로관계에 대하여 직접 지배적인 효력을 미치는 것을 말한다. 즉 개별적 근로계약에 아무런 약정이 없는 경우 또는 단체협약의 강행직 효력에 의하여 개별적 근로계약의 일부가 무효로 된 경우에 이를 직접적으로 보충하는 효력이다(노조법 33조 2항 ; 따라서 이를 '보충적 효력'이라고도 한다).

(3) 유리조건 우선의 원칙 적용문제

① 의의

단체협약에 위반한 취업규칙·근로계약은 무효로 되는데, 여기서 위반의 의미

---

9) 대판 2003. 6. 19, 2001두3136; 대판 2004. 3. 14, 2003두10978.
10) 김유성, 노동법(II), p.166.

를 협약상의 기준 보다 하회로 해석하게 되면 협약상의 기준보다 하회하는 부분만 무효로 되고, 협약상의 기준과 다른 경우로 해석하면 유리하든 불리하든 모두 무효가 된다.

② 학설

최저기준으로 보는 견해[11]에 의하면 근로계약의 기준이 단체협약 기준보다 불리한 경우에만 무효이고, 유리한 경우에는 근로계약의 기준이 적용된다고 한다.

반면, 절대기준으로 보는 견해[12]에 의하면 단체협약의 기준이 근로계약의 기준보다 유리하든 불리하든 단체협약의 기준만이 유효하게 적용된다고 한다.

생각하건데, 산업별 교섭 하에서는 최저기준설이, 기업별 교섭 하에서는 절대기준설이 타당하다고 본다. 기업별 교섭 하에서는 산업별 교섭과는 달리 단체교섭 및 근로계약의 대상이 대부분 일치하고 조합원이 곧 종업원이므로 단체협약의 '절대기준설'을 인정하는 경우에도 근로자의 계약의 자유를 침해하는 것이 아니라고 보아야 할 것이다.

2. 단체협약의 채무적 내용과 효력

(1) 의의

집단적 노사관계와 관련하여 협약당사자 상호간의 권리·의무를 규율하는 단체협약상의 규정들을 채무적 부분이라고 한다. 이러한 규정들은 노동조합의 구성원인 조합원들의 노동관계에 대하여 직접효력을 미치는 것이 아니라 협약체결 당사자에게만 그 효력이 국한된다.

일반적으로 평화의무, 평화조항, 유일교섭단체조항, 제3자 위임금지조항, 노

11) 김치선, 노동법, p.358 ; 박상필, 노동법, p.448 ; 김형배, 노동법, p.764.
12) 김유성, 노동법(Ⅱ), p.162 ; 이병태, 노동법, p.245.

조활동조항, 숍(shop)조항, 쟁의조항 등이 이에 속한다.

(2) 채무적 효력의 일반적 내용

① 실행의무

이는 협약당사자가 단체협약의 규정을 성실하게 이행할 의무를 말하며, 협약당사자가 모두 부담하는 것이지만, 특히 사용자에게 의미가 있다.

② 평화의무

"평화의무"라 함은 협약당사자가 단체협약의 유효기간 중 협약소정 사항의 개폐를 목적으로 하는 쟁의행위를 하지 않을 의무를 말한다. 이는 쟁의행위의 예방 및 평화적인 해결을 도모함을 그 목적으로 한다.

평화의무 및 평화조항은 단체협약의 채무적 부분에 해당하는 내용으로서 협약의 당사자인 노동조합과 사용자 또는 사용자단체에 대해 채무적 효력을 발생하며, 쟁의행위의 예방 및 평화적인 해결을 도모함을 그 목적으로 한다는 점 등에서 공통점이 있다. 반면에 양자는 의의, 위반효과 등에서 차이가 있다.

"평화의무"라 함은 상술한 바와 같이 단체협약의 당사자가 협약의 유효기간 내에는 협약에서 정한 근로조건 및 기타사항의 개폐를 요구하는 쟁의행위를 해서는 아니 되는 의무를 말한다. 이러한 평화의무는 협약의 당사자가 직접 이를 지켜야 할 자기의무와 그의 통제 하에 있는 구성원들로 하여금 이를 지키도록 할 영향의무로 구성된다.

평화의무를 인정하는 법적 근거에 관해 내재설[13]과 합의설[14]의 견해 대립이 있는 바, 이는 당사자 간의 합의에 의한 평화의무의 배제가 가능한지 여부를 달리 보게 된다. 이에 대하여 다수설과 판례는 내재설을 취하며, 평화의무는 협약

13) 김치선, 노동법, p.360 ; 김형배, 노동법, p.771.
14) 김유성, 노동법(II), p.16.

내에 구체적인 명시 없이도 본질적으로 내재하는 의무로 보아서 합의에 의한 이의 배제를 부정한다.

이러한 평화의무는 두 가지 유형이 있는데, 하나는 상대적 평화의무로서 이는 통상의 평화의무이며, 협약의 유효기간 내에 협약에서 정한 사항에 대한 쟁의행위만 금지되고, 차기의 신협약 체결을 위하거나 또는 협약에 규정되지 아니한 사항에 대한 쟁의행위는 허용된다고 본다.

다른 하나는 절대적 평화의무로서 이는 협약의 유효기간 내에는 일체의 쟁의행위가 금지된다는 내용으로서, 단체행동권의 보장 취지 및 공서 양속에 반하여 무효이다. 평화의무를 위반한 쟁의행위의 정당성에 대하여 견해대립이 있으나, 판례[15]는 그 정당성을 부인한다.

생각하건대, 평화의무는 단체협약에 본질적으로 내재하는 의무라고 할 때 이에 위반하는 쟁의행위는 협약질서를 침해하므로 그 정당성이 상실된다고 볼 것이다.

"평화조항"이라 함은 쟁의행위의 발생 이전에 분쟁의 평화적인 해결을 도모하기 위하여 일정한 절차를 정해 놓은 조항을 말한다. 평화조항을 위반한 쟁의행위의 정당성에 관하여 이견은 있으나, 평화조항의 위반이 협약질서의 본질적 부분을 침해하는 것은 아니라는 점과 이는 법령상의 조정절차를 위반한 쟁의행위와 유사한 구조라는 점 등에서 당해 쟁의행위의 정당성이 상실된다고 보기는 어렵다고 생각한다. 따라서 평화조항에 위반한 쟁의행위에도 민·형사상 책임이 면제되나, 다만 단체협약상의 채무불이행으로 인한 손해배상책임만을 부담할 뿐이다.[16]

또한 평화의무는 단체협약상의 명문 규정 여부를 불문하고 이를 인정할 수 있으나, 평화조항은 협약상 명문의 규정이 있어야 한다.

---

15) 단체협약이 체결된 후 당해 단체협약의 무효를 주장하면서 행한 쟁의행위는 평화의무 위반으로서 그 정당성이 상실된다(대판 1992. 9. 1, 92누7733).

16) 이상윤, 노동법, p.668 ; 이병태, 노동법, p.263.

(3) 채무적 부분 위반의 효과

채무적 부분 위반 시 계약위반에 따른 법적 효과가 발생하는데 단체협약의 해제·동시이행의 항변·손해배상·강제집행 등이 그것이다.

그러나 이러한 효과를 그대로 적용함에 있어서는 단체협약의 특수성을 고려할 필요가 있다. 단체협약은 노사 간의 계속적 규율규범이며, 편무적 성격이 강하고 비금전적인 "하는 채무"가 주종을 이루기 때문에 민법상 채권·채무 법리가 그대로 적용되기는 어렵다 할 것이다.

3. 단체협약의 조직적 내용과 효력

(1) 의의

집단적 노사관계를 규율하는 조항 등, 예컨대 고충처리 등에 관한 사항, 공제조합 등의 구성과 운영 등에 관한 조항들을 보통 조직적 부분이라고 한다.

(2) 효력

조직적 부분이 가지는 효력은 반드시 일치하지 않으며, 그 규정의 성격에 따라 이를 결정해야 할 것인 바, 원칙적으로 조직적 부분의 효력은 규범적 효력이다.

4. 단체협약위반의 효과

구법 하에서 체결된 단체협약을 위반하거나 단체협약의 지역적 단위의 구속력 확장에 대한 결정에 위반한 자는 1,000만 원 이하의 벌금에 처한다(구노조법 92조)라고 규정하여 단체협약 위반 시 일정한 벌칙이 적용되었으나, 그에 대한 처벌규정이 형벌제재의 구체성 미흡으로 인해 헌법재판소로부터 위헌결정을 받

았다.[17]

이에 따라 2001년 3월 28일 단체협약의 내용 중 i) 임금·복리후생비, 퇴직금에 관한 사항, ii) 근로 및 휴게시간, 휴일, 휴가에 관한 사항, iii) 징계 및 해고의 사유와 중요한 절차에 관한 사항, iv) 안전보건 및 재해부조에 관한 사항, v) 시설·편의제공 및 근무시간 중 회의참석에 관한 사항, vi) 쟁의행위에 관한 사항 등을 위반하는 자에 대해서는 1,000만 원 이하의 벌금에 처하도록 개정되었다.

그러나 단체협약을 계약적 성질을 가지는 것으로 보면 그 위반자에 대하여 벌금을 부과하는 것은 여전히 문제가 되지 않을 수 없다.

V. 단체협약의 적용범위

1. 의의

단체협약은 협약당사자인 노동조합과 사용자 또는 사용자 단체에 대하여 단체협약의 유효기간 동안 당해 사업장에 한하여 적용되는 것이 원칙이다.

그러나 예외적으로 단체협약이 당사자 이외의 제3자 및 다른 사업장에도 확대 적용되는 "단체협약의 효력확장"과 유효기간 이후에도 효력이 지속되는 "시간적 적용범위의 확장" 규정이 있다.

단체협약은 노동조합과 사용자·사용자 단체 간에 단체교섭의 결과로서 근로조건 및 기타 노사관계의 제반사항에 관해 합의한 문서로써 이러한 단체협약의 적용은 근로자 보호, 사용자간 부당경쟁 방지, 경제적·사회적 여건 변화에 유연하게 대처하기 위해 그 효력의 확장을 인정하고 있다.

---

17) 단체협약 위반행위를 형사 처벌하는 법률규정은 노사 간의 자치법규인 단체협약 위반행위 그 자체를 형벌로써 제재하는 것으로서 죄형법정주의의 원칙에 어긋나므로 헌법에 위반된다(헌재 1998. 3. 26, 96헌가20).

2. 단체협약의 인적 적용범위

(1) 개요

단체협약의 당사자는 노동조합과 사용자·사용자단체이므로 단체협약의 효력은 노동조합과 사용자·사용자 단체에게만 적용되는 것이 원칙이다.

그러나 예외적으로 조합원뿐만 아니라 비조합원인 근로자에게도 적용되는 경우가 있는데 이는 사용자가 임의로 적용하거나 사업장 단위의 일반적 구속력(노조법 35조) 때문이다.

(2) 조합원

① 노동조합과 조합원간의 법률관계

협약당사자인 노동조합은 조합원을 위한 대리인의 지위에 있다고 하는 대리설, 노동조합은 단체로서의 고유한 권한을 갖고 있다는 단체설 외에 복합설, 집단적 규범계약설 등이 있으나, 단체협약은 사용자와 노동조합이 체결한 계약에 불과하지만, 근로자의 보호 및 노사관계의 안정을 위하여 법으로 정책적인 효력을 부여한 것이라고 보는 수권설이 타당하다고 본다.[18]

② 조합원의 범위

단체협약이 체결될 당시의 조합원이 단체협약의 적용을 받는 것은 당연하다. 다만, 단체협약이 이미 체결된 후 노조에 가입한 조합원에게도 단체협약은 적용되며, 단체협약의 유효기간 중에 노동조합을 탈퇴하거나 제명된 자에게는 단체협약이 적용되지 않는다.

---

18) 임종률, 노동법, p.137; 김유성, 노동법 II, p. 159.

③ 비조합원

가. 사용자가 임의로 적용하는 경우

사용자는 동일한 사업장에 종사하는 비조합원의 근로관계에 대하여도 단체협약을 임의로 적용할 수 있다. 임의적용사항이므로 사용자가 비조합원과 단체협약의 기준보다 유리하거나 불리한 개별적 근로계약을 체결하더라도 사용자는 노사관계법이나 단체협약에 위반되지 않는다.

나. 사업장 단위의 일반적 구속력

> **노조법 제35조(일반적 구속력)**
>
> 하나의 사업 또는 사업장에 상시 사용되는 동종의 근로자 반수 이상이 하나의 단체협약의 적용을 받게 된 때에는 당해 사업 또는 사업장에 사용되는 다른 동종의 근로자에 대하여도 당해 단체협약이 적용된다.

사업장 단위의 일반적 구속력이라 함은 하나의 사업(장)에 상시 사용되는 동종 근로자의 반수 이상이 하나의 단체협약의 적용을 받게 될 때, 당해 사업(장)의 다른 동종의 근로자에 대하여도 당해 단체협약을 적용하는 제도이다.

여기서 "하나의 사업 또는 사업장"이라 함은 단체협약의 적용대상 근로자를 산출하는 단위가 사업(장)이라는 의미로서, 기업별 협약체결이라는 현실을 반영한 것이다.

"상시 사용되는 동종근로자 반수 이상"에서 상시 사용은 사실상의 계속 사용을 의미하고, "동종"이란 직업내용의 동일성 내지 유사성을 의미한다. 즉 당해 단체협약의 규정에 의하여 그 협약의 적용이 예정되어 있는 자를 말한다. 1기업 2협약의 경우, 이 중 특정 단체협약이 그 사업장의 반수 이상의 근로자에게 적용될 것인가에 대해서는 이견이 있다.

위의 요건이 충족되면, 당해 사업(장)의 동종의 다른 근로자에게 협약의 규범적 부분이 확장 적용된다. 다만, 개별 근로자의 근로조건이 보다 유리할 경우에는 유리한 조건 우선의 원칙이 적용되어 협약의 확정 적용이 배제된다.

3. 단체협약의 장소적 적용 범위

(1) 개요

> **노조법 제36조(지역적 구속력)**
>
> ① 하나의 지역에 있어서 종업하는 동종의 근로자 3분의 2 이상이 하나의 단체협약의 적용을 받게 된 때에는 행정관청은 당해 단체협약의 당사자의 쌍방 또는 일방의 신청에 의하거나 그 직권으로 노동위원회의 의결을 얻어 당해 지역에서 종업하는 다른 동종의 근로자와 그 사용자에 대하여도 당해 단체협약을 적용한다는 결정을 할 수 있다.
> ② 행정관청은 제1항의 규정에 의한 결정을 한 때에는 지체 없이 이를 공고하여야 한다.

우리나라의 노동조합의 형태는 기업별 노조가 일반적이므로 단체협약은 조합원이 근로를 제공하는 사업 또는 사업장에 국한되어 적용되는 것이 원칙이다. 그러나 예외적으로 단체협약이 사업(장) 이외의 개념으로 확정 적용되는 경우가 있는 바, 이를 '지역단위의 일반적 구속력'이라 한다.

(2) 지역단위의 일반적 구속력

① 의의

하나의 지역에 종업하는 동종근로자의 3분의 2 이상이 하나의 단체협약의 적용을 받는 경우에 행정관청은 당해 단체협약의 당사자의 일방·쌍방의 신청에 의하거나 직권으로 노동위원회의 의결을 거쳐, 당해 지역에 종업하는 동종의 다른 근로자와 그 사용자에 대해서도 당해 협약을 적용하는 결정을 할 수 있다.

② 요건

가. 실질적 요건

"하나의 지역"이라 함은 당해 협약의 당사자와 관련이 있는 동일한 경제지역, 즉 동일한 노동시장을 형성하는 지역을 말한다. 동종 근로자의 3분의 2 이상은 사업장 단위와는 달리 상시성을 요구하지 않으며, 동종의 근로자이면 족하다.

나. 절차적 요건

협약당사자 쌍방·일방의 신청 또는 행정관청의 직권에 의한 신청에 기해 노동위원회가 지역적 구속력 확장의 의결을 해야 하며, 노동위원회의 의결이 있으면, 행정관청이 이를 결정·공고하여야 한다.

③ 효과

가. 효력의 확장

협약의 규범적 부분에 한하여 해당 지역의 동종의 다른 근로자 및 사용자에게 확장 적용되며, 이 경우에도 '유리한 조건 우선의 원칙'에 의한 확장 배제가 인정된다.

나. 소수조합의 적용문제

해당 지역 내 동종 근로자가 소수조합을 결성하고 있는 경우에 효력 확장의 적용문제에 대해 소수노조의 조합원에 대해서도 확장 적용되는 단체협약의 기준이 적용된다고 보는 확장적용긍정설[19]과 소수노조의 독자적인 단결권·단체교섭권을 근거로 소수노조에 대해서는 어떠한 경우에도 확장적용결정의 효력이 미치지 않는다고 보는 확장적용부정설[20]이 있다.

마지막으로, 소수노조가 별도의 단체협약을 체결하고 있는 경우 그 협약의 유효기간 중 효력이 미치지 않는다고 보는 절충설[21]이 대립하나, 소수조합이 이미 단체협약을 체결한 경우에는 확정 적용을 배제함으로써 소수조합의 자주성과 효력확장제도의 취지를 모두 살릴 수 있는 절충설이 타당할 것으로 본다.

19) 김치선, 노동법, p.365.
20) 심태식, 노동법, p.198.
21) 김유성, 노동법(II), P.202. 헌법 제33조의 취지에 비추어 볼 때에 다른 노동조합이 독자적으로 단체교섭권을 행사하여 이미 별도의 단체협약을 체결한 경우에는 그 협약이 유효하게 존속하고 있는 한 지역적 구속력선언의 효력은 여기에 미치지 아니 한다(대판 1993. 12. 21, 92도2247).

VI. 단체협약의 종료

1. 의의

단체협약은 노동조합과 사용자·사용자 단체 간에 교섭의 결과로서 근로조건 및 노사관계의 전반사항에 관해 합의한 문서를 말하는 바, 이러한 단체협약은 유효기간의 만료·취소·당사자의 변경·해지 등에 의해 그 효력이 소멸한다.

한편, 단체협약의 당사자는 "자동갱신협정" 또는 "자동연장협정" 등을 단체협약의 내용으로 체결함으로써 단체협약의 유효기간이 종료하는 경우 이를 연장할 수 있다.

2. 단체협약의 유효기간

노조법 제32조(단체협약의 유효기간)

① 단체협약에는 2년을 초과하는 유효기간을 정할 수 없다.
② 단체협약에 그 유효기간을 정하지 아니한 경우 또는 제1항의 기간을 초과하는 유효기간을 정한 경우에 그 유효기간은 2년으로 한다.
③ 단체협약의 유효기간이 만료되는 때를 전후하여 당사자 쌍방이 새로운 단체협약을 체결하고자 단체교섭을 계속하였음에도 불구하고 새로운 단체협약이 체결되지 아니한 경우에는 별도의 약정이 있는 경우를 제외하고는 종전의 단체협약은 그 효력만료일부터 3월까지 계속 효력을 갖는다. 다만, 단체협약에 그 유효기간이 경과한 후에도 새로운 단체협약이 체결되지 아니한 때에는 새로운 단체협약이 체결될 때까지 종전 단체협약의 효력을 존속시킨다는 취지의 별도의 약정이 있는 경우에는 그에 따르되, 당사자 일방은 해지하고자 하는 날의 6월전까지 상대방에게 통고함으로써 종전의 단체협약을 해지할 수 있다.

단체협약은 2년을 초과하는 유효기간을 정할 수 없다. 따라서 그 유효기간을 정하지 않았거나 2년을 초과하여 정한 단체협약의 유효기간은 2년으로 된다.

이러한 규정은 장기간의 단체협약 유효기간은 경제적·사회적 여건의 변화 및 노사 간 세력관계의 변화에 유연하게 대응하지 못함으로써 오히려 노사관계의 안정과 산업평화를 해할 우려가 있다는 점에서 그 기간을 제한하고자 하는 것이다.

3. 자동연장협정과 자동갱신협정

(1) 자동갱신협정

"자동갱신협정"이라 함은 협약의 유효기간 만료이전 일정기간 내에 협약 당사자 일방이 협약의 개정·폐지 요구를 하지 않을 경우에는 다시 종래의 협약이 동일기간 지속한다는 취지의 협정을 말한다.

이러한 자동갱신협정은 명문의 규정은 없으나, 학설 및 판례는 갱신된 협정을 새로운 협약으로 보아 그 유효성을 인정한다.

(2) 자동연장협정

"자동연장협정"이라 함은 협약의 유효기간이 만료되더라도 신협약이 체결되지 아니한 경우에는 새로운 협약의 체결 시까지 종래의 협약이 유효하게 존속한다는 취지의 협정을 말한다.

노동조합법 32조 3항은 "단체협약이 유효기간 만료 되는 때를 전후하여 당사자 쌍방이 새로운 단체협약을 체결하고자 단체교섭을 계속하였음에도 불구하고 새로운 단체협약이 체결되지 아니한 경우에는 별도의 약정이 있는 경우를 제외하고는 종전의 단체협약은 그 효력만료일부터 3월까지 계속 효력을 갖는다."고 규정하고 있다.

이는 무(無)협약 상태에서 기인하는 혼란을 피하기 위하여 미리 당사자가 합의한 사항이기 때문에 당사자 일방이 기존협약의 연장에 반대하더라도 새로운 협약의 성립 시까지는 효력이 있다. 다만 당사자 일방은 해지하고자 하는 날의 6월 전에 상대방에게 통고하여 종전 단체협약을 해지할 수 있다(동조 동항 단서).

4. 단체협약의 취소 및 해지

(1) 단체협약의 취소

단체협약은 당사자 간의 의사표시에 기한 합의에 의하여 성립되는 것이므로, 당해 의사표시의 중요부분에 착오가 있거나, 사기·강박에 의한 것일 때에는 당사자의 일방에 의하여 이를 취소할 수 있다.

(2) 단체협약의 해지

① 상대방이 단체협약을 위반하는 경우

단체협약의 어느 당사자가 단체협약을 위반한 경우 다른 당사자는 단체협약을 해지할 수 있다. 다만, 단체협약의 경미한 위반인 경우에는 이를 해지 할 수 없으나, 단체협약의 존재 의의를 상실시킬만한 중대한 위반행위를 한 경우에만 이를 해지할 수 있는 것으로 보아야 한다.

② 사정변경의 경우

단체협약체결의 명시적·묵시적 전제조건이 되는 경제적·사회적 사정이 단체협약체결 당시에 예측할 수 없을 만큼 중대한 변화를 가져옴으로써 단체협약의 존립이 무의미하고, 일방 당사자에게 단체협약의 준수를 강행하는 것이 지극히 불합리한 경우에는 이를 해지 할 수 있다.

③ 해지계약에 의한 경우

단체협약의 당사자는 단체협약의 유효기간 중에 합의에 의하여 단체협약을 해지할 수 있다. 이 경우 해지계약은 단체협약체결의 경우와 마찬가지로 서면으로 행하여지고, 단체협약의 당사자 쌍방이 서명 또는 날인할 것이 요구된다고

할 것이다.[22]

5. 단체협약 당사자의 변경

(1) 사용자의 변경

첫째, 회사가 해산하는 경우에 법인격은 청산의 목적 범위 내에서 존속하기 때문에 단체협약도 청산기간 중 그대로 존속한다. 이 경우 단체협약은 청산종결의 시점에 종료된다.

둘째, 회사가 그 인적 동일성을 유지하면서 조직을 변경하는 경우에는 회사의 동일성이 유지되기 때문에 단체협약도 그대로 존속한다.

셋째, 회사 합병의 경우 합병 후 존속하거나 신설되는 회사가 소멸회사의 권리의무를 포괄승계 하므로 사용자의 지위와 함께 단체협약도 승계되어 존속한다.[23]

마지막으로 영업양도의 경우, 양도인과의 단체협약 그 자체는 소멸되고 양수인에게는 이전되지 않는다는 견해도 있으나,[24] 사업의 동질성이 유지되는 한 단체협약은 존속하는 것으로 보는 것이 타당하다고 본다.[25]

(2) 노동조합의 변경

노동조합이 해산되는 경우 단체협약 당사자의 실체가 없어지므로 단체협약은 당연히 종료되며, 노동조합이 그 인적 동일성을 유지하면서 조직을 변경하는 경우 노동조합의 동일성이 유지되기 때문에 단체협약도 그대로 존속한다.[26]

---

22) 이상윤, 노동법, p.691 이하.
23) 김유성, 노동법(II), p.206.
24) 김유성, 노동법(II), p.199.
25) 박상필, 노동법, p.473; 임종률, 노동법, p.169.
26) 김유성, 노동법(II), p.207.

합병의 경우에 소멸노조의 권리의무가 흡수노조나 신설노조에 포괄적으로 이전되므로 단체협약도 그대로 존속한다.

마지막으로 분할의 경우, 노동조합이 분할하여 기존노조가 소멸하고 두 개의 새로운 노조가 결성된 경우 단체협약은 종료되나 기존의 노동조합이 그대로 유지된 채 당해 노동조합에서 탈퇴한 조합원이 새로운 노동조합을 결성한 경우 구 단체협약은 그대로 존속한다.[27]

6. 단체협약 종료 후의 근로관계

단체협약이 종료함에도 불구하고 새로운 협약이 체결되지 않으면 무협약의 상태에 빠지게 된다. 무협약 기간 동안에는 개별 조합원의 근로관계, 협약당사자간의 관계 등이 문제로 되는 바, 이를 '여후효(余後效)'라고 한다.

여후효의 인정여부에 대하여 견해의 대립은 있으나 다수설과 판례는 협약내의 규범적 효력에 한하여 개별 근로관계에 화체(化體)되어 존속한다는 '화체설'을 취한다. 이러한 화체설에 의하면 규범적 부분에 규범효가 인정되지 않게 되어 사용자는 개별근로자와 근로관계의 내용을 변경할 수 있게 된다.

27) 이상윤, 노동법, p.693.

노동법의 세계

제4편
근로조건의 여러 가지 형태

CASE STUDY

Case1

Y사를 은퇴한 X는 Y사가 퇴직금을 산정함에 있어 그 기초가 되는 아래 휴가비, 선물비, 가족수당, 중식대 등을 평균임금에서 제외했다고 생각하고 그 차액을 청구하고자 한다. X의 주장은 과연 옳은가? 참고로, Y사는 단체협약에 따라 매년 설 휴가비, 추석 휴가비를 각각 50만원, 하기 휴가비 30만원을 지급해 왔다. 그리고 Y사는 노사합의에 따라 창립기념일에 선물비 20만원을 책정하여 현품으로 지급하였고, 가족 수에 따라 가족수당(부양가족 1인당 5만원)을 지급하는 외에, 출근한 직원에게는 중식대(2천원)를 쿠폰으로 지급하고 있다.

Check Point : 임금의 성격, 평균임금의 산정기준
* 대판 2005. 9. 9, 2004다41217.
* 「노동판례백선」 p.50《Case13》

Case2

X는 F사를 은퇴한 후, F사를 상대로 퇴직금에 상여금 및 복리후생비를 통상임금에 포함시키지 않은 채 퇴직금을 산정했다고 하여 F사를 상대로 차액 소송을 하고자 한다, X의 주장은 정당한가? 참고로, F사는 매 분기별로 정기상여금을 지급하고 있는데 비해, 설·추석 상여금은 지급일 재직자에 한하여 지급하고 있으며, 기타 김장보너스 등은 추후에 노사가 합의로 일정액을 정하여 지급하도록 되어 있다.

Check Point : 통상임금의 산정기준
* 대판(전합) 2013. 12. 18, 2012다89399; 동 2013. 12. 18, 2012다94643.
* 「노동판례백선」 p.54《Case14》

제1장 임 금

I. 개 념

1. 임금의 의의

> 근기법 제2조 1항 5호(임금의 정의)
>
> "임금" 이란 사용자가 근로의 대가로 근로자에게 임금, 봉급, 그 밖에 어떠한 명칭으로든지 지급하는 일체의 금품을 말한다.

근로기준법(제2조 1항 5호)은 "임금이란 사용자가 근로의 대가로 근로자에게 임금·봉급, 그 밖의 어떠한 명칭으로든지 지급하는 일체의 금품을 말한다."고 규정하고 있다. 이러한 임금은 근로자의 생활원천으로서 근로시간과 더불어 가장 중요한 근로조건에 해당한다.

2. 임금의 개념

임금의 개념을 나누어 설명하면, 임금은 i) 사용자가 근로자에게 지급하는, ii)

근로의 대가로, iii) 어떠한 명칭으로든지 지급하는 일체의 금품을 말한다.[1]

(1) 사용자가 근로자에게 지급

임금은 사용자가 근로자에게 지급하는 것이므로, 사용자가 아닌 제3자가 근로자에게 지급하는 것은 근로기준법상의 '임금'이라고 할 수 없다. 따라서 근로자가 고객으로부터 호의적으로 받은 팁은 사용자로부터 받는 것이 아니므로 임금이 아니다. 다만, 봉사료의 명목으로 사용자가 일단 받아서 이를 다시 종업원에게 분배한다면 근로의 대상으로 볼 수 있으므로 임금의 성격을 갖는다.[2]

이와 관련하여, 판례 중에는 교직원이 학교로부터 받는 월급과는 별도로 육성회로부터 받는 보조수당은 비록 그 지급사무를 학교가 담당한다 하더라도 입금으로 인정하지 않았으나,[3] 택시회사 운전기사에게 실제 근로일수에 따라 일정액을 지급하면서 운송임금 중 일정액의 사납금 초과분을 운전기사의 수입으로 인정하는 경우에 그 초과부분에 대해서는 임금으로 인정한 사례[4]가 있다.

(2) 근로의 대가

"근로의 대가"라 함은 근로자가 종속근로관계 하에서 근로를 제공하는 것에 대한 보수를 말한다. 다시 말하면 근로관계와 관련하여 근로자가 근로의 대가로서 사용자에 대해 그 지급청구권을 가지는 것만이 임금이다.[5] 따라서 단체협약·취업규칙·근로계약에 지급조건이 명시되어 있다고 해서 모두 임금이라고 할 수 없으며, 근로의 대가로 인정될 때에만 임금으로 간주한다.

사용자가 근로자에게 지급하는 금품이 임금이기 위해서는 그것이 "근로의 대

---

1) 임금의 법적 개념에 대해서는 이정, "임금의 법적 성질에 대한 고찰", 외법논집, 제16집 (2004), p.241 이하 참조.
2) 대판 1992. 4. 18, 91누8104.
3) 대판 1973. 11. 27, 73다498.
4) 대판 1993. 12. 24, 91다36192.
5) 김형배, 근로기준법, p.228.

가" 즉, "노무제공에 대한 반대급부"라야 하는데, 근로의 대상의 의미에 대해서는 "사용종속관계"를 전제로 하여 그 의미를 엄격히 해석하려는 견해와 노동관계상의 지위에 대한 보수로 보다 완곡하게 해석하려는 견해로 갈라지고 있는데, 일반적으로는 후자의 견해에 가까운 입장을 취하는 듯하다.[6]

문제는 근로의 대가에 대한 개념 파악인데, 사용자가 지급하는 금품은 그 명칭·명목이 매우 다양하여 근로의 대상인지의 여부가 명확하지 않는 경우도 있다. 따라서 근로의 대가에 대한 판단은 급여의 성질·내용에 비추어 개별적·구체적으로 판단해야 하는데, 이 판단이 그다지 용이하지 않다. 따라서 실무에서는 임의적·호의적 급여, 복리후생급여, 기업설비·업무비의 개념을 도입하여 이들과 임금을 구별하기도 한다.[7]

(1) 임의적·호의적 급여

임의적·호의적 급여에 속하는 것으로는 결혼축의금, 조의금, 상병위로금 등이 전형적이다. 단, 이러한 급여라도 단체협약이나 취업규칙 등에 지급조건이 명확하게 되어 있고 그에 따라 사용자에게 지불의무가 있는 한 근로의 대상으로 인정되어 임금으로 인정된다.[8] 상여(보너스)나 성과급 등도 지급여부나 기준이 오로지 사용자의 재량에 맡겨지거나 경영성과에 따라 일시적·불확정적으로 지급되는 경우에는 임금이 아니지만, 지급조건·금액·시기 등이 단체협약·취업규칙·근로계약 또는 노사관행으로 정하여져 있고 사용자에게 지불의무가 있는 것은 임금으로 보아야 한다.

---

6) 학설에 대해서는 김형배, 근로기준법, p.232 참조.
7) 이정(역), 일본노동법, p.205.
8) 이정(역), 일본노동법, p.206. 이에 대해 임종률 교수는 의례적·호의적 급여가 취업규칙 등에 그 지급조건이 명시되어 있더라도 임금으로 인정되지 않는다고 한다(임종률, 노동법, p.379).

(2) 복리후생급여

복리후생급여는 사용자가 근로의 대가로서가 아니라 근로자의 복리후생을 위해 지급하는 이익 혹은 비용이므로 개념상 임금이 아니다. 따라서 자금대부, 금전대부, 주택대여(사택), 통근차 이용, 회사의 목욕시설·운동시설 이용 등은 임금으로 볼 수 없다.

하지만, 이 중에서도 일정한 요건 하에서 예외적으로 임금으로 보는 경우가 있다. 예를 들어 주택대여는 원칙적으로 복리후생급여이므로 임금은 아니지만, 주택을 대여 받지 못하는 근로자에게 회사가 주택수당을 지급하는 경우에는 임금으로 본다.[9]

복리후생급여와 관련하여 가족수당, 월동비, 김장수당, 통근수당, 식사비(현물포함), 학비보조비 등이 임금에 포함되는지가 문제로 된다. 이에 대해 행정기관의 유권해석은 이들이 전체 종업원에게 일률적·계속적으로 지급되는 경우에는 임금이지만, 일부 종업원에게만 또는 일시적으로 지급되는 경우에는 임금이 아니라고 보는 입장이다.[10]

그러나 판례는 일정한 요건을 갖춘 종업원에게 일률적으로 또 계속적으로 지급되는 이상 가족수당, 통근수당, 식사대, 체력단련비, 학비보조금, 하계휴가비, 차량유지비 등도 널리 임금에 포함된다고 본다. 이들이 임금인상의 방편으로 설정된 것이라는 점을 중시하는 듯하다.[11]

(3) 기업설비·업무비

업무수행을 위해 기업이 부담하는 기업시설과 업무비는 근로의 대가로서의 임금이 아니다. 예를 들어 작업복, 작업용품대, 출장비, 교제비, 손료(損料) 등은 통상 여기에 속한다.

---

9) 東京大學勞働法硏究會『注釋勞働基準法(上)』,p.173. 대판 1972.12.26, 71다2590.
10) 1997.3.28, 노동부예규 327호.
11) 임종률, 노동법, p.380.

그러나 통근수당이나 현물로서의 통근정기권의 경우에는 통근비용이 근로계약의 원칙으로부터 말하면 근로자가 부담해야 할 것이므로 업무비가 아니라 그 지급기준이 정해져 있는 한 임금으로 보아야 한다.[12)]

(3) 어떠한 명칭으로든지 지급하는 일체의 금품

사용자가 근로자에게 근로에 대한 대가로 금품을 지급하면 그 명칭 여하에 관계없이 임금이 된다. 따라서 명칭만을 가지고 임금에의 해당 여부를 판단하여서는 아니 되며, 구체적으로 근로에 대한 대가로 지급되었는지의 여부를 살펴보아 판단하여야 한다.[13)]

금품은 현금이 원칙이지만 현물이나 그 밖에 시설이용 등 경제적 이익이 있는 것은 모두 금품으로 본다.[14)]

3. 평균임금과 통상임금

(1) 평균임금

① 의의

근기법 제2조 1항 6호(평균임금)

"평균임금"이란 이를 산정하여야 할 사유가 발생한 날 이전 3개월 동안에 그 근로자에게 지급된 임금의 총액을 그 기간의 총일수로 나눈 금액을 말한다. 근로자가 취업한 후 3개월 미만인 경우도 이제 준한다.

12) 이정(역), 일본노동법, p.206.
13) 이상윤, 노동법, p.193.
14) 현물급식이 근로자에게 정기적이고 일률적으로 지급될 때에는 임금의 범위에 포함된다(1981. 7. 2, 근기 1455-20426).

"평균임금"이란 이를 산정해야 할 사유가 발생한 날 이전 3개월 동안에 그 근로자에게 지급된 임금의 총액을 그 기간의 총일수로 나눈 금액을 말한다(근기법 2조 1항 6호).

이러한 평균임금은 근로자가 정상적 근로를 제공하지 못하거나 퇴직하는 경우 등에 평소 지급되던 임금을 반영함으로써 근로자의 기본생활을 보장하기 위해 도입된 개념이다.[15]

이 평균임금은 근로자에 대한 여러 가지 급여금, 즉 퇴직금(동법 34조)·휴업수당(동법 46조)·재해보상금(동법 78~87조)·제재로서의 감급액(동법 95조)과 연차유급휴가수당(동법 60조 5항)을 산출하는 기초가 된다.[16]

② 평균임금의 산정

가. 산정기간

평균임금의 산정기간은 사유발생일 이전 3월간의 역(Calendar)상 일수를 의미하며, 실 근로일수를 의미하는 것은 아니다. 이 때 '초일 불산입'[17]을 원칙으로 하며, 취업 후 3개월 미만의 경우에는 그 기간만을 산정기간으로 한다.

평균임금의 산정기간과 관련해서 직위해제기간, 대기발령기간 및 감봉기간 등이 평균임금의 산정기간에서 포함되는지의 되는지의 여부가 문제된다.

징계조치로 인한 직위해제기간을 평균임금의 산정기간에서 제외할 것인가에 관하여 견해 대립은 있으나, 다수설은 징계조치로서 불이익을 주는데 그쳐야 한다는 점을 이유로 징계조치기간은 산정기간에서 제외되어야 한다고 본다. 즉, 직위해제기간은 총일수에 산입되어서는 아니 된다고 한다. 다만, 판례[18]는 개인

---

15) 평균임금 및 통상임금의 개념에 대해서는 김영문·이상윤·이정, 임금개념과 평균임금·통상임금의 산정범위, 법문사(2004) 참조.

16) 김형배, 근로기준법, p.242

17) 평균임금을 산정하여야 할 사유가 발생한 이전 3월간이란 사유가 발생한 날의 전일부터 소급하여 3월간을 의미하는 것으로 사유가 생긴 당일이 포함될 경우 근무시간의 차이로 임금의 차이가 있어 불공정한 처사가 될 것이므로 사유발생당일은 포함하지 않는다(1982. 12. 31, 근기 1455-35037). 같은 취지; 대판 1989. 4. 11, 87다카2901.

18) 개인적인 범죄로 구속 기소되어 직위 해제되었던 기간은 근로기준법 시행령 제2조 소정의

범죄로 구속 기소되어 직위 해제된 기간은 평균임금의 산정기간에서 제외되지 않는다고 본다.

나. 임금총액

임금총액에는 평균임금의 산정기간 동안 근로자에게 지급된 임금 및 지급하기로 확정된 임금채권이 모두 포함된다. 다만, 임시로 지급된 임금 및 수당,[19] 통화 이외의 것으로 지급된 임금(고용노동부장관이 정하는 것은 제외[20])은 임금총액에 포함되지 않는다.

임금총액과 관련해서 문제가 되는 것은 상여금·유급연차휴가수당·의도적인 성과금 등이 임금총액에 포함되는지의 여부이다.

상여금은 사유발생일 이전 1년간 받은 전액을 12개월로 나누어 3월 해당 분을 산출하여 이를 평균임금에 포함하며,[21] 유급연차휴가수당에 대해 판례[22]는 발생한지 3월 미만이 되는 시점에서 퇴직한 경우에만 이를 평균임금에 산입할 수

어느 기간에도 해당하지 않으므로 그 기간의 일수와 그 기간 중에 지급 받은 임금액은 근로기준법 제19조 1항 본문에 따른 평균임금 산정 기초에서 제외될 수 없고, 만일 그 기간과 임금을 포함시킴으로 인하여 평균임금 액수가 낮아져 평균임금이 통상임금을 하회하게 되는 경우에는 같은 법 제19조 2항에 따라 통상임금을 평균임금으로 하여 퇴직금을 계산하여야 한다(대판 1994. 4. 12, 92다20309).

19) 일시적 또는 일부 근로자에게만 지급되는 교통비·자가운전보조비 및 자녀 학자금보조금 등의 순수한 복리후생비는 근로의 대가로 볼 수 없으므로 평균임금의 산정대상에서 제외된다(대판 1995. 5. 12, 94다55934).

20) 원칙적으로 단체협약, 취업규칙, 근로계약 등에 식대에 지급규정이 정하여져 있는 것으로서 전 근로자에게 관례적·일률적으로 지급하는 경우에는 임금으로 볼 수 있을 것이나, 별도로 식대의 지급근거는 없더라도 출근하는 근로자에게 일률적으로 현물급식을 제공하고 이를 현금으로 환가하여 퇴직금계산을 위한 평균임금에 포함시켜온 것이 일시적인 착오에 의한 것이 아니라 당해 사업장의 관행으로 확립되어 있음이 인정된다면 이는 근로의 대상성 여부에 관계없이 평균임금 산정을 위한 기초임금에 포함시켜야 한다(1997. 1. 10, 임금 69230-15).

21) 근로의 대가로 지급되던 상여금은 근로자의 퇴직 전 3개월 사이에 실제로 지급받았건 또는 받지 못하였건 이를 불문하고 그 1년분을 월로 나눈 3개월분 해당액을 근로자의 퇴직금 산정의 기초인 평균임금의 계산에 포함시켜야 한다(대판 1978. 2. 14, 77다3121). 같은 취지 ; 대판 1989. 4. 11, 87다카2901 등.

22) 대판 1992. 4. 14, 91다카5587.

있다고 본다.

또한 성과급제 시행중인 사업자의 근로자가 퇴직 전에 집중적·의도적으로 성과를 향상시켜 평균임금을 상승시킨 경우에는 그 의도적 성과 향상 분을 제외하고 평균임금을 산정해야 한다는 것이 판례의 입장이다.[23]

③ 평균임금의 산정제외 기간

평균임금은 근로자의 정상적인 근로를 전제로 산정하는 것이 합리적이므로, 근로기준법 시행령은 아래와 같이 비정상적인 근로기간에 대해서는 평균임금의 산정에서 제외시킬 것을 규정하여 근로자 보호를 도모하고 있다(제2조 1항).

즉, ①근로기준법 제35조 5호에 따른 수습사용 중의 기간, ② 동법 제46조에 따른 사용자의 귀책사유로 휴업하는 기간, ③ 동법 제74조에 따른 산전후 휴가기간, ④ 동법 제78조에 따라 업무상 부상 또는 질병으로 요양하기 위하여 휴업한 기간, ⑤ 고평법 제19조에 따른 육아휴직기간, ⑥ 노동조합법 제2조 6호에 따른 쟁의행위 기간, ⑦ 병역법·향토예비군설치법 또는 민방위기본법에 따른 의무이행을 위하여 휴직하거나 근로하지 못한 기간(다만, 그 기간 중 임금을 지급 받지 않은 경우), ⑧ 업무 외 부상 또는 질병, 그 밖의 사유로 사용자의 승인을 얻어 휴업한 기간 등이 이에 해당한다.

④ 평균임금 산정의 특칙

가. 통상임금으로 대체

23) 근로기준법상 퇴직금에 관한 규정의 취지는 어디까지나 근로자의 생활을 보장하고자 하는 데 있으므로, 그 산정의 기준으로서의 평균임금은 원칙적으로 근로자의 통상 생활임금을 사실대로 산정하는 것을 그 기본원리로 해야 할 것인 바, 이는 근로자가 의도적으로 현저하게 평균임금을 높이기 위한 행위를 하지 않았더라도 산정될 수 있는 평균임금 상당액이라고 알 수 있을 것이므로 퇴직금의 기초가 되는 평균임금은 특별한 사정이 없는 한, 평균임금 산정에 현저하게 부적당한 기간을 뺀 직전 3개월간의 임금을 기준으로 하여 근로기준법이 정하는 방식에 따라 산정한 금액 상당이라고 할 것이다(대판 1995. 2. 28, 94다8631).

평균임금이 그 산출방식에 의하여 산출된 금액이 해당 근로자의 통상임금보다 저액일 경우에는 그 통상임금을 평균임금으로 한다(근기법 2조 2항).

이는 평균임금 산정기간 중에 근로자의 잦은 결근이나 정직의 징계처분이 등으로 인하여 평균임금이 평소 수령액보다 적게 되는 것을 방지하여 근로자의 불이익을 최소화하기 위한 것이다.[24]

나. 고용노동부장관의 평균임금 결정

일용근로자에 대하여 사업별 및 직업별로 고용노동부장관이 평균임금액을 정하고(근기법 시행령 3조), 근로기준법에 의하여 평균임금을 산정할 수 없는 기간에는 고용노동부장관이 정하는 바에 의한다(동법 시행령 4조).

여기서 "평균임금을 산정할 수 없다"는 것은 그 산정이 기술상 불가능한 경우는 물론, 근로기준법의 관계규정에 의하여 그 평균임금을 산정하는 것이 현저하게 불합리한 경우까지도 포함한다.[25]

다. 평균임금의 조정

근로기준법상의 재해보상(휴업보상, 장해보상, 장의비, 유족보상 등)을 산정할 때 적용할 평균임금은 그 근로자가 소속한 사업 또는 사업장에서 같은 직종의 근로자에게 지급된 통상임금의 1인당 1개월 평균액이 그 부상 또는 질병이 발생한 달에 지급된 평균액보다 100분의 5 이상 변동된 경우에는 그 변동비율에 따라 인상되거나 인하된 금액으로 하되 그 변동 사유가 발생한 달의 다음 달부터 적용한다(근기법 시행령 5조).

이는 재해보상을 위한 평균임금 산정에 있어 기준(일)을 사유발생일로 고정하게 되면 재해보상기간이 장기간으로 되는 경우 평균임금이 실제 재해보상을 받는 시점의 현실과 부합되지 아니할 수 있으므로 이러한 문제점을 해결하기 위해 같은 사업장의 동종근로자의 통상임금 변동률 등을 기준으로 평균임금을 조정할 수 있도록 하고 있다.

---

24) 임종률, 노동법, p.381.
25) 대판 1995. 2. 28, 94다8631.

근로자가 소속한 사업 또는 사업장이 폐지된 경우에는 그 근로자의 업무상 부상 또는 질병이 발생한 당시에 그 사업 또는 사업장과 같은 종류, 같은 규모의 사업 또는 사업장을 기준으로 하여 위의 규정을 적용하며(동조 2항), 동일한 직종의 근로자가 없는 경우에는 그 직종과 유사한 직종의 근로자를 기준으로 한다(동조 3항).

(2) 통상임금

① 의의

> **근기법 시행령 제6조(통상임금)**
>
> ① 법과 이 영에서 "통상임금"이란 근로자에게 정기적이고 일률적으로 소정(所定)근로 또는 총근로에 대하여 지급하기로 정한 시간급 금액, 일급 금액, 주급 금액, 월급 금액 또는 도급 금액을 말한다.

"통상임금"이란 근로자에게 1시간, 1일, 1개월 등 정기적이고 일률적으로 소정 근로 또는 총 근로에 대하여 지급하기로 정한 시간급 금액·일급 금액·주급 금액·월급 금액 또는 도급 금액을 말한다.

이러한 통상임금은 해고예고수당(근기법 26조), 연장·야간 및 휴일근로시의 시간외근로수당(동법 56조) 및 연차유급휴가수당(동법 60조 5항) 등의 산출기초로 된다.

② 판단기준

통상임금의 해당여부를 판단하는 때에는 i) 정기적·일률적[26]·고정적으로, ii) 지급하기로 정하여진, iii) 근로의 대가인 임금인지의 여부를 종합적으로 판단해

26) 부양가족이 있는 자에 대해서만 지급하는 가족수당이나 중·고등학교에 다니는 직원의 자녀에 대하여 지급되는 학비보조금은 통상임금의 범위에서 제외된다(대판 1991.6. 28, 90다카14758).

야 한다.

한편, 통상임금의 경우에는 평균임금과는 달리 본법이 아닌 시행령에 정의규정을 두어 법체계상 정합성이 결여되어 있으며, 그 내용 또한 매우 추상적이고 불명확하여 그 동안 통상임금의 해석과 산정 기준을 둘러싸고 많은 논란이 있었다. 특히 통상임금에 대한 고용노동부의 행정해석과 판례의 견해가 불일치하는 부분이 있어 실무에서 많은 혼선이 발생했다. 이러한 가운데, 대법원은 2013. 12. 18. 전원합의체판결(이하, 전합판결)[27]을 통하여 통상임금의 산정 기준과 관련하여 다음과 같이 판단기준을 명확하게 제시한 바 있다. 이에 대해 보다 구체적으로 살펴보면 다음과 같다.

첫째, 통상임금 규정 중에서 "정기적"이란 반드시 1임금지급주기를 의미하는 것은 아니다. 다시 말해서 종전에는 1월을 초과하는 주기로 지급되는 상여금이나 수당 등은 "정기적"으로 지급되는 것이 아니라는 이유로 통상임금에서 제외하여 왔지만,[28] 위의 전합판결에서는 "1 임금지급기(1개월)를 초과하여 지급하는 금품이라도 정기성·일률성·고정성을 충족한다면 통상임금에 포함된다는 점을 재확인하는 한편, 정기상여금의 경우에는 노사 신의칙을 존중하여 '신의성실의 원칙'이 적용되는 경우에는 과거 소급분에 대해서는 추가임금청구를 불허한다는 견해를 제시한 바 있다.[29] 따라서 위 전합판결에 따르면, 매년 4회 지급되는 상여금은 물론, 매년 1회 전 직원에게 지급하는 체력단련비 및 월동보조비 등도 회사의 지급규정이나 관행에 근거하여 정기적·일률적·고정적으로 지급되는 한 통상입금에 포함된다고 보아야 할 것이다.[30]

둘째, "일률적"이라 함은 '모든 근로자'에게 지급되는 것뿐만 아니라 '일정한

---

27) 대판(전합) 2013.12.18, 2012다89399 판결.

28) 이 점에서 과거에는 통상임금과 평균임금이 구별되었다.

29) 대법원은 위의 전합판결에서 '신의칙의 적용요건'으로 ①통상임금에 포함되지 않고 산정한 항목이 정기상여금일 것, ②노사가 정기상여금이 통상임금에 해당되지 않는다고 신뢰한 상태에서 이를 통상임금에서 제외하는 합의(묵시적 합의 및 근로관행도 포함)를 하고 이를 토대로 임금인상률 등 그 밖의 임금 조건을 정하였을 것, ③근로자가 추가임금을 청구할 경우 예측하지 못한 재정적 부담으로 기업에 '중대한 경영상 어려움'을 초래하거나 '그 존립이 위태롭게 될 수 있는 사정'이 있을 것을 판시한 바 있다.

30) 같은 취지; 김형배, 노동법, p.333.

조건 또는 기준에 달한 모든 근로자'에게 지급되는 것도 포함하는 개념으로서, 일률적으로 지급되어야만 통상임금으로 인정될 수 있다. 여기서 '일정한 조건 또는 기준'이란 작업 내용이나 기술, 경력 등과 같이 소정근로의 가치 평가와 관련된 조건이어야 한다. 따라서 단체협약이나 취업규칙 등에서 휴직이나 복직자, 징계대상자에 대한 지급제한 사유를 규정한 임금이라도 이는 해당 근로자의 개인적 특수성을 고려한 것일 뿐이므로 정상적인 근로관계를 유지하고 있는 근로자에 대하여 그 해당 임금의 일률성은 부정되지 않는다. 또한 가족수상의 경우에도 부양가족 수에 따라 차등 지급되는 경우는 근로와 관련된 일정한 조건 또는 기준에 따른 것이라 할 수 없어 일률성이 부정되나, 모든 근로자에게 일정금액을 지급하거나 또는 기본금액을 동일하게 지급하면서 부양가족 수에 따라 추가적으로 지급하는 경우에는 그 기본금액에 해당하는 부분은 통상임금에 포함된다.

셋째, "고정적"이란 초과근로를 제공할 당시에 그 지급 여부가 업적, 성과 기타 추가적인 조건과 관계없이 사전에 이미 확정되어 있어야만 한다는 것을 의미한다. 따라서 근로제공 이외에 추가적인 조건이 충족되어야 지급되는 임금이나, 그 충족 여부에 따라 지급액이 달라지는 임금 부분은 고정성이 결여된 것으로 간주된다. 예를 들어 특정 시점에 재직 중인 근로자에게 지급되는 임금은 초과근로를 제공하는 시점에서 보았을 때, 그 근로자가 그 특정 시점에 재직하고 있을지 여부가 불확실하므로 고정성이 결여된 것으로 해석되며, 마찬가지로 특정 시점에 재직 중이 근로자에 한정하여 정기상여금을 지급하는 경우에도 고정성이 결여된 것으로 간주된다.[31] 따라서 작업수당·기술수당·위험수당 등과 같이 정기적·일률적으로 지급되는 것은 통상임금의 산정기초가 된다. 그러나 연장·야간·휴일근로에 대한 수당이나 일정한 성적을 올린 자에 대해서만 지급되는 성적수당 등은 고정적인 임금이라 볼 수 없으므로 통상임금에서 제외된다.[32]

마지막으로, "지급하기로 정하여진"이라 함은 실제 근무 일수나 수령액에 구

31) 고용노동부, 「통상임금 노사지도 지침」 2014. 1. 23.

32) 대판 1996.5.28, 95다36817.

애됨이 없이 지급하기로 정하여진 임금을 의미[33]하며, "근로의 대가"란 소정의 근로의 양 또는 질과 관련이 있어야 하며, 은혜적인 수당은 제외[34]된다는 의미이다.

③ 통산임금의 산정

통상임금은 시간급으로 산정함이 원칙이므로, 일급·주급·월급·도급의 경우에는 이를 각 산정기준 시간대로 나누어 시간급으로 환산한다. 통상임금을 일급금액으로 산정할 때에는 시간급금액에 1일의 소정근로 시간수를 곱하여 계산한다(근기법 시행령 6조 3항).

(3) 평균임금의 통상임금의 구별실익

평균임금과 통상임금을 구별하는 실익은 일반적으로 평균임금이 통상임금을 상회하므로, 근로자가 근로를 제공하지 못하거나 퇴직하는 경우 등에는 근로자의 생활수준 보장을 위해서 평균임금액을 확보해 주려는 데 있다.

그러나 평균임금을 산정기초로 할 경우에 평균임금액이 특별한 사정에 의해 통상임금보다 저액으로 산출될 경우에는 통상임금을 평균임금에 갈음하여 지급해야 하며(근기법 2조 2항), 평균임금의 조정(근기법 시행령 5조)의 경우에는 평균임금액이 통상임금액의 변동비율에 따라 증감하므로 양자는 이를 엄격히 구별해

---

33) 근로기준법 제19조 2항(현행 근기법 시행령 6조)이란 실제 근로일수나 실제 수령한 임금에 구애됨이 없이 고정적이고 평균적인 일반임금, 즉 기본적인 임금과 이에 준하는 고정적으로 지급되는 수당의 1일 평균치를 의미한다(대판 1978. 10. 10, 78다1372).

34) 운수회사에서 매년 1월 1일을 기준으로 만 1년 이상 근속한 운전사에게 1년당 정액의 근속수당을 근속연한에 따라 가산하여 지급하기로 한 경우 위 근속수당이 숙련공을 확보하기 위하여 운전사에게 지급되는 것이나 근로의 질에 대한 대가로서 고정적으로 지급되는 근로 교환적 임금이라는 볼 수 없고, 오히려 1년 이상 근속한 운전사를 우대하기 위한 은혜적 성격의 수당으로서 근로의 질과는 관계가 없는 것이고, 근속연수에 구애 없이 정기적, 일률적으로 운전사에게 지급되는 고정급 임금이라고 할 수 없으므로 이는 성질상 통상임금의 범위에 포함시킬 수 없다(대판 1992. 5. 22, 92다7306).

야 한다.[35]

II. 임금액의 보호

1. 서설

임금은 근로자의 유일한 생활자원이라는 점에서 임금액은 근로자의 생활에 직접적인 영향을 미치고 있다. 그러나 시민법 질서 하에서는 근로자 개인이 기본적 생활을 영위할 수 있는 임금을 스스로 확보하는 것은 사실상 힘든 일이다.

이러한 모순을 제거하고 근로자로 하여금 인간다운 삶을 영위할 수 있도록 하기 위하여 현행법은 근로자의 임금액을 보호하기 위한 제도로 최저임금법에 의한 '최저임금제'와 근로기준법상 '도급근로자의 임금액 보호 규정'을 두고 있다.

2. 최저임금제도

(1) 의의

"최저임금제도"[36]란 국가가 임금결정에 직접 개입하여 임금의 최저수준을 정하고 사용자에게 최저수준 이상의 임금지급을 법적으로 강제하는 제도이다.[37]

임금은 원래 근로계약의 당사자가 자유롭게 정하는 게 가장 이상적이지만, 이

35) 김형배, 근로기준법, p.258.

36) 2015년도 최저임금은 작년에 비해 8.1% 인상한 시간급 6,030원으로, 이를 월급으로 환산하면 126만 270원(월 209시간 기준)이다. 이번 최저임금심의회에서는 우여곡절 끝에 월급 병기안이 채택되어 시급과 함께 월급을 병기하도록 되었다.

37) 이상윤, 노동법, p.203.

를 사적 자치에만 의존하게 되면 노사 간의 힘의 불균형으로 인하여 근로자들이 인간다운 삶을 영위할 수 없을 정도의 저임금으로 결정될 수도 있다.

이에 최저임금법은 근로자에 대하여 임금의 최저수준을 보장하여 근로자의 생활안정과 노동력의 질적 향상을 꾀함으로써 국민경제의 건전한 발전에 이바지하는 것을 목적으로 최저임금제를 도입하고 있다(1조 참조).

(2) 최저임금법의 적용범위

① 적용대상 사업장

> **최저임금법 제3조(적용범위)**
>
> ① 이 법은 근로자를 사용하는 모든 사업 또는 사업장(이하 "사업"이라 한다)에 적용한다. 다만, 동거의 친족만을 사용하는 사업과 가사(家事)사용인에 대하여는 적용하지 아니한다.
>
> ② 이 법은 「선원법」의 적용을 받는 선원과 선원을 사용하는 선박의 소유자에게는 적용하지 아니한다.

최저임금법은 근로기준법과는 달리 근로자를 사용하는 모든 사업 또는 사업장에 적용된다. 다만, 동거의 친족만을 사용하는 사업과 가사사용인에 대하여는 적용하지 아니하며, 선원법의 적용을 받는 선원 및 선원을 사용하는 선박의 소유자에 대해서도 이를 적용하지 아니한다.

② 적용제외 대상자

> **최저임금법 제7조(최저임금의 적용 제외)**
>
> 다음 각 호의 어느 하나에 해당하는 자로서 사용자가 대통령령이 정하는 바에 따라 고용노동부장관의 인가를 받은 자에 대하여는 제6조를 적용하지 아니한다.
>
> 1. 정신장애나 신체장애로 근로능력이 현저히 낮은 자
> 2. 그 밖에 최저임금을 적용하는 것이 적당하지 아니하다고 인정되는 자

최저임금법이 적용되는 사업장이라 하더라도 i) 정신 또는 신체의 장애로 근로능력이 현저히 낮은 자, ii) 수습사용 중에 있는 자, iii) 근로자취업훈련촉진법에 의하여 사업주가 실시하는 양성훈련을 받는 자, iv) 기타 최저임금을 적용하는 것이 적당하지 아니하다고 인정되는 자 등은 고용노동부장관의 인가 후 최저임금법을 적용하지 아니할 수 있다.

(3) 최저임금의 결정절차

① 최저임금위원회

고용노동부장관은 최저임금위원회에 심의를 거쳐 매년 8월 5일까지 최저임금을 결정하여야 한다(동법 8조).

최저임금위원회는 근로자위원, 사용자위원 및 공익위원 각 9인으로 구성되며, 각 위원들은 고용노동부장관의 제청에 의하여 대통령이 위촉한다(동법 14, 15조 및 동법 시행령 12조).

② 결정절차

고용노동부장관으로부터 최저임금에 관한 심의요청을 받은 위원회가 이를 심의하여 최저임금안을 의결하고 심의요청을 받은 날로부터 90일 이내에 고용노동부장관에게 제출한다(동법 8조 2항).

고용노동부장관은 위원회가 심의하여 제출한 최저임금안에 따라 최저임금을 결정하기가 어렵다고 인정되거나, 최저임금안에 대한 노·사대표의 이의가 이유가 있다고 판단되면 최저임금안을 제출받은 날로부터 20일 이내에 그 이유와 내용을 명시하여 최저임금위원회에 10일 이상의 기간을 정하여 재심의를 요청할 수 있다(동법 8조 3항, 9조 3항).

재심의에서 재적위원 과반수의 출석과 출석위원 3분의 2 이상의 찬성으로 당초의 최저임금안을 재의결한 경우에는 그에 따라 최저임금을 결정하여야 한다(동법 8조 5항). 고용노동부장관은 매년 8월 5일까지 다음 연도에 적용될 최저임금을 결정하여 고시하며, 고시된 최저임금은 다음 연도 1월 1일부터 효력을 발생한다(동법 8조, 10조).

(4) 최저임금의 결정기준

① 최저임금의 형태

최저임금제에는 ①모든 사업의 근로자에게 일률적으로 적용하는 '일반적 최저임금제', ②특정한 산업의 근로자에게만 적용하는 '산업별 최저임금제', ③일본처럼 지역별 물가수준 등을 고려하여 지역별로 최저임금을 달리하는 '지역별 최저임금제', ④기타 이들이 혼합된 최저임금제 등으로 나눌 수 있다.

우리나라의 최저임금법은 '산업별(사업별) 최저임금제'를 채택할 수 있다고 하고 있으나(제4조), 실제로 근로자를 사용하는 모든 사업에 적용함으로써 '일반적 최저임금제'의 형태로 운용되고 있다.[38]

② 최저임금의 결정기준

최저임금을 정하는 경우 그 결정기준으로서 근로자의 생계비, 유사근로자의 임금 및 노동생산성을 고려하여야 한다. 이외에도 일반적인 임금수준, 다른 사회집단의 생활수준, 기업의 지불능력, 취업상황 및 경제상황 등이 고려의 대상이 될 수 있다.[39]

(5) 최저임금액의 결정

① 최저임금액의 결정단위

38) 이상윤, 노동법, p.207.
39) 김형배, 근로기준법, p.267 ; 이상윤, 노동법, p.207.

최저임금액은 시간·일·주 또는 월단위로 정하며, 일·주 또는 월단위로 정한 경우에도 시간급으로도 이를 표시하여야 한다(최임법 5조 1항).

② 수습 사용 중에 있는 자로서 수습 사용한 날부터 3개월 이내인 자와 감시·단속적 근로에 종사하는 자(근기법 63조 3호)로서 사용자가 고용노동부장관의 승인을 받은 자에 대해서는 최저임금액과 다른 금액으로 최저임금액을 정할 수 있다(최임법 5조 2항).

③ 도급제 근로자의 최저임금

임금이 통상적으로 도급제나 그밖에 이와 비슷한 형태로 정하여져 있는 경우로서 제1항에 따라 최저임금액을 정하는 것이 적당하지 아니하다고 인정되면 대통령령으로 정하는 바에 따라 최저임금액을 따로 정할 수 있다(최임법 5조 3항).

도급으로 사업을 행하는 경우, 수급인이 도급인의 책임 있는 사유로 근로자에게 최저임금액에 미치지 못하는 임금을 지급한 경우에는 도급인은 해당 수급인과 연대하여 책임을 진다(동법 6조 7항). 이때 도급인이 책임을 져야 할 범위는 ⅰ) 도급인이 도급계약 체결 당시 인건비 단가를 최저임금액에 미치지 못하는 금액으로 결정하는 행위, ⅱ)도급인이 도급계약 기간 중 인건비 단가를 최저임금액에 미치지 못하는 금액으로 낮춘 행위 등이다(동조 8항).

위에서 두 차례 이상의 도급으로 사업을 행하는 경우의 "수급인"은 "하수급인"으로 보고, "도급인"은 "직상수급인(하수급인에게 직접 하도급을 준 수급인)"으로 본다(동조 9항).

(6) 최저임금의 효력

① 최저임금 이상의 임금지급

사용자는 최저임금의 적용을 받는 근로자에게 최저임금액 이상의 임금을 지급하여야 한다(동법 6조 1항). 다만, 근로자가 자기의 사정으로 인하여 소정의 근로시간 또는 소정의 근로일의 근로를 하지 아니한 경우나, 사용자가 정당한 이유로 근로자에게 소정의 근로시간 또는 소정의 근로일의 근로를 시키지 아니한 경우에도 최저임금 이상 임금의 지급을 강제하는 것은 아니다(동조 6항).

② 최저임금을 이유로 한 임금수준 저하의 금지

사용자는 최저임금을 이유로 종전의 임금수준을 낮추어서는 아니 된다(동조 2항). 이 경우 비교가 되는 종전의 임금은 최저임금에 산입하는 임금뿐만 아니라 산입되지 아니하는 임금까지 합한 임금총액을 기준으로 하여야 할 것이다.

또한 근로기준법에 따라 근로시간을 단축하는 사업장의 경우, 근로시간을 단축하기 전의 근로시간에 따른 최저임금을 받을 수 있도록 하여야 한다.

③ 최저임금에 미달하는 임금계약의 효력

최저임금액에 미달하는 임금을 정한 근로계약은 그 부분에 한하여 무효로 하며 무효로 된 부분은 최저임금법에 의하여 정한 최저임금액과 동일한 임금을 지급하기로 한 것으로 본다(동조 3항).

3. 근로기준법상 도급근로자의 임금보호

(1) 의의

근로기준법 제47조(도급근로자)

> 사용자는 도급이나 그 밖에 이에 준하는 제도로 사용하는 근로자에게 근로시간에 따라 일정액의 임금을 보장하여야 한다.

도급제 하에서 근로자는 근로시간에 상관없이 일의 완성 여부에 따라 임금을 지급 받는다. 그러나 도급제 하에서 원자재의 공급지연 및 사업장의 내부사정 등 근로자의 책임이 아닌 사용자의 귀책사유로 인하여 일의 완성이 지연되는 경우에는 근로자는 임금을 지급 받지 못하여 생활의 위협을 받게 된다. 따라서 임금의 전부 또는 일부가 도급 또는 이에 준하는 제도로 지급되는 경우 일정액의 임금을 보장하도록 하여 근로자의 생활을 보장하기 위한 규정이다.[40]

(2) 적용대상

적용대상은 '도급 기타 이에 준하는 제도'로 사용하는 근로자이다. '도급'은 근로기준법의 적용을 받는 도급에 한정되며, 민법상의 도급은 적용대상이 아니다. '기타 이에 준하는 제도'란 하도급제, 성과급제 및 능률제 등을 말한다.[41]

(3) 보호액의 수준

근로기준법은 '장도급근로자의 임금수준을 보장하여야 한다'고 규정하고 있을 뿐, 구체적인 보장액의 수준에 관하여는 아무런 규정을 두고 있지 않다.

따라서 이는 해석에 의존할 수밖에 는데, 가령 도급근로자 등의 보장임금액이 근로계약·취업규칙 또는 단체협약 등에 규정되어 있는 경우는 이에 따르며, 이러한 규정이 없는 경우에는 일반 근로자에게 보장되는 임금수준이라는 견해와 최저임금수준 이상이라는 견해, 근로기준법 제45조에서 규정하고 있는 휴업수당에 상당하는 평균임금의 70% 이상의 임금수준이라는 견해 등이 있다. 대체로 휴업수당에 상당하는 임금수준을 보장하여야 한다는 견해가 일반적이다.[42]

---

40) 김형배, 근로기준법, p.270 ; 이상윤, 노동법, p.202.
41) 이상윤, 노동법, p.203.
42) 김형배, 근로기준법, p.271 ; 이상윤, 노동법. p.203.

III. 임금의 지급방법과 비상시지급

1. 임금지급의 원칙

(1) 의의

> **근기법 제43조(임금지급)**
>
> ① 임금은 통화(通貨)로 직접 근로자에게 그 전액을 지급하여야 한다. 다만, 법령 또는 단체협약에 특별한 규정이 있는 경우에는 임금의 일부를 공제하거나 통화 이외의 것으로 지급할 수 있다.
> ② 임금은 매월 1회 이상 일정한 날짜를 정하여 지급하여야 한다. 다만, 임시로 지급하는 임금, 수당, 그 밖에 이에 준하는 것 또는 대통령령으로 정하는 임금에 대하여는 그러하지 아니하다.

근로기준법 제43조는 근로자의 생계 원천인 임금을 확실하고 신속하게 근로자가 직접 수령할 수 있도록 임금지급방법에 관하여 직접지급·전액지급·통화지급·정기일지급의 원칙을 규정하고 있다.[43] 이를 임금지급의 '4대 원칙'이라고 한다.

(2) 직접지급의 원칙

① 의의

임금은 반드시 근로자에게 지급되어야 한다. 직접지급의 원칙은 임금이 확실히 근로자의 수중에 들어가게 하여 근로자의 생활을 보장하기 위한 것이다.

그러나 단체협약에서 임금공제를 할 수 있다는 취지를 명확하게 규정한 경우

43) 김형배, 근로기준법, p.271.

에는 사용자가 근로자의 임금에서 이를 공제한 다음 이를 타인에게 양도하더라도 임금의 직접지급이나 전액지급의 원칙에 위배되지는 않는다.

위 직접지급의 원칙과 관련하여 문제가 되는 것은 임금채권의 양도의 경우인데, 대법원은 "근로자가 그 임금채권을 양도한 경우라 할지라도 그 임금의 지급에 관하여는 근로기준법 43조 1항에 정한 임금 직접지급의 원칙이 적용되어 사용자는 직접 근로자에게 임금을 지급하지 아니하면 안 되고, 그 결과 비록 적법·유효한 양수인이라도 스스로 사용자에 대하여 임금의 지급을 청구할 수 없으며, 그러한 법리는 근로자로부터 임금채권을 양도받았거나 그의 추심을 위임받은 자가 사용자의 집행재산에 대하여 배당을 요구하는 경우에도 그대로 적용된다."라고 하여, 이를 부정하고 있다.[44]

② 예외

직접지급의 원칙에 대한 예외로서, 단순한 사자(使者; 심부름꾼)에 대한 지급, 선원법상의 대위(代位)지급, 근로자의 희망에 의하여 지정된 은행의 보통예금구좌에 입금하는 경우 등은 직접지급의 원칙에 위배되지 아니한다.

(3) 전액지급의 원칙

① 의의

임금은 전액이 근로자에게 지급되어야 한다는 원칙이다. 전액지급의 원칙은 강제저축을 통한 근로자의 인신구속, 강제근로 등을 방지하기 위한 취지로서 인정된다.

그러나 법령이나 단체협약 등에 특별한 규정이 있는 경우에는 예외적으로 임금의 일부를 공제할 수 있다.

---

44) 대판 1996. 3. 22, 95다2630.

② 예외

법령에 의하여 공제가 인정되는 것으로는 조세와 각종 사회보험료 등이 있다. 단체협약에 의하여 공제가 인정되는 것으로는 회사 내의 소비조합에서의 구매 대금 등을 단체협약에 의하여 임금에서 공제할 것을 약정하는 경우와 조합비를 사용자로 하여금 공제하게 하는 체크오프시스템(check-off system) 등이 있다.[45]

임금의 상계도 공제에 준하여 원칙적으로 금지된다.[46] 예컨대 근로자의 채무 불이행이나 불법행위로 인한 손해배상채권을 임금과 상계하는 것은 단체협약에 따르지 않는 이상 전액지급에 반한다.[47]

또한 근로자의 전차금을 임금과 상계하는 것은 '전차금 상계 금지(근기법 21조)'에 위반될 뿐만 아니라 전액지급의 원칙에도 위반된다.[48]

그러나 학자금이나 주택자금 또는 유용금을 근로자 일방의 의사표시 또는 근로자의 합의에 따라 임금채권에서 상계하는 것은 그 의사표시 또는 합의가 근로자의 자유로운 의사에 기인한 것임이 명백한 때에는 예외적으로 인정할 수 있을 것이다.[49]

③ 감금제재·과불정산의 문제

감금제재가 전액불의 원칙에 반하는 것인가에 관해서는 이견이 있으나, 감액된 범위 내에서는 임금채권이 성립하지 않는다고 보아 전액지급의 원칙에는 반하지 않는 것으로 봄이 타당할 것이다.

착오 등으로 초과 지급된 과불 임금은 차기 임금채권에서 상계할 수 있는가에

45) 김형배, 근로기준법, p.273.
46) 임종률, 노동법, p.394.
47) 근로자에 대한 임금은 직접 근로자에게 전액을 지급하여야 하는 것이므로 초과 지급된 임금의 반환채권을 제외하고는 사용자가 근로자에 대하여 가지는 대출금이나 불법행위로 인한 채권으로 근로자의 임금채권과 상계하지 못한다(대판 1999. 7. 13, 99도2168). 같은 취지; 대판 1976. 9. 28, 75다768; 대판 1990. 5. 8, 88다카26413.
48) 임종률, 노동법, p.395.
49) 김형배, 노동법, p.321.; 임종률, 노동법, p.395; 서울고판 1993. 9. 28, 92나16333.

관하여 판례는 임금정산의 시기·방법·금액 등에 비추어 근로자의 경제생활상 안정을 해하지 않는 범위 내에서는 허용될 수 있다고 본다.[50)]

(4) 통화지급의 원칙

① 의의

임금은 통화로 지급해야함이 원칙이나, 법령 또는 단체협약에 특별한 규정이 있는 경우에는 통화 이외의 것으로도 지급할 수 있다.

여기서 "통화"란 강제 통용력이 있는 화폐를 의미하며, 통화지급을 원칙으로 하는 이유는 현물급여에 의해 근로자의 실질임금이 하락하는 것을 방지하기 위한 것이다.

② 예외

법령 또는 단체협약에 특별한 규정이 있는 경우에는 통화 이외의 것으로도 임금을 지급할 수 있으므로, 예컨대 사용자가 단체협약의 규정에 따라 상여금이나 성과급을 통화대신에 현물·주식·상품교환권 등으로 지급하더라고 상관없다.[51)]

---

50) 계산의 착오 등으로 임금이 초과 지급되었을 때에, 초과임금의 반환·공제의 방법 및 시기 등이 합리적이고, 근로자의 경제생활에 안정을 해칠 염려가 없는 경우 초과임금의 반환청구권을 자동채권으로 하여 임금을 공제할 수 있다(대판 1995. 6. 29, 94다18553).

51) 현물지급에 대한 단체협약의 규정이 있으면 조합원 개개인의 동의를 받지 않아도 상관없으며, 근로자 과반수를 대표하는 자와의 서면합의 또는 노사협의회의 의결·합의는 단체협약이 아니므로 이러한 합의에 의한 현물지급은 위법이다(임종률, 노동법, p393).

(5) 정기일지급의 원칙

① 의의

임금은 매월 1회 이상 일정한 날짜를 정하여 지급해야 하며, 다만 임시로 지급하는 임금·수당이나 그 밖에 이에 준하는 것 또는 대통령령으로 정하는 임금은 예외로 한다. 이는 장기간 또는 부정기적 임금지급에 의해 근로자의 생활이 불안정해지는 것을 막기 위한 것이다.

예컨대 임금을 매주 특정요일이나 매월 특정일(매월 25일)을 정하여 지급하는 것을 무방하나, 임금지급일을 불확정적으로 정하는 것(예를 들어 임금지급일을 '매월 중순경 또는 20일경' 등으로 정하는 경우)은 이 원칙에 위배된다.

② 예외

임금은 매월 정기일에 지급해야 하는 것이 원칙이지만, 다만 임시로 지급되는 임금·수당, 1월을 초과하는 기간을 기준으로 지급하는 정근수당·근속수당·장려금, 능률수당, 상여금 및 그 외의 부정기적으로 지급되는 모든 수당은 예외적으로 인정하고 있다(동법 시행령 제23조).

2. 임금의 비상시 지급

(1) 의의

> **근기법 제45조(비상시 지급)**
>
> 사용자는 근로자가 출산, 질병, 재해, 그 밖에 대통령령이 정하는 비상(非常)한 경우의 비용에 충당하기 위하여 임금 지급을 청구하면 지급기일 전이라도 이미 제공한 근로에 대한 임금을 지급하여야 한다.

임금의 비상시지급이라 함은 근로자에게 긴박한 사정이 있는 경우에 이미 제공한 근로에 대한 임금을 지급하도록 규정하여, 근로자의 안정된 생활을 보호하기 위한 것이다.

(2) 내용

"비상시"라 함은 근로자 또는 그의 수입에 의하여 생계를 유지하는 자가 출산하거나 질병 또는 재해를 입은 경우, 혼인 또는 사망한 경우, 부득이한 사유로 인하여 1주일 이상 귀향하게 되는 경우를 말한다(근기법 시행령 25조).

"근로자 또는 그의 수입에 의하여 생계를 유지하는 자"라 함은 근로자가 부양의무를 지고 있는 친족에 한정하는 것이 아니라, 동거인이라도 무방하다고 해석된다.[52)]

근로자의 비상시 지급 청구가 있으면 사용자는 임금의 지급기일 전이라도 이를 지급해야 하며, 이 경우 사용자는 이미 제공된 근로에 대한 대가만 지급하는 것이 원칙이므로 장래의 근로에 대한 대가는 이에 포함되지 않는다.

52) 김형배, 근로기준법, P.278.

IV. 임금채권의 보호

1. 임금채권의 우선변제

(1) 개요

임금채권 우선변제제도는 사용자의 도산·파산·재산 압류 등의 경우에 근로자의 임금 및 근로관계로 인한 채권을 우선 변제하여 근로자의 생계유지를 보호하기 위한 것으로서 이는 근로기준법과 임금채권보장법에서 각각 규정하고 있다.

(2) 근로기준법상의 임금채권우선변제

① 우선변제 순위

> **근기법 제38조(임금채권의 우선변제)**
>
> ① 임금, 재해보상금, 그 밖에 근로관계로 인한 채권은 사용자의 총재산에 대하여 질권(質權)·저당권 또는 「동산·채권 등의 담보에 관한 법률」에 따른 담보권에 따라 담보된 채권 외에는 조세·공과금 및 다른 채권에 우선하여 변제되어야 한다. 다만, 질권 또는 「동산·채권 등의 담보에 관한 법률」에 따른 담보권에 우선하는 조세·공과금에 대하여는 그러하시 아니하다.
>
> ② 제1항에도 불구하고 다음 각 호의 어느 하나에 해당하는 채권은 사용자의 총재산에 대하여 질권· 저당권 또는 「동산·채권 등의 담보에 관한 법률」에 따른 담보권에 따라 담보된 채권, 조세·공과금 및 다른 채권에 우선하여 변제되어야 한다.
>
> 1. 최종 3월분의 임금
> 2. 재해보상금

임금채권과 기타채권과의 우선변제순위는 다음과 같다.

① 최종 3월분의 임금·최종 3년간의 퇴직금(퇴급법 12조 2항), 재해보상금(최우선변제대상)

② 질권·저당권에 우선하는 조세·공과금

③ 사용자의 총재산에 대해 질권·저당권에 의해 담보된 채권
④ 최종 3월분의 임금을 제외한 임금 및 기타 근로관계 채권(우선변제대상)
⑤ 조세·공과금 및 기타 일반채권

② 임금채권 우선변제

'우선변제의 대상이 되는 채권'이란 임금·재해보상금 및 기타 근로관계로 인한 채권을 말하며, 이 중 기타 '근로관계로 인한 채권'이란 임금 이외에 해고예고수당청구권, 저축금반환청구권 등을 말한다.

사용자의 총재산에서 '사용자'란 법인일 경우에는 법인을 개인일 경우에는 개인사업주를 의미하고, 총재산이란 동산·부동산·채권 및 유·무형의 무체재산권 일체를 포함하는 개념이다.

③ 임금채권의 최우선변제

구법 하에서는 최우선변제 채권을 최종 3월분의 임금·퇴직금·재해보상금으로 규정하고 있었으나, 헌법재판소로부터 퇴직금 부분에 관하여 담보물권제한시 과잉금지원칙에 위배됨을 이유로 헌법 불합치 결정[53]을 받게 되어 '퇴직금'은 최우선변재의 대상에서 삭제되고, 이후 근로자퇴직급여보장법 제13조에서 '최종 3년간의 퇴직금'으로 규정하여 최우선변제 대상을 조정하였다.

53) 퇴직금우선변제조항은 질권 또는 저당권의 본질적 내용을 침해할 소지가 있고, 그 담보물권의 효력제한에 있어서 입법자가 준수하여야 할 과잉금지의 원칙에 위배되는 것으로 위헌성이 있다(헌재 1997. 8. 21, 94헌바19).

(3) 임금채권보장법상의 임금채권우선변제

① 의의

임금채권보장법상의 임금채권 우선변제제도는 사용자가 도산·파산 등으로 임금지급능력이 없는 경우에 대비하여 국가가 사용자를 대신하여 근로자에게 체불임금을 대신 지불한 다음, 사용자에 대한 근로자의 채권을 대위(代位)하거나 또는 부담금을 징수하는 제도를 말한다(8조 1항 및 9조 1항 참조).

이 제도는 IMF경제위기 이후, 경기 변동이나 산업구조의 변화 등으로 사업을 계속하는 것이 불가능하거나 기업경영이 불안정하여 퇴직한 근로자들이 체불임금으로 생활이 불안정해지는 것을 방지하기 위하여 1999년에 도입되었다(1조 참조).

② 적용대상

임금채권보장법은 산업재해보상보험법의 적용대상 사업(장)에 적용되며, 임금을 지급 받지 못하고 퇴직한 근로자에게 적용된다(제3조). 이 때 지급 보장되는 임금채권은 근로기준법상의 임금, 퇴직금(최종 3년분), 휴업수당(최종 3개월분) 등이다(7조).

③ 임금지급 및 청구권대위

고용노동부장관은 일정한 요건에 해당하는 근로자의 청구 시에 임금채권보장기금에서 미지급 임금을 그 근로자에게 지급하고, 당해 사업주에 대하여 그 범위 내에서 임금지급청구권을 대위 행사한다.

2. 도급사업의 임금채권 보호

① 의의

> 근기법 제44조(도급사업에 대한 임금지급)
>
> ① 사업이 여러 차례의 도급에 따라 행하여지는 경우에 하수급인(下受給人)이 직상(直上) 수급인의 귀책사유로 근로자에게 임금을 지급하지 못한 경우에는 그 직상 수급인은 그 하수급인과 연대하여 책임을 진다.
> ② 제1항의 직상 수급인의 귀책사유 범위는 대통령령으로 정한다.

사업이 수차의 도급에 의해 행해지는 경우 하수급인이 직상수급인의 귀책사유로 근로자에게 임금을 지급하지 못하게 되면 그 직상수급인은 당해 수급인과 연대책임을 지게 된다. 이는 하수급인이 상수급인에게 의존도가 높은 도급사업의 특수성을 반영하여 도급근로자의 임금을 확실히 보장하기 위한 것이다.

② 직상수급인의 귀책사유

'직상수급인'은 수차의 도급 시 바로 위의 수급인을 의미하며, 1차의 도급 시에는 도급인을 의미한다. 근로기준법 시행령은 직상수급인의 귀책사유에 대하여 "정당한 사유 없이" 도급금액을 지급기일에 지급하지 않거나 도급계약에 의한 원자재 공급을 지연하거나 또는 도급계약 조건을 불이행함으로써 하수급인이 도급사업을 정상적으로 수행하지 못한 경우 등을 규정하고 있다. 이 때 직상수급인의 귀책사유와 하수급인의 임금체불 사이에는 인과관계가 존재해야 한다.

③ 연대책임

2012년 개정으로 직상 수급인의 귀책사유가 그 상위 수급인의 귀책사유에 의

하여 발생한 경우에는 그 상위 수급인도 연대하여 책임을 지게 되었다.[54]

3. 기타의 임금채권 보호규정

(1) 금품청산

사용자는 근로자가 사망·퇴직한 경우 그 지급 사유가 발생한 때부터 14일 이내에 임금·보상금, 그 밖에 일체의 금품을 지급해야 하며, 다만 특별한 사정이 있을 경우 당사자 사이의 합의에 의하여 기일을 연장할 수 있다(근기법 36조).

(2) 임금채권의 시효

근기법 제49조(임금의 시효)

이 법 규정에 따른 임금채권은 3년간 행사하지 아니하면 시효로 소멸한다.

근로기준법상 임금채권의 소멸시효는 3년으로 규정하고 있으나, 이는 민법상 급료채권의 소멸시효(민법 163조)와 동일하므로 특별법상의 의미는 없다. 이 때 시효의 기산은 그 채권을 행사할 수 있는 날로부터 기산한다.

임금채권의 '임금' 범위에는 휴업수당청구권(근기법 46조), 연차유급휴가에 의한 임금지급청구권(근기법 60조), 퇴직금지급청구권(근기법 34조) 등은 물론 임금의 성질을 가지고 있는 식비·월동수당·가족수당·상여금에 대한 청구권도 이에 포함된다 할 것이다.[55]

---

54) 개정이전 판례 중에는 하수급인이 임금을 체불했을 경우라도 직상수급인이 근로기준법 제36조(현행법 43조) 및 동법 시행령 제18조의 2(현행법 19조) 규정에 의한 귀책사유가 없는 경우에는 직상수급인은 임금지불에 연대책임이 없다한 사례도 있다(1983. 8. 26, 해지 125-21829).

55) 김형배, 근로기준법, p.340.

V. 휴업수당

1. 의의

> 근기법 제46조(휴업수당)
>
> ① 사용자의 귀책사유로 휴업하는 경우에 사용자는 휴업기간 동안 그 근로자에게 평균임금의 100분의 70 이상의 수당을 지급하여야 한다. 다만, 평균임금의 100분의 70에 해당하는 금액이 통상임금을 초과하는 경우에는 통상임금을 휴업수당으로 지급할 수 있다.
> ② 제1항에도 불구하고 부득이한 사유로 사업을 계속하는 것이 불가능하여 노동위원회의 승인을 받은 경우에는 제1항의 기준에 못 미치는 휴업수당을 지급할 수 있다.

사용자는 자기의 귀책사유로 휴업한 경우, 그 휴업기간 동안 평균임금의 70% 이상을 휴업수당으로 지급해야 한다. 다만 부득이한 상황 하에서 일정한 요건을 충족한 경우에는 70% 미만을 지급할 수도 있다(46조).

휴업수당제도는 근로자가 자신의 귀책사유 없이 노무제공을 할 수 없게 되어 휴업하는 경우, 근로자가 임금상실로 인하여 생활이 곤란해지는 것을 방지하기 위한 것이다.

2. 법적 성질

휴업수당의 법적 성질에 대하여 근로의 대상성이 없어서 임금으로 볼 수 없다는 견해도 있으나, 휴업수당 규정이 근로기준법상 임금의 장에 위치하고, 근로자의 생활보호를 하기 위한 것이라는 점에서 이를 임금으로 보아야 할 것이다.

3. 휴업수당의 지급요건

(1) 휴업을 했을 것

"휴업"이라 함은 사업의 전부 또는 일부를 정지하는 것으로서 이에는 1일의 근로 시간의 일부 또는 특정 근로자에 대한 취업거부 등이 포함된다.[56]

(2) 사용자의 귀책사유로 인한 휴업일 것

① 민법상 귀책사유와 구별

휴업수당 지급 요건에서 사용자의 귀책사유는 민법상 귀책사유와는 달리 고의·과실을 요건으로 하지 않으며, 부득이한 사유라고 주장할 수 없는 사유 전반을 의미한다.

② 사용자의 귀책사유의 범위

사용자의 귀책사유의 범위에 관하여 이견은 있으나, 통설은 지배영역설을 취하여 사용자의 세력범위나 지배영역에 속하는 사항은 모두 이에 포함되며, 그 입증책임은 사용자에게 있다고 본다.

이에는 공장의 화재·파괴, 영업부진, 원자재의 부족, 조업정지 또는 휴업 및 하급업체의 부도·조업중단 및 파업발생 등은 비록 사용자의 고의·과실 또는 이와 동등시되는 사유에 의하여 발생된 것이 아닐지라도 사용자의 세력범위에 속하는 '경영장애'라고 보아야 할 것이다.[57]

56) 대판 1991. 12. 13, 90다18999.
57) 이상윤, 노동법, p.225.

4. 휴업수당의 지급

(1) 휴업수당의 산정

휴업수당은 평균임금의 70% 이상으로 하되, 그 금액이 통상임금을 초과할 경우에는 통상임금을 휴업수당으로 지급할 수 있다. 이는 휴업근로자에게 지급되는 임금이 정상근로자에게 지급되는 통상임금보다 상회하는 것은 형평성에 어긋나는 등 임금관리체계상의 모순을 가져오고 기업경영을 더욱 악화시킬 우려가 있기 때문에 이를 방지하기 위한 것이다.[58]

또한 근로자가 휴업기간 중에 임금의 일부를 이미 지급받은 경우에는 평균임금과 이미 지급한 임금액의 차액을 산출하여 그 차액의 70% 이상의 금액을 수당으로 지급해야 한다(근기법 시행령 26조 단서).

(2) 휴업수당의 지급시기

이에 관한 명문규정은 없으나, 휴업수당의 임금성을 고려할 때 당해 휴업기간의 임금지급기일에 지급해야 할 것이다.

(3) 휴업수당의 감액

① 감액 요건

가. 부득이한 사유로 사업 계속이 불가능할 것

"부득이한 사유"라 함은 천재·지변 등의 불가항력적 사유 및 사용자의 세력 범위나 지배영역에 속하지 않는 사항으로서, 사용자가 통상 주의를 기울려도 회피할 수 없는 사고, 근로자 행위로 인한 사고 등을 의미한다.

58) 이상윤, 노동법, p.225.

나. 노동위원회의 승인을 얻을 것

부득이한 사유로 사업계속이 불능이라는 것에 대해 노동위원회로부터 승인을 얻어야 하며, 판례는 노동위원회의 승인이 없이는 객관적으로 부득이한 사유가 인정되어도 휴업수당 감액을 할 수 없다고 본다.[59] 구체적으로 불가항력 등 부득이한 사유로 사업계속이 불가능하다는 데 대한 입증책임은 휴업수당지급의 책임을 면제받고자 하는 사용자에게 있다.

② 감액의 범위

감액의 범위에 관하여 '완전면제 가능설'과 '일부면제 가능설'이 있다. 생각하건대, 본 조의 취지에 비추어 근로자의 귀책사유 없이 임금상실을 당하게 하는 것은 타당하지 못하다는 이유에서 '일부감액 가능설'에 찬동한다.

5. 쟁의행위와 휴업수당

(1) 전면파업

전면파업 시에는 노사 간의 기본적 권리의무 관계가 정지되므로, 사용자에게 휴업수당 지급의무는 발생하지 않는다. 이는 '무노동 무임금(no work no pay)'의 원칙상 당연한 귀결이다.

59) 부득이한 사유로 휴업기간중의 휴업수당을 지급하지 아니하려면 첫째 그 사업계속이 부득이한 사유로 인하여 불가능하여야 하고, 둘째 이 점에 관하여 노동위원회로부터 승인을 받아야 한다. 그러므로 위 두 요건은 휴업수당부지급에 있어서의 성립요건이다(대판 1963. 12. 12, 63다540).

(2) 부분파업

부분파업의 경우 '조업이 가능한 경우'와 '조업이 불능인 경우'로 나누어 살펴볼 수 있다. 먼저 '조업이 가능한 경우' 즉, 근로희망자들에 의해 조업이 가능함에도 사용자가 노무수령을 거부하는 경우에는 사용자는 휴업수당은 물론 임금전액지급 책임도 발생한다.

'조업이 불능인 경우'에 부분파업을 일종의 불가항력으로 보는 학설은 사용자의 휴업수당지급의무를 부인하며, 파업을 근로조건에 관한 거래로 보는 학설에 의하면 부분파업은 원자재와 똑같은 노동력의 공급부족 현상이므로 사용자에게 휴업수당지급의무가 있다고 한다.[60]

생각하건대, 노사 간 투쟁평등의 원칙 및 근로자 전체의 연대적 관점에서 사용자에게 휴업수당 지급의무는 발생하지 않는다고 봄이 타당할 것으로 본다.

(3) 직장폐쇄

합법적 직장폐쇄의 경우에는 휴업수당지급의무가 없으나, 위법한 직장폐쇄시에는 사용자에게 휴업수당지급의무 및 임금전액지급의무 중 어느 것이 발생하는가에 관해 견해가 대립한다.

생각하건대, 위법한 직장폐쇄는 본 조의 휴업개념에 들어가지 않는다는 점에서 후설에 찬동한다.

---

60) 김형배, 노동법, p.340

6. 기타의 관련문제

(1) 중간수입공제

판례[61]는 휴업기간 중 근로자의 중간수입이 있는 경우에는 민법 제538조 2항에 수정을 가하여 평균임금의 70%를 초과하는 범위 내에서 중간수입공제를 인정하고 있다.

(2) 민법상 임금 및 휴업수당의 청구권

사용자의 귀책사유가 민법상의 고의·과실에 해당하는 경우에 휴업수당청구권과 민법상 임금전액청구권의 관계에 대해 이견은 있으나, 휴업수당청구권은 민사상 규정에 추가된 규정이라는 점에서 양자는 경합관계에 서게 된다.

따라서 휴업수당을 지급받은 경우에는 그 금액만큼 민법에 따라 청구할 수 있는 임금액은 줄어들고 거꾸로 민법에 따라 임금전액을 지급받은 경우에는 휴업수당은 별도로 청구할 수 없다.[62]

---

61) 근로자가 해고기간 중에 지급 받을 수 있었던 보수 중 근로기준법 제45조 소정의 휴업수당의 한도에서는 이를 이익공제의 대상으로 삼을 수 없고, 그 휴업수당을 초과하는 금액에서 중간수입을 공제하여야 한다(대판 1996. 4. 23, 94다446).

62) 임종률, 노동법, p.389.

CASE STUDY

Case1

X는 Y회사의 운전기사로 근무하고 있던 중, Y사의 점심시간(정오~오후 2시)의 운행요구를 거부했다는 이유로 해고되었다. 참고로 X의 근무시간을 보면, 월~금까지 오전 7~12시, 오후 2~8시로 되어 있으나, 12~2시 사이에는 휴식을 취할 수는 있으나 회사로부터 요청이 있으면 버스운행을 해야 하는 구조로 되어 있었다.

Check Point : 근로시간의 개념
* 대판 1992. 4. 14, 91다20548.
* 「노동판례백선」 p.74《Case19》

Case2

H레스토랑은 종업원에게 기본급, 특별수당, 봉사료 외에 시간외수당을 고정액으로 하여 임금을 지급하고 있다. 이러한 임금지급방식에는 문제가 없는가?

Check Point : 포괄임금제의 효력
* 대판 2010. 5. 13, 2008다6052.
* 「노동판례백선」 p.66《Case17》

제2장 근로시간

I. 총설

1. 개요

근로자의 근로시간은 임금과 더불어 중요한 근로조건 중 하나로 근로기준법과 산업안전보건법 등에 보호규정을 두고 있다.

근로시간은 근로자의 건강 및 문화생활과 직결되는 중요한 근로조건에 해당되어 법적 규제의 필요성이 제기된다. 법정근로시간은 종래에는 1일 8시간, 1주 44시간이었으나, 2003년 9월 15일 근로기준법 개정을 통하여 현재는 1일 8시간, 1주 40시간을 원칙으로 하고 있다(근기법 제50조).

하지만, 개정 근로기준법을 모든 기업에 일률적으로 적용하기에는 무리가 있으므로, 우선 대기업이나 공기업에 대해서는 2004년 7월 1일부터 개정 근로기준법을 적용하나, 나머지 기업에 대해서는 그 규모에 따라 시행시기를 달리하게 하였다. 이러한 법정근로시간에 대해서는 약간의 예외규정을 두고 있으며, 또한 산업안전보건법 등에서는 유해·위험작업 종사자의 근로시간을 보호하고 있다.

2. 근로시간의 개념

(1) 근로시간의 정의

근로기준법상 "근로시간"이라 함은 '근로자가 사용자의 지휘·감독 아래 근로계약상의 근로를 제공하는 시간'을 말한다.[1] 그러므로 근로시간은 작업의 개시로부터 종료까지의 시간에서 휴게시간을 제외한 시간, 즉 실제 근로시간을 의미한다.

그러나 근로시간은 사용자의 지휘·감독 아래 있는 시간을 기준으로 하기 때문에 근로자가 그의 노동력을 사용자의 처분 하에 둔 시간이면 근로시간이 되며, 실제로 사용자가 그 시간에 근로자의 노동력을 경제적 목적을 위하여 사용했느냐 하는 여부는 문제되지 않는다. 따라서 작업개시를 위한 준비작업 또는 작업종료 후의 기계용구의 정돈·청소 등과 참가의 의무가 있는 기술연수시간 등도 근로시간에 포함된다.[2][3]

또한 근로를 하지 않고 대기하는 시간 즉, 대기시간은 근로자가 사용자의 지휘·명령 하에 놓여 있는지 아니면 그 시간을 자유롭게 이용할 수 있는지의 여부에 따라 휴게시간인지 아니면 근로시간인지의 여부가 결정된다. 예컨대, 간호원·식당종업원이 고객이 없는 동안에 대기하는 시간, 노선버스 운전기사가 승차시간 사이에 배차를 위해 기다리는 시간, 근로 도중에 사용자의 업무중단지시 및 대기명령이 내려진 경우 등은 사용자의 지휘·명령 하에 놓여 있으므로 근로시간에 포함된다.

---

1) 대판 1992. 10. 9, 91다14406.

2) 김형배, 근로기준법, p.346.

3) 근로기준법상 '근로시간'이라 함은 근로자가 사용자의 지휘·감독 아래 근로계약상의 근로를 제공하는 시간을 말하는 바, 근로자가 작업시간의 중도에 실제적으로 작업에 종사하지 않는 대기시간이나 휴식, 수면시간 등이라 하더라도 그것이 휴게시간으로서 근로자에게 자유로운 이용이 보장된 것이 아니고 실질적으로 사용자의 지휘·감독 하에 놓여 있는 시간이라면 이를 당연히 근로시간에 포함시켜야 할 것이다(대판 1993. 5. 27, 92다24059).

(2) 법정근로시간(기준근로시간)

현행 근로기준법은 법정근로시간을 성인근로자의 경우 1주 40시간, 1일 8시간의 기준근로시간(근기법 50조)을, 연소근로자에 대하여는 1일 7시간, 1주 40시간의 기준근로시간(동법 69조)을 규정하고 있으며, 산업안전보건법은 유해·위험작업에 종사하는 근로자에 대하여는 1일 6시간, 1주 34시간의 기준근로시간(산안법 46조)을 규정하고 있다.

(3) 소정근로시간

> **근기법 제2조 7호(소정근로시간의 정의)**
>
> "소정(所定)근로시간"이란 제50조, 제69조 본문 또는 「산업안전보건법」 제46조에 따른 근로시간의 범위에서 근로자와 사용자사이에 정한 근로시간을 말한다.

"소정근로시간"이라 함은 법정근로시간(기준근로시간)의 범위 안에서 당사자가 합의한 근로시간을 말하며, 이는 시간급 통상임금의 산정에 있어 일급이나 월급을 시간급으로 환산하기 위하여 주로 사용된다.

소정근로시간을 초과하여 근무하는 경우라도 총 근로시간이 법정근로시간의 범위 내인 경우에는 근로기준법 제50조의 시간외근로에 해당하지 아니한다.[4]

3. 근로시간의 산정

근로시간은 작업의 개시부터 종료까지의 시간에서 휴게시간을 제외한 시간을 말한다. 특별한 사유가 없는 경우, 근로시간의 시업·종업의 시각은 단체협약 및

---

4) 당사자 간에 약정한 소정근로시간이 1일 6시간인 경우, 6시간을 초과하여 근무하더라도 1일 8시간의 법정근로시간에 미달하는 경우에는 연장근로수당을 지급하지 않아도 된다(대판 1991. 6. 28, 90다카14758).

취업규칙 등에 정하여지는 출근시간과 퇴근시간이 되는 것이 일반적이다.

II. 시간외근로

1. 연장근로의 의의 및 입법취지

"연장근로"라 함은 근로기준법에서 정한 기준근로시간 이외의 근로로서, 이는 그 법률상 원인이나 적법성 여부를 불문하며, '합의에 의한 연장근로'와 '인가에 의한 연장근로'로 구분할 수 있다(근기법 제53조제1항·제2항은 합의에 의한 연장근로, 동법 제53조 제3항은 인가에 의한 연장근로).

근로기준법은 연장근로를 규정함으로써 사용자에게 경제적 압박을 통한 연장근로의 억제와 근로자의 연장근로에 대한 자주적 의사의 존중을 통하여 근로자의 건강과 문화생활을 보호하고자 한다.

2. 합의에 의한 연장근로

(1) 의의

근기법 제53조(연장근로의 제한)

① 당사자 간에 합의하면 1주간에 12시간을 한도로 제50조의 근로시간을 연장할 수 있다.
② 당사자 간에 합의하면 1주간에 12시간을 한도로 제51조의 근로시간을 연장할 수 있고, 제52조 제2호의 정산기간을 평균하여 1주간에 12시간을 초과하지 아니하는 범위에서 제52조의 근로시간을 연장할 수 있다.

"합의에 의한 연장근로"라 함은 노사 당사자 간에 합의에 의하여 1주일에 12시간 한도로 기준근로시간 이상으로 연장한 근로를 말한다. 여기서 "당사자 간

에 합의"라 함은 원칙적으로 사용자와 근로자와의 개별적 합의를 의미한다 할 것이다.[5]

(2) 당사자의 합의

① 합의의 주체

연장근로의 합의의 주체인 '당사자'의 해석에 대하여 노동조합 등이 이에 해당한다는 견해도 있으나, 판례는 원칙적으로 개별근로자이며,[6] 다만 개별근로자의 합의를 제한하지 않는 범위 내에서 노동조합 등도 합의의 주체가 될 수 있다고 본다.[7]

② 합의의 내용 및 방식

합의의 내용 및 방식에 대하여 법상 명문규정이 없으므로 서면이든 구두이든 상관없으며, 합의의 내용에는 연장근로의 일수·시간·대상 업무의 범위, 유효기간 등을 구체적으로 정할 수도 있고 사용자게 포괄적으로 위임할 수도 있다.

합의의 방식에 대해서는 서면에 의해야 한다는 견해[8]와 현행법이 연장근로를 용의하게 허용하려는 기본입장이므로 반드시 그럴 필요가 없다는 견해가 있으나,[9] 현행법상에 이에 대한 특별한 규정이 없으므로 전자의 견해에 동의한다.

③ 포괄합의의 인정여부

연장근로의 경우 당사자는 그때그때 합의를 해야 하는지 아니면 단체협약·취

5) 대판 1995. 2. 10, 94다19228.
6) 대판 1993. 12. 21, 93누5796.
7) 김형배, 근로기준법, p.371.
8) 김형배, 노동법, p.400.
9) 임종률, 노동법, p.414.

업규칙·근로계약 등에서 미리 연장근로에 관해 포괄적 합의를 할 수 있을 것인지에 대해서는 견해가 대립하나, 판례는 포괄적 합의를 인정하고 있다.[10] 또한 연장근로에 대한 개별 근로자의 합의권을 박탈·제한하지 않는 범위에서 단체협약에 따른 합의도 무방하다.[11]

(3) 연장근로의 상한규제

① 일반적 규제

근로기준법은 당사자 합의에 의해 주 12시간을 한도로 연장근로를 할 수 있다고 규정하고 있으므로, 1주간 법정근로시간인 40시간에 12시간을 더한 52시간을 초과해서는 아니 된다.

하지만 1일의 연장근로에 대한 상한규정이 없으므로 여러 가지 견해가 있을 수 있으나, 이는 연장근로의 단위를 1주 단위로 하며, 각 사업별 특성에 따라 융통성의 여지를 부여한 것으로 해석할 수 있을 것이다.

② 특별 규제

근로자 보호의 필요성이 특별히 요구되는 경우에는 연장근로를 특별히 규제하거나 또는 이를 금지하고 있다. 예를 들면, 15세 이상 18세 미만의 연소근로자는 1일 1시간, 1주일 6시간(근기법 69조), 산후 1년이 경과되지 아니한 여성에 대하여는 단체협약이 있는 경우라도 1일 2시간, 1주일에 6시간, 1년에 150시간을 초

---

10) 근로기준법 제42조 1항(현행 49조 2항)의 규정은 8시간 근로제에 따른 기준근로시간을 정하면서 아울러 그 예외의 하나로 당사자 간의 합의에 의한 연장근로(시간외근로)를 허용하고 있는 바, 여기서 당사자 간의 합의라 함은 원칙적으로 사용자와 근로자와의 개별적 합의를 의미한다 할 것이고, 이와 같은 개별근로자와의 연장근로에 관한 합의는 연장근로를 할 때마다 그때그때 할 필요는 없고 근로계약 등으로 미리 이를 약정하는 것도 가능하다(대판 1995. 2. 10, 94다19228).

11) 대판 1993. 12. 21, 93누6796.

과하는 시간외근로를 시키지 못한다(동법 71조).

또한 유해·위험 사업 종사근로자(산안법 46조) 및 임신 중의 여성근로자에 대하여 시간외근로를 시키지 못하며, 당해 근로자의 요구가 있는 경우에는 쉬운 종류의 근로로 전환시켜야 한다(근기법 74조 4항).

(4) 탄력적 근로 및 선택적 근로하의 연장근로

① 탄력적 근로시간제의 경우

탄력적 근로시간제 하에서는 근로기준법상, 당사자의 합의로 1주 12시간을 한도로 근로시간을 연장할 수 있다(근기법 53조 2항).

이를 문리해석하면, 2주 단위의 경우에는 특정한 주의 상한 근로시간 48시간(51조 1항 단서)에 12시간의 연장근로를 더하여 60시간, 3월 단위의 경우에는 특정한 주의 상한 근로시간 52시간(동조 2항 단서)에 12시간의 연장근로를 허용하여 64시간까지 근로가 가능하게 되나, 근로자의 기본생활 보호차원에서 총 52시간[12]을 근로시간의 합의 연장의 최고한도로 해석함이 타당할 것이다.

② 선택적 근로시간제의 경우

선택적 근로시간제 하에서는 당사자 간에 합의가 있는 경우에 당해 정산기간을 평균하여 주당 12시간을 초과하지 않는 범위 내에서, 정산기간을 평균한 주당 40시간을 초과하여 근로하게 할 수 있다(근기법 53조 2항 후단).

따라서 예컨대 정산기간이 4주인 경우, 당사자는 합의로 주당 12시간을 초과하지 않는 범위 내에서 48시간까지 연장근로가 가능하며, 이때 연장근로를 주당 12시간으로 배분할지 아니면 특정한 주 또는 날에 집중적으로 배분하는 것도 무방하다.

---

12) 근로기준법 제 53조의 2항에 의하면, 특정주의 근로시간이 52시간을, 특정일의 근로시간이 12시간을 초과할 수 없다.

3. 연장근로의 인가와 제한

(1) 의의

> **근기법 제53조(연장근로의 제한)**
>
> ③ 사용자는 특별한 사정이 있으면 고용노동부장관의 인가와 근로자의 동의를 받아 제1항과 제2항의 근로시간을 연장할 수 있다. 다만, 사태가 급박하여 고용노동부장관의 인가를 받을 시간이 없는 경우에는 사후에 지체 없이 승인을 받아야 한다.
> ④ 고용노동부장관은 제3항에 따른 근로시간의 연장이 부적당하다고 인정하면 그 후 연장시간에 상당하는 휴게시간이나 휴일을 줄 것을 명할 수 있다.

사용자는 특별한 사정이 있는 경우에는 고용노동부장관의 인가와 근로자의 동의를 얻어 합의 연장근로시간을 초과하여 연장근로를 시킬 수 있다.

다만, 사태가 급박한 경우에는 사후에 지체 없이 고용노동부장관의 승인을 받을 수도 있다. 이는 사업장에 특별한 사정이 있는 경우에 근로자의 협력의무를 부과한 규정으로 볼 수 있다.

(2) 인정요건

① 특별한 사정

"특별한 사정"이라 함은 통상적인 사업운영상 예견할 수 없는 사태로서 자연재해, 재난관리법상의 재난 및 기타 이에 준하는 사고를 말하며(동법 2조), 경영상의 업무 증가, 통상의 기계수리 등은 이에 해당하지 않는다.

② 고용노동부장관의 인가와 근로자의 동의

인가연장근로 시에는 사전에 '고용노동부장관의 인가'와 당해 근로자 '본인'의 동의를 얻어야 하며, 사태가 급박하여 사전인가를 받을 수 없을 경우에는 사후 승인을 받아야 한다.

③ 연장근로의 상한

근로기준법상 명문의 규정은 없으나, 연장의 인가는 특별한 사정이 해소될 때까지 유효한 것으로 본다. 그러므로 재해의 사후처리는 이에 해당하나 복구 작업은 그러하지 아니하고, 또 공장화재의 경우에 소화 작업은 이에 해당하나 평상시의 생산수준을 회복하기 위한 근로는 그러하지 않다.[13]

④ 대휴명령

사전인가 없는 연장근로가 부적절했다고 인정된 경우에, 고용노동부장관은 사용자로 하여금 근로자가 연장근로로 인하여 상실한 개인적인 시간을 보상받을 수 있도록 연장시간에 상당하는 휴게·휴일의 부여할 것을 명할 수 있다.

---

13) 김형배, 근로기준법, p.376.

III. 가산임금

1. 의의

> 근기법 제56조(연장·야간 및 휴일근로)
>
> 사용자는 연장근로(제53조·제59조 및 제69조 단서에 따라 연장된 시간의 근로)와 야간근로(오후 10시부터 오전 6시까지 사이의 근로) 또는 휴일근로에 대하여는 통상임금의 100분의 50 이상을 가산하여 지급하여야 한다.

> 근기법 57조(보상 휴가제)
>
> 사용자는 근로자대표와의 서면 합의에 따라 제56조에 따른 연장근로·야간근로 및 휴일근로에 대하여 임금을 지급하는 것에 갈음하여 휴가를 줄 수 있다.

근로기준법은 가산임금의 지급에 관한 원칙을 규정하고 있다(제56조). 근로자에 대하여 연장근로와 야간근로 또는 휴일근로를 시키는 사용자는 해당 근로시간에 대한 통상임금 100%에 가산금 50% 이상을 더하여 150% 이상을 근로자에게 지급하여야 한다.[14] 또한 근로자대표와의 서면합의에 따라 임금을 지급하는 것에 갈음하여 휴가를 부여할 수 있다.

이는 시간외근로를 억제하고 시간외근로로 인한 근로자의 건강상 또는 생활상의 손실을 보상하고, 사용자에게 시간외근로에 대한 경제적 부담을 줌으로써 간접적으로 그 실시를 저지하려는 데에 그 목적이 있다.[15]

14) 가산사유가 중복되는 경우, 예를 들어 연장근로와 야간근로 또는 휴일근로와 연장근로가 중복되는 경우에는 100분의 50을 2회 가산해야 한다. 다만, 판례(대판 1991. 3. 21, 90다6545) 및 종전의 행정해석(근기 01254-1099)은 휴일근로와 연장근로를 같은 것으로 보아 가산임금의 중복을 인정하지 않았으나 의문이다.

15) 김형배, 근로기준법, p.377~378.

2. 가산임금의 지급사유

(1) 지급되는 경우

근로기준법은 당사자의 합의에 의하여 1주일에 12시간 한도 내에서 근로시간을 연장한 경우, 특별한 사정이 있는 경우에 고용노동부장관의 인가와 본인의 동의를 얻어 근로시간을 연장한 경우(53조), 특별한 사업에 대하여 근로자대표와의 서면합의를 통하여 근로시간을 연장한 경우(59조), 연소근로자의 연장근로의 경우(69조)에는 연장된 근로시간에 대하여 연장근로수당을 지급하여야 한다.

이 경우 사용자는 연장근로시간에 대하여 연장근로수당으로서 통상임금의 50%와 연장근로임금으로서 통상임금의 100%의 총 150%를 지급하여야 한다.

(2) 지급하지 않아도 되는 경우

탄력적 근로시간제도 및 선택적 근로시간제도 등을 채택하는 경우에는 1일 8시간을 초과하여 근무하여도 연장근로수당을 지급할 필요가 없다.

또한 규칙적인 근로에서 특정한 날에 소정근로시간을 초과하여 근로하더라도 법정근로시간(8시간)의 범위 내에서는 가산임금을 지급하지 않아도 된다.[16]

그러나 노사 당사자가 소정외근로에 대해서도 가산임금을 지급하기로 약정한 경우에는 이에 따라야 함은 물론이다.

3. 야간근로에 대한 지급

오후 10시부터 오전 6시까지의 근로를 '야간근로'라 하며, 야간근로에는 야간근로수당을 지급하여야 한다.

---

16) 대판 1991. 6. 28, 90다카14758; 대판 1996. 2. 9, 93다54057.

야간근로수당은 근로시간이 기준근로시간을 초과하는지의 여부와 상관없이 통상임금의 100%와 야간근로수당으로서 통상임금의 50%를 합한 통상임금의 총 150%를 지급하여야 하거나, 근로자대표와의 서면합의에 따라 임금을 지급하는 것에 갈음하여 휴가를 부여할 수 있다.

4. 휴일근로에 대한 지급

근로기준법 제56조에서의 휴일근로에서 "휴일근로"라 함은 근로기준법 제55조의 주휴일, 법정휴일 및 단체협약이나 취업규칙에 의하여 휴일로 정하여져 있어서 근로자가 근로할 의무가 없으며 사용자와 근로자 모두에게 휴일로 인식되어 있는 날을 말한다.

휴일근로에는 유급휴일과 무급휴일이 있다. 근로기준법 제55조에 규정된 법정유급휴일 이외의 공휴일·국경일 또는 회사창립기념일 등은 취업규칙이나 단체협약이 정하는 바에 따라 유급휴일 또는 무급휴일로 할 수 있다.

유급휴일에 근로하는 경우에는 본래 근무를 하지 아니하여도 유급으로서 당연히 지급되는 100%, 휴일에 근로한 임금 100%, 휴일근로수당 50%를 합하여 총 250%의 임금을 지급해야 한다.

무급휴일의 경우에는 휴일에 근로한 임금 100%에 휴일근로수당 50%를 합하여 총 150%의 임금을 지급하면 된다. 또한 근로자대표와의 서면합의에 따라 임금을 지급하는 것에 갈음하여 휴가를 부여할 수 있다.

*** 포괄임금제**

근로계약 체결시에 기본임금을 미리 정하고 이를 바탕으로 연장·야간·휴일근로에 대한 가산임금을 지급하는 것이 원칙이나, 근로자의 근로시간이나 근로형태 및 업무성질 등을 고려하여 계산상의 편의상 기본임금과 제수당을 합한 일정 금액을 근로자의 승낙 하에 지급하는 경우도 있다. 이러한 것을 소위 '포괄임금제'라고 하는데, 이는 법적개념이 아니고 '근로시간 산정이 어려운 경우'에만 허용되는 판례법리이므로, 근로시간을 용이하게 산정할 수 있는 경우 또는 근로기산규정을 그대로 적용할 수 없다고 볼만한 특별한 사정이 있는 경

우가 아니면 원칙적으로 허용되지 않는다.[17]

IV. 근로시간의 유연화

1. 탄력적 근로시간제

(1) 의의

'탄력적 근로시간제'는 일정기간의 평균주당 근로기간이 법정근로시간을 초과하지 않는 범위 내에서 특정한 주·특정한 날의 근로시간이 법정근로시간을 초과하더라도 가산임금을 지급하지 않는 내용의 제도를 말한다(근기법 51조).

근로시간은 근로자의 건강 및 문화생활에 직결되는 중요한 근로조건으로서 법적규제의 필요성이 제기되는 것이나, 반면에 경영환경의 변화에 따른 탄력적 대응 또한 필요한 것이 사실이다.

이러한 견지에서 근로기준법은 근로시간 규제 유연화의 일환으로서 탄력적 근로시간제를 도입하였으며, 이는 2주 단위와 3개월 단위로 구분된다(근기법 제51조).

(2) 2주 이내 탄력적 근로시간제

근기법 제51조(탄력적 근로시간제)

① 사용자는 취업규칙(취업규칙에 준하는 것을 포함한다)에서 정하는 바에 따라 2주 이내의 일정한 단위기간을 평균하여 1주간의 근로시간이 제50조1항의 근로시간을 초과하지 아니하는 범위에서 특정한 주에 제50조제1항의 근로시간을, 특정한 날에 제50조제2항의 근로시간을 초과하여 근로하게 할 수 있다. 다만, 특정한 주의 근로시간은 48시간을 초과할 수 없다.

17) 대판 2010. 5. 13, 2008다6052.

사용자는 2주 이내의 탄력적 근로시간제를 시행하려면 '취업규칙이나 이에 준하는 것'에 관련사항을 미리 정해야 하는데, 근로자대표와의 서면합의나 단체협약은 취업규칙에 준하는 것으로 볼 수 있다.

탄력적 근로시간의 단위기간은 '2주 이내'의 일정한 기간으로 하며, 단위기간의 근로일과 그 근로일별 근로시간을 정할 때에는 단위기간을 평균하여 1주간의 근로시간이 40시간을 초과하지 않아야 한다.

이러한 범위에서는 특정한 주에 40시간을 초과하거나 특정한 날에 8시간을 초과하여도 무방하나, 특정한 주의 근로시간이 48시간을 초과할 수는 없다(근기법 51조 1항). 따라서 예컨대 1주 단위의 탄력적 근로시간제를 도입하는 경우, 하루 '10시간 근무의 주 4일 근무제'도 무방하다.

(3) 3개월 이내 탄력적 근로시간제

> **근기법 제51조(탄력적 근로시간제)**
>
> ② 사용자는 근로자대표와의 서면 합의에 따라 다음 각 호의 사항을 정하면 3개월 이내의 단위기간을 평균하여 1주간의 근로시간이 40시간을 초과하지 아니하는 범위 안에서 특정한 주에 40시간을, 특정한 날에 8시간을 초과하여 근로하게 할 수 있다. 다만, 특정한 주의 근로시간은 52시간을, 특정한 날의 근로시간은 12시간을 초과할 수 없다.
>
> 1. 대상근로자의 범위
> 2. 단위기간(3개월 이내의 일정한 기간으로 정하여야 한다)
> 3. 단위기간의 근로일과 그 근로일별 근로시간
> 4. 그 밖에 대통령령이 정하는 사항

사용자가 3개월 이내 단위의 탄력적 근로시간제를 도입하기 위해서는 2주간 이내의 탄력적 근로시간제에서와는 달리 근로자대표와 사용자 사이에 서면합의가 필요하다.

여기서 '근로자대표'란 근로자 과반수로 조직된 노동조합 또는 그러한 노동조합이 없을 경우에는 근로자 과반수를 대표하는 자를 말한다.[18]

---

18) 탄력적 근로시간제 도입과 관련하여 근로기준법상의 근로자대표를 선출하는 방식은 근로

'서면합의'에는 i) 대상근로자의 범위, ii) 3개월 이내의 일정한 단위기간, iii) 단위기간에 있어서 근로일 및 근로일별 근로시간, iv) 서면합의의 유효기간 등이 기재되어야 한다(근기법 51조 2항, 동법시행령 28조 1항).

3개월 이내의 탄력적 근로시간제의 경우에도 주당 평균근로시간이 40시간을 초과할 수 없으며, 단위기간 중 특정주의 52시간, 특정일은 12시간을 초과할 수 없다.

(4) 탄력적 근로시간제의 실시효과

① 가산임금의 배제

특정한 주 또는 특정일에 법정근로시간을 초과하여 근로하더라도 연장근로에 해당하지 않게 되어 가산임금의 지급이 면제된다.[19]

다만, 야간근로·휴일근로는 탄력적 근로시간제의 규제대상에서 제외 된다고 보아 가산임금이 여전히 적용된다.

② 임금보전방안 강구

탄력적 근로시간제를 도입하는 경우에는 종전의 연장근로수당을 받을 수 없게 되어 결과적으로 근로자의 임금수준이 저하될 우려가 있는데, 이러한 경우에 대비하여 근로기준법은 사용자로 하여금 기존의 임금이 낮아지지 않도록 임금

자들이 스스로 결정하여야 할 사항이므로 사용자가 일정한 자를 지명하고, 그에 대한 근로자의 동의를 얻는 방법은 근로기준법에 의한 선출방법이라고 할 수 있다(1997. 5. 13, 근기 68207-630).

19) 2주 단위의 탄력적 근로시간제 하에서 첫째 주 52시간, 둘째 주 36시간을 근로하였다면, 2주 단위 탄력적 근로시간제는 단위기간을 평균한 1주간의 근로시간이 44시간 이내인 범위 내에서 특정 주 48시간을 한도로 1주 44시간을 초과하여 근로시킬 수 있는 것이기 때문에 44시간을 초과한 근로시간을 정한 주에 있어서의 연장근로수당은 일하기로 정한 그 시간을 초과한 시간에 대하여 지급되어야 한다. 따라서 2주 단위 탄력적 근로시간제 하에서 44시간을 초과하여 근로하기로 정한 주에 52시간을 근로하였다면, 당초 일하기로 정한 시간을 초과하는 부분에 대하여 가산임금이 지급된다(1997. 5. 23, 근기 68207-681).

보전방안을 강구하도록 하고 있다(51조 4항).

이와 관련하여, 고용노동부장관은 임금보전방안의 강구 여부에 관하여 필요한 경우에는 사용자에게 그 보전방안의 내용을 제출하도록 명하거나 이를 직접 확인할 수 있다(동법 시행령 28조 2항). 그러나 이는 강행규정이 아니어서 그 실효성이 의문이다.

(5) 적용제외

탄력적 근로시간제를 도입하는 경우 특정일 또는 주에 근로시간이 지나치게 길어지는 경우도 있을 수 있으므로, 15세 이상 18세 미만의 근로자와 임신 중인 여성 근로자에 대하여는 적용하지 아니 한다(51조 3항).

2. 선택적 근로시간제

(1) 의의

"선택적 근로시간제"라 함은 기존 근로시간의 범위 내에서 시업 및 종업시각을 근로자의 자유의사에 맡기거나 혹은 시업·종업시각 뿐만 아니라 근로시간 자체까지도 근로자의 자유의사에 맡기는 '플랙시블 타임(flexible-time)제'를 말한다.

이 제도는 근로자가 자기 사정에 따라 업무시간을 조정할 수 있도록 하여 근로자의 삶의 질을 개선하고 업무의 효율성을 높이는 것이 목적이다.

이 제도는 기업과 근로자 쌍방의 이익이 합치되는 전문적 재량근로의 경우나, 그 외 육아나 간병을 해야 하는 근로자의 경우에 이용가치가 높다고 생각된다.

(2) 법규정 및 도입조건

① 법규정

> **근기법 제52조(선택적 근로시간제)**
>
> 사용자는 취업규칙(취업규칙에 준하는 것을 포함한다)에 따라 업무의 시작 및 종료 시각을 근로자의 결정에 맡기기로 한 근로자에 대하여 근로자대표와의 서면 합의에 따라 다음 각 호의 사항을 정하면 1개월 이내의 정산기간을 평균하여 1주간의 근로시간이 40시간을 초과하지 아니하는 범위에서 1주간에 40시간을, 1일에 8시간을 초과하여 근로하게 할 수 있다.
>
> 1. 대상 근로자의 범위(15세 이상 18세미만의 근로자를 제외한다)
> 2. 정산기간(1개월 이내의 일정한 기간으로 정하여야 한다)
> 3. 정산기간의 총 근로시간
> 4. 반드시 근로하여야 할 시간대를 정하는 경우에는 그 시작 및 종료시각
> 5. 근로자가 그의 결정에 따라 근로할 수 있는 시간대를 정하는 경우에는 그 시작 및 종료시각
> 6. 그 밖에 대통령령이 정하는 사항

사용자는 취업규칙에 따라 업무의 시작 및 종료시각을 근로자의 결정에 맡기기로 한 근로자에 대하여 근로자대표와의 서면합의에 따라 소정의 사항을 정하면 1개월 이내의 정산기간을 평균하여 1주간의 근로시간이 40시간을 초과하지 않는 범위에서 1주간에 40시간을, 1일에 8시간을 초과하여 근로하게 할 수 있다.

② 도입요건

사용자는 취업규칙이나 이에 준하는 것에 시업 및 종업시각을 근로자의 자유의사에 맡기거로 한 근로자에 대해서는 근로자대표와의 서면합의에 의하여 그 취지와 그 대상범위를 규정해야 한다.

"근로자대표"란 근로자의 과반수로 조직된 노동조합 또는 그러한 노동조합이 없을 경우에는 근로자 과반수를 대표하는 자를 말한다.

"서면합의"에는 i) 대상근로자의 범위, ii) 정산기간(1월 이내의 일정한 기간으로 정하

여야 한다), iii) 정산기간에 있어서의 총 근로시간, iv) 반드시 근로하여야 할 시간대(core time)를 정하는 경우에는 그 개시 및 종료시간, v) 근로자가 그의 결정에 의하여 근로할 수 있는 시간대를 정하는 경우에는 그 개시 및 종료시각, vi) 기타 대통령령이 정하는 사항 즉, 표준근로시간(근기법 시행령 29조) 등을 기재한다.

여기에서 "표준근로시간"이라 함은 유급휴가 등의 계산 기준으로 사용자와 근로자대표가 합의하여 정한 1일의 근로시간으로 정의하고 있다(동법 시행령 29조).

③ 근로시간의 상한

선택적 근로시간제는 1개월 이내의 총 근로시간을 평균하여 1주간의 평균근로시간이 40시간을 초과하지 않아야 한다.

근로기준법은 선택적 근로시간제에서 근로시간의 상한에 관하여 정산기간을 평균하여 주당 근로시간이 40시간 이내일 것만으로 규정하고 특정한 주 또는 특정일에 대한 상한을 규정하고 있지 않다.

이에 대하여는 입법 상의 흠결로 보아, 3개월 단위의 탄력적 근로시간제의 규정인 특정한 주 52시간, 특정일 12시간을 특정한 주 또는 특정일의 상한선으로 해석함이 타당할 것이다.[20]

(3) 가산임금의 적용배제

① 가산임금의 배제

근로자가 특정 주에 40시간, 특정일에 8시간을 초과하여 근로하더라도 실근로시간이 당해 정산기간의 법정근로시간 범위 이내일 경우에는 법내 초과근로로서 가산임금의 적용이 배제된다.

20) 김형배, 근로기준법, P.364

② 가산임금의 적용

이에 반해, 정산기간의 총근로시간이 당해 정산기간의 법정근로시간 범위를 초과할 경우에는 연장근로가 성립하여 가산임금이 적용된다.

또한 휴일근로·야간근로는 선택적 근로시간제의 규율대상에 해당하지 않으므로 가산임금이 지급되어야 한다.

(4) 적용제외

선택적 근로시간제는 15세 이상 18세 미만의 연소근로자에게는 적용할 수 없으며, 탄력적 근로시간제와는 달리 임신한 여성근로자에게 적용 될 수 있다.

V. 유해·위험작업에 있어서의 기준근로시간

1. 의의

> 산업안전보건법 제46조(근로시간연장의 제한)
>
> 사업주는 유해하거나 위험한 작업으로서 대통령령으로 정하는 작업에 종사하는 근로자에게는 1일 6시간, 1주 34시간을 초과하여 근로하게 하여서는 아니 된다.

산업안전보건법 제46조는 근로자의 건강 및 안전의 보호를 위하여 유해·위험한 작업으로서 대통령령이 정하는 작업에 종사하는 근로자에 대한 근로시간을 보호하고 있다.

2. 내용

사업주는 유해 또는 위험한 작업으로서 대통령령이 정하는 작업에 종사하는 근로자에 대하여는 1일 6시간, 1주 34시간을 초과하여 근로하게 하여서는 아니 된다.

이는 근로기준법 50조에 규정한 1주 40시간, 1일 8시간제의 원칙에 대한 변경으로, 구법[21]에서와 같이 고용노동부장관의 인가를 얻은 경우에 1일 2시간 이내, 1주 12시간 이내의 한도로 근로시간을 연장할 수 있는 예외조항을 두고 있지 않다. 다시 말해, 유해·위험작업에서의 근로시간은 1주 34시간, 1일 6시간을 초과할 수 없게 되었다.

---

21) 구 근로기준법 제43조 단서는 예외적으로 고용노동부장관의 인가를 얻어 경우에는 1일 2시간, 1주 12시간 이내의 한도로 근로시간을 연장할 수 있도록 하였다. 그러나 개정된 산업안전보건법에서는 이와 같은 예외조항을 두고 있지 않다. 그러므로 유해·위험작업에서의 근로시간은 1주 34시간, 1일 6시간을 초과할 수 없게 되었다.

하루 6시간의 근로시간이라고 하는 것은 휴식시간을 제외한 실제 근로시간을 뜻하며,[22] 근로기준법의 적용을 받는 '유해·위험작업'이라 함은 잠함·잠수작업 등 고기압 하에서 행하는 작업을 말한다(산안법 시행령 32조의 8).

22) 김형배, 근로기준법, p.365

VI. 근로시간 계산의 특례

1. 개념

최근 산업구조의 변화에 따라 근로형태가 다양화되면서, 기존의 통상적인 근로시간 관련 규정만으로는 합리적인 근로시간의 산정이 곤란한 경우가 다수 발생하게 되었다.

이에 따라 근로기준법은 근로시간 유연화의 일환으로 인정근로시간제 및 재량근로시간제를 '근로시간 계산의 특례'라는 이름으로 도입하기 이르렀다.

2. 인정근로시간제

(1) 의의

근기법 제58조(근로시간 계산의 특례)

① 근로자가 출장이나 그 밖의 사유로 근로시간의 전부 또는 일부를 사업장 밖에서 근로하여 근로시간을 산정하기 어려운 경우에는 소정근로시간을 근로한 것으로 본다. 다만, 그 업무를 수행하기 위하여 통상적으로 소정근로시간을 초과하여 근로할 필요가 있는 경우에는 그 업무의 수행에 통상 필요한 시간을 근로한 것으로 본다.
② 제1항 단서에도 불구하고 그 업무에 관하여 근로자대표와의 서면 합의를 한 경우에는 그 합의에서 정하는 시간을 그 업무의 수행에 통상 필요한 시간으로 본다.

"인정근로시간제"라 함은 근로자가 출장 및 기타의 사유로 근로시간의 전부 또는 일부를 사업장 밖에서 근로하여 근로시간의 산정이 어려운 경우에 "일정한 시간"을 근로한 것으로 간주하는 제도를 말한다.

개정 전 근로기준법은 그 시행령[23]에서 출장 등에 대한 인정근로를 규정하고 있었으나, 그 법률적 근거가 희박하고 인정근로시간도 8시간으로 획일적으로 규정되어 합리적이지 못하다는 문제가 있었다. 특히 사업장 밖 근로자가 증가하는 현실에서 더욱 명확하고 합리적인 근로시간의 산정으로서 노사 간의 분쟁을 방지하고자 하는 취지에서 인정근로시간제가 도입되었다.

(2) 적용대상

인정근로시간제는 상태적인 사업장외 근로 및 근로시간의 전부를 사업장 외부에서 근로하는 경우 이외에도 임시적인 사업장외 근로 및 근로시간의 일부를 사업장 밖에서 근로하는 경우에도 적용된다.

(3) 내용

근로시간의 전부 또는 일부를 사업장 밖에서 근로하여 근로시간을 산정하기 어려운 경우에는 소정근로시간을 근로한 것으로 본다(근기법 58조 1항).

다만, 업무를 수행하기 위하여 통상적으로 소정근로시간을 초과하여 근로할 필요가 있는 경우에는 그 업무의 수행에 통상 필요한 시간을 근로한 것으로 보되(동조 1항 단서), 근로자대표와 서면 합의를 한 경우에는 그 합의에서 정하는 시간을 그 업무의 수행에 통상 필요한 시간으로 본다(동조 2항).

23) 구 근로기준법 시행령 제37조에서는 "근로자가 출장 기타 사업장 외에서 근로하는 경우에 근로시간을 산정하기 곤란한 때에는 1일 8시간 근로한 것으로 본다. 다만, 사용자가 미리 별도의 지시를 하였을 경우에는 예외로 한다."고 정하고 있었다.

3. 재량근로시간제

(1) 의의

"재량근로시간제"라 함은 고도의 전문적 업무에 대하여 업무수행의 방법을 근로자의 재량에 맡기고, 근로시간은 근로자 대표와 서면합의한 시간을 근로한 것으로 보는 제도를 말한다.

재량근로시간제는 기술혁신 등에 의해 근로자의 업무수행시 재량이 커지고, 질적 성과에 의해 임금이 결정되는 전문적 업무가 증대됨에 따라, 재량근로시간제가 도입되었다.

> ⊙ 근기법 제58조(근로시간계산의 특례)
>
> ③ 업무의 성질에 비추어 업무 수행방법을 근로자의 재량에 위임할 필요가 있는 업무로서 대통령령이 정하는 업무는 사용자가 근로자대표와 서면합의로 정한 시간을 근로한 것으로 본다. 이 경우 당해 서면합의에는 다음 각 호의 사항을 명시하여야 한다.
> 1. 대상 업무
> 2. 사용자가 업무의 수행수단 및 시간배분 등에 관하여 근로자에게 구체적인 지시를 하지 아니한다는 내용
> 3. 근로시간의 산정은 그 서면합의로 정하는 바에 따른다는 내용
>
> ④ 제1항과 제3항의 시행에 필요한 사항은 대통령령으로 정한다.

(2) 인정요건

① 대상 업무에 해당

재량근로시간제의 대상 업무로는 i) 신상품·신기술의 연구개발이나 인문사회과학·자연과학분야의 연구업무, ii) 정보처리시스템의 설계·분석업무, iii) 신문·방송 또는 출판사업의 기사의 취재, 편성·편집업무, iv) 의복·실내장식·공업제품·광고 등의 디자인·고안업무, v) 방송프로·영화 ·등의 제작 사업에서의 프로듀서·감독업무, vi) 그 밖에 고용노동부장관이 정하는 업무 등의 고도의 전문적 업무

등이 이에 해당한다(근기법 시행령 31조 1항).

② 근로자 대표와의 서면합의

여기서 "근로자대표"란 근로자 과반수를 대표하는 노동조합 또는 그러한 조합이 없을 경우에는 근로자 과반수를 대표하는 자를 말한다.

그리고 "서면합의"에는 i) 대상 업무, ii) 사용자가 업무의 수행수단 및 시간배분 등에 관하여 구체적인 지시를 하지 아니한다는 내용, iii) 근로시간의 산정은 당해 서면합의로 정하는 바에 따른다는 내용 등이 포함되어야 한다.

(3) 인정효과

재량근로시간제의 대상 업무는 실제 근로시간에도 불문하고 서면합의로 정한 시간을 근로한 것으로 본다.

재량근로시간제에서도 시간외·휴일·야간 근로의 규정이 그대로 적용되어 가산임금이 지급되며, 또한 서면으로 합의한 근로시간이 법정근로시간을 초과하는 경우에는 시간외 근로에 대한 합의가 병행적으로 체결되어야 한다.

VII. 근로시간 및 휴게의 특례

1. 의의

> 근기법 제59조(근로시간 및 휴게시간의 특례)
>
> ① 다음 각 호의 어느 하나에 해당하는 사업에 대하여 사용자가 근로자대표와 서면 합의를 한 경우에는 제53조제1항에 따른 주(週)의 12시간을 초과하여 연장근로하게 하거나 제54조에 따른 휴게시간을 변경할 수 있다.
> 1. 운수업, 물품 판매 및 보관업, 금융보험업
> 2. 영화 제작 및 흥행업, 통신업, 교육연구 및 조사 사업, 광고업
> 3. 의료 및 위생사업, 접객업, 소각 및 청소업, 이용업
> 4. 그 밖에 공중의 편의 또는 업무의 특성상 필요한 경우로서 대통령령이 정하는 사업

근로기준법은 1주 40시간, 1일 8시간근로(근기법 50조 1항 및 2항) 및 근로시간이 4시간인 경우에는 30분 이상, 8시간인 경우에는 1시간 이상의 휴게시간을 근로시간 도중에 주도록 규정하고 있다(동법 54조 1항).

그러나 사업의 성격 내지 업무의 특성을 감안할 때 엄격한 연장근로시간 및 휴게시간의 규제로 인하여 공중생활의 불편을 초래할 우려가 있는 사업에 한하여 주12시간을 초과하여 연장근로를 하게 하거나, 휴게시간을 변경할 수 있도록 규정하고 있다.[24]

2. 요건

근로시간 및 휴게의 특례가 인정되기 위해서는 첫째, 사업이 i) 운수업·물품판매 및 보관업·금융보험업, ii) 영화제작 및 흥행업·통신업·교육연구 및 조사사업·광고업, iii) 의료 및 위생사업·접객업·소각 및 청소업·이용업, iv) 그 밖에 공중의

24) 김형배, 근로기준법, p.403

편의 또는 업무의 특성상 필요한 경우로서 대통령령이 정하는 사업 등에 해당되어야 한다.[25]

둘째, 상기한 사업에 해당되어야 할 뿐만 아니라, 연장근로를 확대하거나 휴게시간을 변경하기 위해서는 사용자는 근로자대표와 서면합의를 하여야 한다.

3. 인정효과

근로시간 및 휴게시간의 특례로 기준근로시간의 1주 12시간을 초과하여 연장근로하게 하거나, 54조에 따른 휴게시간을 변경할 수 있다.

'휴게시간의 변경'이란 휴게시간을 부여하되 그 시각을 변경하는 것을 의미하며, 휴게시간을 단축하거나 부여하지 아니하는 것으로 해석되어서는 아니 된다.[26]

---

25) 여기서 말하는 "대통령령이 정하는 사업"이란 '사회복지사업'을 말한다(근기법시행령 32조).

26) 이상윤, 노동법, p.243 ; 김형배, 근로기준법, p.405

VIII. 특수근로자에 대한 적용제외

1. 의의

근로기준법은 모든 사업 또는 사업장의 근로자에게 적용되는 것이 원칙이지만, 사업의 성질 또는 업무의 특수성으로 인하여 출·퇴근시간을 엄격하게 정할 수 없다거나 근로시간·휴일·휴게의 적용이 적절하지 아니한 업무·직종·근로형태에 대해서는 그 적용을 배제하고 있다.[27]

근기법 제63조(적용의 제외)

이 장과 제5장에서 정한 근로시간, 휴게와 휴일에 관한 규정은 다음 각 호의 어느 하나에 해당하는 근로자에 대하여는 적용하지 아니한다.

1. 토지의 경작·개간, 식물의 재식(栽植)·재배·채취 사업·그 밖의 농림사업
2. 동물의 사육, 수산 동식물의 채포(採捕)·양식 사업, 그 밖의 축산·양잠·수산사업
3. 감시(監視) 또는 단속적(斷續的)으로 근로에 종사하는 자로서 사용자가 고용노동부장관의 승인을 얻은 자
4. 대통령령으로 정하는 업무에 종사하는 근로자

2. 적용범위

근로기준법 제4장(근로시간과 휴게)과 제5장(여성과 소년) 중 근로시간·휴게·휴일에 관한 규정은 적용되지 않으며, 이 경우에는 원칙적으로 사용자는 근로자에게 시간외근로수당 및 휴일근로수당을 지급할 의무가 없다. 그러나 야간근로에 대한 야간근로수당, 휴가 규정은 적용된다.

---

27) 이상윤, 노동법, p.246

3. 적용대상

근로시간·휴게 및 휴일에 관한 규정이 적용되지 아니하는 사업과 근로자는 i) 토지의 경작·개간, 식물의 재식·재배·채취사업·그 밖의 농림사업, ii) 동물의 사육, 수산 동식물의 채포·양식사업, 그 밖의 축산·양잠·수산사업, iii) 감시 또는 단속적으로 근로에 종사하는 자로서 사용자가 고용노동부장관의 승인을 얻은 자, iv) 대통령령이 정한 업무에 종사하는 근로자 등이며, "대통령령이 정한 업무"라 함은 사업의 종류에 관계없이 관리·감독업무 또는 기밀을 취급하는 업무를 말한다(동법 시행령 34조).

CASE STUDY

Case1

S백화점의 마케팅 팀장인 K는 오는 8월 1일부터 20일간 산악회 동호인들과 함께 안나푸르나를 등반하기로 한 다음, S백화점에 연차유급휴가를 신청하였다. 그러자 S백화점은 8월에는 바캉스시즌을 맞아 모든 백화점이 그랜드세일에 들어가는 가장 중요하고 바쁜 시기이므로 곤란하다고 하면서, 세일이 끝나는 시점에 연차휴가를 가지도록 수차례 설득했다. 그러나 K는 이번 산행은 산악회 동호인들과 이미 수년전부터 계획된 것으로 변경할 수 없을 뿐만 아니라, 자기의 업무를 대신할 수 있는 팀원이 있으므로 업무에 지장이 발생할 여지가 없다고 하며, 여행을 떠났다. 이에 S백화점은 K를 정당한 업무명령위반을 이유로 징계하고자 한다. 이러한 S백화점의 조치는 정당한가?

Check Point : 연차유급휴가의 시기지정권

제3장 휴게 · 휴일 · 휴가

I. 총설

근로가 장기간 계속되면 근로자의 건강 및 신체에 부정적 영향을 미치게 되어 작업능력이 저하되며, 재해발생의 원인이 되기도 한다. 그러므로 근로자의 피로를 회복시키고 건강 및 문화생활을 유지함을 도모함과 동시에 기업의 생산성 향상을 도모하기 위하여 충분한 휴게·휴일·휴가를 부여하여야 한다.

이에 근로기준법 제4장은 근로시간과 함께 휴게·휴일·휴가에 관하여 규정하고 있다. 다만, 동법 제63조에 정한 사업과 근로자에게는 휴게·휴일에 관한 규정이 적용되지 않는다.

II. 휴게시간

1. 의의

> 근기법 제54조(휴게)
>
> ① 사용자는 근로시간이 4시간인 경우에는 30분 이상, 8시간인 경우에는 1시간 이상의 휴게시간을 근로시간 도중에 주어야 한다.
> ② 휴게시간은 근로자가 자유롭게 이용할 수 있다.

"휴게시간"이란 근로계약상 근로자가 근로시간 중에 사용자의 지휘감독의 구속으로부터 벗어나는 것을 말한다. 즉 근로자가 그의 시간을 자유롭게 이용할 수 있는 시간이다.

그러므로 실제로 작업에 종사하고 있지 않지만 사용자의 지휘·감독권으로부터 완전히 이탈한 상태가 아닌 시간, 즉 예를 들어 후속되는 근로를 위해 대기하고 있는 시간[1] 등은 휴게시간이 아니다.

2. 내용

(1) 휴게시간의 길이

사용자는 근로자에게 4시간인 경우에 30분 이상, 8시간 경우에는 1시간 이상

1) "휴게시간"이란 휴게시간·대기시간 등 명칭 여하에 불구하고 근로자가 사용자의 지휘·감독으로부터 벗어나 자유로이 사용할 수 있는 시간을 말하므로, 현실적으로 작업은 하고 있지 않지만 단시간 내에 근로에 임할 것을 근로자가 예상은 하고 있으나 사용자로부터 언제 근무요구가 있을지 불명한 상태에서 기다리고 있는 시간, 이른바 대기시간은 사용자로부터 취로하지 않을 것을 보장받고 있지 못하기 때문에 휴게시간으로 볼 수 없고 근로시간으로 보아야 할 것임(1980. 5. 15, 법무 811-28682).

의 휴게시간을 근로시간의 도중에 주어야 한다.

여기에서 "근로시간 4시간인 경우"라 함은 실근로시간의 총계가 4시간 이상 8시간미만 근로하는 경우를 말하므로, 근로시간이 4시간 미만인 경우에는 휴게시간을 주지 않아도 부방하다.

근로기준법상의 휴게시간의 길이는 최저기준이므로 단체협약이나 취업규칙에서 그 이상의 시간을 정할 수 있다.[2]

(2) 휴게시간의 부여방식

휴게시간을 주는 방법에 대하여는 명문의 규정은 없으므로 분할하여 주는 것은 무방하나, 휴게시간을 너무 세밀하게 분할하여 주는 경우에는 근로자가 이를 적절하게 이용할 수가 없으므로 너무 세분하지 말고 가능한 한 일시에 부여하는 것이 합리적이라고 생각된다.[3]

또한 근로시간 중에 휴게시간을 부여하도록 규정하고 있으므로 업무의 개시 전 또는 업무의 종료 후에 휴게시간을 부여하는 것은 허용되지 아니한다(근기법 54조 1항).

3. 자유이용의 원칙

휴게시간은 근로자가 자유로 이용할 수 있다(근기법 54조 2항). 휴게시간은 사용자의 지휘·감독으로부터 완전히 이탈하는 자유로운 시간이므로 근로자는 휴게시간을 마음대로 사용할 수 있는 것이 원칙이다. 따라서 휴게시간은 근로자가 자유롭게 이용할 수 있으므로 휴게시간 중에 노조활동의 일환으로서 유인물 배포행위 등을 하는 것은 시설관리상의 목적을 해하지 않는 한 인정된다.[4]

---

2) 김형배, 근로기준법, p.418.
3) 김형배, 근로기준법, p.418.
4) 단체협약에 유인물의 배포에 허가제를 채택하고 있다고 할지라도 노동조합의 업무를 위

그러나 휴게시간은 근로할 의무가 없는 시간이긴 하지만 작업의 시작으로부터 종료까지 제한된 시간 중 일부이므로 다음 작업의 계속을 위하여 어느 정도의 범위 내에서 사용자의 제약을 받는 것은 부득이 한 것으로 위법이라 할 수 없을 것이다.[5]

4. 적용 제외

휴게시간에 관한 원칙에는 근로기준법상의 예외규정이 있다. 근로기준법 제59조에 의하여 사용자가 근로자대표와 서면합의를 한 경우에 휴게시간을 변경할 수 있다.

다만, 토지의 경작·개간, 식물의 재식·재배·채취, 동물의 사육, 수산 동식물의 채포·양식 등의 사업 및 그 밖의 축산, 양잠, 수산 사업 및 감시·단속적 근로에 종사하는 자로서 사용자가 고용노동부장관의 승인을 받은 자에 대해서는 휴게에 관한 규정이 적용되지 않는다(동법 제63조).

한 정당한 행위까지 금지시킬 수는 없는 것이므로 노동조합의 유인물 배포행위가 정당한지 아닌지는 허가가 있었는지의 여부만 가지고 판단할 것은 아니라, 그 유인물의 내용이나 배포방법 등 제반사정을 고려하여 판단되어져야 할 것이고, 취업시간 아닌 주간의 휴게시간중의 배포는 다른 근로자의 취업에 나쁜 영향을 미치거나 휴게시간의 자유로운 이용을 방해하거나 구체적으로 직장질서를 문란하게 하는 것이 아닌 한 허가를 얻지 아니 하였다는 이유만으로 정당성을 잃는다고 할 수 없다(대판 1991. 11. 12, 91누4164).

5) 1980. 5. 15, 법무 811-28682.

III. 휴일

1. 의의

> 근기법 시행령 제 30조(주휴일)
>
> 법 제55조에 따른 유급휴일은 1주 동안의 소정근로일을 개근한 자에게 주어야 한다.

휴일은 근로자가 사용자의 지휘·명령으로부터 완전히 벗어나 근로를 제공하지 아니하는 날을 말하며, 근로자의 심신보호 및 여가의 활용을 통한 인간으로서의 사회적·문화적 생활의 향유를 위한 취지에서 규정된 것이다.

2. 주휴제의 원칙

근로자가 1주일에 1회 이상의 유급휴일을 청구할 수 있기 위해서는 1주간의 소정근로일수를 개근하여야 한다(근기법 시행령 제30조).

여기서 "1회의 휴일"이라 함은 원칙적으로 오전 0시부터 오후 12시까지의 역일을 의미한다. 그러나 교대제작업 등의 경우 2일간에 걸쳐 계속 24시간의 휴식을 보장하면 휴일을 부여한 것으로 간주한다.[6] 휴일을 어느 날에 주어야 하느냐에 대해서는 명문의 규정이 없기 때문에 단체협약이나 취업규칙으로 특정되는 것이 일반적이며 반드시 일요일일 필요는 없다.[7]

---

6) 근로기준법 제45조(현행법 55조)에 의한 휴일제도는 역일(오전0시부터 오후12까지)에 의하여 실시하는 것이 바람직하나 계속 24시간의 휴식을 부여하는 한 반드시 역일에 의한 휴일을 실시하여야 하는 것은 아니다(1987. 2. 25, 근기 01254-3068).

7) 지방공무원법 등 상위 법령의 위임을 받은 조례 또는 단체협약 등에서 특정된 휴일을 근로일로 하고, 그 대신 통상의 근로일을 휴일로 교체할 수 있도록 하는 규정을 두거나 그렇지 않더라도 근로자의 동의를 얻은 경우, 미리 근로자에게 교체할 휴일을 특정하여 고지하면 달리 보아야 할 사정이 없는 한 이는 적법한 휴일대체가 되어, 원래 휴일은 통상의 근로일이 되고 그 날의 근로는 휴일근로가 아닌 통상근로가 되므로 사용자는 근로자에게 휴일근

3. 휴일근로수당

유급휴일에 근로하는 경우 근로기준법 제56조가 적용된다. 따라서 이 경우 유급으로서 당연히 지급되는 임금에 당해 휴일에 근로한 통상임금을 기준으로 하는 할증임금(150%)을 합한 금액(250%)이 지급되어야 한다.

또한 근로기준법 제57조(보상휴가제)에 의해 사용자는 근로자대표와의 서면합의에 따라 제56조의 규정에 의한 연장근로·야간근로 및 휴일근로에 대하여 임금을 지급하는 것에 갈음하여 휴가를 부여할 수 있다.

4. 적용제외

근로기준법은 주휴일을 부여받을 수 있는 근로자에 대하여 아무런 제한을 두고 있지 않지만, 동법 제63조에 해당하는 농림수산업종사자 또는 감시·단속적으로 근로에 종사하는 근로자 등에게는 근로기준법상의 휴일에 관한 규정이 적용되지 아니하므로 주휴일을 부여하지 아니할 수 있다.

IV. 휴가

1. 총설

휴가제도는 근로자의 피로를 회복시키고 건강 및 문화생활을 유지함과 동시에 기업의 생산성 향상을 도모하기 위한 제도로 볼 수 있다.

ILO를 비롯한 각 국의 입법례는 무급주휴일·유급연차휴가를 규정하고 있으

로수당을 지급할 의무를 지지 않는다(대판 2000.9.22, 99다7367).

나, 우리나라의 근로기준법은 유급주휴일·유급연차휴가를 보장하는 특색을 갖고 있다.

이러한 특색은 외국에 비해 우리나라 근로자들이 그 만큼 열악한 근로조건과 작업환경 하에서 근로한다는 실정을 감안하여 입법화된 것으로 볼 수 있을 것이다.[8)]

2. 연차유급휴가

(1) 의의

근기법 제60조(연차 유급휴가)

① 사용자는 1년간 80퍼센트 이상 출근한 근로자에게 15일의 유급휴가를 주어야 한다.
② 사용자는 계속하여 근로한 기간이 1년 미만인 근로자 또는 1년간 80퍼센트 미만 출근한 근로자에게 1개월 개근 시 1일의 유급휴가를 주어야 한다.
③ 사용자는 근로자의 최초 1년간의 근로에 대하여 유급휴가를 주는 경우에는 제2항에 따른 휴가를 포함하여 15일로 하고, 근로자가 제2항에 따른 휴가를 이미 사용한 경우에는 그 사용한 휴가 일수를 15일에서 뺀다.
④ 사용자는 3년 이상 계속하여 근로한 근로자에게는 제1항에 따른 휴가에 최초 1년을 초과하는 계속 근로 연수 매 2년에 대하여 1일을 가산한 유급휴가를 주어야 한다. 이 경우 가산휴가를 포함한 총 휴가 일수는 25일을 한도로 한다.
⑤ 사용자는 제1항부터 제4항까지의 규정에 따른 휴가를 근로자가 청구한 시기에 주어야 하고, 그 기간에 대하여는 취업규칙 등에서 정하는 통상임금 또는 평균임금을 지급하여야 한다. 다만, 근로자가 청구한 시기에 휴가를 주는 것이 사업 운영에 막대한 지장이 있는 경우에는 그 시기를 변경할 수 있다.
⑥ 제1항부터 제3항까지의 규정을 적용하는 경우 다음 각 호의 어느 하나에 해당하는 기간은 출근한 것으로 본다.
1. 근로자가 업무상의 부상 또는 질병으로 휴업한 기간
2. 임신 중의 여성이 제74조제1항부터 제3항까지의 규정에 따른 휴가로 휴업한 기간
⑦ 제1항부터 제4항까지의 규정에 따른 휴가는 1년간 행사하지 아니하면 소멸된다. 다만, 사용자의 귀책사유로 사용하지 못한 경우에는 그러하지 아니하다.

---

8) 김형배, 근로기준법, p.429.

연차유급휴가제도는 근로자가 건강하고 문화적인 생활을 실현할 수 있도록 하기 위해 근로자에 대해 휴일 외에 매년 일정 일수의 휴가를 유급으로 보장하는 제도이다.[9]

유럽에서는 일찍부터 노동입법으로 연휴제도가 실현되었고, ILO에서도 1936년에 1년 이상 계속 근무한 근로자에게 6일 이상의 근로일을 연차휴가로 하여 근무기간 중에 주어야 한다는 점, 그 중 6일 이상은 일괄적으로 부여해야 한다는 것을 강조한 「연차유급휴가에 관한 조약」(52조)이 채택되었다. 그 후 유럽에서는 제2차 세계대전 이후에 연차유급휴가에 관한 입법이 진전되었고, ILO도 1970년에 「연차유급휴가에 관한 조약(1970년 개정조약)(132호)」을 채택했다. 동 조약은 휴가일수는 6개월 동안 계속 근무한 자에게 3근로주로 할 것, 3근로주 중에 적어도 2근로주는 일괄적으로 부여할 것 등을 강조했다.[10]

우리나라의 경우, 종전에는 1년 동안 개근한 근로자에 대해 10일, 9할 이상 출근한 근로자에 대해 8일의 연차유급휴가를 주되, 2년 이상 근속한 자에게는 1년마다 1일씩 가산하는 방식을 채택하고 있었다.

그러나 이는 2003년 근로기준법 개정 시에 현행 규정과 같이 1년간 8할 이상 출근한 근로자에게 15일의 유급휴가를 주고, 종전의 월차유급휴가를 폐지하는 대신 계속근로기간이 1년 미만인 근로자에 대해서는 1월 개근 시에 1일의 유급휴가를 주도록 하는 한편, 3년 이상 계속하여 근로한 자에게는 15일의 기본 휴가일수에 최초 1년을 초과하는 계속근로연수 2년마다 1일을 가산하는 방식으로 변경하였다.

(2) 휴가권의 법적 성질

연차휴가권의 법적 성질에 대해서는 이를 청구권으로 볼 것인지 아니면 형성권으로 볼 것인지에 따라 청구권설·형성권설·종류채권설·이분설 등 다양한 주

---

9) 1936년의 ILO 47호 권고에서는 연휴제도의 취지는 "휴식, 오락 및 능력계발을 위한 기회의 확보"라고 규정하고 있다.

10) 菅野和夫, 勞働法, p.301.

장이 있으나, 다수설은 연차휴가권은 법적 요건을 충족할 때에 당연히 부여되는 청구권이나 '시기지정권'은 형성권의 성질을 갖는다고 하여 '이분설'에 가깝다.

(3) 휴가권의 성립요건

① 1월간 개근

근로자가 연차유급휴가를 부여받기 위해서는 1년간 8할 이상 출근하거나 또는 계속근로연수가 1년 미만인 경우 1월간 개근하여야 한다.

여기서 "출근" 또는 "개근"의 여부는 소정근로일을 기준으로 산정하며, "계속근로"란 당해 사업장에 적을 둔 기간을 의미하므로 휴직기간·임시직에서 정규직으로 전환, 단기계약기간의 반복·갱신 등도 포함된다.

② 1년간 8할 이상의 출근

연차유급휴가를 부여받기 위해서는 1년간 8할 이상의 출근을 하여야 하는데, 개근 여부는 출근율을 계산함에 있어서는 당해 근로자가 본래 근로할 의무가 있는 날, 즉 소정근로일을 기준으로 한다. 따라서 유급주휴일, 근로자의 날, 취업규칙 등에 따른 휴일을 제외한 날은 소정근로일로 본다.[11]

(4) 출근율의 계산

① 계속근로의 기산점

계속근로의 기산점은 당해 근로자의 입사일(채용일)을 기준으로 함이 원칙이나, 다만 기업의 편의상 특정일을 전 근로자의 계속근로의 기산점으로 삼는 것

---

11) 「연차유급휴가 등의 부여 시 소정근로일수 및 출근여부 판단기준에 관한 지침(1997. 5. 30, 근기 68207-207)」

도 무방하다.

예컨대 매년 1월 1일이나 매월 1일을 계속근로의 기산점으로 하더라도 상관없으나, 이때 근로자들이 획일적 계산으로 인하여 불이익을 받지 않도록 배려할 필요가 있다.

② 특수기간의 처리

근로기준법 제60조 제1항 내지 제3항의 규정을 적용함에 있어서 근로자가 업무상의 부상 또는 질병으로 휴업한 기간과 산전·산후의 여성이 제74조 제1항 부터 제3항(임산부의 보호)까지의 규정에 의하여 휴업한 기간은 출근한 것으로 본다(근기법 60조 6항).

(5) 휴가일수의 계산

1년간 8할 이상 출근 시에는 15일(근기법 60조 1항), 계속근로연수가 1년 미만인 경우에는 1개월간 개근 시 1일(동조 제2항), 최초 1년간의 근로에 대하여 유급휴가를 주는 경우에는 제2항에 따른 휴가를 포함하여 15일로 하고, 근로자가 제2항에 따른 휴가를 이미 사용한 경우에는 그 사용한 휴가 일수를 15일에서 뺀다(동조 제3항).

근로자가 가산휴가를 부여받으려면 3년 이상 계속 근속하여야 하지만, 그 기간 동안 계속하여 출근할 필요는 없다.

(6) 휴가의 사용

근로자는 연차유급휴가의 사용에 관한 구체적인 시기를 지정할 수 있으며, 사용자는 원칙적으로 근로자가 청구한 시기에 휴가를 주어야 한다. 다만, 근로자가 청구한 사기에 휴가를 부여하는 것이 '사업운영상 막대한 지장을 초래하는 경우'에는 사용자는 「시기변경권」을 행사할 수 있다(60조 5항).

원칙적으로 휴가의 사용용도는 근로자의 자유에 속하나, 집단휴가투쟁에 대하여 판례[12]는 연차유급휴가로서의 성질을 부인한다.

(7) 휴가와 임금

연차유급휴가의 기간 중 근로의 제공이 없어도 단체협약·취업규칙 등에 정한 바에 따라 평균임금 또는 통상임금이 지급되며, 가산휴가를 포함한 총 휴가일수는 25일을 한도로 한다(근기법 60조 4항, 5항).

따라서 25일을 초과하는 휴가일수에 대해서는 단체협약 등에서 특별히 규정을 하고 있지 않는 한, 이를 근로자에게 부여하지 않더라도 무방하다.

(8) 휴가의 소멸

연차유급휴가청구권은 휴가는 1년간 행사하지 아니하면 소멸된다. 다만, 사용자의 귀책사유로 사용하지 못한 경우에는 그러하지 아니하다(근기법 60조 7항).[13]

휴가청구권이 소멸되더라도 수당청구권은 그 휴가청구권이 소멸되는 날의 다음날을 기산점으로 하여 3년의 소멸시효를 가진다.

---

12) 근로기준법상 연·월차휴가는 일정기간 유급으로 휴가를 부여함으로써 근로자의 육체적·정신적 건강을 보호하고 문화생활을 확보하는 데 그 취지가 있으며, 근로자가 청구한 시기에 유급휴가를 주는 것이 사업운영에 심대한 지장이 있는 경우에 사업주가 그 시기를 변경할 수 있도록 하고 있다. 따라서 근로자가 집단적·일방적으로 동 휴가를 청구함으로써 사업의 정상적 운영을 저해하는 경우에는 사업주는 그 시기를 변경할 수 있다. 사업주가 정당한 시기변경권을 행사한 경우에도 불구하고 집단적으로 동 휴가를 사용한 경우에는 정당한 휴가권의 행사로 볼 수 없다(1994. 9. 1, 근기 68207-1377).

13) 근로기준법(제61조)은 연차유급휴가의 사용을 촉진하기 위하여 ①연휴권의 소멸기간(1년)이 끝나기 3개월 전을 기준으로 10일 이내에 사용자가 근로자별로 사용하지 아니한 휴가 일수를 알려주고, 근로자가 그 사용 시기를 정하여 사용자에게 통보하도록 서면으로 촉구할 것, ②사용자의 촉구에도 불구하고 근로자가 이로부터 10일 이내에 사용하지 아니한 휴가의 전부 또는 일부의 사용 시기를 정하여 사용자에게 통보하지 아니하면 소멸기간이 끝나기 2개월 전까지 사용자가 사용하지 아니한 휴가의 사용 시기를 정하여 근로자에게 서면으로 통보할 것 등의 조치를 취한 경우에는 사용자는 당해 근로자의 연휴권을 보상할 의무가 없음을 명시하고 있다.

3. 연차유급휴가의 대체

(1) 의의

> **근기법 제62조(유급휴가의 대체)**
>
> 사용자는 근로자대표와의 서면 합의에 따라 제60조에 따른 연차유급휴가일에 갈음하여 특정한 근로일에 근로자를 휴무시킬 수 있다.

사용자는 근로자대표와의 서면합의에 의해 연차유급휴가일에 갈음하여 특정일에 휴무시킬 수 있으며, 이는 기업의 경영합리화를 위해 근로기준법에 신설된 내용이다.

연차휴가의 사용과 관련하여 사용자가 근로자가 지정한 시기에 연차휴가를 부여하지 않고 금전으로 보상하는 것에 대한 적법성의 여부이다. 이에 대해서는 근로자가 연차휴가를 사용하려고 했으나 부득이한 사정으로 이를 소화하지 못한 결과 회사가 사후적으로 금전적 보상을 해주는 것은 문제가 되지 않지만, 그렇지 않고 사용자가 연차휴가 대신 소위 '휴가보상금' 또는 '연차수당'이라는 명목으로 임금을 지불하고 근로하게 하는 소위 '연차휴가의 매수'는 연차휴가의 입법취지에 어긋나므로 허용되지 않는다.[14]

(2) 시기변경권의 행사

이러한 유급휴가의 대체제도와 개별근로자의 시기지정권이 충돌할 수 있는바, 이 경우에는 개별근로자의 시기지정권이 원칙적으로 우선한다고 해석하되, 다만 사업의 운영상 막대한 지장을 이유로 하는 유급휴가의 대체일 경우에는 사용자의 시기변경권이 인정될 수 있는 것으로 본다.

시기변경사유인 '사업의 정상적인 운영을 방해하는 경우'에 해당하기 위해서

---

14) 대판 1995. 6. 29, 94다18553.

는 해당근로자의 연휴취득일의 근로가 그 자의 담당업무를 포함하는 상당한 단위의 업무의 운영에 있어서 꼭 필요하고, 또한 대체요원을 확보하는 것이 곤란하다는 점이 필요하다. 바꿔 말하면 정상적인 영업에 꼭 필요한 자로부터의 연휴청구라도 사용자가 대체요원을 확보하기 위한 노력을 하지 않은 채 바로 시기변경권을 행사하는 것은 허용되지 않는다. 작업량과의 관계에서 엄밀하게 계산된 작업정원이 정해져 있는 경우에는 정원에 속한 자의 근로는 위의 의미에서 불가결한 것이라는 점이 통상적이다.

그리고 대체요원의 확보는, 단위가 되는 업무의 조직 및 그것과 밀접하게 관련된 업무조직의 범위에서 노력하여야 한다. 그리고 인원부족을 위해 대체요원의 확보가 항상 곤란한 상황이라면 연휴권 보장의 취지에서 시기변경사유의 존재를 인정해야 하는 것은 아니다.[15]

15) 菅野和夫, 勞働法, p.309.

CASE STUDY

Case1

패션잡지사를 운영하는 K씨는 모 아동의류업체의 요청으로 패션잡지를 제작하고자 중학생 L군(15세)과 C양(14세를) 섭외하여 광고모델로 사용하고자 한다. 이에 K씨는 자기가 소속한 P회사 명의로 된 '아르바이트 계약서'를 L군과 C양에게 제시한 후 각각 계약을 체결하였다. 이 계약서에 따르면, L군과 C양은 방과 후에 화보촬영에 협조해야 하며, P회사는 그 대가로 시급 3만원(교통비는 별도 지급)을 지급한다는 내용으로 되어 있다. K씨가 L군 및 C양을 광고모델로 사용하기 위하여 특별히 유의해야할 점은 무엇인가?

Check Point : 최저연령의 제한, 연소자 증명서의 비치, 근로시간의 제한

Case2

J씨는 내년에 취학하는 차녀를 위해 1년간 육아휴직을 회사에 신청하였다. 그러나 회사는 J씨가 맡고 경영기획업무의 중요성에 비추어 1년은 힘들다고 하면서 3개월 정도 사용할 것을 권장하였다. 그러나 J씨는 차녀가 지적장애가 있기 때문에 특수학교에 입학하여 적응하기까지 적어도 1년간은 보살필 필요가 있으며, 맞벌이 부인인 아내는 이미 육아휴직을 이미 사용했기 때문에 회사 측의 제안을 받아들이기 어렵다고 했다. 이에 회사는 난색을 표했지만, J씨는 육아휴직은 법에서 보장하는 것이라고 하면서 회사의 권유에도 불구하고 1년간 육아휴직을 사용하였다. 그 후 J씨는 육아휴직을 마치고 나서 회사에 출근했으나, 회사는 J씨에게 특별한 업무를 부여하지 않아 잡일을 하는 날이 많았다. 이에 J씨가 회사에 항의를 하자, 회사 측은 J씨가 종전에 담당하던 경영기획업무를 이미 다른 사람이 담당하고 있기 때문에 원직에 복귀시킬 수가 없으니, 결원이 발생한 영업부문으로 갈 것을 권장했다. J씨는 입사 이래 경영기획팀에서만 근무하였으므로 전혀 생소한 영업을 할 수 없다고 하면서, 회사의 권고에 응하지 않고 있다. 이러한 J씨의 행동은 정당한 것일까?

Check Point : 육아휴직의 신청요건, 육아휴직 사용에 따른 불이익 처우

제4장 여성과 연소자

I. 총설

근로기준법 제5장은 여성과 연소자에 대한 특별보호에 관하여 규정하고 있다. 이는 헌법 제32조 4항과 5항에 명시된 여성과 연소자의 근로에 대한 특별한 보호를 적극적으로 구체화한 것이다.[1)]

이는 연소근로자의 신체적·정신적 성장을 보호하고, 원숙한 인간으로 성장할 수 있도록 특별한 법적 보호규정을 두고 있으며, 여성근로자는 여성의 신체적·생리적인 특성과 모성의 보호라는 점에서 남성근로자와 구별되고, 또한 전통적으로 남성근로자의 평등대우라는 측면에서 특별한 법적 보호를 규정하고 있다.[2)] 구체적인 이유는 다음과 같다.

첫째, 연소근로자는 성인근로자에 대하여 신체적으로 열악하다. 또한 연소근로자는 신체적·정신적으로 성장과정에 있으므로 장시간의 노동은 이들의 건강한 신체적 성장을 방해하게 되고 연소자의 교육기회를 박탈하는 결과를 가져오게 된다. 따라서 연소근로자의 신체적 정신적 성장을 보호하고 원숙한 인간으로 성장할 수 있도록 특별한 법적 보호규정을 두고 있는 것이다.

---

1) 김형배, 근로기준법, p.457
2) 이상윤, 노동법, p.284

둘째, 여성근로자는 여성의 신체적 생리적인 특성과 모성보호라는 점에서 남성근로자와 구별되고 또한 전통적으로 남성근로자의 평등 대우라는 측면에서 법적 보호를 필요로 하고 있다. 여성근로자는 인류종족의 번식이라는 숭고한 사명 아래 임신 및 출산 등의 생리적 특성을 갖고 있으므로 이를 단지 여성근로자라는 이유로 경시할 수 없다.

셋째, 여성근로자는 전통적으로 채용 및 근로조건 등에서 남성근로자에 비해 차별대우를 받아왔으므로, 이에 대한 평등대우의 확보가 필요하다고 할 것이다. 최근의 여성근로자의 보호는 신체적 열악함의 보호라는 측면으로부터 모성의 보호 및 남녀평등의 보호라는 측면으로 점차 그 중점이 변화되고 있다. 즉 여성근로자에 있어서는 기술혁신 및 근무환경의 개선 등으로 인하여 여성의 신체적 열악함은 이제 커다란 문제점이 되지 아니하고, 오히려 일과 가정의 양립이 사회적 이슈로 등장하면서, 남녀고용평등법은 이에 대응하여 육아휴직을 근로자의 권리로 규정하고 있다.

II. 여성과 연소자에 대한 공통된 보호

근로기준법은 여성과 연소자에 대한 공통된 보호로서, ①탄력적 근로시간제도의 금지(51조), ②유해·위험사업에의 사용금지(65조), ③야간·휴일근로의 금지(70조) 및 ④갱내근로의 금지(72조)를 규정하고 있다.

1. 탄력적 근로시간제도의 금지

탄력적 근로시간제의 경우, 경우에 따라서는 특정한 주나 특정일에 근로시간이 지나치게 길어져서 여성이나 연소자의 건강을 해칠 염려가 있다.

이에 근로기준법은 15세 이상 18세 미만의 근로자와 임신 중인 여성근로자에 대하여는 이를 적용하지 아니한다(51조 3항).

2. 야간 · 휴일근로의 금지

(1) 의의

근기법 제70조(야간근로와 휴일근로의 제한)

① 사용자는 18세 이상의 여성을 오후 10시부터 오전 6시까지의 시간 및 휴일에 근로시키려면 그 근로자의 동의를 받아야 한다.
② 사용자는 임산부와 18세 미만자를 오후 10시부터 오전 6시까지의 시간 및 휴일에 근로시키지 못한다. 다만, 다음 각 호의 어느 하나에 해당하는 경우로서 고용노동부장관의 인가를 받으면 그러하지 아니하다.
  1. 18세 미만자의 동의가 있는 경우
  2. 산후 1년이 지나지 아니한 여성의 동의가 있는 경우
  3. 임신 중의 여성이 명시적으로 청구하는 경우
③ 사용자는 제2항의 경우 고용노동부장관의 인가를 받기 전에 근로자의 건강 및 모성보호를 위하여 그 시행 여부와 방법 등에 관하여 그 사업 또는 사업장의 근로자대표와 성실하게 협의하여야 한다.

근로기준법은 사용자가 여성과 18세 미만자에 대하여 야간근로와 휴일근로에 종사시키는 경우에는 일정한 제한을 부과하여 여성과 연소자를 보호하고 있다.

야간근로의 경우 여성과 연소자에 대하여 건강상 유해하므로 각 국의 입법례에서도 이를 일반적으로 제한 또는 금지하고 있다.

또한 휴일근로는 성인근로자에 비하여 신체적 조건이 불리한 여성근로자와 성장과정에 있는 연소자에게 건강유지를 위한 휴식시간을 제공하기 위한 것이다.[3]

---

3) 김형배, 근로기준법, p.459.

(2) 내용

사용자가 여성과 18세 미만자에 대하여 야간근로와 휴일근로에 종사시키는 경우에는 일정한 제한이 부과된다(동법 70조).

인간은 주(晝)행성 동물이므로 야간근로는 인간의 생체주기를 깨뜨려서 특히 신체적으로 약한 여성과 연소자에 대하여 부정적 영향을 가져오고 또한 우리나라 사회는 여성과 연소자의 야간활동을 바람직하게 보지 아니하고 있으므로 이를 금지하고 있는 것이다.

또한 휴일근로를 제한하는 이유는 연소자에게 휴식을 통하여 신체적·정신적으로 성장할 기회를 부여하고 여성근로자의 신체적·모성적 보호를 위한 것이다.

휴일에는 ①근로기준법 제55의 주휴일, ②동법 제60조의 연차유급휴가 등의 법정휴일 및 약정휴일이 포함된다고 본다.

① 18세 이상의 여성근로자

사용자는 18세 이상의 여성을 오후 10시부터 오전 6시까지의 사이 및 휴일에 근로시키고자 하는 경우에는 당해 근로자의 동의를 얻어야 한다. 이는 18세 이상의 여성은 임산부가 될 가능성이 있으므로 그 임신·출산 기능을 보호하려는 것이다.[4)]

② 임산부와 18세 미만자

사용자는 임산부(임신 중이거나 산후 1년이 경과되지 아니한 여성)와 18세 미만자를 오후 10시부터 오전 6시까지의 사이 및 휴일에 근로시키지 못한다.

다만, ①18세 미만자의 동의가 있는 경우, ②산후 1년이 지나지 아니한 여성의 동의가 있는 경우, ③임신 중인 여성이 명시적으로 청구하는 경우 등에 해당하

4) 임종률, 노동법, p.573.

는 경우로서, 고용노동부장관의 인가를 얻은 경우에는 근로시킬 수 있다.

또한 사용자는 상기 고용노동부장관의 인가를 얻기 이전에 근로자의 건강 및 모성보호를 위하여 그 시행여부와 방법 등에 관하여 당해 사업 또는 사업장의 근로자 대표와 성실하게 협의하여야 한다.

3. 유해 · 위험사업에의 사용금지

(1) 의의 및 취지

> 근기법 제65조(사용금지)
>
> ① 사용자는 임신 중이거나 산후 1년이 지나지 아니한 여성(이하 "임산부"라 한다)과 18세 미만자를 도덕상 또는 보건상 유해·위험한 사업에 사용하지 못한다.
> ② 사용자는 임산부가 아닌 18세 이상의 여성을 제1항에 따른 보건상 유해·위험한 사업 중 임신 또는 출산에 관한 기능에 유해·위험한 사업에 사용하지 못한다.
> ③ 제1항 및 제2항의 규정에 따른 금지 직종은 대통령령으로 정한다.

위의 규정은 성인 남자근로자와 비교하여 신체적·생리적으로 약한 여성근로자와 신체적으로 아직 성장과정에 있으며, 일반적인 경험·기능·주의력 등이 불충분한 연소자에 대해서는 안전위생 및 복지의 측면에서 유해·위험하다고 인정되는 업무에의 종사를 금지하려는 것이다.

(2) 내용

사용자는 임산부 및 18세 미만자 및 임산부가 아닌 18세 이상의 여성을 도덕상·보건상 유해위험 사업에 사용하여서는 아니 된다(근기법 65조).

그 이유는 신체적으로 열악한 여성근로자나 업무능력이 미숙하고 경험이 부족한 연소자를 도덕상·보건상 유해·위험하다고 인정되는 업무에 종사시키는 것을 금지하여 이들의 신체건강상의 안전 및 도덕성을 보호하기 위한 것이다.

유해·위험한 사업의 유형은 대통령령으로 규정하며, 근로기준법 시행령(제40

조)은 임산부 등의 사용금지직종을 상세하게 규정하고 하고 있다.

4. 갱내근로의 금지

(1) 의의 및 취지

사용자는 여성근로자와 18세 미만자를 일정한 업무를 제외하고는 갱내에서 근로시키지 못한다.

갱내근로는 특수한 작업환경으로 인하여 연소자와 여성에게 적합하지 않기 때문에 이를 금지하고 있다. 그러므로 여성과 연소자에 대해서는 사무적인 근로이든 경미한 근로이든 갱내에 있어서의 취업은 전혀 인정되지 않는다.

ILO에 있어서도 "탄광에 있어서의 갱내작업의 최저 취업연령에 관한 권고(제96호, 1953년)", "모든 종류의 광산내의 지하 작업에 있어서의 여성의 고용에 관한 조약"(제45호, 1939년)에 이어, "광산의 지하작업에 있어서의 최저 취업연령에 관한 조약"(제123호, 1965년)이 채택되어 여성과 연소자의 갱내근로금지의 원칙이 확립되어 있다.

(2) 내용

사용자는 여성근로자와 18세 미만자를 갱내에서 근로시키지 못한다(근기법 72조). 갱내근로는 미진으로 인한 호흡기질환 및 갱내 붕괴사고의 가능성이 존재하는 등 작업환경이 극히 열악하고 위험하기 때문에 신체적으로 열악한 여성과 연소자의 근로를 금지하고 있는 것이다.

"갱내"의 범위는 작업장소가 갱내로 판단되는 한 그 작업의 내용이 광업이 아닐지라도 갱내근로에 해당된다. 따라서 갱내에서 행하는 채광업무는 물론 경리·인사 등의 사무직 업무도 이에 포함된다.

(3) 갱내근로의 허용업무

본래의 업무를 수행하기 위한 수단으로서 일시적으로 필요한 경우에 행하는 근로는 갱내의 근로에 해당되지 않는다.

근로기준법 시행령 제42조는 근로기준법 제72조의 규정에 의하여 ①보건·의료 및 복지업무, ②신문·출판·방송프로그램 제작 등을 위한 보도·취재업무, ③학술연구를 위한 조사 업무, ④관리·감독 업무, ⑤제1호부터 제4호까지의 업무와 관련된 분야에서 하는 실습 업무 등을 수행하기 위하여 일시적으로 필요한 경우에는 여성과 18세 미만인 자를 일시적으로 갱내에서 근로시킬 수 있다.

III. 연소근로자에 대한 특별보호

1. 총설

근로기준법은 연소근로자의 교육기회 보장 및 건강 보호를 통해 건전하고 건강한 인간으로 성장할 수 있도록 연소근로자에 대한 특별보호를 명시하고 있다.

이에 ILO에서도 연소근로자에 대한 특별보호를 규정하고 있으며 우리나라 헌법 제32조 5항에서도 특별보호를 명시하고 있다

근로기준법은 연소근로자의 특별보호제도로서 ①최저취업연령의 제한(64조), ②연소자증명서의 비치(66조), ③미성년자의 근로계약보호(67조), ④미성년자의 임금청구(68조), ⑤연소자 근로시간의 제한(69조) 등을 규정하고 있다.

2. 최저취업연령의 제한

(1) 15세 미만인 자의 채용제한

근로기준법은 15세 미만인 자의 채용을 제한하고 있다(64조 1항). 이는 연소자의 건강과 정상적인 성장 및 의무교육에 지장이 없도록 연소자를 보호하려는데 그 취지가 있다.

종래에는 최저취업연령을 13세로 규정하였으나, 중학교의 의무교육이 실시됨에 따라 1997년 법개정 시에 15세로 상향조정되었다.

또한 사용자는 18세 미만자에 대하여 그 연령을 증명하는 가족관계기록사항에 관한 증명서와 친권자 또는 후견인의 동의서를 사업장에 갖추어 두어야 할 의무가 있으므로(동법 66조) 근로자의 연령이 만 15세에 달하였는가의 여부를 확인할 의무는 사용자에게 있다고 할 것이다.

(2) 취직인허증을 가진 자의 채용

고용노동부장관의 취직인허증을 소유한 15세 미만인 자의 경우 근로자를 사용할 수 있다(근기법 64조 1항 단서). 이 경우 취직인허증은 본인의 신청에 의하여 의무교육에 지장이 없는 한도에서 직종을 지정하여서만 발행할 수 있다.

고용노동부장관이 취직인허증을 발행하는 경우 이를 본인 및 사용자에게 교부하여야한다(근기법 시행령 35조). 15세 미만의 자를 사용하는 사용자는 취직인허증을 사업장에 비치하여야한다(동법 시행령 35조).

3. 연소자증명서의 비치

사용자는 18세 미만인 자에 대하여는 그 연령을 증명하는 가족관계 기록사항에 관한 증명서와 친권자 또는 후견인의 동의서를 사업장에 비치하여야 한다(근기법 66조). 이는 사용자로 하여금 연소자의 연령을 확인하게 함으로써 연소자보호에 관한 제반규정을 준수시키려는데 그 취지가 있다.

이 경우 근로기준법 제64조의 규정에 의한 취직인허증을 비치한 경우에는 가족관계기록사항에 관한 증명서와 친권자나 후견인의 동의서를 비치한 것으로 본다(근기법 시행령 38조 1항).

(1) 가족관계기록사항에 관한 증명서

사용자가 비치하여야 할 증명서는 '가족 관계 기록 사항에 관한 증명서'가 원칙이나, 가족 관계 기록 사항에 관한 증명서의 비치는 18세 미만자의 연령을 확인할 것을 목적으로 하고 있기 때문에 반드시 '가족 관계 기록 사항에 관한 증명서'에 한정되지 아니하고 주민등록등초본도 무방하다는 견해도 있다.

그러나 '가족 관계 기록 사항에 관한 증명서'는 친권자 또는 후견인의 신분을 확인하는 증명서가 될 수 있으므로 친권자 또는 후견인이 별도의 방법으로 확인되지 아니하는 한 '가족 관계 기록 사항에 관한 증명서'를 반드시 비치하여야 할 것이다.

(2) 친권자 또는 후견인의 동의서

사용자는 18세 미만 근로자의 친권자 또는 후견인의 동의서를 비치하여야 한다. 이 경우 "동의서"라 함은 미성년자의 근로계약체결에 관한 동의서를 말한다. 즉, 미성년자의 근로계약체결에 대하여 친권자 또는 후견인이 이를 대리할 수 없으나(근기법 67조 1항), 이에 대한 동의는 필요한 것을 의미한다.

4. 미성년자의 근로계약과 임금청구

(1) 근로계약 대리체결의 금지

친권자 또는 후견인은 미성년자의 근로계약을 대리할 수 없다(근기법 67조 1항).

이는 친권자 또는 후견인이 미성년자인 근로자의 의사와 관계없이 근로계약을 체결함으로써 연소자가 부당한 근로조건으로 장시간 강제노동을 강요받는 등의 반봉건적 폐단을 방지하려는데 이 제도의 취지가 있다.

대리권 행사의 금지범위에 대하여는 학설의 대립이 있다. 즉 민법 제920조 및 제949조의 규정에 의한 법정대리권의 행사만을 금지하느냐 또는 미성년자가 근로계약의 체결을 위임하는 임의대리에 의한 경우도 포함하느냐가 문제된다.

이에 대하여는 (i)법정대리인으로서의 계약체결에 한정된다는 설, (ii) 미성년자의 위임에 의한 임의대리인도 포함된다는 설, (iii)법률상의 대리에 한정할 것이 아니라 친권자 또는 후견인의 사실상의 발의나 독려에 의하여 미성년자를 취업시키는 경우도 포함된다는 설 등이 있다.

근로기준법 근로계약의 대리체결을 금지하고 있는 규정(제67조 1항)에 위반한 친권자 또는 후견인에 대하여는 500만원 이하의 벌금형에 처한다(근기법 114조 1항).

(2) 근로계약의 해지

친권자, 후견인 또는 고용노동부장관은 근로계약이 미성년자에게 불리하다고 인정하는 경우에는 이를 해지할 수 있다(근기법 67조 2항). 이는 미성년자의 판단능력이 불충분하다는 것을 고려하여 그에 대한 사후사정을 위해 해지권을 인정하였다.

여기서 "미성년자에게 불리하다고 인정되는 경우"라 함은 근로계약을 계속시키는 것이 근로조건·작업환경 및 취업상황 등에서 미성년자에게 불리하다고 인정되는 경우를 의미한다.

또한 친권자 등에 의한 근로계약의 해지는 미성년자가 친권자 또는 후견인의 동의를 얻어 직접 사용자와 근로계약을 체결한 경우뿐만 아니라, 친권자나 후견인이 미성년자를 대리하여 근로계약을 체결한 경우(근기법 제67조 1항에 위반한 경우)에도 적용된다고 보아야 한다.

(3) 임금의 청구 및 수령

1) 미성년자는 독자적으로 임금을 청구할 수 있다(근기법 68조). 이는 친권자에 의하여 미성년자의 임금을 대리 수령함으로써 미성년자를 혹사시키는 반봉건적 폐단을 방지하려는데 그 취지가 있다. 사용자는 미성년자에게 임금을 지급하면서 법정대리인의 동행·동의를 요구하여서는 아니 된다.

이 경우 임금청구는 미성년근로자에게 허용되는 것은 물론 친권자에게도 허용된다고 해석되어야 할 것이다. 다만 임금청구를 미성년근로자가 하든지 또는 친권자가 하든지 임금은 미성년근로자에게 직접 지불되어야 하므로, 친권자는 이를 대리 수령할 수 없다.

근로기준법 제68조에서 규정하고 있는 미성년근로자의 임금청구권의 내용을 친권자의 임금대금수령을 금지하고 있는 것으로 해석하는 견해도 있으나, 동조는 단순히 미성년근로자의 독자적인 임금청구권을 허용하고 있는 규정이며, 친권자 임금대리수령금지는 동법 제43조 제1항 본문의 "직접지불의 원칙"에서 규정하고 있는 것으로 보아야 할 것이다.

미성년자인 근로자는 "임금채권보장법"의 규정에 따라 독자적으로 체당금을 청구할 수 있다(임채법 11조 3항).

2) 근로기준법 제68조는 행위능력이 없는 미성년자에게 법정대리인의 동의 없이 단독으로 사용자의 채무변제의 효과를 가지는 임금청구권을 인정한 규정이다.

그러므로 예컨대 이미 근로계약상 합의된 노무를 제공한 미성년근로자에게 사용자가 행위무능력자라는 이유로 임금지급을 거절하거나 친권자 또는 후견인의 동의 내지 동반을 요구하는 경우뿐만 아니라, 해당 근로자의 친권자 또는 후견인에게 임금을 이미 지급해버린 경우도 동조의 위반이라 할 수 있다. 그러나 현행 근로기준법은 동조 위반에 대한 벌칙규정을 두고 있지 않다.

다만 동조 위반의 경우는 결과적으로 해당 미성년근로자에게 직접 임금을 지급하지 않은 것이 되므로 근로기준법 제43조 소정의 직접지불의 원칙을 위반한 것이 되어 당연히 그 벌칙(3년 이하의 징역 또는 2천만원 이하의 벌금)이 적용된다.

5. 연소자의 근로시간의 특례

(1) 취지

근로기준법 제69조는 "15세 이상 18세 미만자의 근로시간은 1일에 7시간, 1주일에 40시간을 초과하지 못한다. 다만 당사자 사이의 합의에 따라 1일에 1시간, 1주일에 6시간을 한도로 연장할 수 있다."라고 규정하고 있다.

연소근로자는 성인근로자에 비하여 신체적·정신적으로 아직 성장과정에 있으므로 근로시간의 규제를 통하여 건강의 유지와 건전한 성장을 보장하여야 한다. 따라서 근로기준법 제69조는 소년근로자 대한 특별보호규정의 하나로서 근로시간에 대한 특례를 정한 것이다.

(2) 기준근로시간

15세 이상 18세 미만인 근로자의 근로시간은 1일 7시간, 1주 40시간을 초과하지 못한다(근기법 69조).

이와 관련하여 15세 미만자의 근로시간에 대해서도 이 원칙이 적용된다고 보는 것이 다수의 견해이다.

(3) 연장근로

위의 기준근로시간은 당사자의 합의에 의하여 1일 1시간, 1주 6시간의 범위에서 근로시간을 연장할 수 있다(근기법 69조 단서). 즉, 1일 8시간, 1주 46시간까지 근로시킬 수 있다.

따라서 당해 시간을 초과하여 연장근로하게 할 수 없으며, 근로기준법 제59조에 의한 노사협정에 의한 1주 12시간 초과의 특례연장근로도 시킬 수 없다고 본다.

다만, 근로기준법 제53조 3항의 규정에 의한 인가연장근로의 경우, 그 적용여부에 대해서는 이견이 있으나, 연소근로자의 보호를 위해서는 적용되지 않는다고 하는 것이 다수의 견해이다.

(4) 탄력적·선택적 근로시간제의 적용배제

연소근로자에 대해서는 근로기준법 제51조의 탄력적 근로시간제와 제52조의 선택적 근로시간제에 있어 그 적용이 배제된다는 것은 이미 전술한 바와 같다.

이는 육체적으로 미성숙한 연소근로자를 위하여 근로시간을 배제하려는데 그 취지가 있다.

IV. 여성근로자에 대한 특별보호

근로기준법은 여성근로자의 특별보호제도로서 i)생리휴가(73조), ii)산전·후 유급휴가제도(74조), iii)육아시간(75조) 및 iv)시간외근로제한(71조)을 규정하고 있다.

1. 생리휴가

(1) 의의

사용자는 여성인 근로자가 청구하면 월 1일의 생리휴가를 주어야 한다(근기법 73조). 이는 여성근로자가 생리기간 중에 무리하게 근로함으로써 정신적·육체적 건강을 해치는 것을 예방하기 위한 것이다.

이러한 여성근로자에 대한 생리휴가의 보장은 국제노동조약을 비롯한 제 외국의 입법례에서는 거의 찾아볼 수 없다. 종전에는 생리휴가를 유급으로 하고 있었으나 현재는 무급으로 하고 있다.

(2) 내용

생리휴가제도는 여성근로자의 특수한 신체적·생리적 사정을 보호하기 위하여 설정된 제도이므로 직종, 근로시간 및 개근여부 등에 상관없이 임시직·시간제 근로자 등을 포함한 모든 여성근로자에게 생리 여부사실에 따라 부여되어야 한다.[5]

생리휴가제도의 취지가 생리기간 중 취업이 곤란한 여성근로자를 보호하고자 하는데 있으므로, 생리현상이 없는 여성근로자에 대해서는 생리휴가를 주지 않아도 될 것이다. 다만, 생리사실의 유무의 입증책임은 휴가 부여 의무면제를 주장하는 사용자에게 있다.[6]

이와 관련해서 임신 중인 여성근로자에게도 생리휴가를 부여하여야 하는가하는 문제가 발생하는데, 부여 여부에 대해 이견은 있으나, 생리휴가제도가 근로의 대가로서 휴가를 부여하는 것이 아니라 여성근로자의 모성을 보호하고자 하는 데 그 취지가 있는 점 등을 고려하면 임신 중인 여성근로자에 대해서도 생리휴가를 주어야 한다는 견해도 있다.[7]

그러나 판례와 행정해석은 임신 중에는 생리가 없으므로 생리를 전제로 한 근로기준법 제71조의 적용은 적용되지 않는다고 한다.

(3) 생리휴가권의 행사

사용자는 여성근로자가 생리휴가를 신청한 경우에는 생리휴가를 부여해야 하므로, 생리휴가를 사용할 권리는 청구와는 상관없이 발생하는 일종의 형성권이

---

5) 생리휴가는 일용자이거나 취업일수, 만근 여부에 관계없이 해당 근로자에게 모두 주어야 한다(1971. 2. 2, 근기 1455-1032).

6) 근로기준법 제59조(현행 제73조)에 규정된 (유급)생리휴가제도는 여자근로자가 생리로 인해 작업에 곤란을 겪을 수 있음을 감안하여 이를 보호하는데 목적이 있으므로, 생리현상이 있는 근로자에게 휴가를 부여하는 것이 타당할 것이다. 다만 생리 유무의 입증책임은 휴가부여 의무면제를 주장하는 사용자에게 있다고 사료된다(1989. 10. 31, 근기 01254-15542).

7) 김형배, 근로기준법, p.478.

라고 볼 수 있다.[8]

생리휴가의 적치·분할 사용 여부에 대하여 행정해석은 근로기준법상 생리휴가는 사용자가 여성인 근로자에 대하여 본인의 청구와 관계없이 사실상의 생리현상에 따라 부여하는 것이므로, 이를 분할하여 사용할 수는 없고 해당 월이 경과되면 당연히 청구권이 소멸된다고 한다.[9]

여성근로자가 사전에 생리휴가의 청구 없이 결근한 후 다음날 출근해서 생리로 인한 결근이었다는 것을 통고하는 것은 권리남용에 해당한다.[10]

그러나 단체협약으로 여성근로자가 생리휴가의 청구 없이 무단결근을 하더라도 이를 생리휴가로 대체해 줄 것을 희망하는 때에는 사용자는 월 1일에 한하여 이를 무단결근으로 처리할 수 없다.[11]

---

8) 개정 전의 근로기준법 제59조(현행 제73조)는 생리시의 정신적·육체적 영향을 고려하여 여성근로자를 특별히 보호하기 위한 제도로서, 근로자의 청구여부와 상관없이 사실상의 생리현상에 따라 월 1일의 유급휴기를 주도록 하는 것인 바, 근로자가 사용자로부터 생리휴가 사용권장·종용을 받았음에도 자유의사로 사용치 아니한 경우에는 권리의 포기 또는 수령지체에 해당되어 원칙적으로 휴가사용권은 물론 수당청구권도 소멸한다. (1995. 10. 23, 근기 68207-1732).

9) 1997. 9. 4, 근기 68207-1193.

10) 근로기준법 제59조(현행법 제73조)는 사용자에게 휴가부여의무를 부과하고 있으나 휴가실시방법에 대해서는 규정하지 않고 있으므로 노·사가 이를 자율적으로 결정하여야 할 것이다. 다만, 노·사간 결정사항이 없는 경우 생리휴가권의 행사는 사회통념상 신의성실의 원칙에 적합하게 행사되어야 할 것이다(1990. 5. 10, 근기 01254-5692).

11) 단체협약에 회사는 여자근로자에게 월 1일의 생리유급휴가를 주어야 하고, 월중 1일 결근은 생리유급휴가로 대체하고 결근으로 간주하지 아니한다고 규정하고 있는 경우에 있어 그 규정취지를 여성근로자가 사전에 생리휴가의 청구 없이 무단결근으로 하더라도 결근 후 지체 없이 그것이 생리로 인한 결근이었다는 통고를 하거나 그것을 생리휴가로 대체해 줄 것을 희망하는 경우에 사용자는 월 1일에 한하여 그것을 무단결근으로 처리할 수 없다(대판 1991. 3. 27, 90다15631).

2. 산전 · 산후 휴가

(1) 의의

> **근기법 제74조(임산부의 보호)**
>
> ① 사용자는 임신 중의 여성에게 출산 전과 출산 후를 통하여 90일(한 번에 둘 이상 자녀를 임신한 경우에는 120일)의 출산전후휴가를 주어야 한다. 이 경우 휴가 기간의 배정은 출산 후에 45일(한 번에 둘 이상 자녀를 임신한 경우에는 60일) 이상이 되어야 한다.
> ② 사용자는 임신 중인 여성 근로자가 유산의 경험 등 대통령령으로 정하는 사유로 제1항의 휴가를 청구하는 경우 출산 전 어느 때 라도 휴가를 나누어 사용할 수 있도록 하여야 한다. 이 경우 출산 후의 휴가 기간은 연속하여 45일(한 번에 둘 이상 자녀를 임신한 경우에는 60일) 이상이 되어야 한다.
> ③ 사용자는 임신 중인 여성이 유산 또는 사산한 경우로서 그 근로자가 청구하면 대통령령으로 정하는 바에 따라 유산·사산 휴가를 주어야 한다. 다만, 인공 임신중절 수술(「모자보건법」 제14조제1항에 따른 경우는 제외한다)에 따른 유산의 경우는 그러하지 아니하다.
> ④ 제1항부터 제3항까지의 규정에 따른 휴가 중 최초 60일(한 번에 둘 이상 자녀를 임신한 경우에는 75일)은 유급으로 한다. 다만, 「남녀고용평등과 일·가정 양립 지원에 관한 법률」 제18조에 따라 출산전후휴가급여 등이 지급된 경우에는 그 금액의 한도에서 지급의 책임을 면한다.
> ⑤~⑨ 생략

근로기준법은 여성근로자에 대하여 산전·산후 유급휴가를 주는 것 이외에 임신 중의 여성근로자의 요구가 있는 경우에는 경이한 근로에 전환시켜야 하며 시간외근로를 시키지 못한다고 규정하고 있다(제74조 5항). 또한 사업주는 출산휴가 종료 후에는 휴가 전과 동일한 업무 또는 동등한 수준의 임금을 지급하는 직무에 복귀시켜야 하며(동조 6항) 임신 후 12주 이내 또는 36주 이후의 여성근로자가 근로시간 단축을 신청하는 경우에는 이를 허용하여야 한다(동조 7항). 뿐만 아니라, 사용자는 임신한 여성근로자가 「모자보건법」 제10조에 따른 임산부 정기건강진단을 받는데 필요한 시간을 청구한 경우에는 이를 허용하여야 하며, 이를 이유로 임금을 삭감하여서도 아니 된다(74조의2).

이는 임신과 출산은 여성근로자에게 있어 신체적·정신적으로 매우 중요한 일이며, 산후 소모된 체력을 회복하기 위하여 일정기간 휴양이 필요하며, 동시에 유아를 보살필 수 있게 하기 위해 규정되었다.

여성근로자의 임신과 출산에 대한 이와 같은 배려는 사회의 의무라는 측면에서 강조되어야 할 것이다. 왜냐하면 산전·산후의 여성근로자에 대한 보호 조치는 모체 자신의 보호뿐만 아니라 다음 세대의 건강한 국민을 확보한다는 적극적인 의미를 가지고 있기 때문이다.

ILO는 창립 당초인 1919년 "산전·산후에 있어서의 부인의 고용에 관한 조약"에서 산전·산후의 6주간의 휴가의 권리를 규정하였고, 그 후1952년에 개정된 "모성보호에 관한 조약" 및 동 권고 제95호에서는 산전·산후의 여성근로자의 법적 권리가 현저하게 신장되고 있다.

그밖에 각 국의 입법례에서도 산전·산후의 여성 근로자의 취업금지에 관한 규정을 두고 있다.

(2) 내용

① 휴가기간

사용자는 여성근로자가 임신한 경우 산전·산후를 통하여 90일의 보호휴가를 부여하여야 하며, 이 경우 휴가는 산후에 45일 이상 주어야 한다. 산전에 45일 이상을 휴가로 사용하였을 경우에도 산후에 45일 이상의 휴가를 주어야 한다.

그런데 근로기준법 제74조 1항 단서는 산전·산후의 90일간 유급휴가 중 산후에 적어도 45일 이상이 확보되어야 한다고 규정하고 있으므로 산전에 45일간의 휴가를 받은 여성 근로자가 분만 예정일 보다 늦게 출산하여 휴가기간을 45일 초과한 경우에는 분만예정일에서부터 출산당일까지의 기간도 산전휴가로 인정된다고 해석된다.

즉, 산전에 45일간의 휴가를 받은 여성 근로자가 분만예정일보다 일주일 늦게 출산함으로써 52일간의 휴가를 사용한 경우에도 산후에 적어도 45일의 유급휴가가 주어져야 하므로 총 97일의 산전·산후 휴가를 받게 된다. 이 경우 초과되는 휴가일수에 대해서는 유급으로 하여야 할 것인가 하는 문제가 있으나 초과되는 휴가일수에 대하여는 유급으로 하여야 할 이유는 없다고 해석된다.

② 휴가기간 중 임금

산전·산후 휴가 중 최초 60일은 유급으로 한다. 나머지 무급으로 처리되는 휴가기간에 대하여는 국가가 통상임금에 상당하는 산전·산후 휴가급여를 지급하여야 한다. 이에 따라 고용보험법은 산전·산후 휴가급여에 관한 규정을 두고 있다.

(3) 시간외근로의 금지 및 경이한 업무로의 전환

① 시간외근로의 금지

근로기준법은 임신 중의 여성근로자에 대한 시간외근로의 금지를 규정하고 있다. 다시 말하면 임신 중의 여성근로자에 대하여는 근로기준법 제50조에 의한 1일에 8시간, 일주일에 40시간을 초과하는 시간외근로를 시킬 수 없다.

근로기준법 제51조 1항과 2항의 탄력적 근로시간제는 임신 중인 여성근로자에 대하여는 실시 할 수 없다. 법정근로시간을 일정한 조건 하에서 변형하는 탄력적 근로시간제는 임신한 여성근로자의 건강과 태아의 순조로운 발육을 저해할 우려가 있기 때문이다.

근로기준법은 동조 위반에 대한 벌칙을 직접적으로 규정하고 있지 않다. 그러나 탄력적 근로시간제의 실시로 근로자는 특정일·특정주에 법정근로시간을 초과하여 일하게 되며 이러한 상황은 결과적으로 임신 중인 근로자에 대하여 시간외업무를 시행하는 것이 되므로 시간외 근로금지 규정에 위반하게 된다.

이러한 시간외근로금지에 대한 규정은 시간외근로가 임신 중의 근로자에게 과중한 신체적·정신적 부담을 주는 것을 방지하여 산모 및 태아를 보호하기 위한 것이다. 이 경우 금지되는 시간외근로를 연장근로로 좁게 해석할 수도 있으나, '연장근로'뿐만 아니라 '휴일근로' 및 '야간근로'도 포함되는 것으로 넓게 해석되어야 할 것이다.[12]

---

12) 이상윤, 노동법, p.300.

② 경이한 업무로의 전환

근로기준법 제74조 4항은 "임신 중의 여성근로자의 청구가 있는 경우에는 쉬운 종류의 업무로 전환시켜야 한다"고 규정하고 있다. 즉 임신 중의 여성근로자의 청구가 있는 경우에는 당해 여성근로자가 종래 종사하고 있었던 업무보다 경이한 업무로 전환시킬 것을 강제하고 있으나

"경이한 업무"의 종류에 대해서는 아무런 규정도 두고 있지 않다. 따라서 '경이한 근로'의 여부는 사회통념에 따라 구체적으로 판단되어야 한다.[13] 대체로 임신 중의 여성이 수행하기에 신체적·정신적으로 보다 수월하고 용이한 업무하고 보아야 할 것이다.

또한 원칙적으로 여성근로자가 청구한 업무로 전환시켜 사용하여야 하는 것이 근로기준법 제74조의 취지에 합당하다고 해석된다. 이에 임신 중의 여성근로자가 '경이한 업무로 전환'의 청구를 하지 않는 경우에는 종래의 업무에 그대로 사용하여도 근로기준법 제74조의 규정에 위반되지 않는다.

(4) 해고의 제한

산전·산후 유급휴가기간 중의 여성근로자에 대하여는 근로기준법 제23조 2항의 규정에 의하여 해고가 제한된다. 천재지변 기타 부득이한 사유로 인하여 사업의 계속이 불가능한 경우로서 고용노동부장관의 인정을 받는 경우를 제외하고는 "산전·산후의 휴업기간과 그 후의 30일 동안"에는 여성근로자를 해고 할 수 없다.

따라서 이 기간 중에는 해고의 정당한 사유가 있더라고 산전·산후의 여성근로자를 해고할 수 없음을 물론, 즉시해고사유가 존재하고 있더라도 즉시 해고하지 못한다. 이와 관련하여 이 기간 중에는 해고예고도 허용되지 않는다고 해석하는 견해도 있지만, 근로기준법은 해고와 해고예고를 구분하고 있으므로 해고예고

13) 이상윤, 노동법, p.301.

를 하는 것은 무방하다고 본다.[14)]

3. 유급육아시간

(1) 의의

근로기준법은 "생후 1년 미만의 유아를 가진 여성근로자가 청구하면 1일 2회 각각 30분 이상의 유급 수유 시간을 주어야 한다."고 규정하고 있다. 이는 생후 1년 미만의 유아를 가진 여성근로자에 대하여 휴게시간과는 별도로 수유시간을 확보해줌으로써 유아의 양육과 근로자로서의 직장생활의 확보를 양립시키고자 하는 취지이다.

ILO 제3호 조약(1919) 제3조는 "부인이 스스로 자신의 유아를 보육할 때에는 어떠한 경우에도 근로시간 중 1일 2회 30분씩의 보육시간을 주어야 한다."고 규정하고 있다. 각 국의 입법례에서도 대체로 이와 같은 내용의 보육시간을 규정하고 있다.

(2) 내용

① 육아시간의 청구권자

육아시간을 청구할 수 있는 자는 생후 1년 미만의 유아를 가지는 여성근로자로서 기혼·미혼을 불문한다. 이 경우 "유아"라 함은 여성근로자 자신이 출산한 자이든 또는 타인이 출산한 자이든 이를 불문한다.

---

14) 菅野和夫, 勞働法, p.463.

② 육아시간

근로기준법 제75조의 수유시간은 반드시 수유(授乳)만의 시간을 의미하는 것이 아니라 여성근로자가 유아에 대한 수유 기타 유아를 보살피는데 필요한 시간을 말한다.

수유시간은 1일 2회 각각 30분 이상을 주어야 하는데, 이는 8시간 근로제를 예상하여 규정한 것이므로 1일의 근로시간이 4시간 이내가 되는 경우에는 1일 1회의 육아시간을 부여하는 것으로 족하다고 해석된다.

그리고 육아시간을 어느 시간대에 주어야 하느냐에 대해서는 명문의 규정이 없으므로 여성근로자가 청구하는 시간대에 주어야 하며, 근로시간의 시작이나 종료 시에 주어도 상관없다고 해석된다.

또한 "1회 30분 이상"이라 함은 근로기준법 제54조의 휴게시간과는 별도로 산정되는 시간으로서 사용자가 당해 여성근로자를 사용할 수 없는 시간을 말한다. 여기에는 유아를 만날 때까지 작업장에서부터 소요되는 시간도 포함된다고 해석된다.

그러나 우리나라와 같이 대부분의 작업장에 탁아시설이 없는 경우에는 여성근로자가 육아를 위하여 주택까지도 왕복하는 소요시간도 이에 포함된 것이라 하면 실제로 30분의 육아시간의 확보는 그 실익을 거둘 수 없게 될 것이다.

③ 육아휴직제도

사업주는 근로자가 만 8세 이하 또는 초등학교 2학년 이하의 자녀(입양한 자녀 포함)를 양육하기 위하여 휴직(이하, '육아휴직'이라 함)을 신청하는 경우에는 이를 허용하여야 한다.

육아휴직제도의 신청권자는 현재 만 8세 이하 또는 초등학교 2학년 이하의 자녀를 가지고 있는 근로자이므로, 여기에는 친부모뿐만 아니라 양부모도 포함된다(고평법 제19조 1항). 육아휴직 신청권자에 남성근로자를 포함시킨 이유는 여성근로자 대신에 그 배우자가 육아를 담당할 수 도 있기 때문이다. 다만, 육아휴직을 시작하려는 날(즉, 휴직개시 예정일)의 전날까지 해당 사업에서 계속 근로한 기간이 1년 미만인 근로자 및 같은 영유아에 대하여 배우자가 육아휴직(다른 법령에 따른 육아휴직 포함)을 하고 있는 근로자는 육아휴직을 신청할 수 없다(동법 시행령 제10조).

육아휴직의 기간은 1년 이내로 하며(동조 2항), 사업주는 육아휴직을 이유로 해고나 그 밖에 불리한 처우를 하여서는 안 되며, 육아휴직 기간 동안은 그 근로자를 해고하지 못한다(동조 3항).

여기서 "육아휴직을 이유로 한 불리한 처우"라 함은 특별한 합리적인 이유 없이 육아휴직을 이유로 해당 근로자에게 행해지는 차별대우를 말하며, 육아휴직 기간만료 후 복직을 시키지 않거나 근무지를 불합리하게 변경하거나 또는 육아휴직기간을 승진·승급·퇴직금 또는 상여금 산정, 연차휴가일수 가산 등의 기초가 되는 근속기간에 포함시키지 않는 등 육아휴직을 이유로 한 불리한 처우를 말한다. 다만, 사업을 계속할 수 없는 경우는 그러하지 아니하다(동조 3항 단서).

사업주는 육아휴직을 마친 후에는 휴직 전과 같은 업무 또는 같은 수준의 임금을 지급하는 직무에 복직시켜야 한다(동조 4항). 그러나 육아휴직 기간에 대하여 사업주가 임금지급의무를 지는 것은 아니므로, 육아휴직은 일종의 무급휴직으로 볼 수 있다.

근로자가 육아휴직으로 임금수입을 상실하게 되어 생활이 어렵게 되는 것을 방지하기 위하여 고용보험법은 국가가 육아휴직을 받는 근로자가 '일정한 요건을 구비하는 경우'에 생계비를 지원하는 제도를 마련하고 있다(70조).

4. 연장근로의 제한

사용자는 산후 1년이 지나지 아니한 여성에 대하여는 단체협약이 있는 경우라도 1일에 2시간, 1주일에 6시간, 1년에 150시간을 초과하는 시간외근로를 시키지 못한다(근기법 71조).

단체협약에 의하여도 연장근로를 시킬 수 없으므로 취업규칙·근로계약 기타 당사자 간의 약정에 의하여도 연장근로를 시킬 수 없다고 해석된다.

(1) 취지

위의 규정은 산후 1년이 지나지 아니한 여성에 대하여 시간외근로를 제한하여 모성을 보호하기 위함이다. 여성근로자가 15세 이상 18세 미만인 경우에는 근로시간에 대하여 근로기준법 제69조(연소자근로)에 의한 특별보호를 받으나 18세 이상인 경우에는 동법 제70조(야간근로와 휴일근로의 제한)에 의한 특별보호를 받는다.

근로기준법 제50조의 법정근로시간(주40시간·1일 8시간)의 원칙은 18세 이상의 여성근로자에 대하여도 적용된다.

그러나 근로기준법 제53조 1항의 "당사자 간에 합의하면 1주일에 12시간 한도로 연장근로 할 수 있다."고 하는 예외규정은 성년남자근로자를 그 기준으로 한 것이다.

따라서 위의 연장근로의 제한규정(제71조)은 이에 대한 예외규정으로서 여성근로자의 신체적·생리적 조건의 차이와 모성보호의 측면에서 설정된 것이다.

여성근로자의 연장근로에 대한 제한규정은 영국의 「공장법」을 계수하여 18세 이상의 여성에 대하여는 단체협약이 있는 경우라 하더라도 1일 2시간, 1주 6시간 , 1년 150시간을 초과하는 연장근로를 시키지 못한다고 규정하고 있다.

여기에서 연간제한시간을 150시간으로 한 것은 1년의 근로일수를 대략 300일로 잡고 그 절반의 일수에 대하여 1시간의 연장근로를 인정한 것이다.

(2) 여성의 연장근로의 원칙

18세 이상의 여성근로자에 대하여는 1일에 2시간 1주일에 6시간 1년에 150시간을 초과하여 연장근로를 시킬 수 없다. '1일에 2시간' 이라 해도 매일 2시간의 연장근로를 시킬 수 있는 것이 아니라 '1주일에 6시간' 이라는 제약에 의하여 1주일에 3일만 2시간의 연장근로를 시킬 수 있다.

마찬가지로 '1주일에 6시간'을 한도로 한다는 것은 1년간에 걸쳐서 매주 6시간씩 연장근로를 시킬 수 있는 것이 아니라 '1년 150시간' 이라는 제약에 의하여 1년에 25주를 초과하는 연장근로를 시킬 수 없다는 것을 뜻한다.

또한 근로기준법 제71조에서는 "단체협약이 있는 경우라도 1일에 2시간, 1주일에 6시간, 1년에 150시간을 초과하는 연장근로를 시킬 수 없다."라고 하여 단체협약을 적시하고 있지만, 이는 일종의 예시규정에 불과하므로 근로계약이나 취업규칙, 노사합의 등에 의해서도 연장될 수 없다고 보는 것이 합리적인 해석이다.

(3) 기타의 연장근로규정과의 관계

① 근로기준법 제53조 1항과의 관계

산후 1년이 경과되지 아니 한 여성근로자에게도 남성근로자와 마찬가지로 근로기준법상의 법정근로시간(제50조)의 원칙이 적용된다.

뿐만 아니라 동법 제53조 제1항의 "당사자의 합의에 의하여 1주일에 12시간 한도로 연장근로 할 수 있다"고 하는 예외규정은 성년남자근로자 뿐 아니라 산후 1년이 경과한 여성근로자에게도 적용된다.

② 근로기준법 제53조 2항과의 관계

근로기준법 제53조 2항은 탄력적 근로시간제도에 대하여 1주 12시간을 한도로 근로시간을 연장할 수 있다고 규정하고 있다.

여성근로자에게 탄력적 근로시간제도 및 선택적 근로시간제도가 채택될 수 있음은 물론이다.

③ 근로기준법 제53조 3항과의 관계

근로기준법 제53조 3항의 "특별한 사정이 있는 경우에는 고용노동부장관의 인가와 근로자의 동의를 얻어 연장근로를 시킬 수 있다."는 예외규정이 동법 제71조의 산후 1년이 지나지 아니한 여성의 연장근로의 경우에도 적용될 수 있는지의 여부가 의문시된다.

이에 대하여는 여성근로자의 보호라는 관점에서 근로기준법 제53조 3항이 적용되지 아니한다는 견해가 있다.

그러나 동제도의 취지가 재해 등에 대처하기 위한 일시적인 연장이라는 점과 본인의 동의가 없으면 연장근로가 불가는 하다는 점에서 연장근로가 인정되어야 한다고 본다.

④ 근로기준법 제59조와의 관계

근로기준법 제59조는 특별한 사업에 대하여 "제53조 1항의 규정에 의한 주 12시간을 초과하여 연장근로"하게 할 수 있다고 규정하고 있다.

특별한 사업에 대하여는 연장근로가 일시적인 것이 아니라 상시적일 수 있으며, 본인의 동의를 필요로 하지 아니한다는 점에서 동법 제71조가 적용되는 것으로 보아야 할 것이다.

CASE STUDY

Case1

J건설회사는 지상 건축물 철거공사의 일부를 하청업체인 H사에게 일임하였다. J회사는 작업현장에 감독자를 두고 있었으나, H사의 근로자가 빌딩 붕괴로 인하여 압사하는 사건이 발생하였다. 사고의 원인은 빌딩에 설치한 다이너마이트가 예정시간 보다 빨리 폭발하는 바람에 미처 현장을 빠져나오지 못했기 때문에 일어난 사고였다. 이에 대해 J사는 건축물 철거작업과 관련하여 다이너마이트 설치와 폭발은 전적으로 H사의 소관이므로, J사는 이 사고와 관련하여 아무런 법적 책임은 없으나, 도의적 관점에서 사망한 근로자의 부담하겠다고 한다. 이러한 J사의 태도는 정당한가?

Check Point : 산안법상의 도급사업주의 책임

*「노동판례백선」 p.226《Case57》

제5장 안전과 보건

I. 총설

산업화의 급속한 진전과 더불어 고도로 기계화되고 있는 산업은 필연적으로 산업재해의 가능성을 증대시킴으로써 근로자의 안전과 보건에 대한 법적 보호의 필요성이 대두되었다.

이에 일찍부터 근로기준법은 위험 또는 유해시설에 있어서의 위험방지조치, 위험작업에 있어서의 취업제한 및 금지, 안전·위생교육과 일정사업에 있어서의 건강진단 등을 실시케 함으로써 근대적인 작업환경에 있어서의 근로자의 사전적 보호조치를 강구하였다. 그리고 보다 적극적인 재해예방을 위하여 근로기준법과 별도로 산업안전보건법 등이 제정되어 실시되고 있다.

산업안전보건법은 국가·지방자치단체 및 정부투자기관을 포함한 모든 사업 또는 사업장에 적용된다(산안법 3조). 다만, 유해·위험의 정도, 사업의 종류·규모 및 사업의 소재지 등을 고려하여 대통령령이 정하는 사업에 대하여는 산안법의 전부 또는 일부가 적용되지 아니할 수 있다(동조 1항 단서).

구체적으로 상시 근로자 5인 미만 사업, 사무직 근로자만 사용하는 사업, 일부 서비스업, 의복제조업, 일부 도·소매 음식숙박업, 금융·보험법에 대하여 동법의 일부가 적용되지 아니하고 있다(동법 시행령 별표 I).

II. 안전·보건관리체계

1. 안전보건관리책임자

상시 근로자 100인 이상을 사용하는 사업과 상시 근로자 100인 미만을 사용하는 사업 중 고용노동부령이 정하는 사업에는 안전보건관리책임자를 두어야 한다(산안법 13조 1항, 시행령 9조).

안전보건관리책임자는 해당 사업장에서 그 사업장을 총괄·관리하는 자(예컨대 공장장·지점장·사업소장·현장소장)로서 안전관리자와 보건관리자를 지휘·감독한다(산안법 13조 2항).

2. 관리감독자

사업주는 사업장의 관리감독자로 하여금 당해 직무와 관련된 안전·보건상에 관한 업무로서 안전·보건점검 등 대통령령이 정하는 업무를 수행하도록 하여야 한다(산안법 14조 1항).

여기서 "감독자"라 함은 경영조직에서 생산과 관련되는 업무와 소속 직원을 직접 지휘·감독하는 부서의 장이나 그 직위를 담당하는 자를 말한다(동법 14조 1항).

3. 안전관리자

사업주는 안전에 관한 기술적 사항에 대하여 사업주 또는 관리책임자를 보좌하고 관리감독자에 대하여 지도·조언을 하도록 하기 위하여 '안전관리자'를 두어야 한다(동법 15조 1항).

안전관리자를 두어야 할 사업의 종류·규모 및 안전관리자의 수 · 자격 · 직무 ·

권한 · 선임방법 기타 필요한 사항에 대해서는 법에서 명시하고 있다(동법 15조 2항 및 동법시행령 12조 1항).

4. 보건관리자

사업주는 보건에 관한 기술적 사항에 대하여 사업주 또는 관리책임자를 보좌하고 관리감독자에게 지도·조언을 하도록 하기 위하여 사업장에 '보건관리자'를 두어야 한다(동법 16조 1항).

보건관리자를 두어야 할 사업의 종류·규모 및 보건관리자의 수 · 자격 · 직무 · 권한 · 선임방법 기타 필요한 사항은 대통령령으로 정하고 있다(동법 16조 2항).

5. 산업보건의

상시근로자 50인 이상을 사용하는 사업으로서 의사가 아닌 보건관리자를 둔 사업장의 사업주는 근로자의 건강관리 기타 보건관리자의 업무를 지도하기 위하여 사업장에 '산업보건의'를 두어야 한다(동법 17조 및 시행령 20조).

이 때 산업보건의를 두어야 할 사업의 종류·규모 및 산업보건의의 자격·직무·권한·선임방법 기타 필요한 사항은 시행령에 규정을 두고 있다(동법 17조 2항, 시행령 20조 내지 22조).

6. 안전보건관리 총괄책임자

"안전보건관리 총괄책임자"라 함은 본래의 사업과 동일한 장소에서 행하여지는 도급사업에 있어 당해 근로자 및 수급인이 사용하는 근로자에 대한 산업재해의 예방을 총괄·관리하는 자이다(동법 18조).

즉, 동일한 장소에서 행하여지는 사업의 일부를 도급에 의하여 행하는 사업으로서, 대통령령이 정하는 일정한 사업의 사업주는 그가 사용하는 근로자 및 그의 수급인이 사용하는 근로자가 동일한 장소에서 작업을 할 때 생기는 산업재해를 예방하기 위한 업무를 총괄·관리하기 위하여 당해 사업장의 관리책임자를 안전보건관리 총괄책임자로 지정하여야 한다(동법 18조 1항)

7. 산업안전보건위원회

사용자는 안전보건관리책임자가 담당할 업무의 내용을 심의 또는 의결하기 위하여 상시 100인 이상의 근로자를 사용하는 사업장이나 상시 근로자 50인 이상 100인 미만을 사용하는 사업 중 고용노동부령이 정하는 유해·위험사업에는 노사동수로 구성되는 산업안전보건위원회를 설치·운영하여야 한다(동법 19조 1항 및 동법 시행령 제25조).

8. 명예산업안전감독관

고용노동부장관은 산업재해예방활동에 대한 참여와 지원을 촉진하기 위하여 근로자·근로자단체·사업주단체 및 산업재해 예방 관련 전문단체에 소속된 자 중에서 '명예산업안전감독관'을 위촉할 수 있다(동법 61조의 2 제1항).

III. 안전보건관리규정의 작성 및 준수

1. 안전보건관리규정의 작성

사업주는 사업장의 안전·보건을 유지하기 위하여 i) 안전·보건관리조직과 그 직무에 관한 사항, ii) 안전·보건교육에 관한 사항, iii) 작업장 안전관리에 관한 사항, iv) 작업장 보건관리에 관한 사항, v) 사고조사 및 대책수립에 관한 사항, vi) 기타 안전·보건에 관한 사항 등을 포함한 안전보건관리규정을 작성하여 각 사업장에 게시·비치하고 이를 근로자에게 알려야 한다(동법 20조 1항).

안전보건관리규정을 작성 또는 변경할 때에는 산업안전보건위원회의 심의 · 의결을 거쳐야 하며, 산업안전보건위원회가 설치되지 아니한 사업장에 있어서는 근로자대표의 동의를 얻어야 한다(동법 21조 1항).

2. 안전보건관리규정의 준수 및 효력

사업주와 근로자는 안전보건관리규정을 준수하여야 하며(동법 22조 1항), 안전보건관리규정은 당해 사업장에 적용되는 단체협약 및 취업규칙에 반할 수 없으며, 반하는 부분에 관하여는 당해 단체협약 또는 취업규칙에 정한 기준에 의한다(동법 20조 2항).

IV. 유해·위험예방조치

1. 사업주의 의무

(1) 법령요지의 게시 및 안전표식의 부착

사업주는 산안법과 동법에 의한 명령의 요지를 상시 각 사업장에 게시·비치하여 근로자로 하여금 알게 하여야 하며(동법 11조 1항), 사업장의 유해 또는 위험한 시설 및 장소에 대한 경고, 비상시 조치의 안내 기타 안전의식을 고취하기 위하여 안전·보건표지를 설치하거나 부착하여야 한다(동법 12조). 안전보건표지는 금지·경고·지시 및 안내로 4가지로 나뉜다.

(2) 사업주의 안전·보건 조치

① 안전상의 조치

사업주는 사업을 행함에 있어 i) 기계·기구 기타 설비에 의한 위험, ii) 폭발성·인화성·발화성물질 등에 의한 위험, iii) 전기·열·기타 에너지에 의한 위험, iv) 굴착·채석·하역·벌목·운송·조작·운반·해체·중량물 취급 기타 불량한 작업방법에 의한 위험 및 v) 추락·붕괴·낙하·천재지변 등으로 인하여 위험발생이 예상되는 장소 등 작업수행상 위험을 방지하기 위해 필요한 조치를 하여야 한다(동법 23조).

② 보건상의 조치

사업주는 사업을 행함에 있어 가스·분진, 고온·저온, 배출물, 정밀공작, 환기·조명, 컴퓨터 단말기 조작 및 방사선 등에 따라 발생하는 건강장해를 예방하기 위해 필요한 조치를 취하여야 한다(동법 24조).

(3) 작업중지 등의 조치

① 사업주의 작업중지권

사업주는 산업재해발생의 급박한 위험이 있을 때 또는 중대재해가 발생하였을 때에는 즉시 작업을 중지시키고 근로자를 작업장소로부터 대피시키는 등 필요한 안전·보건상의 조치를 행한 후 작업을 재개하여야 한다(동법 26조 1항).

② 근로자의 작업중지권

근로자는 산업재해 발생의 급박한 위험이 있는 경우 작업을 중지하고 대피할 수 있으며, 이 경우 지체 없이 이를 직상급자에게 보고하고, 직상급자는 이에 대한 적절한 조치를 취하여야 한다(동법 26조 2항).

(4) 도급사업에 있어서의 안전·보건조치

① 안전·보건조치

동일한 장소에서 사업의 일부를 도급으로 행할 경우 도급사업주는 그가 사용하는 근로자 및 그의 수급인(하수급인을 포함)이 사용하는 근로자가 동일한 장소에서 작업을 할 때에 생기는 산업재해를 예방하기 위한 업무를 총괄 · 관리하기 안전보건관리책임자를 두어야 하며(동법 18조 1항), 안전 · 보건에 관한 협의체의 구성 및 운영, 작업장의 순회점검 및 안전·보건교육에 대한 지도와 지원, 기타 산업재해예방을 위하여 고용노동부령이 정하는 사항 등을 해야 한다(동법 29조 1항).

② 유해·위험작업의 도급금지

안전·보건상 유해 또는 위험하다고 인정되는 작업 중에서 대통령령이 정하는 사업에 대해서는 고용노동부장관의 인가를 받지 아니하고는 그 작업만을 분리하여 도급(하도급을 포함)을 줄 수 없다(동법 28조 1항). 고용노동부장관이 상기 작업을 인가할 경우 산업안전보건법 제49조에 준하는 안전·보건진단에 준하는 안전·보건평가를 실시하여야 한다(동조 3항).

③ 위험한 조건 부과의 제한

건설공사 등의 사업을 타인에게 도급하는 자는 그 시공방법·공기 등에 관하여 안전하고 위생적인 작업수행을 저해할 우려가 있는 조건을 붙여서는 아니 된다(동법 29조 6항).

④ 안전관리비의 계상

건설업, 선박건조·수리업 기타 대통령령이 정하는 사업을 타인에게 도급하는 자와 이를 자체사업으로 영위하는 자는 도급계약을 체결하거나 자체사업계획을 수립할 경우 고용노동부장관이 정하는 바에 의하여 산업재해예방을 위한 산업안전보건관리비를 도급금액 또는 사업비에 계상하여야 한다(동법 30조 1항).

고용노동부장관은 산업안전보건관리비의 효율적인 집행을 위하여 ①공사의 진척별 사용기준, ②사업의 규모별·종류별 사용방법 및 내역 ③기타 산업안전관리비의 사용에 관하여 필요한 사항에 관한 기준을 정할 수 있다(동법 30조 2항).

수급인 또는 자체사업을 행하는 자는 당해 산업안전보건관리비를 다른 목적으로 사용할 수 없다. 이 경우 사용기준이 정하여져 있는 산업안전보건관리비에 대하여는 그 기준에 따라 이를 사용하여야 한다(동법 30조 3항).

2. 근로자의 의무

근로자는 안전상의 조치(동법 23조) 및 보건상의 조치(동법 24조)의 규정에 의하여 사업주가 행한 조치로서 고용노동부령이 정하는 사항을 준수해야 한다(동법 25조).

또한 사업주 및 근로자는 동법 제20조에 의하여 사업주가 작성한 안전보건관리규정을 준수하여야 한다(동법 22조 1항).

V. 근로자의 보건관리

1. 서설

헌법상 국가는 재해의 예방 및 그 위험으로부터 국민을 보호하기 위해 노력할 의무를 부담하는 바, 산업안전보건법은 이에 기초하여 산업재해를 예방하고 쾌적한 작업환경을 조성하여 근로자의 안전과 보건을 유지·증진하기 위한 구체적 규정을 두고 있다.

이러한 법상의 근로자의 보건관리에 관한 규정에는 작업환경의 측정, 건강진단, 건강관리수첩, 역학조사, 취업제한에 의한 건강 보호 등이 있다.

2. 작업환경의 측정

'작업환경의 측정'이라 함은 작업환경의 실태를 파악하기 위해서 해당 근로자 또는 작업장에 대하여 고용노동부장관이 정하는 자격을 가진 자로 하여금 작업환경을 측정·평가하는 것을 말한다(산안법 42조 1항 전단). 이 경우 근로자대표의 요구가 있을 때에는 사업주는 작업환경측정 시 근로자대표를 입회시켜야 한다(동조 1항 후단).

사업주는 작업환경측정의 결과를 당해 작업장 근로자에게 알리고 고용노동부장관에게 보고해야 하며, 그 결과에 따라 근로자의 건강을 보호하기 위하여 당해 시설 및 설비의 설치·개선 등 적절한 조치를 하여야 한다(동법 42조 3항).

또한 산업안전보건위원회나 근로자대표의 요구가 있는 경우에는 직접 또는 작업환경측정을 실시한 기관으로 하여금 작업환경 측정결과에 대한 설명회를 개최해야 한다(동법 42조 6항).

3. 건강진단

산업안전보건법상 건강진단에는 신규채용 시에 실시하는 채용건강진단, 정기적으로 실시하는 일반건강진단 및 유해인자와 관련된 업무 등에 대해 추가로 실시하는 특수건강진단 및 임시건강진단 등이 있다. 이때 근로자대표의 요구가 있는 경우에 건강진단에 근로자대표를 입회시켜야 한다.

사업주는 건강진단의 결과를 지체 없이 근로자에게 통보하고 고용노동부장관에게 보고해야 하며(동법 43조 4항), 그 결과에 따라 근로자의 건강을 유지하기 위하여 필요하다고 인정되는 때에는 작업장소의 변경, 작업의 전환, 근로시간의 단축, 작업환경의 측정, 시설 및 실내의 설치·개선 등 기타 적절한 조치를 취한다(동조 5항).

또한 산업안전보건위원회나 근로자대표의 요구가 있을 경우에는 진단결과에 대한 설명을 하되, 다만 본인의 동의 없이 개별근로자의 진단결과를 공개할 수는 없다.

4. 건강관리수첩의 교부

고용노동부장관은 건강장해가 발생할 우려가 있는 업무로서, 고용노동부령이 정하는 업무에 고용노동부령이 정하는 기간이상 종사한 근로자에 대하여 건강관리수첩을 교부해야 하며(동법 44조 1항), 이를 교부받은 자는 이를 타인에게 양도·대여해서는 아니 된다(동법 44조 2항).

5. 역학조사

고용노동부장관은 직업병의 발생 원인을 찾아내거나 직업병의 예방을 위해 필요할 경우에는 근로자의 질병과 유해요인과의 상관관계에 관한 역학조사를 실시할 수 있다.

사업주, 근로자대표 또는 건강진단을 실시한 자는 유해요인에 의한 직업병발생이 의심되거나, 건강진단 결과 직업병 유소견자가 발견되어 건강진단이나 작업환경 측정만으로 원인규명이 어려운 경우에는 고용노동부장관에게 역학조사의 실시를 요청할 수 있다.

6. 취업제한에 의한 건강보호

사업주는 전염병·정신병 또는 근로로 인하여 병세가 현저히 악화될 우려가 있는 질병에 이환된 자에 대하여는 의사의 진단에 따라 근로를 금지 또는 제한해야 된다. 다만, 근로를 금지·제한 받은 자가 건강을 회복한 경우에는 지체 없이 취업시켜야 한다.

사업주는 유해·위험한 작업으로서 잠함·잠수작업 등 고기압 하에서 행하는 작업에 종사하는 근로자에 대하여는, 1일 6시간, 1주 34시간을 초과하여 근로시키지 못한다.

사업주는 일정한 유해·위험 작업에는 그에 필요한 자격·면허·경험 또는 기능을 가진 근로자 외의 자를 당해 작업에 취업시킬 수 없다.

VI. 안전·보건상의 의무·교육과 감독·명령

1. 사업주의 안전교육의무

사업주는 이 법에 의한 명령의 요지를 상시 각 사업장에 게시 또는 비치하여 근로자로 하여금 이를 알게 하여야 한다(동법 11조 1항).

사업주는 근로자를 채용할 때와 작업내용을 변경할 때에는 당해 업무와 관련되는 안전·보건교육을, 유해·위험작업에 근로자를 사용할 때는 당해 업무와 관계되는 특별교육을 실시하여야 한다.

관리책임자·안전관리자·보건관리자·산업보건의, 안전 및 보건관리대행기관 종사자, 동법 제30조 4항의 규정에 의한 전문기관의 종사자, 기타 고용노동부령이 정하는 사업의 사업주·관리감독자·안전담당자는 고용노동부장관이 실시하는 안전·보건교육을 받아야 한다.

2. 사업주의 위험방지의무

일정한 업종 및 규모에 해당하는 사업의 사업주는 당해 사업에 관계있는 건설물·기계·기구 및 설비 등을 설치·이전·주요부분을 변경할 경우 고용노동부령이 정한 자격을 갖춘 자의 의견을 들은 후에 유해·위험방지계획서를 작성하여 고용노동부장관에게 제출하여야 한다. 고용노동부장관은 일정한 사업장에 대하여 고용노동부장관이 지정한 자가 실시하는 안전·보건진단을 받을 것을 명할 수 있다(산안법 49조 1항).

대통령이 정하는 유해·위험설비를 보유한 사업장의 사업주는 당해 설비로부터 위험물질의 누출·화재·폭발로 인하여 근로자 및 인근주민에게 피해를 줄 사고를 예방하기 위해 정기적으로 공정안전보고서를 제출하여야 한다(동법 49조 2의 1항).

고용노동부장관은 사업장·시설 기타의 사항에 관하여 산업재해예방을 위하여 종합적인 개선조치를 할 필요가 있다고 인정되는 경우에는 고용노동부령이 정하는 바에 의하여 사업주에게 안전보건개선계획의 수립·시행을 명할 수 있다(동법 50조 1항).

3. 사후적 구제조치

근로감독관은 필요하다고 인정되는 때에는 관계자에게 질문·장부·서류·기타 물건의 검사 및 안전보건점검을 행하며, 검사에 필요한 한도 내에서 제품과 원재료 및 기구를 무상으로 수거할 수 있다(동법 51조 1항).

고용노동부장관은 근로감독관 및 공단소속 직원의 검사결과 필요하다고 인정할 때에는 사업주에 대하여 건설물·부속건설물·기계·기구·설비·원재료의 대체·사용 중지·제거 또는 시설의 개선 기타 필요한 조치를 명할 수 있다(동법 51조 6항).

고용노동부장관은 산업재해예방을 위하여 필요하다고 인정할 때에는 근로자에 대하여 안전보건관리규정의 준수 등 적절한 조치를 할 것을 명할 수 있다(동법 51조 8항).

고용노동부장관은 법 규정을 위반하여 다수의 근로자가 사망하였거나 사업장 인근지역에 피해를 주는 등 대통령령이 정하는 사고가 발생한 경우 관계행정기관의 장에게 관계법령의 규정에 의하여 당해 사업의 영업정지 기타 제재를 요청하거나 「공공기관의 운영에 관한 법률」 제4조에 따른 공공기관의 장에게 당해 투자기관이 시행하는 사업의 발주에 있어서 필요한 제한을 요청할 수 있다(동법 51조의 2 제1항).

4. 불이익처우 금지

사업장에서 산업안전보건법이나 동법의 명령에 위반한 사실을 근로자가 고용노동부장관이나 근로감독관에게 신고한 것을 이유로 근로자에게 해고 기타 불이익처우를 할 수 없다(동법 52조 1, 2항).

또한 산재발생의 급박한 위험이 있다고 믿을 만한 근거가 있을 때 작업을 중지하고 대피한 근로자에 대하여 이를 이유로 해고 기타 불이익처우를 하여서는 안 된다(동법 26조 3항).

CASE STUDY

☑ Case1

다음은 업무상 재해에 해당할까?

① 회사 망년회가 끝난 후, 2차로 동료들과 함께 간 나이트클럽의 계단에서 실족하여 사망한 경우
② 업무상의 스트레스 및 과로로 인하여 우울증이 악화되어 자살한 경우
③ 통근 중 또는 출장차 이동 중에 교통사고로 사망한 경우
④ 외국인근로자가 야식 중에 작업조장인 한국인이 권하는 칵테일(소위 '폭탄주')을 마신 다음 호흡곤란으로 사망한 경우

Check Point : 업무상 재해의 인정기준
* 이정, 「일본노동법」 법문사(2007), p.359 참조
* 대판 2004. 9. 3, 2003두12912; 대판 2007. 9. 28, 2005두12572.
* 「노동판례백선」 p.230《Case58》, 동 p.234《Case59》

☑ Case2

근로자가 사업장에서 제삼자의 고의·과실에 의하여 재해를 입은 경우, 사용자 및 가해자의 법적 책임은?

Check Point : 제삼자가 종업원인지 아닌지의 여부
민법 및 노동법상의 사용자 책임과 불법행위 여부
* 대판 2011. 7. 28, 2008다12408.
* 「노동판례백선」 p.242《Case61》

제6장 산업재해보상

I. 총설

1. 산업재해보상의 의의

근로자의 업무상 부상·질병 또는 사망 등 산업재해에 대하여 이를 보상함으로써 당해 근로자 또는 유족을 보호하기 마련된 제도가 바로 '산업재해보상제도'이다.

산업재해로부터 근로자를 보호하는 방법은 산업재해 자체를 예방하는 것이 가장 바람직한 것이나 이미 발생한 산업재해로 인하여 부상 또는 사망한 경우에 그 피해근로자나 가족을 보호 내지 보상해 주는 산업재해보상이 중요한 의미를 지닌다.

종래에 산업재해가 발생할 경우 민법상의 손해배상책임제도에 의하여 배상책임을 요구하였으나, 이러한 민법상의 손해배상제도는 과실책임주의에 기초하고 있어 근로자는 재해발생에 대한 사용자의 고의·과실을 입증하여야 하는 등의 어려움이 있어 근로자의 재해보상에 충분하지 못하였다.

이와 같이 산업재해보상은 민사상의 과실책임의 원칙을 극복하고 근로자의 고의·과실 여부에 상관없는 무과실책임주의를 중심으로 하는 직접보상형식(근로기준법상의 재해보상제도)으로 바뀌었고, 나아가서 사회보험제도(산재법상의 재해보상제

도)로 발전하였다.[1]

이러한 노동법상의 재해보상제도는 보상을 받기 위하여 사용자의 고의·과실을 요하지 않고, 실제 손해액이 아닌 정형화된 배상액을 제시하여 민사소송을 통하지 않고도 피해자로 하여금 신속하게 재해보상을 받을 수 있게 하고 있다.

또한 이러한 재해보상을 받아도 일정한 경우를 제외하고는 민사소송에 영향을 미치지 않으므로 피해자의 손해가 재해보상제도를 통하여 보상받은 것보다 더 유리한 경우에는 민사소송을 통하여 보상받는 길도 열려 있다.

2. 산업재해보상의 체계

우리나라의 현행 산업재해보상제도는 근로기준법에 의한 재해보상제와 산업재해보상보험법에 의한 보험제로 구성되어 있다.

근로기준법상의 재해보상제도는 재해 발생 시 사용자가 근로자에게 직접 보상하는 직접보상제이므로 사용자가 재해보상을 위한 재정적 능력이 없는 경우 재해보상의 지급은 불가능하게 된다.

이에 반해 산재법상의 재해보상제도는 사회보험형식의 보상보험제를 채택하고 있으므로, 사용자는 단지 보험료 납부의무만을 부담하며 재해 발생 시 사용자의 보상능력과 상관없이 언제든지 보상받을 수 있다.

또한 피해자에게 지급되는 보험급여는 사용자의 보험료 납부 여부와는 관계없이 지급되므로 피해자 보호에 보다 유리하다는 특징을 가진다. 피재근로자가 산재법상의 재해보상을 받은 경우에는 사용자는 근로기준법상의 재해보상책임이 면제된다(산재법 52조 1항).

이처럼 우리나라의 산업재해보상체계는 근로기준법상의 재해보상에서 산재보험법상의 재해보상으로 그 중요성이 점점 이동하여, 근로기준법상의 재해보상의 의미는 반감했다고도 할 수 있다.[2] 따라서 이하에서는 주로 산재보험법상

1) 김형배, 근로기준법, p.539 ; 이상윤, 노동법, p.339~340
2) 그럼에도 불구하고 근로기준법상의 재해보상은 ①산재보험의 적용사업이 아니고 임의가

의 내용에 대해 소개하고자 한다.

3. 적용범위

산재보험법은 근로기준법과는 달리 모든 사업 또는 사업장에 적용되며(산재법 6조 본문), 보험의 강제가입을 원칙으로 한다. 또한 해외파견자 및 현장실습을 하고 있는 학생 및 직업훈련생에게도 적용된다. 다만, 사업의 위험률·규모 및 사업장소 등을 참작하여 대통령령으로 정하는 일부 사업에는 적용되지 아니한다(동법 6조 단서).

산재보험법 시행령 제2조에서는 그 일부 적용제외사업에 대하여 규정하고 있는데, 이러한 적용제외사업의 사용자도 근로복지공단의 승인을 얻어 가입할 수 있는 임의가입의 길도 열어놓고 있다(보험료징수법 5조 3항, 4항).

근로복지공단은 사업에 소요되는 비용에 충당하기 위하여 가입자로부터 보험료를 징수하며(동법 13조 1항), 이때 사업주가 부담해야 할 보험료는 그 사업주가 경영하는 사업의 임금 총액에서 같은 종류의 사업에 적용되는 보험료율을 곱한 금액으로 한다(동조 5항).

*** 특수형태근로종사자에 대한 특례**

계약의 형식에 관계없이 근로자와 유사하게 노무를 제공함에도「근로기준법」등이 적용되지 아니하여 업무상의 재해로부터 보호할 필요가 있는 소위 '특수형태근로종사자'의 노무를 제공받는 사업 또는 사업장은 제6조(적용제외)에도 불구하고 이 법의 적용을 받는 사업 또는 사업장으로 본다(산재법 125조 1항).

입도 하지 않은 사업의 경우에도 근로자의 재해보상은 근로기준법에 따라 이루어질 수 있다는 점, ②산재보험에 가입한 사업의 경우라도 3일 이내의 요양급여나 3일 이내의 휴업급여는 지급하지 않으므로, 이 부분은 근로기준법에 따라 보상이 이루진다는 점, ③사용자가 산재보험에 가입하여 근로자가 산재보험법에 따른 보험급여를 받았거나 받을 수 있음에도 불구하고 사용자가 직접 재해근로자에게 재해보상을 실시할 수도 있다는 점 등에서 여전히 의미를 가진다고 할 수 있다(임종률, 노동법, p.455).

이때 ①주로 하나의 사업 또는 사업장에 그 운영에 필요한 노무를 상시적으로 제공하고 보수를 받아 생활할 것, ②노무를 제공함에 있어서 타인을 사용하지 아니할 것 등의 요건이 필요하다(동항 1호, 2호). 다만, 특수형태근로종사자가 제4항에 따라 이 법의 적용 제외를 신청한 경우에는 근로자로 보지 아니한다(동조 2항).

여기서 말하는 "특수형태근로종사자"란 보험 또는 공제를 모집하는 사람으로서 ①「보험업법」·「농업협동조합법」·「우체국 예금·보험에 관한 법률」에 따른 보험설계사 및 공제모집인, ②「건설기계관리법」에 따라 등록된 콘크리트믹서트럭을 소유하고 운전하는 자, ③「통계법」에 따라 통계청장이 고시하는 한국표준직업분류상의 세세분류에 따른 학습지 교사, ④「체육시설의 설치·이용에 관한 법률」에 따른 골프장 캐디 등이 이에 해당한다(산재법시행령 125조).

II 업무상 재해

1. 법규정

근로기준법 및 산재보상법은 업무상 사유로 인하여 발생한 부상·질병·장해 및 사망 등에 한하여 재해보상을 인정하고 있다.

그러나 근로기준법은 업무상 재해에 관하여 아무런 규정도 두고 있지 있으며, 산재보험법(산재법 5조 1항)은 업무상의 재해에 관하여 "업무상의 재해란 업무상의 사유에 따른 근로자의 부상·질병·장해 또는 사망을 말하다."라고 포괄적인 정의규정만 두고 있을 뿐이므로, 업무상 재해의 개념에 대해서는 재해보상제도 및 산재보험제도의 설립취지나 목적 등에 비추어 판단할 수밖에 없다.

한편, 산재보험법은 업무상 재해의 개념과는 달리 업무상 재해의 인정기준에 대해서는 매우 상세하게 규정하고 있다(제2절 참조).

2. 업무상 재해의 개념

산업재해가 성립하기 위해서는 근로자에게 발생된 재해가 "업무상의 사유에 따른 재해"에 해당되어야 한다(산재법 5조 1항 참조).

여기서 "업무상"이라는 개념은 근로자가 업무를 수행하는 도중에 재해가 발생하였다는 의미에서의 "업무수행성" 및 근로자가 수행한 업무로 인하여 재해가 발생하였다는 의미의 "업무기인성"이라는 두 가지 요건을 필요로 한다는 것이 일반적인 견해이다.[3]

이러한 견해에 대하여 최근 몇몇 학설은 산재법상 산업재해의 확정을 위해서는 업무상의 사고에 의한 재해와 직업병의 두 가지 경우를 따로 살펴야 하고, 특히 업무상 사고에 의한 재해의 경우에는 기존의 업무수행성과 업무기인성의 두 요건이 아닌 업무수행성·사고의 발생·피해의 발생의 3가지 요건이 있어야 하며, 인과관계도 업무행위와 사고, 사고와 산업재해간의 인과관계는 별도로 고찰하여야 한다는 주장이 있다.[4]

또한 이 견해에 따르면, 직업병의 경우는 독립된 보호대상으로서 근로기준법 시행령(별표3)에 열거되어 있는 직업병인 경우 인과관계가 추정된다고 한다.[5]

이하에서는 판례와 통설이 인정하는 업무수행성과 업무기인성의 구조체계에 따라 서술하도록 한다.

(1) 업무수행성

"업무수행성"이라 함은 근로자가 사용자의 지휘감독 하에서 업무를 수행하는 과정 및 직무에 부수하여 기대되는 행위 중에 또는 사업주가 관리하는 시설물의 결함으로 인하여 사고가 발생하여 사상한 경우를 의미한다.

---

3) 임종률, 노동법, p.456.
4) 이상광, 산재보상보험법의 인과관계에 관한 고찰, 사회법연구 제1호, 한국사회법학회, 16면 이하 ; 전광석, 한국사회보장법론, p.337면 이하.
5) 전광석, 한국사회보장법론, p.347.

위의 '업무수행성'이 인정되는 재해(부상, 사망)는 크게 다음의 세 가지로 나뉜다.[6]

첫째, 사업주의 지배 하, 또는 그 관리(시설관리)하에서 업무에 종사하고 있을 시에 생긴 재해이다. 요컨대 사업장 내에서 작업에 종사 중(작업에 통상 수반하는 용변, 음료수섭취 등의 중단을 포함)의 재해이다.

둘째, 사업주의 지배 또는 관리 하에 있었으나, 업무에는 종사하지 않을 때의 재해이다. 결국 사업장 내에서의 휴게 중과 시업 전·종업 후의 사업장 내 행동으로 인한 재해이다.

셋째, 사업주의 지배하에 있었으나, 그 관리를 떠나 업무에 종사하고 있을 때의 재해이다. 사업장외 근로 또는 출장 중 재해이다(출장 중에는 교통기관과 숙박 장소에서의 시간도 포함되며 그 전반이 업무수행성을 인정받는다).

이리하여 업무수행성이 인정되지 않는 재해는 통근도중(도중에 용무를 보는 경우는 별도) 및 사업장외에서의 임의적인 종업원 친목활동과 순전히 사적인 행동(생활) 중의 재해가 이에 해당된다고 본다.[7]

(2) 업무기인성

"업무기인성"이라 함은 업무와 재해 간에 상당한 인과관계가 인정되는 경우를 말하는 바, 다만 근로자의 고의·자해행위·범죄행위 또는 그것이 원인이 되어 발생한 사상일 경우는 제외한다.

이상의 업무수행성이 인정되는 재해에 대해 '업무기인성'은 다음과 같이 판단된다.[8]

첫째, 업무수행성이 인정되는 작업 중의 재해에 대해서는 원칙적으로 업무기인성이 인정되지만, 그것이 자연현상(지진, 낙뢰 등), 외부의 힘(자동차가 돌격하거나,

---

6) 菅野和夫, 労働法, p.355.

7) 일본의 판례 중에는 '사외 망년회'에 대한 참가가 강제성을 띠지 않았으므로 '업무수행성'이 결여되었다고 한 사례가 있다(福井労基署長事件, 名古屋高金澤支判 昭58. 9. 21, 労民 34巻 5·6号, p.809; 立川労基署長事件, 東京地判 平11. 8. 9, 労判 767号, p.22).

8) 菅野和夫, 労働法, p.355.

미친 사람이 흉기를 들고 달려들 때 등), 본인의 사적 일탈행위,[9] 법률위반행위(취중 작업) 등에 의한 경우에는 업무기인성이 인정되지 않는다. 단 자연현상과 외부의 힘도 해당직장에 정형적으로 수반되는 위험이라면(예를 들어 인접 공장의 폭발) 업무기인성이 있다.[10]

둘째, 업무수행성이 인정되는 휴게 중의 재해에 대해서는 근로시간 중이라면 업무기인성이 있는 것(생리적 행위와 보행·이동행위에 의한 재해)과 사업장시설의 불비·결함에 의한 것이 아니라면 업무기인성이 인정되지 않는다(예를 들어 스포츠 활동에 의한 부상).

셋째, 업무수행성이 인정되는 사업장외 근로와 출장 중의 재해에 대해서는 위험에 노출되는 범위가 넓으므로 업무기인성이 넓게 인정된다.[11] 예를 들어 출장지 호텔에서 취침 중에 화재로 사망한 경우도 업무기인성이 인정된다. 그러나 적극적인 사적 행동에 의한 재해는 업무기인성이 없다.

(3) 업무수행성과 업무기인성의 관계

사용자의 보상책임은 손해배상이 아닌 손실분배라는 관점에서 볼 때 업무수행성이 업무상 사유의 1차적 판단기준이 된다고 볼 수 있다. 즉, 업무수행성이 인정되면 반증의 사유가 없는 한 일반적으로 업무기인성은 추정된다.

다시 발해 업무싱 사고에는 업무수행성과 업무기인성을 모두 구비할 것을 요구하는데 대하여, 업무상 질병에 대해서는 상대적으로 업무기인성을 중시한다.

---

9) 목수끼리 다툰 사례로서 倉敷勞基署長事件, 最一小判 昭49. 9. 2, 民集 28券 6号, p.1135.

10) 1995년 1월 17일 코베(神戸) 지진 시에 발생한 재해에 대해서도, 지진으로 입기 쉬운 업무상의 사정(위험)이 있었다고 하여 대부분이 '업무상의 재해'로 인정받은 바 있다.

11) 일본판례 중에는 숙박시설에서 술에 취해 계단에서 굴러 떨어진 사고에 대해 업무기인성을 인정한 사례도 있다(大分勞基署長事件, 福岡高判 平5. 4. 28, 勞判 648号, p.82).

3. 업무상 재해의 인정기준

산재보험법은 업무상 재해의 인정기준에 대해 "근로자가 업무상 사고나 업무상 질병에 해당하는 사유로 부상·질병 또는 장해가 발생하거나 사망하면 업무상의 재해로 본다."라고 한 다음, "다만 업무와 재해 사이에 상당인과관계가 없는 경우에는 그러하지 아니하다."라고 정의하고 있다(37조).

여기서 "업무성 사고"란 ① 근로자가 근로계약에 따른 업무나 그에 따르는 행위를 하던 중 발생한 사고, ② 사업주가 제공한 시설물 등을 이용하던 중 그 시설물 등의 결함이나 관리소홀로 발생한 사고, ③ 사업주가 제공한 교통수단이나 그에 준하는 교통수단을 이용하는 등 사업주의 지배관리 하에서 출퇴근 중 발생한 사고, ④ 사업주가 주관하거나 사업주의 지시에 따라 참여한 행사나 행사준비 중에 발생한 사고, ⑤ 휴게시간 중 사업주의 지배관리 하에 있다고 볼 수 있는 행위로 발생한 사고, ⑥ 그 밖에 업무와 관련하여 발생한 사고를 말한다.

이에 비해 "업무상 질병"이란 ① 업무수행 과정에서 유해·위험 요인을 취급하거나 그에 노출되어 발생한 질병, ② 업무상 부상이 원인이 되어 발생한 질병, ③ 그 밖에 업무와 관련하여 발생한 질병을 말한다(동조 1항).

한편, 근로자의 고의·자해행위나 범죄행위 또는 그것이 원인이 되어 발생한 부상·질병·장해 또는 사망은 업무상의 재해로 보지 아니한다. 다만, 그 부상·질병·장해 또는 사망이 정상적인 인식능력 등이 뚜렷하게 저하된 상태에서 한 행위로 발생한 경우로서 "대통령령으로 정하는 사유"[12]가 있으면 업무상의 재해로 본다(동조 2항).

이상과 같이 산재보험법에서는 업무상의 재해에 대한 일반적인 기준을 제시한 다음, 보다 구체적인 인정기준에 대해서는 대통령령에서 규정하고 있는데(동조 3항), 그 내용은 다음과 같다.

---

12) 여기서 말하는 "대통령령으로 정하는 사유"란 ① 업무상의 사유로 발생한 정신질환으로 치료를 받았거나 받고 있는 사람이 정신적 이상 상태에서 자해행위를 한 경우, ② 업무상의 재해로 요양 중인 사람이 그 업무상의 재해로 인한 정신적 이상 상태에서 자해행위를 한 경우, ③ 그 밖에 업무상의 사유로 인한 정신적 이상 상태에서 자해행위를 하였다는 것이 의학적으로 인정되는 경우이다(산재법 시행령 36조).

(1) 업무상 사고

① 업무수행 중의 사고

첫째, 근로자가 ① 근로계약에 따른 업무수행 행위, ② 업무수행 과정에서 하는 용변 등 생리적 필요 행위, ③ 업무를 준비하거나 마무리하는 행위나 그 밖에 업무에 따르는 필요적 부수행위, ④ 천재지변·화재 등 사업장 내에 발생한 돌발적인 사고에 따른 긴급피난·구조행위 등 사회통념상 예견되는 행위를 하던 중에 발생한 사고는 업무상 사고로 본다(산재법 시행령 27조 1항).

둘째, 근로자가 사업주의 지시를 받아 사업장 밖에서 업무를 수행하던 중에 발생한 사고는 업무상 사고로 보며, 다만 사업주의 구체적인 지시를 위반한 행위, 근로자의 사적 행위 또는 정상적인 출장 경로를 벗어났을 때 발생한 사고는 업무상 사고로 보지 않는다(동조 2항).

셋째, 업무의 성질상 업무수행 장소가 정해져 있지 않은 근로자가 최초로 업무수행 장소에 도착하여 업무를 시작한 때부터 최후로 업무를 완수한 후 퇴근하기 전까지 업무와 관련하여 발생한 사고는 업무상 사고로 본다(동조 3항).

② 시설물 등의 결함 등에 따른 사고

첫째, 사업주가 제공한 시설물, 장비 또는 차량 등(이하 "시설물 등"이라 함)의 결함이나 사업주의 관리 소홀로 발생한 사고는 업무상 사고로 본다(28조 1항).

둘째, 사업주가 제공한 시설물 등을 사업주의 구체적인 지시를 위반하여 이용한 행위로 발생한 사고와 그 시설물 등의 관리 또는 이용권이 근로자의 전속적 권한에 속하는 경우에 그 관리 또는 이용 중에 발생한 사고는 업무상 사고로 보지 않는다(동조 2항).

③ 출퇴근 중의 사고

근로자가 출퇴근하던 중에 발생한 사고가 사업주의 지배·관리성을 전제(산재법 37조)로 ⅰ) 사업주가 출퇴근용으로 제공한 교통수단이나 사업주가 제공한 것으로 볼 수 있는 교통수단을 이용하던 중에 사고가 발생하였을 것, ⅱ) 출퇴근용으로 이용한 교통수단의 관리 또는 이용권이 근로자 측의 전속적 권한에 속하지 아니하였을 것의 두 요건에 모두 해당하면 업무상 사고로 본다(산재보험법 시행령 29조).

이와 관련하여, 대법원은 최근 근로자가 본인 소유의 차향으로 출·퇴근시에 교차로에서 제3자가 운전하는 차량에 의해 교통사고로 사망한 사건[13]에서 "근로자의 출·퇴근이 노무의 제공이라는 업무와 밀접·불가분의 관계에 있다하더라도 일반적으로 경로선택은 근로자에게 유보되어 있어 통상 사업주의 지배·관리하에 있다고 볼 수 없으므로 이를 업무상 재해로 인정한다는 특별한 규정이 없는 한 업무상 재해로 인정될 수 없다."고 판시한 바 있다(다수의견).

이에 대해 소수의견은 "근로자의 출·퇴근 행위는 업무와 밀접 불가분의 관계에 있으므로 합리적인 방법과 경로에 의한 출·퇴근 과정에서 발생한 재해에 대해서는 업무상 재해에 해당한다."고 설시한 바 있다.*

*** 통근재해 및 감정근로자에 대한 재해**

산재보험에 대한 사회적 요구가 점점 다양해지면서, 위와 같은 양적 확대도 중요하지만 질적 확대 또한 주요한 과제로 등장하고 있다. 그 중에서도 특히 출퇴근 시의 통근재해 및 감정노동에 대해 산재보험의 적용대상으로 할 것인가가 최근 이슈가 되고 있다. 통근재해의 경우, 현행 법률이 '사업주가 제공한 교통수단이나 그에 준하는 교통수단을 이용하는 등 사업주의 지배관리 하에서 출퇴근 중 발생한 사고'에 한해서만 업무상 재해로 인정하고 있다(산업재해보상보험법 제37조 1항 다목). 이에 비해, 공무원연금법 및 사립학교교원연금법 등에서는 출퇴근 재해를 공무상 재해로 인정하고 있어 형평성의 원칙에 반할 소지가 있다.[14] 하지만, ILO를 비롯하여 독일이나 일본, 프랑스 등과 같은 선진국에서는 이미 통근재해를 업무상 재해로 인정하고 있는 만큼, 통근재해에 대한 불합리한 차별을 시정함과 동시

13) 대판(전원합의체) 2007. 9. 28, 2005두12572.

14) 이와 관련하여 2013년에는 근로자의 출퇴근 사고를 업무상 재해로 인정하지 않는 현행 법률이 위헌이라는 헌법재판관의 다수 의견이 있었음에도 불구하고 위헌 정족수 6인에 1표가 부족하여 이른바 '출퇴근 산재'인정이 좌절됐다.

에 합리적 보상기준을 마련할 필요가 있다.

위의 통근재해와 함께 최근에는 감정노동에 종사하는 근로자에 대한 업무상 스트레스로 인한 질병을 업무상 재해로 인정할 것인가가 이슈가 되고 있다. 특히 최근에는 간접고용과 비정규직의 증가로 인한 고용환경의 악화로 업무상 스트레스로 인한 만성피로 및 우울증 등의 정신질환 환자가 급증하고 있는 추세를 반영한다면,[15] 감정노동에 대한 질병을 업무상 재해로 인정할 것인가에 대한 합리적 인정기준을 조속히 마련할 필요가 있다.

④ 행사 중의 사고

운동경기·야유회·등산대회 등 각종 행사(이하 "행사"라 함)에 근로자가 참가하는 것이 사회통념상 노무관리 또는 사업운영상 필요하다고 인정되는 경우로서 다음의 어느 하나에 해당하는 경우에 근로자가 그 행사에 참가(행사 참가를 위한 준비·연습을 포함함)하여 발생한 사고는 업무상 사고로 본다(30조).

즉, ⅰ) 사업주가 행사에 참가한 근로자에 대하여 행사에 참가한 시간을 근무한 시간으로 인정하는 경우, ⅱ) 사업주가 그 근로자에게 행사에 참가하도록 지시한 경우, ⅲ) 사전에 사업주의 승인을 받아 행사에 참가한 경우, ⅳ) 그 밖에 ⅰ)부터 ⅲ)에 준하는 경우로서 사업주가 그 근로자의 행사 참가를 통상적·관례적으로 인정한 경우가 이에 해당한다.

⑤ 특수한 장소에서의 사고

사회통념상 근로자가 사업장 내에서 할 수 있다고 인정되는 행위를 하던 중 태풍·홍수·지진·눈사태 등의 천재지변이나 돌발적인 사태로 발생한 사고는 근로자의 사적 행위, 업무 이탈 등 업무와 관계없는 행위를 하던 중에 사고가 발생한

---

15) 최근 서울신문과 노동환경건강연구소가 실시한 '간접고용 노동자 실태조사'에 따르면 '지난 1년간 우울 또는 불안장해를 겪었다고 응답한 비율이 53.9%로, 이 중 66.6%는 업무관련성이 있다고 대답했다. 뿐만 아니라, 불면증을 호소한 간접고용 근로자들이 55.9%에 달했으며, 이 가운데 65.7%가 업무관련성이 있다고 대답했다(『서울신문』 2015. 3. 15.).

것이 명백한 경우를 제외하고는 업무상 사고로 본다(31조).

⑥ 요양 중의 사고

업무상 부상 또는 질병으로 요양을 하고 있는 근로자에게 ⅰ) 요양급여와 관련하여 발생한 의료사고, ⅱ) 요양 중인 산재보험 의료기관(산재보험 의료기관이 아닌 의료기관에서 응급진료 등을 받는 경우에는 그 의료기관) 내에서 업무상 부상 또는 질병의 요양과 관련하여 발생한 사고는 업무상 사고로 본다(32조).

⑦ 제3자의 행위에 따른 사고

제3자의 행위로 근로자에게 사고가 발생한 경우에 그 근로자가 담당한 업무가 사회통념상 제3자의 가해행위를 유발할 수 있는 성질의 업무라고 인정되면 그 사고는 업무상 사고로 본다(33조).

(2) 업무상 질병

첫째, 근로자가 「근로기준법 시행령(제44조 제1항 및 같은 법 시행령 별표 5)」의 업무상 질병의 범위에 속하는 질병에 걸린 경우 다음 각 호의 요건 모두에 해당하면 업무상 질병으로 본다(산재법 시행령 34조 1항).

그 요건은 ① 근로자가 업무수행 과정에서 유해·위험요인을 취급하거나 유해·위험요인에 노출된 경력이 있을 것, ② 유해·위험요인을 취급하거나 유해·위험요인에 노출되는 업무시간, 그 업무에 종사한 기간 및 업무 환경 등에 비추어 볼 때 근로자의 질병을 유발할 수 있다고 인정될 것, ③ 근로자가 유해·위험요인에 노출되거나 유해·위험요인을 취급한 것이 원인이 되어 그 질병이 발생하였다고 의학적으로 인정될 것이다.

둘째, 업무상 부상을 입은 근로자에게 발생한 질병이 ① 업무상 부상과 질병 사이의 인과관계가 의학적으로 인정되고, ② 기초질환 또는 기존 질병이 자연발생적으로 나타난 증상이 아닌 경우에는 업무상 질병으로 본다(동조 2항).

셋째, 위에서 열거한 업무상 질병(진폐증은 제외함)[16]에 대한 구체적인 인정 기준은 산재법 시행령(별표 3)에 의하며(3항), 근로복지공단은 근로자의 업무상 질병 또는 업무상 질병에 따른 사망의 인정 여부를 판정할 때에는 그 근로자의 성별, 연령, 건강 정도 및 체질 등을 고려하여야 한다(4항).

III 산업재해보상의 종류와 내용

1. 서설

근로기준법은 산업재해보상을 요양보상·휴업보상·장해보상·유족보상 및 장의비의 다섯 가지를 내용으로 규정하고 있다.

산업재해법도 근로기준법과 마찬가지로 요양급여·휴업급여·장해급여·유족급여 및 장의비의 다섯 가지를 규정하며, 이외에도 상병보상연금을 규정하고 있다.

2. 요양보상 및 요양급여

(1) 근로기준법상의 요양보상

근로자가 업무상 부상 또는 질병에 걸리면 사용자는 그 비용으로 필요한 요양을 행하거나 필요한 요양비를 부담하여야 하며(근기법 78조 1항), 이에 따른 업무상 질병과 요양의 범위 및 요양보상의 시기는 대통령령으로 정한다(동조 2항).

---

16) 근로자가 고용노동부령으로 정하는 분진작업에 종사하여 진폐증에 걸리면 업무상 질병으로 본다(산재법 시행령 35조 1항).

(2) 요양급여

첫째, 근로자가 업무상의 사유로 부상을 당하거나 질병에 걸린 경우에 그 근로자에게 지급한다(산재법 40조 1항). 요양급여는 산재의료원 소속 의료기관에서 요양을 하게 하여야 하나, 부득이한 경우에는 요양을 갈음하여 요양비를 지급할 수 있다(동조 2항). 업무상의 부상 또는 질병이 3일 이내의 요양으로 치유될 수 있으면 요양급여를 지급하지 아니한다(동조 3항).

둘째, 요양급여의 범위는 ① 진찰 및 검사, ②약제 또는 진료재료와 의지(義肢)나 그 밖의 보조기의 지급, ③처치, 수술, 그 밖의 치료, ④재활치료, ⑤ 입원, ⑥ 간호 및 간병, ⑦ 이송, ⑧ 그 밖에 고용노동부령으로 정하는 사항으로 한다(동조 4항). 요양급여의 범위나 비용 등 요양급여의 산정 기준은 고용노동부령으로 정한다(동조 5항).

셋째, 업무상의 재해를 입은 근로자가 요양할 산재보험 의료기관이 「국민건강보험법(제40조제2항)」에 따른 종합전문요양기관인 경우에는 「응급의료에 관한 법률(제2조제1호)」에 따른 응급환자이거나 그 밖에 부득이한 사유가 있는 경우를 제외하고는 그 근로자가 종합전문요양기관에서 요양할 필요가 있다는 의학적 소견이 필요하다(동조 6항).

3. 휴업보상 · 휴업급여

(1) 근로기준법상의 휴업보상

사용자는 업무상의 질병·부상으로 요양 중에 있는 근로자에게 그 근로자의 요양 중 평균임금의 100분의 60의 휴업보상을 하여야 한다(근기법 79조 1항).

휴업보상을 받을 기간에 그 보상을 받을 자가 임금의 일부를 지급받은 경우에는 사용자는 평균임금에서 그 지급받은 금액을 뺀 금액의 100분의 60의 휴업보상을 하여야 하며(동조 2항), 휴업보상의 시기는 대통령령으로 정한다(동조 3항).

다만, 근로자의 중대한 과실이 있고 그 과실에 대하여 노동위원회 인정을 받은 경우에는 휴업보상을 하지 아니하여도 된다(근기법 81조).

(2) 휴업급여

업무상 사유로 부상을 당하거나 질병에 걸린 근로자에게 "요양으로 취업하지 못한 기간" 중 1일에 대하여 "평균임금의 100분의 70에 상당하는 금액"을 휴업급여로서 지급한다. 그러나 취업하지 못한 기간이 3일 이내인 때에는 휴업급여를 지급하지 아니한다(산재법 52조).

여기서 "요양으로 취업하지 못한 기간"이라 함은 근로자가 업무상의 재해로 요양을 하느라 근로를 제공할 수 없어 임금을 받지 못한 기간을 의미하는 것으로 해석하므로, 근로자가 업무상 부상을 치료 받은 기간뿐만 아니라 자택에서 요양한 기간도 포함된다.[17]

4. 장해보상 · 장해급여

"장해보상" 또는 "장해급여"라 함은 근로자가 업무상 부상 또는 질병을 완치 후에도 신체상의 장해가 있는 경우 이에 대한 보상을 지급하는 것을 말한다. "장해"란 부상 또는 질병이 치유되었으나 정신적 또는 육체적 훼손으로 인하여 노동능력이 손실되거나 감소된 상태를 말한다(산재법 5조 5호).

(1) 근로기준법상의 장해보상

근로자가 업무상 부상 또는 질병에 걸리고, 완치된 후 신체에 장해가 있으면 사용자는 그 장해 정도(14급~1급)에 따라 평균임금에 일정한 일수(50일~1,340일)를 곱한 금액의 장해보상을 하여야 한다(근기법 80조 1항).

---

17) 대판 1989. 6. 27, 88누2205.

이미 신체에 장해가 있는 자가 부상 또는 질병으로 인하여 같은 부위에 장해가 더 심해진 경우에 그 장해에 대한 장해보상 금액은 장해 정도가 더 심해진 장해등급에 해당하는 장해보상의 일수에서 기존의 장해등급에 해당하는 장해보상의 일수를 뺀 일수에 보상청구사유 발생 당시의 평균임금을 곱하여 산정한 금액으로 한다(동조 2항).

장해보상을 하여야 하는 신체 장해등급의 결정 기준과 장해보상의 시기는 대통령령으로 정하고 있으며(동조 3항), 장해보상은 일시금으로 지급하는 것이 원칙이나 근로기준법(제85조)상의 규정에 의하여 분할보상이 가능하다.

(2) 장해급여

근로자가 업무상의 사유로 부상을 당하거나 질병에 걸려 치유된 후 신체 등에 장해가 있는 경우에 그 근로자에게 장해급여를 지급한다(산재법 57조 1항).

장해급여는 장해등급(1급~14급)에 장해보상연금 또는 장해보상일시금으로 하되 그 장해등급의 기준은 대통령령으로 정하며(동조 2항), 장해보상연금 또는 장해보상일시금은 수급권자의 선택에 따라 지급한다.

다만, 대통령령으로 정하는 노동력을 완전히 상실한 장해등급의 근로자에게는 장해보상연금을 지급하고, 장해급여 청구사유 발생 당시 대한민국 국민이 아닌 자로서 외국에서 거주하고 있는 근로자에게는 장해보상일시금을 지급한다(동조 3항).

장해보상연금은 수급권자가 신청하면 그 연금의 최초 1년분 또는 2년분(제3항 단서에 따른 근로자에게는 그 연금의 최초 1년분부터 4년분까지)의 2분의 1에 상당하는 금액을 미리 지급할 수 있다. 이 경우 미리 지급하는 금액에 대하여는 100분의 5의 비율 범위에서 대통령령으로 정하는 바에 따라 이자를 공제할 수 있다(동조 4항).

장해보상연금 수급권자의 수급권이 제58조에 따라 소멸한 경우에 이미 지급한 연금액을 지급 당시의 각각의 평균임금으로 나눈 일수(日數)의 합계가 별표 2에 따른 장해보상일시금의 일수에 못 미치면 그 못 미치는 일수에 수급권 소멸 당시의 평균임금을 곱하여 산정한 금액을 유족 또는 그 근로자에게 일시금으로 지급한다(동조 5항).

보험가입자의 고의 또는 과실로 업무상 재해가 발생한 경우 수급권자가 민법에 의한 손해배상청구에 갈음하여 장해특별급여를 청구한 때에는 장해급여 외에 장해특별급여를 보험금에서 지급할 수 있다(동법 78조 1항).

수급권자가 위의 장해특별급여를 받으면 동일한 사유에 대하여 보험가입자에게 「민법」이나 그 밖의 법령에 따른 손해배상을 청구할 수 없으며(동조 2항), 공단은 장해특별급여를 지급하면 대통령령으로 정하는 바에 따라 그 급여액 모두를 보험가입자로부터 징수한다(동법 3항).

5. 유족보상 · 유족급여

(1) 근로기준법상의 유족보상

근로자가 업무상 사망한 경우에는 사용자는 근로자가 사망한 후 지체 없이 그 유족에게 평균임금 1,000일분의 유족보상을 하여야 한다(근기법 82조 1항).

유족의 범위, 유족보상의 순위 및 보상을 받기로 확정된 자가 사망한 경우의 유족보상의 순위는 대통령령으로 정한다(동조 2항).

(2) 유족급여

근로자가 업무상의 사유로 사망한 경우에 유족에게 지급한다(산재법 62조 1항). 유족급여는 유족보상연금이나 유족보상일시금으로 하되, 유족보상일시금은 근로자가 사망할 당시에 유족보상연금을 받을 수 있는 자격이 있는 자가 없는 경우에 지급한다(동조 2항).

유족보상연금을 받을 수 있는 자격이 있는 자가 원하면 유족보상일시금의 100분의 50에 상당하는 금액을 일시금으로 지급하고 유족보상연금은 100분의 50을 감액하여 지급한다(동조 3항).

유족보상연금을 받던 자가 그 수급자격을 잃은 경우, 다른 수급자격자가 없고 이미 지급한 연금액을 지급 당시의 각각의 평균임금으로 나누어 산정한 일수의 합계가 1,300일에 못 미치면, 그 못 미치는 일수에 수급자격 상실 당시의 평균임금을 곱하여 산정한 금액을 수급자격 상실 당시의 유족에게 일시금으로 지급한다(동조 4항). 유족보상연금의 지급 기준 및 방법, 그 밖에 필요한 사항은 대통령령으로 정한다(동조 5항).

보험가입자의 고의 또는 과실로 업무상 재해가 발생하여 근로자가 사망한 경우에는 수급권자가 민법에 의한 손해배상청구에 갈음하여 유족특별급여를 청구한 때에는 유족급여 외에 유족특별급여를 지급할 수 있으며(산재법 79조 1항), 이 경우 고용노동부장관은 그 급여액의 전액을 보험가입자로부터 징수한다. 유족특별급여에 관하여는 장해특별급여에 관한 규정이 준용된다(동조 2항).

6. 장의비

(1) 근로기준법상의 장의비

근로자가 업무상 사망한 경우에는 사용자는 근로자가 사망한 후 지체 없이 평균임금의 90일분의 장의비를 지급하여야 한다(근기법 83조, 동법 시행령 51조 2항).

(2) 장의비

장의비는 근로자가 업무상 사망한 경우에 장례에 소요되는 비용을 보상하는 것을 말하며, 근로자가 업무상의 사유로 사망한 경우에 지급하되, 평균임금의 120일분에 상당하는 금액을 그 장제(葬祭)를 지낸 유족에게 지급한다.

다만, 장제를 지낼 유족이 없거나 그 밖에 부득이한 사유로 유족이 아닌 자가 장제를 지낸 경우에는 평균임금의 120일분에 상당하는 금액의 범위에서 실제 드는 비용을 그 장제를 지낸 자에게 지급한다(산재법 71조 1항).

장의비가 대통령령으로 정하는 바에 따라 고용노동부장관이 고시하는 최고 금액을 초과하거나 최저 금액에 미달하면 그 최고 금액 또는 최저 금액을 각각 장의비로 한다(동조 2항).

IV 재해보상청구권·재해급여수급권의 보호

1. 양도 · 압류 등의 금지

(1) 근로기준법상 양도·압류 등의 금지

보상을 받을 권리는 퇴직으로 인하여 변경되지 아니하며 양도 또는 압류의 대상이 되지 아니한다(근기법 85조).

이는 보상청구권을 퇴직 후에도 보호하며, 그 양도 또는 압류를 금지하여 피재근로자 또는 그 가족의 생계를 보호하기 위한 것이다.

(2) 산재법상의 양도·압류 등의 금지

산재법에서도 근로자의 보험급여를 받을 권리는 퇴직을 이유로 소멸하지 않으며(산재법 88조 1항), 양도 또는 압류하거나 담보로 제공할 수 없다(동조 2항).

2. 소멸시효

근로기준법상 재해보상청구권은 3년간 행사하지 아니하는 경우에는 시효로 인하여 소멸하며(근기법 92조), 산재법에서도 보험료 기타 징수금을 징수하거나 그 반환을 받을 권리 및 보험급여를 받을 권리는 3년간 행사하지 않으면 소멸하고 동법에 특별한 규정이 없는 다른 사항은 소멸시효에 관해 민법의 규정에 따른다(산재법 112조).

V. 도급사업과 특수형태근로종사자에 대한 예외

1. 근로기준법상의 예외

사업이 여러 차례의 도급에 따라 행하여지는 경우에는 재해보상에 대하여 원수급인을 사용자로 보며(근기법 90조 1항), 원수급인이 서면상의 계약으로 하수급인에게 보상을 담당하게 하는 경우에는 그 수급인도 또한 사용자로 하되, 다만 2명 이상의 하수급인에게 동일한 사업에 대하여 중복하여 보상을 담당하게 하지 못한다(동조 2항).

이 경우 원수급인이 보상청구를 받으면 보상을 담당한 하수급인에게 우선 최고할 것을 청구할 수 있으나, 다만 그 하수급인이 파산의 선고를 받거나 행방이 알려지지 아니하는 경우에는 그러하지 아니하다(동조 3항).

2. 산재보상법상의 예외

2007년 12월, 산재보상법이 개정됨에 따라, 그동안 논란이 되어왔던 특수형태근로종사자(예컨대, 골프장캐디 · 학습지교사 · 레미콘 기사 · 보험설계사 등)도 산재보험의 적용을 받을 수 있게 되었다(동법 125조 참조).

이는 계약의 형식에 관계없이 근로자와 유사하게 노무를 제공함에도 근로기준법 등이 적용되지 아니하여 업무상의 재해로부터 보호할 필요가 있는 자를 보호하기 위하여 신설된 규정이다.

단, 특수형태근로종사자 본인이 산재보험의 적용을 원하지 않을 경우에는 적용제외 신청을 할 수 있으며, 보험료는 사업주와 특수형태근로종사자가 절반씩 부담하도록 되어 있다(다만, 사용종속관계의 정도 등을 고려하여, 대통령령으로 정하는 특수형태근로종사자는 사업주가 전액 부담하도록 하고 있다).

VI. 산업재해보상에 대한 이의신청

1. 노동법상의 구제제도

(1) 근로기준법상의 심사와 중재

① 고용노동부장관의 심사와 중재

업무상 부상·질병·사망의 인정 등 기타 보상 실시에 관하여 이의가 있는 자는 고용노동부장관에게 심사 또는 사건의 중재를 청구할 수 있으며, 고용노동부장관은 1개월 이내에 심사·중재해야 한다(근기법 88조 1항, 2항).

이러한 심사·중재는 관계자의 권리·의무에 영향을 주는 행정처분이 아니라 단순히 권고적 성격을 갖는 행위에 불과하므로,[18] 심사·중재의 결과에 불복이 있는 경우 사용자를 상대로 민사소송을 제기할 수 있어도[19] 행정소송은 제기할 수 없다고 본다.[20]

② 노동위원회의 심사와 중재

고용노동부장관이 1개월 이내 심사나 중재를 하지 않거나 결과에 불복이 있는 자는 노동위원회의 심사 또는 중재를 청구할 수 있다. 노동위원회도 1개월 이내에 심사 또는 중재를 해야 한다.

노동위원회의 심사 및 중재 역시 설득·권고적인 성격에 불과하며, 당사자를 구속하지 않으므로 행정처분에 해당하지 않는다. 또한 시효중단에 대해 명문규정은 없으나, 심사 또는 중재의 청구에 의해 소멸시효를 중단된다고 볼 것이다.

---

18) 임종률, 노동법, p.472.
19) 대판 1977. 9. 13, 77다807.
20) 대판 1995. 3. 28, 94누10443.

(2) 산업재해보상보험법상의 심사와 재심사

① 근로복지공단의 심사

보험급여에 관한 결정에 불복이 있는 자는 결정이 있음을 안 날로부터 90일 이내에 결정을 행한 근로복지공단의 소속기관을 거쳐 근로복지공단에 제기하여야 한다(산재법 103조 3항).

근로복지공단은 60일 이내에 심사청구에 대한 결정을 하고 1차에 한해 20일 연장할 수 있다(산재법 105조 1항).

심사의 청구는 재판상의 청구로 보아 시효가 중단되며, 심사결정의 법적성격은 재심사를 행정심판의 재결로 보고 있음을 고려하여 볼 때 이를 행정처분으로 보아야 할 것이다.

② 산재보험 심사위원회의 재심

근로복지공단의 심사결정에 불복하는 자는 근로복지공단의 결정이 있음을 안 날로부터 90일 이내 결정기관을 경유하여 산재보상보험위원회에 제기한다(산재법 106조 1항 및 3항).

재심사의 청구는 재판상의 청구로 보아 시효가 중단되고 재심사 청구에 대한 재결은 이를 행정심판의 재결로 본다.

(3) 재해보상구제 제도간의 상호관계

산재보상법의 적용을 받는 근로자가 보험급여에 대해 이의가 있는 경우 산재법상 심사를 청구하지 않고, 근로기준법에 따른 심사·중재를 청구할 수 있느냐의 문제는 원칙적으로 인정되지 않는다고 보아야 할 것이다.

이는 법체계상 산재보상법에 규정된 절차를 따르는 것이 타당하기 때문이라 할 것 이다.

2. 민법상의 손해배상

근로기준법상의 재해보상에 대하여 이의가 있는 자는 행정기관에 대해 심사·중재의 신청을 하거나 아니면 법원에 민사소송을 제기할 수 있다.

산재보상법에 따른 심사·재심사를 청구하였으나 이에 불복하는 경우, 행정소송을 제기함과 별도로 민사소송을 제기할 수 있는가의 문제에서 공법상의 권리구제 시에도 사법상의 권리구제제도를 배제하는 것은 아니므로 민법상의 권리구제를 허용한다고 본다.

다만, 산재보상법에 의한 장해특별급여, 유족특별급여는 민법상 손해배상책임에 갈음하는 것이므로 이러한 재해보상을 받은 경우 민법상 손해배상을 청구할 수 없다(산재법 78조 2항, 79조 1항).

VII. 재해보상과 손해배상

1. 병존주의와 이중보상의 금지

피해자인 근로자는 산재보험이나 재해보상을 통하여 사용자나 제3자의 고의·과실이 없더라도 일정금액을 보상받을 수 있다. 하지만 그 보상액에 만족하지 못하는 경우에는 산재보상이나 재해보상과는 별도로 민법상의 손해배상을 청구할 수 있다(병존주의).

다만, 동일한 재해에 대하여 재해보상과 민법상의 손해배상이 중복될 수는 없으므로(이중보상의 금지), 재해보상금이 지급된 경우에는 동일한 사유에 대하여 보상된 한도 내에서 민법에 따른 손해배상 책임이 면제 된다(산재법 80조 2항).[21]

---

21) 단, 이 경우 장해보상연금 또는 유족보상연금을 받고 있는 자는 장해보상일시금 또는 유족보상일시금을 받은 것으로 본다(동항 단서).

반대로 사용자가 동일한 사유로 민법상 손해배상을 피해자에게 지급한 경우에는 그 한도 내에서 보상책임을 면하게 된다(근기법 87조, 산재법 80조 3항). 단 정신적 손해에 대한 위자료는 재해보상의 범위에 속하는 것이 아니기 때문에 재해보상액에 대하여 영향을 주지 않는다.

2. 사용자의 고의 · 과실에 의한 재해

피해자인 근로자가 민법상의 손해배상을 청구하기 위해서는 사용자 또는 제삼자의 고의·과실이 입증되어야 한다.

이 책임의 법적 성질에 관하여 과거에는 이러한 손해배상청구는 불법행위로 구성되었으나, ① 피해자의 입증책임의 부담, ② 사용자 책임의 면책 가능성, ③ 청구권의 단기 소멸시효 등으로 그 실효성에 문제가 있었다.[22]

그래서 근래에는 사용자에게 근로자의 생명·신체의 안전과 건강을 보호해야 할 의무인 안전배려의무가 근로계약상 사용자의 부수적 의무로 인정되면서, 이를 채무불이행책임으로 구성하기에 이르렀다.[23]

이 경우, 근로자는 자기가 입은 손해가 사용자의 안전배려의무 위반으로 인하여 발생하였다는 사실만 입증하면 되는데 비해, 사용자는 이러한 안전배려의무가 존재하지 않거나 이에 따른 제반 조치를 구체적으로 이행하였다는 사실 또는 발생한 재해가 근로자 자신의 과실이나 불가항력과 같은 사유로 발생하였다는 사실을 증명하여야 한다.[24]

---

22) 같은 취지; 임종률, 노동법, p.474.

23) 사업주로서는 근로자의 생명 및 건강 등을 업무상 질병 등 산업재해의 위험으로부터 안전하게 보호하여야 할 주의의무를 부담하는 바.....산업재해예방을 위하여 필요한 주의의무를 다하지 못한 사용자는 근로자의 질환에 대하여 근로기준법이나 산업재해보상보험법 등에 의하여 보상을 받을 수 있음은 별론으로 하고 사업주로서의 불법행위 법상의 책임을 면할 수 없다(대판 1989.8.8, 88다카33190).

24) 김형배, 노동법, p459.; 임종률, 노동법, p.475.

3. 제삼자의 고의 · 과실에 의한 재해

재해가 제삼자의 고의·과실에 의하여 발생한 경우에는 그 제삼자가 사업장 내의 다른 근로자(종업원)인 경우와 사업장의 근로자가 아닌 근로자(비종업원)인 경우로 나누어 살펴볼 필요가 있다.

우선 전자의 경우에는 사용자는 재해보상 책임 외에 민법상의 사용자 책임(민법 755조)을 지게 되며, 가해자인 근로자는 민법상의 불법행위의 책임을 지게 된다(민법 750조).

이 경우 가해자인 근로자와 사용자의 손해배상책임은 부진정 연대책임의 관계에 있다. 또한 사업장 내의 다른 근로자는 사용자의 이행보조자의 지위에 있고, 그 근로자의 고의·과실은 사용자의 고의·과실로 볼 수 있으므로(민법 391조), 피해근로자는 사용자에게 계약책임으로서의 채무불이행에 따른 손해배상청구를 할 수 있을 것이다.[25]

이에 비해, 후자의 경우에는 그 사업장의 근로자(종업원)가 아닌 제삼자이므로 사용자에게는 재해보상책임이 발생하고, 제삼자에게는 불법행위에 따른 책임이 발생한다. 따라서 사용자가 피해자인 근로자에게 재해보상을 한 경우에는 그 보상액의 한도에서 가해자인 제삼자에 대하여 근로자의 손해배상청구권을 대위할 수 있다(민법 339조).

또한 이중보상의 금지에 따라 가해자인 제삼자가 피해자에게 손해배상을 하였다면, 사용자는 그 배상액의 한도에서 책임을 면할 수 있다.

공단은 제삼자의 행위로 인하여 발생한 재해에 대해 피해자에게 보험급여를 지급한 경우에는 그 급여액의 한도에서 급여를 받은 자의 제삼자에 대한 손해배상 청구권을 대위하고(산재법 58조 1항), 수급권자가 제삼자로부터 동일한 사유로 보험급여에 상당하는 손해배상을 받은 경우에는 공단은 그 배상액을 대통령령으로 정하는 방법에 따라 환산한 금액의 한도에서 보험급여를 지급하지 않는다(동조 2항).

---

25) 임종률, 노동법, p.476.

CASE STUDY

Case1

H마트는 광명에 새롭게 점포를 오픈하면서 매장관리 업무를 담당할 직원을 물색하던 중, 마침 분당지점에 근무하는 주부 C씨가 여러모로 적임자라 생각하고 광명지점으로 전직발령을 하였다. 하지만 C씨는 우울증이 있는 남편과 노약하여 치매기가 있는 홀어머니를 모시고 있을 뿐만 아니라, 광명까지는 통근시간(약 2시간)이 너무 걸린다는 이유로 전직명령에 응하지 않았다. 그러자 회사는 하는 수 없이 C씨를 징계위원회에 회부하려고 한다. 이러한 회사 측의 행위는 정당한가? 단, 회사 측은 C씨는 입사이래 5년째 분당지점에서 근무해오고 있으며, 채용면접 시에 특별한 사정이 없는 한 분당에서만 근무하게 될 것이라는 것을 구두로 들은 바 있다.

Check Point : 전직명령에 대한 정당성

*대판 1992. 1. 12, 91누9204; 대판 1995. 10. 13, 94다52928.

*「노동판례백선」 p.106《Case27》

Case2

K양은 대학에서 불문학을 전공한 다음 교사임용고시를 거쳐 3년 전부터 서울시내 Y사립중학교에서 불어교사로 근무해오고 있다. 그러나 최근에 와서 불어를 제2전공으로 하려는 학생들의 숫자가 갑자기 줄어드는 반면 영어에 대한 수요가 급격히 늘어나게 되었다. 이에 학교 측은 불어교사 총5명 중, K양을 포함한 비교적 젊은 교사 2명에게 전공을 불어에서 영어로 전환할 것을 제안하였다. 단, 학교 측은 전공을 바꾸는 만큼 향후 2년간을 준비기간을 준 다음, 2년 후부터는 초급영어를 담당하는 것으로 하였다. 이러한 제안에 K양이 난색을 표하자, 학교 측은 더 이상 배려를 할 수 없으므로 2년 후에는 자리가 보장되지 않는다는 뜻을 단호하게 서면으로 통지를 해왔다. K양은 이러한 학교 측의 제안을 받아들여야만 할까?

Check Point : 변경해지고지(變更解止告知)의 정당성

*이정,「일본노동법」법문사(2007), p.451 참조

제7장 인사이동

I. 인사이동의 의의

1. 인사이동의 개념

인사이동은 전직·전적·전근·전보·출장·파견·배치전환·근로자공급 등 다양한 형태의 근로관계의 변경을 포함하는 개념이므로 일률적으로 정의하기 어렵다.

그러나 인사이동의 개념은 대체로 기업 내에서 또는 기업과 기업 간의 근로자의 근무내용·근무장소 및 근로관계당사자의 변경 등을 가져오는 근로관계의 변동이라고 정의할 수 있을 것이다.

2. 근로기준법상의 "전직"과의 관계

일본의 경우 배치전환명령 등에 대하여 권리남용의 법리를 중심으로 논의가 이루어지고 있으나, 우리나라의 경우 근로기준법은 "사용자는 근로자에 대하여 정당한 이유 없이 해고, 휴직, 정직, 전직, 감봉 기타 징벌을 하지 못한다."라고

규정하고 있어(제23조 1항), 일본처럼 권리남용의 법리가 주장될 여지가 없다.[1]

여기서 '전직'의 개념이 무엇인가에 대하여 학설상 이견은 있으나, 전직의 개념은 인사이동 전반을 포괄적으로 지칭하는 광의의 개념으로 보는 것이 타당하다고 생각된다.[2]

II. 인사권의 법적 근거

인사권의 법적 근거에 대한 학설은 먼저, 사용자는 자신의 경영권을 바탕으로 하여 인사권을 행사할 수 있다고 한다.

즉, 근로자는 근로계약체결에 의하여 경영체계에 편입됨으로써 사용자의 인사권 행사에 따른 노무지휘를 받게 된다는 경영권설, 근로자는 사용자와의 근로계약체결을 통하여 자신의 노동력을 사용자의 지휘·관리권한에 속하게 하는 포괄적 합의를 하게 되며, 사용자는 이러한 합의에 근거하여 인사권을 행사하게 된다는 포괄적 합의설 및 근로자와 사용자는 근로계약에 의하여 근로조건에 합의하게 되며, 이 경우 인사권의 행사 역시 하나의 근로조건으로서 근로계약의 합의사항에 포함되므로 이러한 계약에 근거하여 사용자는 인사권을 행사할 수 있다고 한다. 따라서 사용자의 인사권은 근로계약상 합의된 범위 내에서만 유효하다는 계약설 등이 있다.

그러나 어느 학설을 선택하든 사용자의 인사권은 근로기준법(제23조 1항)상의 정당한 이유가 있는 경우에만 인정되고, 권리남용금지의 원칙 및 신의칙 등에 의하여 상당한 제한을 받는다.

1) 김형배, 근로기준법, p.622
2) 이상윤, 노동법, p.403

III. 기업내 인사이동

1. 직무내용의 변경

근로자가 제공하는 직종의 변경을 말하며, 이를 일반적으로 '전보(轉補)' 또는 '전직(轉職)'이라고 부른다.

그러나 실제로 기업현장에서는 직무의 변경과 뒤에서 설명하는 직무장소의 변경이 동시에 이루어지는 경우가 있는 경우도 많다.

전직은 기업 내의 노동력(man power)을 효율적으로 활용하기 위한 인사이동의 일환으로 정기적 또는 수시로 이루어지는 경우가 일반적이지만, 경우에 따라서는 대기명령이나 좌천(左遷)처럼 징계의 한 수단으로 이루어지는 경우도 있다.

2. 직무장소의 변경

동일한 기업 내에서 수 개의 사업장이 있는 경우 한 사업장에서 다른 사업장으로 직무(근무)장소를 변경하는 전근(轉勤)이 있으며, 이는 근로자의 생활근거의 이전을 수반하는 경우도 있으므로 동일한 사업장 내에서의 직무장소를 변경하는 배치전환에 비하여 근로자의 지위에 커다란 영향을 미치게 된다.

IV. 기업간의 인사이동

1. 전출

(1) 의의

"전출(轉出)"이라 함은 본래의 소속기업에 재적한 채 다른 기업에서 상당히 장기간 동안 근로를 제공하는 것을 말한다.

전출의 개념이 광범위하여 파견근무, 사외근무, 재적전출 등이 여기에 속할 수 있는데, 사용자의 기업에 적을 두고 다른 기업에서 근로에 종사한다는 의미에서 적을 완전히 다른 기업으로 옮기는 전적과는 다르다.

(2) 유효요건

전출은 노무제공을 받는 상대방의 변경을 수반하는 중요한 근로조건의 변경에 해당되므로 이를 정당화할 만한 근로계약상의 근거를 필요로 한다. 단지 취업규칙상의 규정이 있는 경우만으로는 부족하며, 적어도 전출기업의 근로조건의 기본사항을 정한 취업규칙이나 단체협약의 규정, 해당 기업의 전출실정, 채용 시의 사용자의 설명과 그에 대한 근로자의 동의 등을 기초로 전출에 관한 근로자와 사용자 사이의 합의가 추단될 수 있어야 한다.

(3) 근로관계

① 근로자와 소속기업간의 관계

근로계약관계는 존속하지만, 전출근로자의 노무제공이 전출기업에서 이루어지므로 소속기업과의 노무제공관계는 존재하지 않는다.

그러나 소속기업의 취업규칙 중 노무제공을 전제로 하지 않는 부분은 그대로 존재한다.

② 근로자와 전출기업간의 관계

전출근로자는 전출기업의 복무규율을 따르며, 급여·제수당·상여금의 지급도 전출기업이 이를 행한다. 다만, 소속기업과 전출기업간의 지급액의 차액은 소속기업이 보상 할 수 있다.

퇴직금의 지급에 있어서는 양 기업에서의 근무시간이 통산되며, 양 기업에서 분담하는 것이 보통이며, 징계해고와 통상해고의 권한은 소속기업이 보유하고 기타의 징계권한은 전출기업이 가지는 경우가 많으나 이들 권한을 공유하는 경우도 있을 수 있다.

③ 전출기업과 소속기업간의 관계

근로기준법상의 각 규정에 관해서는 그 내용에 따라 양 기업 중 해당 사항을 관리하고 있는 사용자가 책임을 지며, 산재법상의 사업주책임은 현실적으로 노무급부를 받고 있는 전출기업이 부담한다.

그리고 산재법상의 사업주는 원칙적으로 전출기업이 되지만, 합의에 의하여 소속기업으로 하는 것도 가능하다.

2. 전적

(1) 의의

"전적"이라 함은 본래의 소속기업과의 근로계약관계를 종료하고 다른 기업과 근로계약관계를 새로이 체결하는 것을 말한다. 전적은 본래의 소속기업과의 근로계약이 종료된다는 점에서 근로계약이 그대로 존속되는 전출과 구별된다.

(2) 유효요건

당사자 간의 특별한 합의가 없는 경우 근로관계는 본래의 소속기업과 전적대상 기업 간에 단절된 것으로 보는 것이 원칙이다. 따라서 당해 근로자의 개별적·구체적 동의를 필요로 한다.

(3) 근로관계

전적의 경우에는 소속기업과의 근로계약관계가 종료되면서 한편으로는 전출기업과의 근로계약관계가 시작된다.

따라서 근로계약상의 사용자는 물론 근로기준법상의 사용자도 전출기업 뿐이며, 전적근로자의 소속기업에서의 근로관계도 전출기업에 승계되지 아니한다.

V. 인사권의 제한

사용자의 인사권 행사는 근로기준법(제23조 1항)에 규정된 정당한 사유가 있는 경우에 한하여 인정된다.

정당한 사유에 관하여는 단체협약 및 취업규칙 등에 구체적으로 정하여지는 것이 일반적이나, ① 인사권 행사의 업무상 필요성, ② 근로자의 생활상 불이익의 비교형량, ③ 근로자 본인과의 협의 등 신의칙상 요구되는 절차를 거쳤는지의 여부에 따라 결정된다.

예컨대 부서 내에서의 불화로 인한 전직의 경우에는 업무상의 필요성이 인정되나,[3] 업무상의 필요성이 크지 않는데도 통근의 곤란성 등 생활상의 불이익이 크거나 그러한 불이익이 사회통념상 수인(受忍)할 정도를 현저하게 초과하는 경우에는 부당한 전직으로 본다.[4]

또한 노사 당사자 사이에 근로계약상 근로자의 직무내용이나 근무지가 한정되는 경우가 있는데, 이러한 경우에는 원칙적으로 근로자의 동의가 있어야만 전직 등이 가능하다고 본다.

예컨대 근무지가 특정된 자를 본인의 동의 없이 다른 곳으로 전직을 시키는 경우나,[5] 의사·간호사·아나운서·보일러기사 등과 같이 특수한 기술이나 자격증을 필요로 하는 직종의 경우에는 반드시 당사자가 근로계약상 합의를 하지 않았다 하더라도 직종이 한정된 것으로 볼 수 있으므로, 본인의 동의 없이 이들에 대한 직종변경은 부당한 것으로 간주될 수 있다.

---

3) 대판 1994. 5. 10, 93다47677; 대판 1991. 9. 24, 90다12366.
4) 대판 1995. 2. 17, 94누7959.
5) 대판 1992. 1. 12, 91누9204.

노동법의 세계

제5편
분쟁과의 만남

CASE STUDY

☑ Case1

해외수출을 주업으로 하는 T사는 유럽파트를 담당할 사원을 공모한 결과, 작년에 P씨를 경력직으로 채용했다. 그러나 P씨는 외국어 구사능력이 기대이상에 못 미칠 뿐만 아니라 잦은 질병으로 결근이 많아 해고를 한 다음, 보다 유능한 사원을 채용하려고 한다. T사는 P씨를 저성과를 이유로 해고를 할 수 있을까?

Check Point : 근로자의 귀책사유에 의한 통상해고의 정당성(근기법 제23조)
*이정(편역),「고용사회와 노동법」p.54《Case》참조

☑ Case2

자동차를 제조·판매하고 있는 S사는 최근의 경기침체로 수년간 적자를 내고 있는 중형자동차 생산조립부문에 대한 인원감축을 이사회에서 결정하고 이를 노동조합에게 통고하였다. 하지만 노동조합은 계속적으로 이에 반대했기 때문에 S사는 하는 수 없이 3개월에 걸쳐 명퇴자를 모집한 뒤, 가족상황·재산정도·근속연수 등을 종합적으로 고려하여 나름대로 객관적이고 공정한 기준에 따라 생산조립부문 근로자의 30%를 해고하였다. S사의 해고는 과연 정당한가?

Check Point : 경영상의 이유에 의한 해고의 정당성 판단(근기법 제 24조)
*대판 1991.12.10, 91다 8647 ; 대판 1992.5.12, 90누 9421 ;
대판 1999.5.11, 98구 15640 ; 대판 1999.5.11, 99두1809
*이정(편역),「고용사회와 노동법」p.62《Case》참조

제1장 해고를 둘러 싼 분쟁

I. 해고의 자유

1. 민법상의 해고의 자유

민법 제660조 (기간의 약정이 없는 고용의 해지통고)

① 고용기간의 약정이 없는 때에는 당사자는 언제든지 계약해지의 통고를 할 수 있다.
② 전항의 경우에는 상대방이 해지의 통고를 받은 날로부터 1월이 경과하면 해지의 효력이 생긴다.
③ 기간으로 보수를 정한 때에는 상대방이 해지의 통고를 받은 당기후의 일기(一期)를 경과함으로써 해지의 효력이 생긴다.

민법 제661조 (부득이한 사유와 해지권)

고용기간의 약정이 있는 경우에도 부득이한 사유가 있는 때에는 각 당사자는 계약을 해지할 수 있다. 그러나 그 사유가 당사자일방의 과실로 인하여 생긴 때에는 상대방에 대하여 손해를 배상하여야 한다.

(1) 시민법상의 기본원리

시민법상의 기본원리로서는 기간의 정함이 없는 계속적 계약관계에 대해서는 계약당사자가 계약에 의해 과도하게 구속되는 것을 방지하기 위하여 언제라도 계약 관계를 종료시킬 수 있다.

우리나라 민법도 이러한 시민법상의 원리에 따라 특별한 사유가 없더라도 언제든지 계약해지의 통고를 할 수 있고, 상대방이 해지의 통고를 받은 날로부터 1월이 경과하면 해지의 효력이 생긴다고 규정하고 있다.

또한 그 외에 부득이한 사유나 사용자가 파산선고를 받은 경우에는 즉시 계약을 해지할 수 있다.

(2) 시민법원리의 수정과 해고의 제한

시민법의 원리는 당사자의 대등한 교섭력과 합리적 인간상을 전제로 하기 때문에, 본 조항은 사용자의 해고의 자유와 근로자의 사직의 자유라는 '해약의 자유'가 노사 쌍방에게 평등하게 인정된 것으로 볼 수 있다.

그러나 실질적으로 근로자와 사용자의 관계는 불평등관계에 있기 때문에 사용자의 '해고의 자유'는 경제적·사회적 약자인 근로자의 '사직의 자유'와 비할 수 없는 강대한 권한이고, 해고의 자유로운 실행은 곧 모든 근로자의 경제적 생활의 안정성을 위협하는 것이 된다.

이렇게 시민법상의 '해고의 자유'는 사용자로 하여금 '언제라도 근로자를 자유롭게 해고할 수 있다'라고 해석될 수 있어, 근로자에게 중대한 불이익이 될 수밖에 없다.

이에 근로기준법에서는 근로자의 보호를 위하여 사용자의 해고의 자유를 제한하는 규정을 두고 있다.

2. 노동법상의 해고제한

(1) 보통(통상)해고

> **근기법 제23조(해고 등의 제한)**
>
> ① 사용자는 근로자에게 정당한 이유 없이 해고, 휴직, 정직, 전직, 감봉, 그 밖의 징벌(懲罰)(이하 "부당해고 등"이라고 한다)을 하지 못한다.
> ② 사용자는 근로자가 업무상 부상 또는 질병의 요양을 위하여 휴업한 기간과 그 후 30일 동안 또는 산전(産前)·산후(産後)의 여성이 이 법의 규정에 따라 휴업한 기간과 그 후 30일 동안은 해고하지 못한다. 다만, 사용자가 제84조에 따라 일시보상을 하였을 경우 또는 사업을 계속할 수 없게 된 경우에는 그러하지 아니하다.

① 의의

근로기준법은 "사용자는 근로자에 대하여 정당한 이유 없이 해고, …… 을 하지 못한다."고 규정하고 있다(제23조). 이는 해석상 근로자에게 해고 기타 징벌할 만한 이유가 있거나, 해고할 정당한 이유가 있을 경우에만 해고권을 인정하여, 해고권의 남용을 제한하려는 취지로 볼 수 있다.

그러나 정당한 이유라는 것이 어떠한 것인가에 대하여는 근로기준법은 '경영상 이유에 의한 해고(제24조)'에 대해서만 언급하고 있을 뿐, 근로자 측의 사정에 의한 해고에 있어서는 구체적으로 정의하고 있지 아니하다.

따라서 여기에서는 근로기준법(제23조)의 정당한 이유가 무엇인가에 대하여 그간의 판례 및 노동위원회 판정을 중심으로 살펴보도록 한다.

② 근로기준법(제23조)의 정당한 이유

가. 근로자에게 귀책사유가 있는 경우

근로자가 자신의 귀책사유로 인하여, 관련법령·단체협약·취업규칙 또는 근로계약상의 의무나 경영 질서를 위반한 경우와 사용자의 지시·명령에 불복종하는 것을 이유로 하는 해고를 말한다. 예를 들어 무단결근, 무단지각이나, 불법쟁의행위의 선동과 그에 참가하는 경우, 불성실한 근로제공과 약정된 근로의 제공을 거부하는 경우, 상사의 지시를 불복종하는 경우나 회사의 명예를 훼손하는 경우가 이에 해당하며 이러한 경우 징계해고의 사유에 포함된다.

근로자의 사적인 범법행위의 경우 원칙적으로는 정당한 해고사유가 되지 않으나, 그 행위로 말미암아 근로제공이 불가능하게 된 경우나, 회사의 명예를 손상시킨 경우 등 일정한 경우에는 해고의 사유가 될 수도 있다. 예를 들어 사업장에서 절도나 횡령 등 형사범에 해당하는 행위가 있는 경우나 업무와 관련하여 수뢰, 배임 등 부정한 금품을 수령하는 행위 등은 정당한 이유에 속한다.

나. 근로자에게 귀책사유가 없는 경우

근로자에게 귀책사유가 없는 경우라도 근로자가 더 이상 합당한 근로제공을 할 수 없는 경우, 즉 노동능력이나 근로의 적격성이 결여·상실된 경우에는 정당한 사유로 해고할 수 있다.

노동능력의 상실은 보통 근로자의 질병이나 부상 등의 신체적 장애로 발생하게 되는데, 이러한 장애의 발생 자체만으로 '정당한 이유'로 해고할 수 있는 것은 아니다. 사용자는 이러한 근로자에게 치료의 기회를 부여하여야 하며, 그럼에도 불구하고 노동능력이 회복되지 않는 때에 해고할 수 있게 된다.*

*** 신체장애를 이유로 한 해고**

상병으로 인해 근로자의 근로제공이 불가능하여 퇴직처분을 하는 경우, 그 정당성은 ① 신체장해를 입게 된 경위 및 그 사고가 사용자의 귀책사유 또는 업무상 부상으로 인한 것인지의 여부, ② 종업원의 치료기간 및 치료 종결 후 노동능력 상실의 정도, ③ 종업원이 사고를 당할 당시 담당하고 있던 업무의 성격과 내용, ④ 종업원이 그 잔존노동능력으로 감당할 수 있는 업무의 존부 및 그 내용, ⑤ 사용자로서도 신체장해를 입은 종업원의 순조로운 직장복귀를 위하여 담당 업무를 조정하는 등의 배려를 하였는지 여부, ⑥ 사용자의 배려에 의하여 새로운 업무를 담당하게 된 종업원의 적응노력 등 제반사정을 종합적으로 고려하여 판단해야 한다고 하고 있다.[1]

---

1) 종업원이 취업규칙에서 정한 신체장해로 인하여 직무를 감당할 수 없을 때에 해당한다고

특히 사용자에게 귀책사유가 있거나 업무상 재해인 경우에는 신의칙상 사용자에게 안전배려의무가 부과되기 때문에 이 경우의 해고는 무효가 되고, 당해 근로자의 능력으로 커버될 수 있는 업무에 배정하도록 하여야 한다.

근로의 기피나 업무의 수행에 있어서의 능력부족이나 성격이상 등의 업무의 적격성이 결여되는 경우는 '정당한 이유'로 해고할 수 있다.*

*** 저성과를 이유로 한 해고**

최근 많은 기업에서 취업규칙에 직위해제 또는 대기발령규정을 두고 근무성적불량자 또는 근무태도불량자에 대한 인사조치 가능성을 열어 놓고 있다. 일반적으로 저성과자는 "근로자가 반복하여 하자있는 급부나 불완전한 급부를 제공하거나 또는 정상적인 작업능력을 밑도는 열등한 급부를 제공하는 경우"를 의미하거나,[2] "해당 근로자에게 그의 직위와 보수에 비추어 일반적으로 기대되는 최저한의 실적"에 미치지 못하는 자를 의미한다.[3] 여기서 저성과가 근로자의 객관적인 업무성적 불량 내지 저성과가 근로자의 유책한 의무위반에 기인한 것(행태상의 저성과)[4]과 근로자의 노력이나 의지와 관계없이 능력부족이나 적격성 결여에 기인(일신상의 저성과자)한 것으로 구분될 수 있는데, 이 경우에는 근로자의 저성과가 ① 기업 경영에 중대한 지장 또는 손해를 발생시킬 위험이 있는 정도의 적격성(직무수행능력, 근태나 협조성 포함) 불량이 존재하고, ② 문제점의 시정을 위한 주의, 지도, 교육 및 적정한 배치전환을 시행해도 개선기미가 없는지 여부 등을 종합적으로 판단하여야 한다.

보아 퇴직처분을 함에 있어서 그 정당성은 종업원이 신체장해를 입게 된 경위 및 그 사고가 사용자의 귀책사유 또는 업무상 부상으로 인한 것인지의 여부, 종업원의 치료기간 및 치료 종결 후 노동능력 상실의 정도, 종업원이 사고를 당할 당시 담당하고 있던 업무의 성격과 내용, 종업원이 그 잔존노동능력으로 감당할 수 있는 업무의 존부 및 그 내용, 사용자로서도 신체장해를 입은 종업원의 순조로운 직장 복귀를 위하여 담당 업무를 조정하는 등의 배려를 하였는지 여부, 사용자의 배려에 의하여 새로운 업무를 담당하게 된 종업원의 적응노력 등 제반사정을 종합적으로 고려하여 합리적으로 판단하여야 할 것이다(대판 1996. 12. 6, 95다45934 판결, 대법 92누 6082 판결, 대법 93다 3721 판결 등 참조).

2) 대판 1987. 4. 14, 86다카1875.
3) 대판 1991. 3. 27, 90다카25420.
4) 저성과가 주로 근로자의 행태상 사유에 해당하는 경우에는 대부분 징계로 이루어지고, 그 징계의 정당성 판단의 대상으로 판단하고 있다.

③ 취업규칙이나 단체협약에 정함이 있는 경우

해고에 대해서는 회사의 취업규칙이나 단체협약에서 그 사유를 정하고 있는 경우가 일반적이다. 이러한 경우, 취업규칙이나 단체협약상의 해고사유에 해당하여 해고를 하는 것은 정당성이 있는지가 문제된다.

취업규칙이나 단체협약에서 해고 사유가 규정되어 있다 하더라도 그러한 사유가 근로기준법상의 '정당한 이유'라고는 볼 수 없으므로, 이는 개별적으로 평가하여야 한다.

만약 취업규칙이나 단체협약에서 규정된 해고사유가 근로기준법상의 '정당한 이유'로 평가받지 못한다면 그 부분은 무효가 된다.

(2) 경영상의 해고

근기법 제24조(경영상 이유에 의한 해고의 제한)

① 사용자는 경영상 이유에 의하여 근로자를 해고하려면 긴박한 경영상의 필요가 있어야 한다. 이 경우 경영 악화를 방지하기 위한 사업의 양도·인수·합병은 긴박한 경영상의 필요가 있는 것으로 본다.
② 제1항의 경우에 사용자는 해고를 피하기 위한 노력을 다하여야하며, 합리적이고 공정한 해고의 기준을 정하고 이에 따라 그 대상자를 선정하여야 한다. 이 경우 남녀의 성을 이유로 차별하여서는 아니 된다.
③ 사용자는 제2항에 따른 해고를 피하기 위한 방법과 해고의 기준 등에 관하여 그 사업 또는 사업장에 근로자의 과반수로 조직된 노동조합이 있는 경우에는 그 노동조합(근로자의 과반수로 조직된 노동조합이 없는 경우에는 근로자의 과반수를 대표하는 자를 말한다. 이하 "근로자대표"라 한다)에 해고를 하려는 날의 50일 전까지 통보하고 성실하게 협의하여야 한다.
④ 사용자는 제1항에 따라 대통령령이 정하는 일정한 규모 이상의 인원을 해고하려면 대통령령으로 정하는 바에 따라 고용노동부장관에게 신고하여야 한다.
⑤ 사용자가 제1항부터 제3항까지의 규정에 따른 요건을 갖추어 근로자를 해고한 경우에는 제23조제1항에 따른 정당한 이유가 있는 해고를 한 것으로 본다.

① 의의

"경영상의 해고"란 사용자가 긴박한 경영상의 필요에 의하여 근로자와의 근로관계를 종료시키는 것을 말한다.

이러한 경영상 해고에 대하여 근로기준법은 종래 대법원판례가 정립한 해고권 남용의 법리로서 경영해고의 4가지 요건을 법제화하여 사용자의 해고권의 남용을 규제하고 있다.

근로기준법(제24조 5항)은 사용자가 경영상 해고를 하기 위한 정당한 이유로 동법 제24조 1항에서 3항까지의 요건을 갖출 것을 요구하고 있다.

② 경영상 해고의 요건

가. 긴박한 경영상의 필요

사용자가 경영상의 해고를 하기 위해서는 우선 "긴박한 경영상의 필요"로 인한 것이어야 한다. 긴박한 경영상의 위기는 구체적으로 경영난이 일시적이지 않고 계속적이어야 할 것이 요구되며 이러한 판단은 경영상 해고의 실시시기를 기준으로 판단하여야 한다.

또한 생산성 향상을 위한 구조조정 조치도 일종의 긴박한 경영상의 필요로 보고 있는데, 최근 대법원 판례도 긴박한 경영상의 필요로 인정되기 위한 기준으로 객관적으로 기업의 존속이 위태롭거나 도산될 위험이 있는 경우에 한하여 경영상의 해고가 인정된다고 하던 종전 입장에서,[5] 작업형태의 변경이나 기술혁신 등을 위하여 행하여진 경영상 해고 역시 객관적으로 합리적이라고 인정되는 상황인 경우에는 정당한 해고라고 보아 경영상 해고의 범위를 넓히고 있다.[6]

경영악화를 방지하기 위한 사업의 "양도·인수·합병"은 긴박한 경영상의 필요가 있는 것으로 본다. 따라서 경영악화를 방지하기 위함이 아닌 단순한 사업의 양도·인수·합병은 긴박한 경영상의 필요가 있다고 볼 수 없으므로 이 경우 경영상 해고는 인정될 수 없다.

나. 해고회피 노력의무

5) 대판 1989.5.23, 87다카 2132.
6) 대판 1991.12.10, 91다 8647 ; 대판 1992.5.12, 90누 9421 ; 대판 1999.5.11, 98구 15640 등.

사용자는 긴박한 경영상의 필요로 해고를 하기에 앞서, 경영상 행할 수 있는 모든 조치를 실행하여야 할 "해고회피 노력의무"를 가진다.

예를 들어 경영상 해고의 범위를 축소하기 위하여 경영방침의 수정이나 작업 방식의 합리적 변경, 신규채용의 금지, 희망퇴직자의 모집 등 해고 이외의 다른 방안을 사용할 수 있는 경우에는 정당한 이유에 의한 해고라고 볼 수 없다.

따라서 사용자는 해고회피 조치를 강구하여야 하며, 그러한 해고회피 조치에도 불구하고 긴박한 경영상의 필요가 계속되거나, 또는 그러한 회피조치를 행하는 것이 불가능한 경우에 한하여 경영상 해고가 정당화되는 것이다.

다. 해고자 선정의 공정성

해고자의 선정방법과 기준은 공정하고 합리적이어야 한다. 사용자는 공정하고 합리적인 기준을 정하여 그에 따라 해고 대상자를 선정하여야 한다.

대상자의 선정기준이 취업규칙이나 단체협약으로 정해져 있는 경우는 그에 따라야 하며, 정함이 없는 경우에는 해고시점에 정하여야 한다.

어떠한 기준과 방법이 대상자 선정의 공정하고 합리적인 것인가를 판단하는 것은 각 사업장과 근무의 특성에 따라 개별적으로 판단해야 할 것이다. 단 그 선정기준에 있어서 사용자의 입장에서 근로자의 근로능력이나 능률성 등의 기준을 우선해야할 것인가 아니면 근로자의 입장에서 연령이나 부양가족 또는 근로자 재산이나 건강상태를 고려하여 선정기준을 정할 것인가가 문제된다.

생각하건대, 경영상 해고를 제한하는 것은 근로자의 보호를 위함이므로 우선적으로 근로자의 보호의 측면에서 선정기준을 정하는 것이 타당할 것이나 경영상 위기를 벗어나기 위한 사용자의 효율적 경영에 필요한 근로자를 우선적으로 보호할 필요가 있는 경우도 있을 것이다. 이러한 경우 결국 이익형량의 방법에 의하여 조율되어야 할 것이다.

라. 노동조합 및 근로자대표와의 성실한 협의의무

(i) 의의

사용자는 경영상 해고를 회피하기 위한 방법 및 해고의 기준 등에 관하여 근로자의 대표에 대하여 해고를 하고자 하는 날의 50일 전까지 통보하고 성실하게 협의하여야 한다(근기법 24조 3항).

(ii) 근로자대표와 근로자

여기에서 근로자대표란 당해 사업 또는 사업장에 근로자의 과반수로 조직된 노동조합이 있는 경우에는 그 노동조합을 말하고, 근로자의 과반수로 조직된 노동조합이 없는 경우에는 근로자의 과반수를 대표하는 자를 말한다.

또한 여기서 근로자는 근로계약이 확정된 근로자를 전제로 하는 것이며, 기타 채용내정자나 시용근로자는 이에 해당하지 않으므로 근로기준법(24조 3항)의 절차를 거쳐야 하는 것은 아니다.[7]

(iii) 협의의무의 기준

협의는 합의에까지 이를 필요는 없으며 근로자대표의 의견청취 및 자문절차의 수준이면 족하다. 그러나 비록 합의에까지는 이르지 못하더라도 협의과정에서 근로자대표의 의견이 반영될 가능성이 있으므로 협의절차를 거치지 않은 경영상 해고는 무효이다.

단, 예외적으로 근로자 측과 협의하여도 별다른 효과를 기대할 수 없는 경우 대법원은 이러한 경영상 해고가 무효가 되는 것은 아니라고 판시하고 있다.

③ 경영상 해고의 요건 결여의 효과

근로기준법은 경영상 해고가 이상의 4가지 요건을 갖춘 경우에 '정당한 이유'가 있는 것으로 보아 유효한 해고로 본다.

---

7) 대판 2000.11.28, 2000다51478.

④ 기타 경영상 해고의 제한 규정

가. 경영상 해고의 신고

사용자는 1개월 동안에 상시 근로자 수가 99명 이하인 사업 또는 사업장의 경우 10명 이상, 상시 근로자수가 100명 이상 999명 이하인 사업 또는 사업장의 경우 상시 근로자의 10%이상, 상시 근로자수가 1,000명 이상 사업 또는 사업장의 경우 100명 이상의 인원을 해고하고자 하는 경우에는 최초로 해고하고자 하는 날의 30일 전까지 노동부 장관에게 신고하여야 한다.

나. 우선 재고용의무

근로자를 경영상 해고한 사용자는 근로자를 해고한 날부터 3년 이내에 근로자를 채용하고자 하는 경우에는 경영상 해고된 근로자를 우선적으로 고용하도록 노력하여야 한다(근기법 25조의 1항). 이는 노력규정으로 반드시 재고용을 하여야 하는 법적 의무를 지는 것은 아니다.[8]

다. 국가의 고용보장의무

정부는 경영상 해고된 근로자에 대하여 생계안정, 재취업, 직업훈련 등 필요한 조치를 우선적으로 취하여야 한다(근기법 25조의 2항).

(3) 해고의 절차적 요건

① 해고금지기간

근로기준법은 사용자는 근로자가 업무상 부상 또는 질병의 요양을 위하여 휴업한 기간과 그 후 30일 동안 또는 산전·산후의 여성이 이 법에 따라 휴업한 기간과 그 후 30일간은 해고하지 못한다고 규정하여 이 기간의 해고를 금지하고

8) 이상윤, 노동법, p.452.

있다(제23조 2항).

또한 남여고용평등법은 육아휴직기간 동안은 근로자를 해고하지 못한다고 규정하고 있다(제19조 3항).

이 규정의 취지는 비록 정당한 이유가 있어 해고사유가 된다 하더라도, 동 법규가 규정하는 시기에는 근로자가 새로 구직활동을 하기에는 어려운 시기이므로 실직의 위험으로부터 근로자를 보호하는 것에 있다.

그러나 근로기준법(제23조 2항)은 예외를 두어 사용자가 근로기준법 제84조에 규정된 일시보상을 행하였을 경우 또는 사업을 계속할 수 없게 된 경우에는 해고할 수 있다고 규정하고 있다. 남녀고용평등법 제19조 3항 단서에서도 사업을 계속할 수 없게 된 경우에 한하여 해고금지기간에 해고할 수 있다고 규정하고 있다.

여기서 "사업을 계속할 수 없게 된 경우"로는 천재지변 기타 부득이한 사유로 사업이 중단되는 일시적 사유는 물론 회사의 파산·소멸 등 사업이 종료되는 영구적 사유가 모두 해당되는 것으로 보아야 한다.[9]

② 해고예고제도

> **근기법 제26조(해고의 예고)**
>
> 사용자는 근로자를 해고(경영상 이유에 의한 해고를 포함한다)하려면 적어도 30일 전에 예고를 하여야 하고, 30일 전에 예고를 하지 아니하였을 때에는 30일분 이상의 통상임금을 지급하여야 한다. 다만, 천재·사변, 그 밖의 부득이한 사유로 사업을 계속하는 것이 불가능한 경우 또는 근로자가 고의로 사업에 막대한 지장을 초래하거나 재산상 손해를 끼친 경우로서 고용노동부령으로 정하는 사유에 해당하는 경우에는 그러하지 아니하다.

가. 의의

근로기준법은 사용자가 해고를 하고자 할 때에는 적어도 30일 전에 예고를 하거나 예고를 하지 못한 때에는 30일 이상의 통상임금을 지급하여야 한다고 규정

9) 이상윤, 노동법, p.456.

하고 있다(제26조). 정당한 이유 없는 해고는 사법상 무효이므로, 해고예고는 정당한 이유에 의한 해고에만 적용된다.

이는 정당한 해고의 경우에도 근로자의 갑작스런 실업의 위험으로부터 보호하고, 재취업을 준비할 수 있는 기회를 주려는 취지로 볼 수 있다. 해석상 사용자는 해고예고나 예고수당을 선택적으로 지급할 수 있는 것으로 볼 수 있다. 사용자가 예고의무를 위반하는 경우 벌칙(제110조)이 적용된다.

나. 적용의 예외

(i) 해고예고 · 예고수당의 예외

사용자가 천재·사변, 그 밖의 부득이한 사유로 사업계속이 불가능한 경우나 근로자가 고의로 사업에 막대한 지장을 초래하여 재산상 손해를 끼친 경우로 고용노동부령이 정하는 사유에 해당하는 경우는 해고예고나 예고수당을 지급하지 않아도 된다(제26조의 단서).

(ii) 해고예고의 적용 예외

근로자가 ① 일용근로자로서 3개월을 계속근무하지 아니한 자, ② 2개월 이내의 기간을 정하여 사용된 자, ③ 월급근로자로서 6개월이 되지 못한 자, ④ 계절적 업무에 6월 이내의 기간을 정하여 사용된 자, ⑤ 수습사용 중의 근로자의 경우는 해고예고조항(근기법 26조)의 적용에서 제외된다(동법 35조).

여기서 '일용근로자'란 1일 단위로 사용되는 자로써 계약기간이 1일을 초과하는 자는 일용근로자로 볼 수 없다.[10] '수습사용 중의 근로자'란 수습사용한 날부터 3월 이내인 자를 말한다(근기법 시행령 16조).

10) 임종률, 노동법, p.526.

③ 해고사유 등의 서면통지

> **근기법 제27조(해고사유 등의 서면통지)**
>
> ① 사용자는 근로자를 해고하려면 해고사유와 해고시기를 서면으로 통지하여야 한다.
> ② 근로자에 대한 해고는 제1항에 따라 서면으로 통지하여야 효력이 있다.
> ③ 사용자가 제26조에 따른 해고의 예고를 해고사유와 해고시기를 명시하여 서면으로 한 경우에는 제1항에 따른 통지를 한 것으로 본다.

본 조항은 근로기준법 제9차 개정(2007년 1월 26일) 시에 신설된 것으로, 사용자와 근로자간에 해고의 의사표시를 둘러싸고 발생할 수 있는 분쟁을 미연에 방지하기 위하여 근로자에 대한 해고사유와 해고의사를 서면으로 명시하여 해당 근로자에게 통지하도록 하고 있으며, 본 조항에 위반한 해고는 효력이 부인된다.

여기서 "해고사유"란 해고의 동기나 원인을 말하며, 이에 대해서는 막연하고 추상적인 표현보다는 해고의 결정적인 동기나 원인을 명확하게 표현할 것이 요구된다. 또한 "해고시기"는 해고의 효력을 발생시키고자 하는 시기를 말하며, 이 역시 연월일을 명확하게 적시해야 한다.

해고는 서면(우편 또는 인편)으로 통지해야 하며, 서면으로 하지 않는 의사표시(구두, 전자메일, 휴대폰 메시지 등)는 원칙적으로 허용되지 않는다.[11]

④ 단체협약 및 취업규칙상의 해고절차

보통 단체협약이나 취업규칙에서 근로자의 해고의 절차에 관한 사항을 규정하는 것이 일반적이다.

이처럼 해고절차에 관한 규정이 있는 경우에는, 그 내용과 절차에 합당하게

---

11) 이에 대해서는 서면이 아닌 다른 방법으로 해고통지를 한 경우에 해고의 효력이 당사자 사이에서는 부인되지만, 사실상 사용자가 근로자의 노무수령을 거절하고 있는 이상, 노동위원회나 근로감독관으로서는 해고가 이루어 진 것으로 보아야 하며, 근로자가 노동위원회에 부당해고 구제신청을 한 경우에 노동위원회는 우선 서면으로 통지를 하지 않았다는 이유만으로도 근로자의 원직복귀와 임금 소급지급의 구제명령을 해야 한다는 견해도 있다(임종률, 노동법, p.528).

해고절차를 진행하는 것이 원칙이다. 따라서 이러한 절차를 준수하지 않은 해고는 무효로 된다.[12]

II. 부당해고의 법적 효과

1. 실질적 요건이 결여된 경우

'정당한 이유'가 없는 보통해고(근기법 제23조)나 경영상의 해고요건(동법 제24조 1항에서 3항)을 결여한 해고는 무효가 된다.

다시 말해서, 정당성이 결여되어 해고가 무효로 된 경우 사법상 해고는 무효이기 때문에, 그 기간 동안 근로자는 근로자의 지위를 계속 보유한 것이고, 근로자가 그 동안 근로의 제공을 하지 못한 것은 사용자의 귀책사유로 인한 것이기 때문에 근로자는 민법 제538조 1항에 의하여 계속 근로하였을 경우에 받을 수 있었던 임금의 지급을 청구할 수 있다.[13]

2. 절차적 요건이 결여된 경우

(1) 해고예고제도의 위반

해고예고제도를 위반한 경우 그 사법상의 효력이 어떻게 되는 가에 대해서는 견해의 차이가 있다.

이 경우 해고예고제도에 관한 규정은 단속규정이므로 본 규정에 위반하더라

12) 대판 1986.7.8, 85다375.
13) 김형배, 노동법, p.600.

도 ‘정당한 이유’로 인한 해고인 경우 그 사법상 효력은 유효하다는 ‘유효설’, 해고예고제도는 강행규정으로 보아야 하므로, 이에 위반한 해고는 무효라는 ‘무효설’, 해고예고제도에 위배된 해고는 본래 무효이나 후에 요건을 근로기준법 제26조의 요건을 구비하면 유효가 된다는 ‘상대적 무효설’, 근로자가 해고무효주장과 해고유효주장을 전제로 한 해고예고수당청구 중 어느 하나를 선택할 수 있다는 ‘선택권설’이 대립하고 있다.

판례 및 행정해석은 유효설의 입장을 취하고 있는 것으로 보이나, 근로자의 입장을 고려한다면 ‘선택권설’이 가장 설득력이 있다.[14]

(2) 단체협약·취업규칙상의 해고절차 위반

단체협약이나 취업규칙 등에 해고절차를 규정하고 있는 경우에는 그 절차를 따르지 않은 해고는 무효가 된다.[15]

---

14) 대판 1970.3.31, 69누75 ; 대판 1980.12.9, 80다1616 ; 대판 1993.12.7, 93다39492.
15) 이상윤, 노동법, p.463.

III. 부당해고의 구제

1. 관련규정

> 근기법 제28조 (부당해고 등의 구제신청)
>
> ① 사용자가 근로자에게 부당해고 등을 하면 근로자는 노동위원회에 그 구제를 신청할 수 있다.
>
> ② 제1항의 규정에 따른 구제신청은 부당해고가 있었던 날부터 3개월 이내에 하여야 한다.

2. 부당해고의 구제

부당해고를 당한 근로자는 법원에 의한 사법적 방법이나, 노동위원회를 통한 행정적 방법으로 구제받을 수 있다. 이를 구제의 '이원주의'라고 한다.

근로자는 양자의 방법 중 택일할 수도 있고, 노동위원회에 구제신청을 함과 동시에 법원에 '해고무효 확인소송'을 제기할 수도 있다.

(1) 노동위원회에 의한 구제

① 구제 절차에 관한 규정

부당해고를 당한 근로자는 부당해고 등이 있었던 날로부터 3개월 이내에 노동위원회에 그 구제를 신청할 수 있다(근기법 28조). 따라서 부당해고가 이루어진 시점(통상 해고통지서면의 교부시점)에서 3개월이 경과하면 노동위원회에 구제신청을 할 수 없으므로 법원을 통한 사법적 구제를 선택할 수밖에 없다.

② 구제신청과 조사 및 심문

부당해고에 대한 노동위원회에 의한 구제신청은 부당해고를 당한 당해 근로자만이 가능하다. 구제신청을 받은 노동위원회는 지체 없이 필요한 조사와 관계 당사자의 심문을 하여야 한다(노조법 83조 1항).

노동위원회는 심문을 할 때에는 관계 당사자의 신청에 의하거나 그 직권으로 증인을 출석하게 하여 필요한 사항을 질문할 수 있으며, 심문을 함에 있어서는 관계 당사자에 대하여 증거의 제출과 증인에 대한 반대심문을 할 수 있는 충분한 기회를 주어야 한다(노조법 83조 2항 및 3항). 이러한 조사 및 심문절차는 중앙노동위원회가 따로 정하는 바에 의한다(노조법 83조 4항).

③ 구제명령

노동위원회는 심문을 종료하고 부당해고가 성립한다고 판정한 때에는 사용자에게 구제명령을 발하여야 하며, 부당해고가 성립되지 아니한다고 판정한 때에는 그 구제신청을 기각하는 결정을 하여야 한다(노조법 30조 1항).

이러한 판정 · 명령 및 결정은 서면으로 하되, 이를 당해 사용자와 신청인에게 각각 교부하여야 하며(동조 2항), 관계 당사자는 구제명령에 따라야 한다. 사용자는 부당해고 등에 대한 구제명령을 그 이행기한까지 이행하지 않으면 '이행강제금'이 부과되므로 노동위원회는 구제명령에 그 기한을 명시해야 한다.

노동위원회의 구제명령이 내려지면 사용자는 피해근로자에 대해 원직 복귀와 함께 임금을 소급하여 지급하여야 한다. 소급임금의 액은 근로자가 해고되지 않았더라면 받을 수 있었던 임금 전부이므로,[16] 평균임금의 산정기초가 되는 모든 임금에 이에 속한다.[17] 따라서 예를 들어 기본급이나 수당, 일시금 등은 소급임금에 포함되나, 통근수당처럼 실비보조적인 것이나 잔업수당처럼 실제로 잔업

16) 대판 1995. 11. 21, 94다45753.
17) 대판 1994. 10. 25, 94다25889; 대판 1995. 1. 24, 94다40987.

을 해야만 청구권이 발생하는 것 등은 제외된다.[18]

임금의 소급지급의 근거는 부당해고의 사법적 효력은 무효이므로, 부당하게 해고된 기간 동안 근로자는 근로자의 지위를 계속 보유하고 있는 것으로 볼 수 있고, 그동안 근로를 제공하지 못한 것은 부당해고라는 사용자의 귀책사유에 의한 것이므로 민법 제538조 1항에 의하여 임금지급을 청구할 수 있는 것이다.

*** 금전보상명령**

노동위원회는 해고가 부당하다고 판단되는 경우 원직복귀를 명하는 것이 일반적이나, 근로자가 원직복귀를 원하지 않는 경우에 한하여 근로계약의 해소를 전제로 원직복귀명령 대신 근로자가 해고기간 동안 근로를 제공하였더라면 받을 수 있었던 임금 상당액 이상의 금품을 근로자에게 지급하도록 명할 수 있다(근기법 30조 3항).

이는 부당해고의 경우, 근로자가 원직에 복귀를 하더라도 이미 노사 간의 신뢰관계가 상실되어 원상회복이 불가능한 경우에는 근로관계의 해소를 전제로 금전보상을 하는 것이 원만한 해결방법이라고 생각되기 때문이다.[19]

금전보상액에 대해서는 부당해고로 인하여 입은 피해의 정도, 원직복귀로 인하여 사용자가 얻는 이익의 정도 등을 종합적으로 판단하여 노동위원회의 재량으로 합리적인 수준에서 결정하면 된다.[20]

*** 중간수입의 공제**

노동위원회는 부당해고의 구제로서 원직복귀와 함께 소급임금의 지급을 명함에 있어 피해고자가 해고되어 원직에 복귀하기까지 다른 곳에 취직하여 얻은 수입(소위 중간수입)을 공제할 수 있는지가 문제로 될 수 있다.

이 문제는 ① 중간수입은 반대급부를 받는 채무자가 상환해야 하는 '채무를 면함으로써 얻는 이익'(민법 538조 2항)이라고 할 수 있는지, ② 만약 그렇다면, 사용자가 이를 상환청구

---

18) 菅野和夫, 勞働法, p.455. 판례 중에는 연장근로수당도 소급임금에 포함되는 것으로 해석한 경우도 있으나 의문이다(대판 1993. 12. 21, 93다11467).

19) 이에 대한 상세한 것은 이정, "부당해고에 대한 사법구제 및 법적 효력", 「노동법학」, 제13호(2001), p.48 이하 참조.

20) 第二鳩タクシー事件, 最大判 昭52. 2. 23, 民集 31巻 1号, p.93.

방법에 의하지 않고 직접적으로 소급임금에서 공제하는 것(소급임금과 상쇄하는 것)은 '임금전액지급의 원칙'에 위반되지 않는지, ③ 해고기간 중의 취업불능의 경우, '사용자의 귀책사유에 따른 휴업'으로서 휴업수당청구권(근기법 46조)이 발생하게 되는데, 이것이 위의 논점에 어떤 영향을 주는지 등의 논점이 얽힌 복잡한 문제이다.

이에 대해서는 중간수입은 해고된 근로자가 어려운 노력으로 받은 수입일 뿐만 아니라, 만약 중간수입을 소급임금에서 공제하게 되면 근로자를 부당하게 해고한 사용자가 사실상 경제적으로 거의 손해를 보지 않게 되어 불합리하다는 점 등을 들어 이를 부정하는 견해도 있지만,[21] 판례는 휴업수당을 초과하는 금액의 범위 내에서만 공제가 가능하다고 한다.[22] 다시 말해서 판례의 입장은 사용자의 귀책사유에 따른 휴업의 경우(근기법 46조)에는 근로자가 근로계약에 따라 근로를 제공할 의사가 있음에도 불구하고 그 의사에 반하여 취업이 거부되거나 불가능하게 된 경우도 포함되므로, 부당하게 해고된 근로자는 중간수입이 있더라도 휴업수당을 받을 수 있다. 따라서 중간수입은 휴업수당을 초과하는 금액의 범위에서만 공제할 수 있으며, 이는 근로기준법상의 임금전액지급의 원칙에 반하지 않는다고 한다.

위의 판례의 입장은 일본의 판례[23]를 답습한 것으로, 부당해고기간 중의 중간수입에 대해 휴업수당의 경우를 적용하는 자체가 논리적으로 납득하기 곤란한 점도 있지만, 복잡한 법적 문제를 실무상 형평성을 가지도록 간명하게 법적 논리를 구성했다는 점에서는 일정부분 평가할 수도 있겠다.[24]

④ 재심 및 행정소송

노동위원회의 구제명령 또는 기각결정에 불복이 있는 관계 당사자는 그 명령서 또는 결정서의 송달을 받은 날부터 10일 이내에 중앙노동위원회에 그 재심을

21) 김유성, 노동법 I, p.325.

22) 대판 1991. 6. 28, 90다카25277; 대판 1996. 4. 23, 94다446.

23) 예를 들어 米軍山田部隊事件, 最二小判 昭37. 7. 20, 民集 16券 8号, p.1656; あけぼのタクシー事件, 最一小判 昭62. 4. 2, 判時 1243号, p.126; 第二鳩タクシー事件, 最大判 昭52. 2. 23, 民集 31巻 1号, p.93 등.

24) 菅野和夫, 労働法, p.455; 임종률, 노동법, p.533.

신청할 수 있다(노조법 31조 1항).

중앙노동위원회의 재심판정에 대하여 관계 당사자는 그 재심판정서의 송달을 받은 날부터 15일 이내에 행정소송법이 정하는 바에 의하여 소를 제기할 수 있다(동조 2항). 이 기간 내에 재심을 신청하지 아니하거나 행정소송을 제기하지 아니한 때에는 그 구제명령·기각결정 또는 재심판정은 확정되며(동조 3항), 확정된 구제명령을 이행하지 않으면 벌칙(동법 111조)가 적용된다.

노동위원회의 구제명령이나 기각결정 또는 재심판정은 중앙노동위원회에 대한 재심 신청이나 행정소송의 제기로 그 효력이 정지되지 아니 한다(노조법 32조). 따라서 구제명령에 불복하는 사용자는 그 명령이 확정되지 않은 단계에서도 일단 이를 이행하여야 한다.

*** 이행강제금제도**

노동위원회는 구제명령의 실효성을 확보하기 위하여 사용자가 이행기한까지 이행을 하지 않을 경우에는 소정의 이행강제금을 부과한다(노조법 33조 1항). 노동위원회는 이행강제금을 부과하기 30일 전까지 이행강제금의 부과·징수에 대해 사용자에게 미리 문서로 알려야 한다(동조 2항). 이때 이행강제금의 액수, 부과사유, 납부기한, 수납기관, 이의제기방법, 이의제기기관 등을 명시한 문서를 교부하여야 한다(동조 3항).

이행강제금의 종류와 금액의 정도는 대통령령으로 정하도록 하고 있으며, 이행강제금은 매년 2회의 범위에서 구제명령이 이행될 때까지 반복하여 부과·징수할 수 있으며, 이 경우 2년을 초과하여 부과·징수하지 못한다(동조 5항). 이행강제금 납부자가 납부기한까지 이를 납부하지 않을 경우, 노동위원회는 독촉을 한 다음 그래도 지정된 기간에 납부를 하지 않으면 국세체납처분의 예에 따라 징수할 수 있다(동조 7항).

(2) 사법적 구제

부당해고를 받은 근로자는 법원에 해고무효 확인의 소를 제기하여 구제받을 수도 있다. 해고무효 확인소송에 있어서 해고에 정당한 이유가 있다는 점이나 절차가 적법하다는 점 등의 입증책임은 사용자에게 있다.

법원을 통한 사법적 구제에서는 노동위원회의 경우와는 달리 해고무효소송의 시효에 대한 제한이 없다. 따라서 해고된 근로자는 언제든지 해고무효소송을 제기할 수 있는지가 문제로 될 수 있는데, 판례는 해고의 효력을 다투지 않거나 해고의 효력을 인정한 다음 장시간이 지난 후에 해고무효소송을 제기하는 것은 신의칙 위반으로 허용되지 않는다고 한다.[25]

법원에 의하여 해고가 무효로 확인되는 경우 근로자는 해고기간 중의 임금을 청구할 수 있다. 이때 소급임금의 산출 및 중간수입의 공제에 관해서는 전술한 노동위원회의 경우와 동일하다. 그러나 근로자에게는 취로청구권이 없으므로 사법구제에 있어서는 해고자에 대하여 종업원으로서의 지위의 확인 내지 보전이 행하여질 뿐이므로, 직장복귀는 강제되지 않는다.[26]

---

25) 대판 1992. 1. 21, 91다30118; 대판 1993. 1. 26, 91다38686. 그러나 기간에 대해서는 판례의 구체적 사안에 따라 다르며, 통일된 기준을 제시하지 않고 있다(이에 대해서는 대판 1991. 4. 12, 90다8084; 대판 1993. 3. 13, 92다49713; 대판 1991. 5. 14, 91다2663 등을 참조).

26) 임종률, 노동법, p.536.

CASE STUDY

Case1

K미술관은 3년 전에 채용한 S큐레이터가 최종학력을 고졸에서 외국대학 졸업으로 위조한 것이 판명되자, 즉시 인사위원회를 소집하여 파면을 결의하였다. 이러한 조치는 과연 정당한가? K미술관의 취업규칙에는 근로자가 중대한 배신행위(경력사칭 포함)를 한 경우에는 징계해고 될 수 있다는 규정이 있으며, S큐레이터는 이력서 기재를 재외하고는 지금까지 자기가 맡은 업무는 아무런 문제없이 수행해 왔다.

Check Point : 징계처분의 사유 및 양형(量刑)의 형평성
*대판 1994.8.12, 93누21521 ; 대판 1986. 10. 28. 85누 851 ;
대판 1990. 12. 7, 90다카23912 ; 대판 2012. 7. 5, 2009두16763.
*이정(편역), 「고용사회와 노동법」 p.96《Case①》참조
*「노동판례백선」 p.158《Case40》

Case2

국내 굴지의 로펌에서 사무직으로 근무하고 있는 S양은 회사의 허가 없이 근무시간(오전 9시부터 오후 5시) 후에 요정에서 일하고 있는 것이 발각되어 3개월간의 정직처분을 받았다. S양에 대한 징계는 정당한가? 회사취업규칙에는 근로자에 대한 직무전념의무와 겸업에 대한 사전허가제를 명시하고 있다.

Check Point : 징계처분의 사유 및 양형의 형평성
*이정(편역), 「고용사회와 노동법」 p.96《Case③》참조

제2장 기업질서와 징계

I. 복무규율의 내용

사용자는 징계처분과 관련하여, 취업규칙의 복무규율을 통하여 근로자가 준수해야할 사항을 구체적으로 정하고 있다.

복무규율은 기업사회 내에 존재하는 규범의 총체라 할 수 있는 기업질서를 구체적인 규범의 형태로서 제시한 것으로 보통 다음과 같은 내용을 담고 있다.

① 출퇴근, 승진, 취업 중의 외출 등 취업에 관계한 규정
② 상사의 지시나 명령에의 복종, 소지품검사의 실시 등에 관한 업무명령에 관한 규정
③ 근무시간 중의 직무전념의무, 기업 또는 영업에 관한 비밀누설의 금지 등과 같은 업무수행에 관한 규정
④ 시설의 이용에 관한 규정
⑤ 경력 사칭이나 회사의 명예훼손행위 금지 등 신뢰에 관련된 규정

이러한 복무규율은 근로자에게 폭넓은 영향을 미치며, 복무규율 위반 시 사용자로부터 징계처분을 받게 된다.

다음에서는 징계처분의 종류와 절차에 대하여 살펴보고 사용자가 징계권을 가지는 근거 및 징계사유에 대하여 살펴보기로 한다.

II. 징계처분의 종류와 절차

1. 징계처분의 종류

근로자의 복무규율의 위반에 대한 징계처분의 종류로는 견책·경고, 감급, 출근정지, 징계해고가 있으며, 이러한 징계조치는 주로 취업규칙에서 규정하는 것이 일반적이다.

(1) 견책·경고

"견책(譴責)"이란 사용자가 근로자에게 시말서(始末書)를 제출하는 것으로 징계하는 방법을 말한다. "경고(警告)"는 단순한 훈계로 시말서의 제출을 요하지는 않는 징계처분이다.

이러한 견책·경고는 당장 현실적으로는 근로자에게 불이익을 수반하지 않으나 후에 승진이나 배치전환 등의 인사고과에서는 불이익하게 반영될 수도 있다.

(2) 감급

"감급(減給)"이란 근로자의 복무규율 등의 위반 시의 징계조치로 근로자가 실제로 제공한 근로에 대한 임금액에서 일정액을 공제하는 것을 말한다.

단 징계조치로서 감급에 대하여는 일정한 제한이 있는데 근로기준법은 "취업규칙에서 근로자에 대하여 감급의 제재를 정할 경우에 그 감액은 1회의 금액이 평균임금의 1일분의 2분의 1을, 총액이 1임금지급기에 있어서의 임금총액의 10분의 1을 초과하지 못한다."라고 규정하여 감급의 한도를 정하고 있다(제95조).

(3) 출근정지

"출근정지" 또는 "정직(停職)"은 사용자가 근로의 수령을 일정기간 거부하는 징계처분이다.

이 기간 중에는 사용자와 근로자사이의 근로계약은 존속되고 근속년수에도 포함되나, 통상적으로 임금은 지급되지 않는다. 만약 이에 관하여 단체협약이나 취업규칙·근로계약에 정함이 있으면 그에 따라야 할 것이다.

(4) 징계해고

"징계해고"는 사용자의 가장 무거운 징계조치이다. 이는 사용자의 일방적 의사표시로서 근로자와의 근로관계를 소멸시키는 것으로, 취업규칙 등에 정함이 있는 경우 퇴직금을 감급 혹은 지급하지 않거나, 근로자명부에 기재되어 재취업에 어려움을 주는 등 불이익을 수반하는 경우가 많다.

2. 징계처분의 절차

출근정지나 감급, 징계해고와 같이 무거운 징계처분은 보통 임금의 삭감이나 수입의 상실로 연결되어 근로자의 생활을 위협하는 조치이고 또한 징계처분자체가 형벌과 유사한 효과를 가지고 있기 때문에 근로자에게 큰 영향을 미치므로, 엄격하고 공정한 절차에 의하여 결정될 것이 요구되어진다.

징계처분의 절차에 대하여 근로기준법은 해고의 경우만 규정하고 있고, 그 외의 사유에 대하여는 별다른 규정을 두고 있지 않다. 따라서 단체협약이나 노사협정에서 이러한 징계처분에 대한 절차로 노동조합의 협의나 동의를 요한다는 등의 내용을 규정하는 것이 일반적이다.

이러한 절차를 따르지 않거나 불성실한 심의절차에 의하여 내려진 징계처분은 무효가 된다. 그러나 단체협약이나 노사협정에 의한 절차에 따라 내려진 징계처분이라 하더라도, 근로기준법 제23조 1항의 '정당한 이유'에 의한 징계가 아닐 경우에는 그 징계처분은 무효로 된다.

III. 징계권의 근거

1. 의의

사법원리에 있어서 근로자와 사용자는 서로 대등한 근로관계의 당사자이다. 징계조치는 사용자가 근로자에게 제재를 가하는 수단인데, 이렇게 사용자가 대등한 상대방인 근로자에게 징계를 할 수 있는 권한을 가지는 근거가 무엇이냐에 관하여 다양한 견해가 제시되고 있다.

2. 학설

(1) 사용자의 고유권 또는 지시권설

사용자가 징계권을 갖는 근거를 사용자의 경영권에서 찾는 견해이다. 사용자는 경영자로서 경영 질서에 관한 제반의 권리를 가지므로, 이에 위반한 행위에 대하여 제재를 가할 수 있는 권한도 당연히 가지게 된다고 한다. 따라서 취업규칙이나 단체협약에서 정함이 없는 경우에도 징계권은 인정된다고 본다.

(2) 계약설

사용자의 징계권의 근거를 노사의 합의에서 구하는 견해이다. 사용자는 근로계약이나 취업규칙에 징계권에 대하여 규정되어 있고, 이에 근로자가 합의한 경우에만 징계권을 가진다고 한다. 따라서 취업규칙 등에서 규정되지 않은 경우나, 달리 징계사유에 대하여 정함이 없는 경우 징계권은 인정되지 않는다고 본다.

(3) 자치규범설

징계권의 근거를 노사관계를 지배하는 단체협약이나 취업규칙 등의 자치 규범에서 찾는 견해이다.

이러한 자치규범들은 노사 간의 합의로 구성원 스스로의 행위를 규율하는 것이므로, 자체적으로 제재조치를 정하고 있다면 그에 의해 징계권이 부여된다고 본다. 단 이러한 자치규범들은 근로기준법을 준수하는 범위 내에서 효력을 가진다고 한다.

IV. 징계사유

사용자가 징계처분을 내리기 위해서는 징계사유를 정해야 하는데, 일반적으로 취업규칙 내에 그에 관한 규정을 두고 있는 경우가 많다. 보통 다음의 유형을 징계사유로 정하고 있다.

1. 복무규율 위반

결근이나, 지각 조퇴 등은 단순히 임금의 삭감의 대상으로, 바로 징계사유에 해당하지 않으나 무단결근이나 상습적인 지각이나 조퇴를 행하는 경우와 같이 복무규율의 위반으로 되는 경우는 징계사유가 된다.

또한 근로자가 업무와 관련하여 행한 횡령 등의 범죄행위나 그 외 근무 중 음주 등의 불량한 근무태도, 경업행위, 성폭행 등도 징계사유가 된다.

2. 업무명령 위반

시간외 근로, 출장, 배치전환 등 사용자의 명령을 거부한 경우 징계사유가 될 수 있다. 업무명령위반도 단순한 명령위반은 징계사유로 되지 않으며 이로 인하여 복무규율이나 기업질서에 위반되어야 징계사유가 된다.

업무명령위반으로 징계사유가 되기 위해서는 사용자의 명령이 정당한 권한에 의할 것이 요구되어진다. 예를 들어 공서양속이나 강행규정에 반하는 명령이나 근로계약의 범위를 벗어난 명령과 같은 경우는 징계사유의 성립에 영향을 미치게 된다.

3. 업무방해

업무방해 역시 징계사유의 한 가지 유형이 된다. 위법한 쟁의행위가 대표적인 유형으로 이 경우 위법한 쟁의행위를 적극적으로 기획하거나 수행하는 경우 정당한 징계사유가 된다.[1]

또한 정직처분을 받고도 계속하여 출근하여 업무에 지장을 주거나, 타 직원 또는 사용자와의 마찰로 업무에 방해를 주는 경우도 업무방해에 의한 징계사유가 될 수 있다.

4. 근로자의 기업 외 활동의 비행

근로시간 외에 기업 외에서의 근로자의 행위는 원칙적으로는 징계처분의 대상은 아니다. 근로계약에 의거한 사용자의 징계권은 근로계약과 무관한 사적 행위에까지 미치는 것은 아니기 때문이다.

---

1) 임종률, 노동법, p.488

그러나 이러한 행위도 업무운영에 지장을 미치거나 회사의 명예·신용 등을 손상시킨 경우에는 징계사유가 될 수 있다. 보통 많은 기업들이 근로자의 기업 외 활동의 비행으로 인하여 기업의 사회적 평가를 손상시키는 경우나 범죄행위 등을 취업규칙에서 징계사유로 규정하고 있다.

5. 경력사칭

학력이나 범죄경력, 직업경력 등을 허위로 기재하거나 숨기는 것을 경력 사칭이라고 한다. 경력 사칭에 민법상 착오나 사기에 의해 근로계약의 무효나 취소 이유가 될 뿐이라고 생각 될 수도 있으나, 일반적으로는 당사자의 신뢰관계를 파괴할 뿐만 아니라 경력은 노동력을 평가할 기준이 되며, 이에 대한 사칭은 근로자의 배치나 승진에 형향을 주게 되므로 징계사유가 되어 보통 징계해고가 행하여진다.[2]

학력사칭의 경우 낮은 학력을 높게 사칭한 것뿐만 아니라 최종학력을 숨기는 것도 포함한다. 대법원은 최근 생산직 사원으로 입사하면서 이력서에 대학졸업 사실을 기재하지 않았다는 이유로 해고된 사안[3]에서, "사용자가 그 경력 사칭을 사전에 알았더라면 사용자가 고용계약을 체결하지 아니하였거나 적어도 동일 조건으로는 계약을 체결하지 않았으리라는 사정뿐 아니라,[4] 사용자의 허위기재한 학력(경력) 등이 종사한 근로의 정상적인 제공에 지장을 초래하는지의 여부, 사용자가 허위 기재사실을 알게 된 경위, 사정이 들어난 이후의 근로자의 태도 및 노사간의 신뢰관계 등을 종합적으로 판단하여야 한다."고 설시한 다음, 이러한 여러 사정을 살피지 않은 채 해고의 정당성을 인정한 원심[5]을 파기한 바 있다.

---

2) 대판 1994. 8. 12, 93누21521.
3) 대판 2012. 7. 5, 2009두16763.
4) 대판 1986. 10. 28. 85누 851 ; 대판 1990. 12. 7, 90다카23912 등
5) 서울고판 2009. 9. 2, 2009누2872.

CASE STUDY

Case1

노동조합은 버스회사와의 단체교섭이 결렬되자 회사를 압박하기 위하여 다음과 같은 쟁의행위를 검토하고 있다. 이러한 쟁의행위는 정당한 것일까? 또한 정당한 쟁의행위가 되기 위해서는 어떤 점에 유의해야 할까?

① 잔업거부투쟁
② 교통법규를 엄격하게 준수하는 소위 '준법투쟁'
③ 작업장에서의 농성
④ 대표이사 자택 앞에서 대형스피커로 회사 측의 부당함을 선전하는 행위

Check Point : 쟁의행위의 종류 및 정당성
*이정(편역), 「고용사회와 노동법」 p.321《Case》참조

Case2

유통업을 하는 U사의 F노동조합은 회사에 대해 근로조건의 개선 등을 요구했으나 회사가 일방적으로 이를 무시하자 노조원 전원이 무기한파업에 돌입하였다. 이에 회사는 비조합원 및 간부사원을 동원하여 영업을 계속하려 하자 F노동조합의 조합원들이 점포 앞에서 피케팅을 하여 막대한 영업상의 피해가 발생했다. U사는 위 피케팅을 주도한 F노동조합의 위원장을 상대로 손해배상을 청구할 수 있는가?

Check Point : 쟁의행위(피케팅)의 정당성
*대판 1990. 10. 12, 90도1431

Case3

가전제품을 제조·판매하는 H사에는 종업원만으로 구성된 D노동조합과 구조조정의 내용을 둘러싸고 장기간 협상을 하였으나 양쪽의 의견이 심하게 대립하여 단체교섭이 결렬되었다. 그러자 노동조합은 회사경영진에 대한 인신공격과 회사오너의 개인적인 비리 등을 폭로하면서 무기한파업에 들어갔다. H사는 D노조가 파업에 돌입한지 3일째 되는 날에 직장폐쇄를 단행하였다. 이에 D노조는 H사측의 직장폐쇄 철회를 요구하는 단체교섭을 요구하였으나, H사는 D노조가 정상적으로 업무에 복귀하겠다는 약속을 하지 않는 한 직장폐쇄를 철회할 수 없다고 통보해왔다. 이러한 H사의 조치는 과연 정당한가?

Check Point : 불법파업과 직장폐쇄의 정당성
*대판 2000. 5. 25, 98다34331.
*「노동판례백선」 p.358《Case90》

제3장 쟁의행위

I. 쟁의행위의 개념과 의의

1. 단체행동과 쟁의행위

근로자들이 근로조건 등에 관한 자신의 주장을 관철하기 위하여 집단적으로 행하는 제반 실력행사를 단체행동이라 한다.

단체행동은 주장관철을 목적으로 한다는 점에서 주로 단결력의 유지·확대를 목적으로 하는 협의의 단결활동 즉 노조활동과 구별되며, 또한 집단적 실력행사라는 점에서 대표를 통한 평화적 타협과정인 단체교섭과 구별될 수 있다.

이러한 단체행동에는 파업이나 태업과 같이 사용자가 행하는 업무의 정상적 운영을 저해하는 쟁의행위와 그렇지 않은 기타의 단체행동이 있다.[1][2]

---

1) 김유성, 노동조합법(II), p.217.

2) 단체행동의 개념에 대하여 i) 단체행동을 업무의 정상적 운영을 저해하는 '쟁의행위'로 파악하는 협의설, ii) 단체행동을 업무의 정상적 운영을 저해하는 '쟁의행위'는 물론 완장착용 등과 같이 반드시 업무의 정상적 운영을 저해하지 아니하는 '단체과시'도 포함된다는 광의설, iii) 단체행동에는 '쟁의행위' 및 '단체과시'는 물론 '노조활동'도 포함된다는 최광의설이 있다.

2. 유사개념의 구별[3)]

(1) 노동쟁의

"노동쟁의"라 함은 노동조합과 사용자 또는 사용자단체 간에 임금·근로시간·복지·해고 기타 대우 등 근로조건의 결정에 관한 주장의 불일치로 인하여 발생한 분쟁상태를 말한다. 이 경우 "주장의 불일치"라 함은 당사자 간에 합의를 위한 노력을 계속하여도 더 이상 자주적 교섭에 의한 합의의 여지가 없는 경우를 말한다(노조법 2조 5호).

그러므로 단체교섭이 단체협약의 체결에 이르지 못하고 결렬된 경우에는 실제적으로 실력행사를 하지 아니하더라도 노동쟁의는 발생한 것으로 된다. 따라서 실제적인 실력행사를 필요로 하는 쟁의행위 및 단체과시 등과 구분된다.

(2) 쟁의행위

"쟁의행위"라 함은 파업·태업·직장폐쇄 기타 노동관계 당사자가 그 주장을 관철할 목적으로 행하는 행위와 이에 대항하는 행위로서 업무의 정상적인 운영을 저해하는 행위를 말한다(노조법 2조 6호).

따라서 쟁의행위는 파업·태업 또는 직장폐쇄와 같은 구체적인 실력행사를 필요로 한다는 점에서 노동쟁의와 구별되며, 업무의 정상운영을 저해한다는 점에서 반드시 업무의 정상운영을 저해하지 아니하여도 되는 단체과시와 구별된다.

(3) 노조활동

노조활동의 개념에 대하여 헌법 또는 법률은 아무런 명문의 규정도 두고 있지 아니하나, 일반적으로 조합의 조직 및 운영에 관한 활동 중에서 단체교섭권 및

---

3) 이하 이상윤, 노동법, p.702~703 참조.

단체행동권의 행사와 직접적인 관련이 없는 활동을 노조활동이라고 한다. 즉, 노조활동은 단체행동의 범위에 포함시키지 아니하는 것이 일반적이다.

II. 쟁의행위의 유형

1. 파업

(1) 파업의 의의

"파업(strike)"이라 함은 '다수의 근로자가 하나의 단결체를 형성하여 근로조건의 유지·개선을 목적으로 조직적인 방법에 의하여 사용자에게 근로제공을 일시적으로 거부하는 행위'를 말한다. 이는 근로자가 집단적으로 노무제공을 거부함으로써 업무운영을 저해하는 가장 일반적인 쟁의수단이다.

(2) 파업의 종류

파업은 기간을 기준으로 무기한파업·시한파업·파상파업으로, 참가범위를 기준으로 전면파업·일부파업·부분파업·지명파업·순회파업으로, 의도를 기준으로 관철파업·시위파업·항의파업·경고파업 등으로 나누어 볼 수 있다.

구체적으로 파업에 수반하여 조업중단의 실효성을 확보하기 위하여 다른 쟁의행위가 동시에 실시되는 경우도 있으나, 파업 자체만으로 본다면 근로자가 자신의 지배영역에 있는 노동력의 제공을 거부하는 부작위이므로 정당한 수준으로 허용된다.[4)]

---

4) 김유성, 노동법(II), p.245~246

2. 태업

"태업(soldiering)"이라 함은 '다수의 근로자가 하나의 단결체를 형성하여 근로조건의 유지·개선을 목적으로 조직적인 방법에 의하여 작업능률을 저하시키는 쟁의행위'를 말한다.

사용자의 지휘명령에서 완전히 이탈하지 않으므로 전면적인 업무저해까지 이르지는 못하나, 반면에 파업 시 예상되는 임금소멸의 불이익을 완화시키면서 업무저해를 도모할 수 있다는 점에서 파업 등의 본격적인 쟁의행위에 앞서 단결력을 시위하거나 단체교섭의 진전을 촉구할 목적으로 실시되는 경우가 많다.

태업은 그 구체적인 태양이 노무의 불완전제공이라는 부작위에 그치는 한 파업과 마찬가지로 정당한 쟁의행위임에는 의문의 여지가 없다. 태업 중 가장 전형적인 것이 공정의 작업속도를 늦추는 '감속태업(slow-down)' 인데, 이는 파업과 마찬가지로 정당성이 인정된다.

그러나 통상적인 태업과는 달리 원료·기계·제품 등을 손괴·은닉·임의 처분하는 등의 적극적 방법을 통하여 사용자에게 경제적 압력을 가하는 경우가 있는데 이를 보통 '사보타지(sabotage)'라 하며, 적극적인 경영간섭과 생산수단의 손괴를 수반한다는 점에서 쟁의행위의 정당성은 부정된다.[5]

3. 직장점거

(1) 직장점거의 의의

"직장점거"라 함은 '파업에 참가한 근로자들이 단결을 유지하고 파업의 실효성을 확보하기 위하여 사업장에 체류하는 부수적 쟁의행위'를 말한다.

쟁의행위는 소극적으로 정상적인 업무운영을 저해하는데 그쳐야 하나, 직장

5) 김유성, 노동법(II), p.246.

점거는 그 행사범위를 일탈하여 사용자의 노무지휘권 이외에 영업의 자유 및 시설관리권까지 침해한다는 점에서 원칙적으로 위법한 쟁의행위라 할 것이다.

그러나 기업별 노조가 주종을 이루는 현실을 고려할 때, 기업 내에서 노조활동이 행해지는 것이 일반적이므로 직장점거 자체로서 이를 위법하다고 볼 수는 없다.

(2) 직장점거의 정당성 판단

① 정당성 판단의 의의

일반적인 쟁의 유형과는 달리, 직장점거는 사용자의 노무지휘권의 배제 이외에 시설관리권의 배제도 그 내용으로 한다는 점에서 쟁의행위 정당성 요건이 추가로 요구된다고 볼 수 있다.

② 정당성 판단 기준

판례는 직장점거를 이분함으로써 시설관리권과 쟁의권의 충돌에 대한 일정한 한계를 설정하고 있다. 즉, 부분적·병존적 점거는 사용자측의 점유를 배제하지 않고 조업도 방해하지 않는다는 점에서 정당하다고 보나, 사용자측의 점유·조업을 방해하는 전면적·배타적 점거는 정당성을 부인한다.[6]

이러한 판례의 기준은 실질적인 조업의 침해성을 기준으로 동적·기능적 관점

---

6) 노동조합이 파업기간 중에 회사회의실을 20여일간 점거하여 임원회의가 수차례 다른 장소에서 이루어진 사안에서, 대법원은 "직장 또는 사업장시설의 점거는 적극적인 쟁의행위의 한 형태로서, 그 점거의 범위가 직장 또는 사업장 시설의 일부분이고 사용자측의 출입이나 관리지배를 배제하지 않는 '병존적인 점거에 지나지 않을 때'에는 정당한 쟁의해위에 해당하지만, 반대로 직장 또는 사업장을 '전면적·배타적으로 점거'하여 조합원 이외의 자의 출입을 저지하거나 사용자측의 관리지배를 배제하여 업무의 중단 또는 혼란을 야기케 하는 행위는 정당성의 한계를 벗어난 것"이라고 하였다(대판 2007. 12. 28, 2007도5204). 같은 취지의 판례로는 대판 1991. 6. 11, 91도383 ; 대판 1990. 10. 12, 90도1451 ; 대판 1990. 5. 15, 90도357 등이 있다.

에서 직장점거의 정당성 여부를 판단한다는 점에서 타당한 것으로 평가된다.

(3) 점거금지시설

① 법규정

> **노조법 제42조(폭력행위 등의 금지)**
>
> ① 쟁의행위는 폭력이나 파괴행위 또는 생산 기타 주요업무에 관련되는 시설과 이에 준하는 시설로서 대통령이 정하는 시설을 점거하는 형태로 이를 행할 수 없다.
> ② 사업장의 안전보호시설에 대하여 정상적인 유지·운영을 정지·폐지 또는 방해하는 행위는 쟁의행위로서 이를 행할 수 없다.

②점거금지시설

노동조합법 제42조는 "쟁의행위는 폭력이나 파괴행위 또는 생산 기타 주요업무에 관련되는 시설과 이에 준하는 시설로서 대통령령이 정하는 시설을 점거하는 형태로 이를 행할 수 없다."라고 규정하여, 점거금지시설은 i) 생산기타 주요업무 시설, ii) 이에 준하는 시설 등이 있다.

여기서 "생산기타 주요업무 시설"이라 함은 당해 사업의 종류에 따라 그 구체적 범위가 달라지는 바, 제조업의 경우는 생산라인 시설, 병원의 경우는 의료업무 시설 등이 이에 해당하게 된다.

그리고 "이에 준하는 시설"이라 함은 '전기·전산 또는 통신시설'을 비롯한 5가지와 '점거될 경우 생산 기타 주요 업무의 정지 또는 폐지를 가져오거나 공익상 중대한 위해를 초래할 우려가 있는 시설로서 고용노동부장관이 관계중앙행정기관의 장과 협의하여 정하는 시설을 말한다(노조법 시행령 제21조).

(4) 정당성을 상실한 직장점거의 효과

① 행정관청 등에 신고

점거금지시설을 점거하여 쟁의행위를 행하는 경우에 노동조합은 이를 행정관청과 관할노동위원회에 쟁의행위의 일시 · 장소 · 참가인원 및 그 방법을 미리 서면으로 신고해야 한다(노조법 시행령 17조).

② 민·형사 책임

직장점거가 정당성을 상실한 경우에는 민·형사상 책임이 발생한다. 민사책임은 채무불이행 또는 불법행위에 기한 손해배상책임을 부담하며, 형사책임은 주로 퇴거불응죄, 주거침입죄, 업무방해죄 등이 성립할 수 있다.

4. 준법투쟁

(1) 의의

"준법투쟁"이란 노동조합이나 근로자단체가 자신의 주장을 관철할 목적으로 평소 잘 지키지 않던 법규를 엄격히 준수하거나, 또는 근로자의 권리를 집단적으로 행사함으로써 간접적으로 업무의 정상적 운영을 저해하는 행위를 말한다.

(2) 유형

①권리행사형

이는 근로자에게 보장된 권리를 집단적으로 행사하는 행위로서, 연장근로의 집단적 거부·집단적 휴가 사용·정시 출퇴근 투쟁 등이 있다.

② 법규준수형

이는 안전·보건 등에 관한 법령이나 단체협약·취업규칙 등에 관한 규정을 철저히 준수하는 투쟁방식을 말한다.

(3) 준법투쟁의 쟁의행위성 판단

준법투쟁이 쟁의행위에 해당하는지에 대한 판단은 당해 행위가 업무의 정상적 운영을 저해하는지 여부를 기준으로 하는 바, 여기서 무엇이 업무의 정상적인 운영을 의미하는 지에 대해서는 견해가 대립된다.

① 쟁의행위 비해당설(법적 평가설)

업무의 정상적인 운영은 적법한 업무의 운영을 의미하므로, 적법하지 않은 업무의 운영을 저해하는 준법투쟁은 시민법상의 권리행사에 불과하고 쟁의행위에는 해당하지 않는다고 본다.

② 쟁의행위 해당설(사실 평가설)

업무의 정상적인 운영은 사실상 행해지는 평상의 업무운영을 의미하므로 준법투쟁은 평상의 업무운영을 저해한다는 점에서 쟁의행위에 해당한다고 본다. 이는 판례의 견해이기도 하다.[7]

③ 쟁의행위 일부 해당설

이는 쟁의행위의 판단기준인 업무의 정상적인 운영의 저해에 있어서 '업무자체의 보호가치'를 기준으로 쟁의행위 해당여부를 판단한다. 즉 보호가치가 있는 업무에 대한 저해는 쟁의행위에 해당하나, 그 보호가치가 없는 업무에 대한 저해는 쟁의행위에 해당하지 않는다고 본다.

---

7) 근로자들이 통상적으로 해오던 연장근로를 집단적으로 거부함으로써 회사업무의 정상적인 업무를 저해하였다면 이는 쟁의행위에 해당된다(대판 1996. 2. 27, 95도2970).

④ 검토

생각하건대, 준법투쟁의 쟁의행위 해당 여부는 일률적으로 판단하기 보다는 그 구체적 실태 즉, 업무의 보호가치를 기준으로 판단하는 쟁의행위 일부해당설이 타당하다고 본다.

이에 따를 경우, 관행화된 시간외근로 거부 투쟁은 보호가치가 있는 관행 내지 업무를 저해하며 쟁의행위에 해당하나, 안전투쟁은 보호가치 없는 안전의무위반 관행을 저해하는 것으로서 쟁의행위에 해당하지 않게 된다.

5. 그 밖의 쟁의행위의 유형

(1) 생산관리

① 생산관리의 의의

"생산관리"는 '근로자들이 사용자의 지휘·명령을 거부하면서 사업장 또는 공장을 점거하여 조합간부의 지휘 하에 생산관리를 위한 근로를 제공하는 쟁의행위'이다.

생산관리에는 i) 근로자들이 직접 경영을 하되 종전의 경영방침에 따라 임금을 지급하거나 생산 활동을 하는 경우와, ii) 기존의 회사경영방침을 무시하고 독자적인 경영방침을 세워 생산 활동을 하거나 또는 회사의 이익금을 일방적으로 인상한 임금에 충당하는 경우의 두 가지 형태가 있다.

어떠한 형태의 생산관리에 해당될지라도 생산관리는 적극적으로 근로자가 생산·경영을 직접 영위한다는 점에서 소극적으로 근로의 제공을 거부하는 행위인 파업과 구별된다.

② 생산관리의 정당성

생산관리의 정당성에 관한 학설로는 i) 쟁의행위는 소극적인 근로제공의 거부를 원칙으로 하기 때문에 사용자의 생산수단을 적극적으로 통제하는 생산관리는 정당한 쟁의행위가 아니라고 하는 생산관리 부당설, ii) 생산관리는 사용자의 생산수단을 지배·통제하기는 하나 이는 사용자의 경영권을 침해하는 것이 아니라 사실적 통제에 불과하므로 정당하다고 하는 생산관리 정당설, iii) 노동조합이 사용자의 종래의 경영방침을 변경하지 아니하고 지속적으로 그 업무를 종전과 같이 계속하는 소극적 생산관리는 정당하지만, 종래의 경영방침을 무시하고 회사의 자재를 장악·처분하거나 조합이 일방적으로 임금을 지급하는 적극적 생산관리는 정당하지 아니하다는 절충설 등이 있다.

생각하건대, 근로자의 쟁의권의 행사는 사용자의 재산권행사와 조화·균형을 이루면서 행사되어야 한다. 따라서 사용자의 종래의 경영방침에 따라 통일적으로 근로를 제공하는 소극적 생산관리는 정당한 쟁의행위로 볼 수 있으나, 이른바 적극적 생산관리의 경우에는 정당한 쟁의행위가 아닌 것으로 평가되어야 할 것이다.[8]

(2) 보이콧

"보이콧(boycott)"은 '조합원, 소비자 또는 타 기업을 대상으로 쟁의 중인 기업의 생산품의 불매 내지 거래의 중단을 호소함으로써 사용자에게 압력을 가하는 유형의 쟁의행위'이다. 보이콧은 실제에 있어서는 파업을 지원하기 위한 부수적 수단으로 행하여지는 경우가 많다.

그러나 사용자기업과 거래관계에 있는 타사 제품에 대한 보이콧(소위 '2차 보이콧')은 노동조합과 직접적인 근로관계가 없는 제삼자에게 손해를 주기 때문에 정당성이 인정되지 않는다.

8) 이상윤, 노동법, p.756~757.

(3) 피케팅

"피케팅(picketing)"은 '파업참가자의 파업이탈을 감시하고 파업에 참가하지 아니한 근로자들이 사업장에 출입하는 것을 저지하거나 파업에 동참할 것을 요구하며, 또한 일반인들에게 노동조합의 요구를 이해하고 지지하여 주도록 하는 문언을 작성하여 이를 파업 장소에 게시·비치 또는 방송하는 쟁의행위'이다. 넓은 의미로는 제품의 출하업무를 저지하거나 관리직 사원의 출입을 통제하는 경우까지 포함한다.

한편 노동조합법은 "쟁의행위는 그 쟁의행위와 관계없는 자 또는 근로를 제공하고자 하는 자의 출입·조업 기타 정상적인 업무를 방해하는 방법으로 행하여져서는 아니 되며 쟁의행위 참가를 호소하거나 설득하는 행위로서 폭행·협박을 사용하여서는 아니 된다."라고 규정하고 있다(제38조 1항).

즉 피케팅이 정당하려면 거래처직원·비조합원·대체근로자·파업 비참가 조합원 등에 대하여 평화적 설득[9]에 그쳐야 한다는 것이다. 이 조항은 1997년 신설된 것으로 쟁의기간 중 대체근로의 범위가 확대된 것과 상응하여 사용자의 조업의 자유를 확보하는데 그 취지가 있다.[10]

6. 필수유지업무제도

(1) 도입배경

철도, 수도, 전기, 통신과 같은 소위 필수공익사업[11]의 근로자들이 쟁의행위

9) 피케팅의 수단으로서 파업에 가담하지 아니하고 근무하려는 자에 대하여 평화적 설득을 하는 경우에만 이를 정당하다고 볼 수 있다(대판 1990. 10. 12, 90도1431).

10) 김유성, 노동법(II), p.251.

11) 필수유지업무의 구체적인 범위에 대해서는 노조법의 위임을 받아 동법 시행령에서 이를 정하고 있다. 정부는 2007. 11. 30. 노조법 시행령을 개정하여 10개 필수공익사업별(철도사업과 도시철도사업, 항공운수사업, 수도사업, 전기사업, 액화석유가스사업을 제외한 가

를 하는 경우 공중의 일상생활이 현저히 위태롭게 될 수 있다. 그래서 구 노동조합법은 필수공익사업에 있어 쟁의권을 사전적으로 제한할 수 있는 직권중재제도를 규정·운영하였으나, 이러한 직권중재제도에 대하여 위헌논란과 함께 ILO 등 국내외 노동단체로부터 노동기본권을 과도하게 제약하고 있다는 비난이 지속적으로 제기되었다. 이에 공익사업의 쟁의행위는 공중의 일상생활과 국민경제에 큰 영향을 미친다는 특징과 더불어 노사관계 선진화 방안을 위하여 논의한 결과, 노사관계 선진화 입법의 일환으로 2006. 12. 22. 국회 본회의에서 통과된 노조법에 의하여 필수공익사업의 직권중재제도가 폐지되고, 2008년 1월 1일부터 시행된 필수유지업무제도를 도입하게 되었다.

(2) 필수유지업무협정의 체결

필수공익사업에 종사하는 노사관계당사자는 쟁의행위기간 동안 필수유지업무의 정당한 유지·운영을 위하여 필수유지업무의 필요 최소한의 유지·운영 수준, 대상 직무 및 필요인원 등을 정한 필수유지업무협정을 서면으로 체결하도록 규정하고 있다(노조법 42조의 3). 필수유지업무협정에는 노동관계 당사자 쌍방이 서명 또는 날인하여야 한다.

필수유지업무협정은 노사관계 당사자가 합의하여 체결하는 것이 원칙이나, 체결되지 아니하는 때에는 당사자 쌍방 또는 일방은 노동위원회에 그 결정을 신청하여야 하고, 신청을 받은 노동위원회는 특별조정위원회가 결정을 한다. 노동위원회 결정의 해석 또는 이행방법에 관하여 당사자 간 의견이 일치하지 않는 경우에는 특별조정위원회의 해석에 따른다. 노동위원회의 결정에 불복하는 경우 중재재정에 대해 불복하는 경우와 같이 중앙노동위원회에 재심신청하고 행정법원에 행정소송을 제기하는 방식으로 다투며, 불복절차 진행 중이라도 결정의 효력이 정지되지 않는다.

다만 중재재정의 내용은 단체협약과 동일한 효력을 가진다는 노조법 제70조

스사업, 석유정제사업 및 액화석유가스사업을 포함한 석유공급사업, 병원사업, 혈액공급사업, 한국은행사업, 통신사업) 필수유지업무의 범위를 규정하였다.

제1항의 규정은 노동위원회의 필수유지업무에 관한 결정에는 준용되지 않는다(노조법 42조의 4 제1 내지 5항). 노동위원회의 결정이 있는 경우 그 결정에 따라 쟁의행위를 한 때에는 필수유지업무를 정당하게 유지·운영하면서 쟁의행위를 한 것으로 본다(노조법 42조의 5).

III. 쟁의행위의 정당성

1. 총설

헌법은 근로자에게 단결권·단체교섭권 및 단체행동권을 보장함으로써 실질적인 노사관계의 대등성 확보를 통한 노사자치의 실현을 도모하고자 하며, 이를 기초로 노동조합법은 정당한 쟁의행위에 대한 민·형사상 면책 및 부당노동행위 제도 등을 규정함으로써 구체화하고 있다.

이러한 노동조합법상의 쟁의행위에 대한 보장 규정은 그 정당성을 전제로 한 경우이므로 쟁의행위가 정당성을 상실한 경우에는 면책효과가 사라지고 그에 대한 각종의 책임이 발생하게 되는데 이 경우에 그 책임의 귀속주체 및 책임의 정도 등이 문제로 된다.

2. 정당한 쟁의행위와 민 · 형사 면책

(1) 의의 및 법규정

노조법 제3조(손해배상청구의 제한)

사용자는 이 법에 의한 단체교섭 또는 쟁의행위로 인하여 손해를 받은 경우에 노동조합 또는 근로자에 대하여 그 배상을 청구할 수 없다.

노조법 제4조(정당행위)

형법 제20조의 규정은 노동조합이 단체교섭·쟁의행위 기타의 행위로서 제1조의 목적을 달성하기 위하여 한 정당한 행위에 대하여 적용된다. 다만 어떠한 경우에도 폭력이나 파괴행위는 정당한 행위로 해석되어서는 아니 된다.

쟁의행위는 시민법의 입장에서 보아 민사상 채무불이행 또는 불법행위를 구성하거나 형사상의 범죄에 해당하더라도, 그것이 정당하게 수행되는 한 근로자(또는 그 단결체)는 민·형사책임을 지지 않는다.

반면에 그것이 정당한 범위를 넘어서 행해진 경우에는 이러한 법적 보호를 받을 수 없다. 요컨대 쟁의행위가 단체행동권의 행사로서 법적 보호를 받기 위해서는 전체 법질서에서 보아 정당한 것으로 평가될 수 있어야 한다.[12]

이와 관련하여 쟁의행위는 그 목적·방법 및 절차에 있어서 법령 기타 사회질서에 위반되어서는 아니 되며(노조법 37조 1항), 조합원은 노동조합에 의하여 주도되지 아니한 쟁의행위를 하여서는 아니 된다(동조 2항). 즉, 쟁의행위가 정당하기 위해서는 그 주체·목적·수단·절차 등에 있어서 법령 및 사회질서에 반하지 않아야 한다.

12) 김유성, 노동법(Ⅱ), p.224

3. 쟁의행위의 정당성 요건

(1) 주체의 정당성

쟁의행위는 자주성과 조직성을 갖춘 헌법상 노동조합을 포함하여, 단체교섭의 당사자 적격이 있는 노동조합이 조직·주도해야 하며, 비노조파업[13]·비공인파업[14] 등은 그 주체의 면에서 정당성이 부정된다.

이와 관련하여 미조직근로자인 소위 '쟁의단' 및 '자주성 불비 노동조합'의 경우에도 쟁의권을 행사할 수 있는지가 문제로 될 수 있다. 이들에 대해서는 헌법상의 단체교섭권의 보호를 받을 수 있으므로, 이들이 주도하는 파업도 정당성을 가진다고 해석된다. 그러나 '살쾡이 파업(wild cat's strike)'이나 비공인 파업은 노동조합의 의사에 반하는 것이므로 정당성이 부인된다.[15]

(2) 목적의 정당성

쟁의행위는 단체교섭의 목적 사항을 관철하기 위한 것이어야 하므로, 근로조건의 향상 및 근로자의 경제적·사회적 지위의 향상을 도모하기 위한 것이어야

---

13) "비노조파업"이란 노동조합이 아닌 단결체가 쟁의행위를 하는 경우를 말하며 이에는 헌법상 단결체의 쟁의행위와 특정한 목적을 위해 일시적으로 결성된 이른바 '쟁의단'의 쟁의행위가 있다. 판례는 쟁의행위의 주체는 단체교섭의 주체로서 단체협약의 체결능력이 있는 노동조합이어야 한다는 취지를 일반론화하여 쟁의행위의 주체성 여부는 단체협약체결능력에 따라 결정되므로 비노조파업의 정당성을 부인하고 있다. 그러나 학설의 다수는 쟁의행위의 주체성을 단체협약체결능력 유무에 따라서 결정하는 것은 타당하지 않으므로, 비노조파업을 일률적으로 부정하는 것은 타당하지 않다고 보고 있다. 이에 대한 자세한 설명은 김유성, 노동법(II), p.224~226 참조.

14) "비공인파업"이란 노동조합이 조직되어 있는 경우에 노동조합 의사와는 무관하게 또는 노동조합 의사에 반하여 조합지부 또는 소수 조합원이 행하는 쟁의행위를 말한다.

15) 비공인 파업 및 살쾡이 파업은 개념 자체가 종종 혼동되어 사용되지만, 비공인 파업을 '하부조합이 상부조합의 승인을 얻지 않고 독자적으로 실시하는 파업'을 의미하는 반면, 살쾡이 파업은 '조합원의 일부 집단이 조합 소정기관의 승인을 얻지 않고 독자적으로 실시하는 파업'을 말한다.

한다.

① 정치파업

파업은 그 목적에 따라 크게 사용자에 대해 자기주장을 관철하기 위해 행하는 '경제파업'과 국가 또는 지방공공단체에 대하여 특정한 정치적 주장이나 시위 또는 관철을 목적으로 행하는 '정치파업'으로 나뉜다.

이 중에서 전자는 당연히 파업으로서의 정당성을 가지나, 후자의 경우에는 단체교섭과 무관한 쟁의행위로 정당성을 가지지 못한다. 왜냐하면, 노동조합이 특정 정치적인 목적을 달성하기 위해서는 단체교섭이나 쟁의행위를 통하는 것 이외에도 이를 실현할 수 있는 수단, 예를 들어 집회, 시위, 선전활동 등이 가능하기 때문이다.

그러나 위의 '정치파업'의 경우에도 근로조건의 향상과는 전혀 무관한 소위 '순수한 정치파업'에 대해서는 그 목적에서 정당성이 인정되지 않지만, 그렇지 않고 노동관계법의 개정 등 근로조건의 향상이나 또는 노동기본권에 직접적인 관련이 있는 노동정책 등을 관철시킬 목적의 '경제적 정치파업'은 그 목적에서 정당성을 가진다고 해석된다.

② 동정파업

'동정파업'이란 자기와는 상관없는 다른 근로자의 파업을 지원할 목적으로 행하는 파업을 말하며, 이를 '지원파업' 또는 '연대파업'이라고도 한다. 따라서 단위노조가 이해관계를 같이하는 다른 노동조합과 연대하여 파업을 하거나 또는 상부단체의 지시에 따라 지원파업을 행하는 경우에는 동정파업이 아니다.

이러한 동정파업의 경우에는 파업의 목적이 사용자와의 단체교섭을 유리하게 타결하기 위하기보다는 다른 근로자들의 파업을 지원, 동조하는데 있으므로 파업의 정당성이 인정되기 어렵다.

(3) 수단의 정당성

쟁의행위는 소극적으로 업무의 정상적인 운영을 저해하는 방법으로 행해져야 하며, 폭력·파괴 행위 등은 금지된다. 이에 대해 쟁의행위의 수단별로 검토하면 다음과 같다.

첫째, 쟁의행위가 노무의 완전 또는 불완전한 제공의 거부(정지)라는 소극적 양상에 머무는 한 정당성이 인정된다. 노무의 완전한 정지인 파업은 전면파업, 부분파업, 지명파업, 파상파업, 시한파업 등 다양한 형태가 있을 수 있는데, 이 어느 것도 원칙적으로 정당하다. 그 외, 일제휴가투쟁의 경우에는 근로기준법상 연차유급휴가의 요건을 충족하고 있는지를 따져봐야 하지만 쟁의행위의 정당성 문제로서는 파업과 마찬가지로 정당성을 가진다. 정시출근 및 정시퇴사, 연장근로 거부 등도 시한파업의 일종에 지나지 않아 정당성을 가진다고 해석된다.

둘째, 태업의 경우에도 작업의 능률을 떨어뜨리는 등 소극적인 양상에 그치는 한 정당성이 인정되며, 피케팅의 경우에도 평화적인 설득에 그치는 한 정당성이 인정된다. 그러나 기계나 부품의 파괴, 훼손을 초래하는 행위나 피케팅 상대방에 대해 자유의사에 반하여 출입을 저지하거나 업무를 방해하는 행위는 정당성이 부인된다.

셋째, 직장점거의 경우에도 앞에서 언급한 바와 같이, 그 점거의 범위가 직장 또는 사업장 시설의 일부분이고 사용자측의 출입이나 관리지배를 배제하지 않는 '병존적인 점거에 지나지 않을 때'에는 정당성이 인정되지만, 그렇지 않고 직장 또는 사업장을 '전면적·배타적으로 점거'하여 조합원 이외의 자의 출입을 저지하거나 사용자측의 관리지배를 배제하여 업무의 중단 또는 혼란을 야기케 하는 경우에는 정당성이 인정되기 어렵다.

(4) 절차의 정당성

첫째, 쟁의행위는 평화적 단체교섭이 결렬되어 더 이상의 교섭진행이 무의미해진 경우에 최후수단으로 활용되어야 하므로, 사용자의 구체적인 응답도 있기 전에 우선 위협과 세력과시를 위한 소위 '경고 파업' 이나 '예고 없는 파업' 등은 그 정당성이 인정되지 않는다. 단, 단체교섭이 개신된 후에는 어떤 단계에서 쟁의행위를 할 것인가는 노동조합의 전술적 선택에 관한 사항이므로, 쟁의행위는 반드시 교섭이 결렬된 이후에 최후의 수단으로만 행사해야하는 것은 아니다.

둘째, 노동조합법이 특별히 설정하고 있는 조정전치(45조 2항), 중재시의 쟁의금지(63조), 긴급조정시의 쟁의중지(77조) 등의 절차를 거치지 아니한 쟁의행위에 대해서는 정당성이 인정되지 않는다. 다만 노동조합이 조정을 신청하였음에 불구하고 노동위원회가 교섭미진을 이유로 행정지도를 하면서 실질적인 조정을 하지 않은 상태에서 한 쟁의행위에 대해서는 조정을 거친 것으로 인정되어 정당성이 인정된다.[16]

셋째, 노동조합법은 쟁의행위에 대한 찬반투표를 거치게 하고 있는데 동 규정(41조 1항) 에 위반한 경우에도 쟁의행위의 정당성이 인정되지 않는다. 쟁의행위에 대한 조합원의 직접·비밀·무기명투표에 의한 찬성결절이라는 절차를 둔 것은 노동조합의 자주적이고 민주적인 운영을 도모함과 아울러 쟁의행위에 참가한 근로자들이 사후에 그 쟁의행위의 정당성 유무와 관련하여 어떠한 불이익을 당하지 않도록 그 개시에 관한 조합의사의 결정에 보다 신중을 기하도록 마련한 규정으로 이러한 절차를 따를 수 없는 객관적인 사정이 없는 한 정당성이 인정되지 않는다.[17]

4. 정당한 쟁의행위의 민 · 형사상 면책

(1) 의의

헌법상 단체행동권보장의 당연한 법적 효과로서 정당한 쟁의행위에 대하여

16) 대판 2001. 6. 26, 2000도2871.

17) 대판(전합) 2001. 10. 25, 99도4837. 대법원은 위의 전원합의체 판결을 통하여 '조합찬반투표를 거치지 아니하고 쟁의행위에 나아간 경우에도 조합원의 의사결정이 실질적으로 확보된 경우에는 쟁의행위가 정당성을 상실한다고 볼 수 없다'고 한 종전의 판례(대판 2000. 5. 26, 99도4836)를 변경하였다.

형사책임과 민사책임이 면제된다. 정당한 쟁의행위에 대하여 형사·민사면책을 부여하는 것은 헌법상의 단체행동권보장의 실효성을 확보하기 위한 수단이다.

노동조합법 제3조 및 제4조의 면책규정은 정당한 쟁의행위에 대한 형사·민사책임이라는 법적 효과를 새로 창설하는 것이 아니라, 헌법 제33조 1항의 쟁의권의 본질적·내재적 내용을 단순히 확인하는 것에 지나지 아니한다.[18]

(2) 민·형사면책

① 민사면책

쟁의행위 시 이로 인한 채무불이행 책임 내지 불법행위책임 등의 민사책임이 발생할 수 있으나, 정당한 쟁의행위에도 이를 그대로 인정함은 헌법상 노동3권의 보장취지를 무색하게 하므로 이를 면제한다.

② 형사면책

정당한 쟁의행위 시 형사책임도 면제되는데, 그 근거에 관하여 '위법성조각설'[19]과 '구성요건해당성조각설'[20]의 견해가 있으나, 판례는 위법성조각설을 취한다.

생각하건대, 헌법상 보장된 단체행동권에 대해서도 형사면책은 기존의 법체

---

18) 이상윤, 노동법, p.739.

19) 이 견해에 의하면, 쟁의행위는 i) 민법상의 의무불이행 또는 불법행위의 법률요건에 해당하거나, ii) 형법상의 범죄구성요건에 해당하는 행위로서 본래 위법한 행위이지만 예외적으로 그 위법성이 조각되어 민·형사상의 책임이 면제된다고 한다. 이 견해를 주장하는 근거로서는 쟁의행위는 본래 위법한 행동으로서 민·형사책임이 부과되었으나, 점차 합법성이 인정되어 위법성이 조각된다고 본다.

20) 이 견해에 의하면, 쟁의행위는 처음부터 i) 민법의 의무불이행 내지 불법행위의 법률요건에 해당되지 아니하며, 또한 ii) 형법상의 업무방해죄나 강요죄 등의 범죄구성요건에도 해당하지 아니한다고 한다. 이 견해를 주장하는 논거로서는 쟁의권은 헌법상의 기본권의 하나로서 보장되고 있으므로 헌법상의 기본권인 쟁의권을 행사하는 경우, 이에 대한 민·형사상의 제재는 애당초 있을 수 없다고 한다.

계와 합치되는 방향으로 해석해야 한다는 점에서 위법성조각설에 찬동한다.

5. 정당성을 상실한 쟁의행위의 민사책임

(1) 개요

쟁의행위가 정당성을 갖고 있는 경우에는 민사면책이 인정되나 정당성을 갖고 있지 아니한 경우에는 민사책임을 부담하게 된다. 이 경우 과연 민사책임의 구체적인 내용은 무엇이고 그 책임은 누가 부담하게 되는가의 문제가 생기게 된다.

(2) 손해배상의 범위

손해배상의 범위는 당해 쟁의행위와 상당인과관계가 있는 손해에 국한되며, 이의 결정시에는 쟁의행위의 원인·경위·사용자의 대응방식 등과 같은 쟁의행위의 특수성을 고려해야 한다.

(3) 책임의 귀속

① 조합원의 책임

정당성 없는 쟁의행위에 참가한 조합원은 자신의 근로제공의무 위반이라는 채무불이행에 대한 손해배상의 책임이 있으며, 쟁의행위로 인한 손해전체에 대한 배상책임은 부담하지 않는다.

또한 정당성 없는 쟁의행위가 사용자의 영업권 내지 의사결정의 자유를 침해하여 불법행위를 구성하는 경우에는 참가조합원 전체와 노동조합이 연대하여 책임을 진다.

② 노조간부의 책임

노조간부가 당해 회사의 종업원이면서 전임자가 아닌 경우에는 근로제공의무 위반에 대한 채무불이행 책임을 진다.

또한 조합간부는 구체적 행위가 위법한 쟁의행위와 실질적 관련성이 있는 경우, 즉 당해 쟁의행위에서 위법행위를 조직·주도한 경우에 한하여 불법행위로 인한 손해전체를 연대하여 책임을 진다.

③ 노동조합책임

노동조합은 단체협약의 평화의무·평화조항 위반에 기한 채무불이행 책임을 지며, 순수정치파업·파괴행위의 조직적 지시 등에 대해 불법행위가 성립하는 경우에 불법행위 책임을 부담한다. 다만, 불법행위책임의 주체가 되기 위해서는 기관 대표자인 조합간부의 불법행위가 성립해야 한다.

6. 정당성을 상실한 쟁의행위와 형사책임

(1) 개요

쟁의행위가 정당하지 아니한 경우 형사면책의 특권이 배제되고 일반 형법법리에 따라 형사책임을 부담하게 된다.

그러나 쟁의행위가 정당하지 아니하다고 하여 무조건 형사책임을 부담하는 것은 아니며, 일반 형법이론에 따른 범죄의 성립요건을 충족시키는 경우에 한하여 형사책임이 인정된다.[21]

---

21) 쟁의행위가 인정되는 범위를 넘어서 형사상의 범죄를 성립시키는 경우에는 쟁의행위 자체에 성질상 집단성과 단체성이 내포되어 있는 것이라는 이유만으로 일반형사범죄와는 다른 특별한 취급을 하여야 할 근거는 없다(대판 1990. 10. 12, 90도1431).

(2) 책임의 귀속

① 조합원 책임

쟁의행위가 정당성을 상실한 경우에 전체로서의 쟁의행위의 형사책임은 조합원 개인의 형사책임으로 귀속되므로 정당성 없는 쟁의행위에 참가한 조합원은 형사책임을 부담한다.

또한 정당한 쟁의행위에서 개별적으로 위법한 행위를 행한 조합원은 형사책임을 부담한다.

② 노조간부 책임

노조간부는 그 구체적 행위가 위법한 쟁의행위와 실질적 관련성을 갖는 경우 즉 당해 위법한 쟁의행위를 지도·조직한 경우에 한하여 형사책임을 부담한다고 본다.

③ 노동조합 책임

형사책임은 구체적 행위자에 대한 국가의 형벌권 발동으로서 단체책임은 특별규정이 없는 한 인정되지 않는다. 다만, 노동조합법상 양벌규정에 의해 조합에 벌금형을 부과할 수는 있다.

7. 정당성을 상실한 쟁의행위와 징계책임

(1) 개요

정당한 쟁의행위에 대한 징계는 노동조합법상 부당노동행위로 금지되나, 정당성을 상실한 쟁의행위 시에는 사용자는 경영질서 침해를 이유로 조합원 및 조합간부에게 징계책임을 물을 수 있다.

(2) 책임의 귀속

① 조합원 책임

사용자는 정당성을 상실한 쟁의행위에 참가한 조합원에 대하여 기업의 경영질서 침해를 이유로 징계처분을 행할 수 있다. 다만, 이 경우에도 근로기준법 제23조의 정당한 이유에 의한 제한을 받는다.

② 조합간부의 책임

정당성을 상실한 쟁의행위 시 노조간부에게 방지의무에 기한 특별책임을 인정할 수 있을 것인가에 대해 견해 대립이 있으며, 판례는 이를 인정한다.[22)]

생각하건대, 노조간부에게 쟁의행위를 조직·주도한 책임 이외에 개별조합원 위법행위를 방지할 의무를 일반적으로 인정하는 것은 개인책임의 원리에 반하고, 사용자의 지배·개입을 승인하는 결과로 될 우려가 있다는 점 등에서 타당하지 않다고 본다.

---

22) 대판 1992. 9. 1, 92누7733.

IV. 직장폐쇄

1. 총설

사용자가 근로자의 쟁의행위에 대해서 그것이 부당한 경우에는 징계책임이나 민사책임을 묻는 등의 방법으로 대항할 수 있지만, 이러한 방법은 정당한 쟁의행위에 대해서는 불가능하다.

따라서 쟁의행위의 정당성 여하와는 관계없이 쟁의의 대상이 된 쟁점사항에 대한 사용자의 홍보를 비롯하여 쟁의행위기간 동안의 노무제공거부에 대응하기 위하여 임금삭감이나 직장폐쇄 등의 방법으로 대항할 수 있다.[23]

이하에서는 쟁의행위의 정당성 여부와 관계없이 사용자의 쟁의대항수단으로 일반적으로 받아들여지고 있는 '직장폐쇄'에 대해서 살펴보고자 한다.

2. 직장폐쇄의 의의

노동법 제2조(정의)

6. "쟁의행위"라 함은 파업·태업·직장폐쇄 기타 노동관계 당사자가 그 주장을 관철할 목적으로 행하는 행위와 이에 대항하는 행위로서 업무의 정상적인 운영을 저해하는 행위를 말한다.

노조법 제46조(직장폐쇄의 요건)

① 사용자는 노동조합이 쟁의행위를 개시한 이후에만 직장폐쇄를 할 수 있다.
② 사용자는 제1항의 규정에 의한 직장폐쇄를 할 경우에는 미리 행정관청 및 노동위원회에 각각 신고하여야 한다.

---

23) 김유성, 노동법(II), p.289

"직장폐쇄(lock out)"란 '사용자가 노동쟁의의 상대방인 근로자들에 대하여 노동쟁의를 자기에게 유리하게 전개시킬 목적으로 노무의 수령을 집단적으로 거부하는 행위'를 말한다. 직장폐쇄는 조업계속과 함께 사용자가 근로자의 쟁의행위에 대항하여 행하여지는 대표적인 수단 중의 하나이다.

이러한 직장폐쇄는 근로관계가 존속된다는 점에서 집단해고와 구별되고, 노사 간의 집단적 노동쟁의를 전제한다는 점에서 근로기준법상의 휴업과도 구별된다.

노동조합법은 직장폐쇄에 대해 쟁의행위의 한 유형으로서 그에 대한 시기상의 제한 및 신고의무에 관하여만 규정하고 있으며, 기타 사실행위의 요부·정당성 요건·인정효과에 대하여는 이론이 있다.

3. 인정근거 및 절차요건

(1) 인정근거

직장폐쇄를 인정하는 법적 근거에 관하여 여러 견해가 있으나, 직장폐쇄는 근로자 측의 쟁의행위에 대하여 노사 간의 세력균형을 회복할 수 있는 대항수단으로 인정될 수 있다는 '노사대등설(무기대등의 원칙)'이 타당하다고 본다.

(2) 절차적 요건

① 사실행위의 존재 여부

직장폐쇄를 하고자 할 경우에 사용자의 직장폐쇄에 대한 선언만으로 족하다는 '선언설'과 기타 사실행위까지 요한다는 '사실행위설'이 대립하고 있으나, 직장폐쇄의 본질은 임금지급의무를 면하는데 있으므로 취업저지를 위한 사실행

위가 반드시 필요한 것은 아니라고 생각된다.[24]

② 행정관청 등에 신고

노동조합법상 사용자는 직장폐쇄 전에 미리 이를 행정관청 및 노동위원회에 각각 신고해야 한다(노조법 46조 2항). 이를 위반할 시 과태료 적용은 별도로 하고(동법 96조 1항), 직장폐쇄의 유효한 성립여부에는 영향이 없다고 본다.

4. 직장폐쇄의 정당성

(1) 정당성 요건

① 대항성

직장폐쇄는 시기적으로 노동조합의 쟁의행위가 개시된 이후에만 허용되므로(노조법 46조 1항), 대항성이 있어야 하며 선제적 직장폐쇄는 금지된다.

② 방어성

직장폐쇄는 노동조합의 쟁의행위로 인한 사용자의 경제손실을 최소화하기 위한 방어적 목적에만 허용되므로, 노조의 조직력 약화·근로조건의 저하 등의 공격적 목적의 직장폐쇄는 금지된다.

---

24) 김유성, 노동법(II), p.292.

③ 일반적 요건

직장폐쇄도 쟁의행위의 한 유형이라는 점에서 쟁의행위의 주체·목적·방법·절차 등에 있어서의 일반적 정당성 요건을 충족해야 할 것이다.

(2) 정당성의 판단

①부분파업시 전면 직장폐쇄

노동조합의 부분파업에 대한 전면적인 직장폐쇄는 방어적 목적을 일탈하는 것으로서 원칙적으로 금지된다. 다만, 부분파업에 의해 전면적인 업무의 정폐(停廢)를 초래하는 등의 특별한 사정이 있는 경우에는 예외적으로 전면적 직장폐쇄가 인정될 수 있을 것이다.

②파업 종료 후의 직장폐쇄

파업 종료 후에 사용자가 직장폐쇄를 계속하는 경우는 이견은 있으나, 직장폐쇄의 대항성은 그 개시요건일 뿐 아니라 존속요건이기도 하다는 점에서 그 정당성은 인정될 수 없다고 본다.

③위법파업시의 직장폐쇄

위법한 파업에 대해 직장폐쇄를 할 수 있는가에 대해 이론이 있으나, 위법한 파업은 이미 협약자치의 범위를 일탈한 것으로서 이에 대해서는 사법적으로 대응하는 것이 바람직하다고 생각한다.

다만, 비(非)노조파업이 아니라 노조가 조직·주도하는 파업으로서 그 위법성 여부가 분명한 경우에는 사용자에게 직장폐쇄를 인정할 필요성이 있다고 본다.

5. 직장폐쇄의 효과

(1) 임금지급의무의 면제

정당한 직장폐쇄 시에 사용자는 근로자에 대한 임금지급의무를 면하게 된다. 다만 정당성을 상실한 직장폐쇄 시에는 사용자는 채무불이행에 의해 임금전액 지급 의무를 부담한다.

(2) 사업장 출입 저지

직장폐쇄 시 사용자는 시설관리권 행사의 일환으로 방해배제청구권을 행사함으로써 근로자들의 사업장 출입을 저지할 수 있다. 다만, 이 경우에도 생산업무와 무관한 조합사무소·식당·기숙사 등에 대해서는 출입저지를 할 수 없다.

(3) 제3자에 대한 책임

정당한 직장폐쇄 시에 사용자는 헌법상 보장된 협약자치의 반사효과에 의해 제3자에 대한 배상책임이 없음이 원칙이나, 정당성을 상실한 직장폐쇄의 경우에는 제3자에 대한 손해배상책임을 부담한다.

V. 쟁의행위의 제한·금지

1. 총설

헌법 제33조 1항에서는 근로자에게 단결권·단체교섭권·단체행동권을 보장함으로써 노사 간의 실질적인 대등성 확보를 통한 노사자치의 실현을 도모하고 있다.

그러나 이러한 노동3권도 다른 기본권과의 조화적 보장이라는 관점에서 일정한 제한이 불가피하며, 특히 쟁의행위는 주체·사업의 성질 등에 따라 그 제한이 이루어진다.

2. 헌법에 의한 제한 · 금지

(1) 공무원에 대한 제한

공무원은 헌법 제33조 2항에 따라 법률로 허용하는 자에 한하여 노동3권이 인정된다.

이에 따라 국가공무원법 제66조 1항과 지방공무원법 제58조 1항은 공무원에 대하여 '노동운동 기타 공무 이외의 일을 위한 집단적 행위'를 금지하고 있다. 다만, '사실상 업무에 종사하는 공무원'은 단결권, 단체교섭권과 함께 단체행동권도 향유하므로 이들은 쟁의행위를 할 수 있다.

(2) 방위산업체 종사자에 대한 제한

헌법 제33조 3항은 "법률이 정하는 주요방위산업체에 종사하는 근로자의 단체행동권은 법률이 정하는 바에 의하여 이를 제한하거나 인정하지 아니할 수 있다."라고 규정하고 있다.

쟁의행위 금지대상은 주로 방산물자를 생산하는 업무에 종사하는 자와 방산물자 생산에 직접 연관되는 전력·용수 업무 종사자이며, 방산물자 생산과 직접 관련이 없는 부서의 종사근로자는 쟁의행위에 참여할 수 있다.

3. 노동조합법에 의한 제한 · 금지

(1) 쟁의 방법상의 제한

① 폭력·파괴행위·시설점거의 금지

쟁의행위는 폭력·파괴행위 또는 생산 기타 주요업무와 관련되는 시설과 이에 준하는 시설로서 대통령령이 정하는 시설을 점거하는 형태로 이를 행할 수 없다(노조법 42조 1항). 이를 위반한 경우 벌칙(1년 이하의 징역 또는 1천만 원 이하의 벌금)이 적용된다(동법 91조).

② 안전보호시설의 유지

사업장의 안전보호시설에 대하여 정상적인 유지·운영을 정지·폐지 또는 방해하는 행위는 쟁의행위로서 이를 행할 수 없다(노조법 42조 2항). 이를 위반한 경우 벌칙이 적용된다(동법 91조).

또한 작업시설의 손상이나 원료·제품의 변질 또는 부패를 방지하기 위한 작업은 쟁의행위 기간 중에도 정상적으로 수행되어야 한다(동법 38조 2항). 이를 위반한 경우 벌칙이 적용된다(동법 91조).

안전보호시설을 대상으로 하는 쟁의행위가 행해지는 경우, 행정관청은 노동위원회의 의결을 얻어 그 행위를 중지할 것을 통보하여야 하고, 또는 사태가 급박하여 의결을 얻을 시간적 여유가 없을 때에는 즉시 당해 쟁의행위의 중지를 명할 수 있다(동법 42조 3, 4항).

다만, 쟁의행위가 전체적으로 안전보호시설을 대상으로 한 부분에 한하여 상

실된다고 보아야 하며 전체로서의 쟁의행위는 정당성을 상실하지 않는다고 해석하는 것이 타당하다.[25)]

(2) 쟁의조정상의 제한

① 노동쟁의 사전 통보 및 신고

노동조합은 쟁의행위를 하고자 할 경우에는 고용노동부령으로 정하는 바에 따라 행정관청과 관할노동위원회에 쟁의행위의 일시·장소·참가인원 및 그 방법을 미리 서면으로 신고하여야 한다(노조법 시행령 17조).

이는 행정관청으로 하여금 쟁의행위가 공공에 미치는 영향을 파악하고 이에 적절하게 대처할 수 있도록 하기 위한 정책적 배려에서 이와 같은 절차를 두고 있다고 볼 수 있다.

② 조정전치주의

노동관계 당사자는 노동쟁의가 발생한 때에는 어느 일방이 이를 상대방에게 서면으로 통보하여야 하며(노조법 45조 1항), 이를 위반한 경우 벌칙이 적용된다(동법 91조).

쟁의행위는 조정절차를 거치지 아니하면 할 수 없으나, 조정기간 내에 조정이 종료되지 않거나 중재기간 내에 중재재정이 이루어지지 아니한 경우에는 그러하지 아니하다(동법 45조 2항).

③ 중재·긴급조정시의 쟁의행위 금지

노동쟁의가 중재에 회부된 때에는 그 날로부터 15일간은 쟁의행위를 할 수 없

---

25) 김유성, 노동법(II), p.259.

고(노조법 63조), 이를 위반한 경우 벌칙이 적용된다(동법 91조).

긴급조정 결정이 공포된 때에는 즉시 쟁의행위를 중지하여야 하며, 공표일로부터 30일이 경과하지 아니하면 쟁의행위를 재개할 수 없다(동법 77조).

④ 직장폐쇄의 제한

사용자는 노동조합이 쟁의행위를 개시한 이후에만 직장폐쇄를 할 수 있으며(노조법 46조 1항), 이를 위반한 경우 벌칙이 적용된다(동법 91조). 이 경우 행정관청과 노동위원회에 각각 신고하여야 한다(동법 46조 2항).

(3) 쟁의행위의 제한

① 조합원의 직접·비밀·무기명 투표

노동조합이 쟁의행위를 하기 위해서는 그 조합원의 직접·비밀·무기명투표에 의한 조합원 과반수의 찬성으로 이를 결정하여야 한다(노조법 제41조 1항).* 이를 위반한 경우 벌칙이 적용된다(동법 91조).

조합원의 직접·비밀·무기명투표이므로 대의원회나 거수 등의 방법에 의한 것은 원칙적으로 허용되지 않으며, 조합원 과반수란 이에 대한 특별한 규정이 없으므로 재적조합원의 과반수로 해석하는 것이 타당할 것이다.

찬반투표의 단위에 대해서는 명문의 규정은 없지만, 쟁의행위를 주도하는 노동조합에 소속된 전체 조합원이 그 대상이 된다. 다만, 산업별 단위노조 등 초기업적 노동조합이 특정 지부·지회에서 쟁의행위를 하려는 경우에는 그 단위가 해당 지부·분회가 되므로[26] 이들 조합원들의 찬성을 얻어야 된다.

*** 찬반투표를 거치지 않은 쟁의행위**

노동조합법은 노동조합이 쟁의행위를 하기 위해서는 조합원에 의한 직접·비밀·무기명 투

26) 대판 2004. 9. 24, 2004도4641.

표에 의한 과반수의 찬성을 의무화하고 있으며(노조법 41조 1항), 이와 비슷한 내용을 노동조합규약에 정하고 있는 경우가 많다. 그럼에도 불구하고 노동조합이 이러한 절차를 무시하고 파업에 돌입한 경우, 이는 노동조합법 및 노동조합규약상의 쟁의행위 개시절차에 반하여 개시된 쟁의행위의 정당성 여부가 문제로 된다. 이에 대해서는 학설·판례상 쟁의행위 개시에 있어 중대한 절차위반으로서 정당성을 잃는다는 견해와[27] 단순히 노동조합내부의 의사형성상의 하자에 지나지 않으며 쟁의행위의 대외적 책임으로서의 정당성 문제에는 영향을 주지 않는다는 견해가 대립하고 있다.

생각건대, 노동조합법상의 규정은 쟁의행위의 결정을 신중하게 하라는 일종의 정책적 배려에서 둔 단속규정으로 본다면 이를 위반하였다고 하여 바로 파업의 정당성을 부인하는 것은 무리한 해석이 될지 모르지만, 노동조합규약에 위반한 것은 적어도 직접적인 이해당사자인 조합원들에 대한 의사형성과정을 무시한 것이므로, 이에 대해서는 정당성을 인정하기가 곤란하다고 생각한다.

② 사용자의 채용제한

사용자는 쟁의행위기간 중 그 쟁의행위로 중단된 업무의 수행을 위하여 당해 사업과 관계없는 자를 채용 또는 대체할 수 없다(노조법 제43조 1항). 이를 위반한 경우 벌칙이 적용된다(동법 91조).

이는 쟁의행위로 인하여 중단된 업무를 이해관계가 없는 다른 근로자들이 대체될 경우, 쟁의행위의 효과가 줄어들고 경우에 따라서는 노사 간의 충돌이 발생할 우려가 있기 때문에 이를 방지하기 위하여 둔 규정으로 선진국에서는 이와 비슷한 입법례를 찾기가 어렵다.[28]

하지만 사용자는 아무리 쟁의기간이라 하더라도 조업의 자유가 있기 때문에 당해 사업과 관련이 있는 자(조합원들과 함께 일을 해 온 비조합원, 사외근로자 등)에 의한 대체근로는 무방하다.

---

27) 대판(전합) 2001. 10. 25, 99도4837.

28) 외국의 대체근로에 관해서는 이정·김영문·조용만, 「선진국의 대체근로에 관한 연구」, 한국경총(2004) 참조.

③ 근로자 파견 및 하도급 금지

파견사업주는 쟁의행위 중인 사업장에 그 쟁의행위로 중단된 업무의 수행을 위하여 근로자를 파견할 수 없다(파견법 16조 1항). 이 역시 대체근로로 인하여 쟁의행위의 실효성을 높이기 위하여 둔 규정으로, 이를 위반할 시에는 형벌이 부관된다(동법 44조).

같은 이유로 사용자가 쟁의행위기간 중에 그 쟁의행위로 중단된 업무를 도급 또는 하도급 주는 것도 금지하고 있으며(노조법 제43조 2항), 이를 위반한 경우에도 벌칙이 적용된다(동법 91조).

VI. 쟁의행위와 근로관계

1. 총설

위에서 서술한 것처럼 '쟁의행위'란 파업·태업·직장폐쇄 등 근로관계 당사자가 자신의 주장을 관철할 목적으로 행하는 행위와 그에 대항하는 행위로서 업무의 정상적 운영을 저해하는 행위를 말한다.

이러한 쟁의행위가 정당성을 가지면 근로계약상의 채무불이행 책임을 비롯한 민사책임과 형사책임 등이 면제되는 바, 이는 헌법상 노동3권 보장의 취지에 기인하는 것이다.

한편, 집단적 노사관계 영역의 쟁의행위가 개별근로관계 영역에 미치는 영향, 즉 쟁의행위 시 근로관계의 존속여부에 대한 문제를 비롯하여 쟁의행위와 임금, 쟁의행위기간의 근로일수 산정, 쟁의행위 종료 후의 근로계약 관계 등이 문제로 된다.

2. 쟁의행위와 근로관계의 존속여부

(1) 학설

① 근로계약파기설

'근로계약파기설'은 쟁의행위가 근로자의 권리행사로 승인되기 이전의 학설로서 이는 근로자가 쟁의행위를 하기 이전에 미리 근로계약을 해지해야 하며, 근로계약의 해지 없이 쟁의행위를 하는 경우에는 그 정당성 여부를 불문하고 근로계약 위반 책임이 발생한다고 본다.

② 근로계약정지설

'근로계약정지설'은 통설 및 판례의 견해로서 쟁의행위 돌입 시에는 별도의 근로계약 해지가 불필요하며, 쟁의행위 기간 중에는 근로계약에 기한 주된 권리·의무가 정지하고, 쟁의행위 종료 시에 다시 그대로 회복된다고 본다.

(2) 현행법 규정

현행 노동조합법은 근로계약정지설에 기초를 두고, 쟁의행위 기간 중 대체근로 및 도급의 금지, 정당한 단체행동의 참가를 이유로 한 불이익취급 금지, 쟁의행위 기간 중의 임금지급을 목적으로 하는 쟁의행위의 금지 등을 규정한다.

3. 쟁의행위와 임금

(1) 임금공제학설

① 문제의 소재

구법 하에서 노사당사자간에 단체협약, 취업규칙 등에 쟁의행위 기간 중의 임금지급 여부에 관한 약정이 없이 쟁의행위에 돌입하였을 경우에 그 기간에 대한 임금의 지급여부가 논란되어 왔다.

② 학설

가. 임금일부공제설

종래 판례의 견해로서 임금은 구체적 근로에 대한 교환적 부분과 종업원 지위에 대한 생활보장적 부분으로 구성되며, 쟁의행위 기간 중 공제되는 부분은 교환적 부분에 한한다고 본다.

나. 의사해석설

쟁의행위로 인한 노무제공 중단과 결근 등으로 인한 노무제공 중단을 특별히 달리 볼 필요가 없다는 전제 하에 단체협약·취업규칙 등에서 결근 시에 임금의 공제여부에 대한 규정을 그대로 쟁의행위 시에 유추 적용할 수 있다고 본다.

다. 임금전부공제설

최근 판례의 견해[29]로서 임금에는 구체적 근로의 대상이 아닌 임금이 있을 수 없으며, 결근과 쟁의행위는 그 성질·형태 등에서 구별되기 때문에 쟁의행위 시에는 임금전액의 공제가 가능하다고 본다.

③ 검토

근로계약의 쌍무계약적 성질에 비추어 근로제공의무와 임금지급의무는 대가

29) 현실의 근로를 제공하지 아니하고, 단순히 근로자의 지위에 기하여 지급되는 생활보장적 임금은 있을 수 없고 임금을 교환적 부분과 생활적 부분으로 2분하는 임금이원론은 그 근거가 타당하지 아니하다(대판 1995. 12. 21, 94마2671).

적 관계에 있고, 쟁의행위는 기본적으로 노사양측의 경제적 감내 능력을 전제로 하므로 투쟁평등의 원칙이 견지되어야 한다는 점 등에서 원칙적으로 임금전부 공제설이 타당할 것으로 본다.

(2) 파업참가자의 임금

① 무노동·무임금의 원칙

가. 노동조합법의 규정

> **노조법 제44조(쟁의행위기간 중의 임금지급 요구의 금지)**
>
> ① 사용자는 쟁의행위에 참가하여 근로를 제공하지 아니한 근로자에 대하여는 그 기간 중의 임금을 지급할 의무가 없다.
> ② 노동조합은 쟁의행위기간에 대한 임금의 지급을 요구하여 이를 관철할 목적으로 쟁의행위를 하여서는 아니 된다.

노동조합법은 사용자는 쟁의행위 시에 참가하여 근로를 제공하지 아니한 근로자에 대하여는 그 기간에 대하여 임금을 지급할 의무가 없다고 하여 '무노동·무임금 원칙'을 선언하고 있다.

나. 인적 적용범위

여기에서 '근로를 제공하지 않는 자'란 근로계약상 근로제공의무를 부담하는 자를 전제로 하므로, 근로제공의무를 면하고 있는 휴직자·노조전임자 등은 이에 해당하지 않는다.

다. 물적 적용범위

여기에서 '임금'이란 근로의 대상으로 지급하는 일체의 금품을 의미하므로, 복리후생·실비 변상적 급여·재해보상금 등은 제외된다.

② 예외(임의적 지급 허용)

다만, 사용자에게 지급할 의무가 없다는 것은 임의적 지급까지 금지하는 것은 아니므로, 사용자가 단체협약·취업규칙 등에 의해 지급하더라도 이는 벌칙이나 부당노동행위에 해당하지 않는다.

③ 쟁의기간 중 임금지급목적의 쟁의행위 금지

노동조합은 쟁의행위 기간 중의 임금지급문제를 단체교섭의 대상으로 삼을 수는 있으나, 이의 관철을 목적으로 쟁의행위를 행할 수 없으며, 이 경우의 쟁의행위는 그 목적상 정당성을 상실한다.

(3) 파업불참자의 임금

① 취업 가능한 경우

쟁의행위에 참가하지 않은 근로자의 주된 권리·의무는 존속하므로 근로희망자에게는 원칙적으로 취업청구권이 존재하며, 취업이 가능함에도 불구하고 사용자가 노무수령을 거부한 경우는 수령지체가 되어 임금지급 의무를 부담한다.

② 취업이 불가능한 경우

근로희망자들의 취업이 불가능한 경우는 이견은 있으나 투쟁평등의 원칙상 사용자에게는 휴업수당 또는 임금지급 의무가 없다고 볼 것이다.

(4) 노무의 불완전제공과 임금

태업이나 리본·완장의 착용 등과 같은 불완전노무제공에 있어서 그 불완전제공의 부분이 객관적으로 확정 가능한 경우에는 그 비율에 의한 임금의 공제가 가능할 것이다.

다만, 현실적으로 그 비율의 산정이 곤란하다는 점에서 일반적으로 불완전 노무제공에 대한 임금의 공제는 어렵다고 본다.

4. 쟁의행위와 기타 근로관계

(1) 개요

쟁의행위 기간 중에도 노사 간 부수적 의무인 성실의무·배려의무 등은 여전히 존속하고, 쟁의행위 종료 후의 재취업을 전재로 한다는 점 등에서 노무제공 및 임금지급을 제외한 기타의 근로관계는 유지된다.

(2) 보안작업의 수행

쟁의행위 기간 중에도 안전보호 시설의 유지·운영을 정폐할 수 없으며, 작업시설의 손상이나 원료·제품의 부패·변질을 방지하기 위한 작업은 정상 수행되어야 한다.

(3) 시설물 이용권

쟁의행위 기간 중에도 근로자는 기숙사·식당 등의 사내 시설물을 이용할 수 있으며, 사용자는 노조활동에 이용되는 시설물에 대하여도 정당한 사유가 없는 한 이를 승인할 의무가 있다고 본다.

(4) 근로일수의 산정

① 근속기간 산입문제

퇴직금·상여금 등의 산정을 위한 근속기간의 산정 시 쟁의행위 기간을 이에 포함시킬 수 있을 것인가에 관해 이견은 있으나 쟁의행위 기간 중에도 근로관계가 존속한다는 점 등에서 산입함이 타당하다고 본다.

② 출근율 산정문제

쟁의행위 기간을 휴가청구권의 취득을 위한 출근율의 산정 시에 근로일에 산입할 것인가에 대하여도 견해가 대립하나, 휴가제도의 취지상 쟁의행위 기간은 처음부터 출근대상 일수에서 제외하고 출근율을 산정함이 타당할 것이다.

③ 평균임금 산정문제

근로기준법은 시행령 제2조는 쟁의행위 기간과 그 기간 중에 지불된 임금은 평균임금의 산정기준이 되는 기간과 임금의 총액에서 각각 공제한다고 규정한다.

5. 쟁의행위 종료 후의 근로관계

쟁의행위가 종료되면 쟁의행위 시에 일시 정지되었던 근로계약상의 주된 권리·의무가 완전히 회복하므로, 사용자는 근로자를 다시 취업시키고 임금을 지급해야 한다.

그러나 파업으로 인한 경영상·경제상의 손실·타격으로 인하여 사용자가 파업참가근로자들의 일부를 즉시 재취업시키지 못하는 경우에는 근로계약 위반의 책임을 지지 아니한다.

한편 이는 근로기준법 제46조의 휴업에 해당하므로 사용자의 귀책사유의 유

무 문제로 파악하는 견해도 있다.[30]

Ⅶ. 쟁의행위와 제3자

1. 총설

쟁의행위는 쟁의행위의 당사자인 근로자와 사용자 이외의 사용자와 계약관계에 있는 상대방과 일반대중 등 제3자에 대하여도 손해를 발생시킬 수 있는 바, 이 경우에 책임의 인정여부·책임의 귀속 등이 문제로 된다.

2. 정당한 쟁의행위와 제3자 손해

(1) 노동조합 및 근로자 책임

정당한 쟁의행위 시에 노동조합 및 근로자는 사용자에 대하여 민사면책을 부여받는 것과 마찬가지로 제3자에 대하여도 민사면책을 받는다.

즉, 제3자는 단체행동권의 헌법적 권리로서의 보장, 집단적 노사자치의 보장 등에 의한 결과를 수인할 의무를 부담하므로 노동조합 및 조합원에 대하여 불법행위책임을 물을 수 없게 된다.

(2) 사용자의 책임

쟁의행위의 결과 사용자와 현실적 거래관계에 있는 다른 기업이나 잠재적 거

30) 이상윤, 노동법, p.773

래관계에 있는 소비자가 조업중단으로 인해 손해의 배상을 사용자에 대해서 청구할 수 있는지 여부가 문제로 된다.[31]

①채무불이행책임

학설은 사용자의 거래상대방에 대한 채무불이행책임의 인정여부에 관하여 통합설과 분리설이 대립하고 있으며, 통합설은 집단적인 노동법관계와 계약법관계의 법적 판단을 통합하는 것이고, 분리설은 이를 분리하여 판단하는 것이다.[32]

생각하건대, 사용자는 헌법상 보장된 협약자치의 일방 당사자로서 근로조건의 결정과 관련한 정당한 행위를 할 수 있다고 보아야 하므로 사용자의 거래상대방에 대한 책임을 부인하는 통합설이 타당하다고 생각된다.

다만, 통합설을 취하더라도 사용자가 거래상대방과 공급물 위험부담계약을 체결하거나 또는 종류물 공급의무를 부담하는 경우에는 사용자에게 채무불이행책임이 인정될 수 있다.

② 불법행위책임

사용자는 영업의 자유를 가지므로 영업의 감축·휴지 등과 관련하여 제3자의 이익을 고려할 의무는 부담하지 아니한다.

따라서 정당한 쟁의행위 시 사용자는 일반 제3자에게 불법행위책임을 지지 않는다.[33]

---

31) 김유성, 노동법(II), p.284.
32) 김형배, 노동법, p.884~886.
33) 김형배, 노동법, p.889 참조.

3. 정당성 없는 쟁의행위와 제3자 손해

(1) 노동조합 및 조합원 책임

정당성을 상실한 쟁의행위 시 노동조합 및 조합원은 사용자에 대해서만 민사책임을 부담하고, 제3자에 대하여는 불법행위책임을 부담하지 않음이 원칙이다.

다만, 당해 쟁의행위가 직접 제3자에 대한 가해 목적으로 행해진 경우 또는 제3자에 대한 보호법규인 노동조합법상의 제한·금지법규(예를 들면, 안전보호시설의 정폐행위 등)를 위반하여 제3자에게 손해를 끼친 경우에는 제3자에 대한 불법행위책임을 부담한다.

(2) 사용자의 책임

① 위법한 파업

비노조파업 등의 위법한 파업에 의해 제3자에게 손해가 발생한 경우에 사용자는 그에 대한 간섭의 가능성이 없다는 근거에서 제3자에 대한 책임이 없다.

다만, 사용자가 그 위법한 쟁의행위의 원인을 제공했거나 사전조치 혹은 사후조치의 미비로 손해가 발생한 경우 등에는 사용자는 제3자에 대해 책임을 부담한다.

② 위법한 직장폐쇄

사용자의 위법한 직장폐쇄로 거래상대방인 제3자에게 손해를 끼친 경우에는 손해배상책임을 부담한다.

4. 공익사업

노동조합법은 공공의 이익과 국민경제에 중대한 영향이 있는 몇몇의 사업을 공익사업으로 규정하고 단체교섭 및 쟁의행위에 있어서 특별한 규제를 가하고 있다. 이러한 규제는 일반대중의 이익을 보호하기 위한 것이고, 특정개인의 구체적 이익을 보호하기 위한 것이 아니라는 점에서 공익사업도 일반사업에 대한 판단기준과 동일하게 보아야 한다.

다만, 공익사업에 관한 제한·금지법규가 개인에게 법적으로 보호가치 있는 이익을 보호하기 위한 규정인 경우에는 불법행위가 성립할 수 있을 것이다.

노동법의 세계

CASE STUDY

☑ Case1

J사에는 수년전에 결성된 온건파 노동조합과는 별도로, 올해 들면서 전국적 조직의 강경파 노동조합의 지부가 결성되려는 움직임이 무르익어가고 있다. 이런 상황에서 다음과 같은 행위는 법적으로 아무런 문제가 없는가?

① 사장이 시무식에서 현재의 불경기를 극복하기 위해서는 노조활동보다 생산성향상에 매진해야 할 것을 당부하는 행위
② 인사부장이 새로이 노동조합을 조직하려는 핵심근로자들과의 회식자리에서 노조결성 포기를 집요하게 종용하는 행위
③ 회사가 온건파 노동조합의 각종 자체행사에 격려금을 전달하는 행위

Check Point : 부당노동행위의 종류(노조법 제81조)
*대판 1998. 5. 22, 97누8076

☑ Case2

M출판사(종업원 100명)의 자회자로서 동 회사의 출판업무의 일부를 도급받고 있는 C사(종업원 10명)에서는 근로조건에 대한 불만계기로 C노동조합이 결성되었다. C노동조합은 조합원에 대한 근로조건의 개선과 관련하여 M사에 단체교섭을 요구했다. M사는 이에 응해야 되는가? 또한 M사의 지시로 자회사인 C사가 C노조위원장을 해고한 경우, 이에 대해 노동조합은 어떠한 구제신청을 할 수 있는가? 또한 M사가 C사를 해산한 경우에는 어떻게 될까?

Check Point : 부당노동행위에 있어 사용자개념의 확대
*대판 2008. 7. 10, 2005다75088; 대판 2010. 3. 25, 2007두8881.
*이정(편역),「고용사회와 노동법」p.356《Case》참조
*「노동판례백선」p.370《Case93》

☑ Case3

부당노동행위에 대한 행정구제 및 사법구제의 차이는 무엇인가?

Check Point : 노동위원회 및 법원에 의한 분쟁해결 및 구제명령의 차이

제4장 부당노동행위

I. 총 설

1. 법규정 및 의의

> **노조법 제44조(쟁의행위기간 중의 임금지급 요구의 금지)**
>
> 사용자는 다음 각 호의 어느 하나에 해당하는 행위(이하 "부당노동행위"라 한다)를 할 수 없다.
>
> 1. 근로자가 노동조합에 가입 또는 가입하려고 하였거나 노동조합을 조직하려고 하였거나 기타 노동조합의 업무를 위한 정당한 행위를 한 것을 이유로 그 근로자를 해고하거나 그 근로자에게 불이익을 주는 행위
> 2. 근로자가 어느 노동조합에 가입하지 아니할 것 또는 탈퇴할 것을 고용조건으로 하거나 특정한 노동조합의 조합원이 될 것을 고용조건으로 하는 행위. 다만, 노동조합이 당해 사업장에 종사하는 근로자의 3분의 2 이상을 대표하고 있을 때에는 근로자가 그 노동조합의 조합원이 될 것을 고용조건으로 하는 단체협약의 체결은 예외로 하며, 이 경우 사용자는 근로자가 그 노동조합에서 제명된 것 또는 그 노동조합을 탈퇴하여 새로 노동조합을 조직하거나 다른 노동조합에 가입한 것을 이유로 근로자에게 신분상 불이익한 행위를 할 수 없다. <개정 2006.12.30 ; 시행일 2010.1.1>
> 3. 노동조합의 대표자 또는 노동조합으로부터 위임을 받은 자와의 단체협약체결 기타의 단체교섭을 정당한 이유 없이 거부하거나 해태하는 행위
> 4. 근로자가 노동조합을 조직 또는 운영하는 것을 지배하거나 이에 개입하는 행위와 노동조합의 전임자에게 급여를 지원하거나 노동조합의 운영비를 원조하는 행위. 다만, 근로자가 근로시간 중에 제24조 4항에 따른 활동을 하는 것을 사용자가 허용함은 무방하며, 또한 근로자의 후생자금 또는 경제상의 불행 기타 재액의 방지와 구제 등을 위한 기금의 기부와 최소한의 규모의 노동조합사무소의 제공은 예외로 한다.

5. 근로자가 정당한 단체행위에 참가한 것을 이유로 하거나 또는 노동위원회에 대하여 사용자가 이 조의 규정에 위반한 것을 신고하거나 그에 관한 증언을 하거나 기타 행정관청에 증거를 제출한 것을 이유로 그 근로자를 해고하거나 그 근로자에게 불이익을 주는 행위

근로자의 단결권·단체교섭권·단체행동권 등 노동3권은 국가나 일반 사인에 의해서도 침해될 수 있지만, 현실적으로 가장 문제가 되는 것은 역시 사용자에 의한 침해이다.

이러한 점을 감안하여 노동조합법은 근로자 또는 노동조합의 노동3권 실현활동에 대한 사용자의 침해 내지 간섭행위를 금지하고 있는데, 이렇게 금지되는 사용자의 제반행위를 부당노동행위라고 한다(노조법 81조). 즉, 부당노동행위제도는 노동3권 실현행위에 대한 사용자의 침해·간섭 행위에 대한 구제제도로서, 이는 헌법상 보장된 노동3권을 구체적으로 확보하기 위한 제도이다.[1]

노동조합법은 나아가 부당노동행위로 인하여 피해를 입은 근로자 또는 노동조합이 노동위원회를 통하여 구제를 받을 수 있는 절차 즉 부당노동행위의 구제절차(노조법 82조~86조)와 그러한 행위를 한 사용자에 대한 벌칙을 함께 규정하고 있다.

---

1) 부당노동행위제도를 처음으로 도입한 나라는 미국으로, 미국은 1935년의 「와그너(Wagner)법」에서 사용자의 사용자이 일정한 행위를 부당노동행위로 금지하고 있었으나, 1947년의 「테프트·하트레이(Taft-Hartle)법」은 이러한 사용자의 부당노동행위에 근로자 및 노동조합의 일정한 행위에 대해서도 부당노동행위로 금지하게에 이르렀다. 우리나라는 현행 부당노동행위제도는 미국으로부터 직접 도입한 것이라기보다는 미국의 제도를 도입한 일본 노동조합법상의 부당노동해위제도 수용한 것이라고 볼 수 있다. 그 결과 우리나라에서는 미국에서와 같이 근로자나 노동조합의 부당노동해위는 규정하지 않고 일본과 같이 오로지 사용자의 부당노동행위만을 금지하고 있다.

2. 부당노동행위제도의 특성

(1) 주체의 특성

부당노동행위제도의 주체는 사용자에 한하며,[2] 이는 부당노동행위 금지의 수규자로서의 사용자인 사업주, 경영담당자 및 사업주를 위해 행동하는 자와 구제명령 수규자로서의 사용자인 사업주로 구분된다.

(2) 구제절차상의 특성

① 신청주의

부당노동행위의 행정적 구제절차는 당사자의 신청에 의해 개시되며, 심사의 대상도 당사자의 신청사실에 한정된다.

② 원상회복 및 처벌주의

행정적 구제절차 시 노동위원회의 구제명령을 통해 침해된 권익의 원상회복을 도모함과 동시에 피해자의 의사와 관계없는 처벌주의를 적용함으로써 부당노동행위를 사전에 예방하고자 한다.

③ 행정구제의 원칙

부당노동행위 시 행정적 구제와 사법적 구제를 각 별도로 신청할 수 있으며, 신속성·간이성·전문성 차원에서 행정적 구제를 원칙으로 한다.

2) 이 점에서 노사 양측이 부당노동행위의 주체가 될 수 있는 미국과는 다르다.

II. 부당노동행위의 종류

1. 불이익취급

(1) 불이익취급의 의의

노동조합법 제81조 1호와 5호는 사용자는 "근로자가 노동조합에 가입하려고 하였거나 노동조합을 조직하려고 하였거나 기타 노동조합의 업무를 위한 정당한 행위를 한 것을 이유로 그 근로자를 해고하거나 그 근로자에게 불이익을 주는 행위" 및 "근로자가 정당한 단체행위에 참가한 것을 이유로 하거나 또는 노동위원회에 대하여 사용자가 이 조의 규정에 위반한 것을 신고하거나 그에 관한 증언을 하거나 기타 행정관청에 증거를 제출한 것을 이유로 그 근로자를 해고하거나 그 근로자에게 불이익을 주는 행위"를 금지하고 있다.

즉, 불이익취급이라 함은 사용자가 근로자의 정당한 노조활동 등을 이유로 당해 근로자에게 해고 및 기타 불이익한 처분을 행함으로써 근로자와 노동조합의 노동3권 실현행위를 위축시키는 부당노동행위를 말한다.

(2) 불이익취급의 이유

노동조합법상 불이익취급의 이유로는 i) 근로자의 노동조합의 가입·조직, ii) 조합업무를 위한 정당한 행위, iii) 정당한 단체행위의 참가, iv) 노동위원회에의 신고 등이 있다.

① 노동조합의 가입·조직

근로자가 노동조합에 가입 또는 가입하려고 하는 것은 기존의 노동조합의 조합원으로 되는 것을 의미하고, 노동조합의 조직은 노동조합의 결성을 위한 준비행위까지 포함하는 개념이므로 여기에서의 노동조합은 자주성과 민주성을 구비한 노조를 의미한다.

② 노조업무를 위한 정당한 행위

'노동조합의 업무를 위한 정당한 행위'에 해당하는가의 여부는 근로자의 행위가 노조활동에 해당하는가(노조활동성)의 문제와 그것이 정당한가(정당성)의 문제로 구별하여 검토할 수 있다.

먼저 '노조활동성'이라 함은 노동조합의 업무를 위한 행위는 단체교섭·쟁의행위를 비롯하여 조합의 목적달성을 위해 필요한 모든 행위를 의미하며, 조합의 정치활동과 단결을 강화하기 위한 조합원의 자발적 활동까지 포함한다.

그리고 노조활동의 정당성의 판단은 민·형사 면책을 위한 쟁의행위의 정당성과는 달리 근로자의 행위와 사용자의 불이익처분간의 형평성을 노동3권 보장의 취지에 비추어 구체적으로 판단해야 한다.[3]

③ 정당한 단체행위의 참가

'정당한 단체행위'라 함은 쟁의행위 및 노동조합의 단체적 행동을 포함하는 개념으로 이는 노동조합의 비일상적인 목적달성 행위로 볼 수 있다.

④ 노동위원회에 신고 등

근로자가 사용자의 부당노동행위를 노동위원회에 신고·증언 또는 증거를 제출하는 행위 등은 광의의 정당한 노조활동에 포함한다.

---

3) 이에 대한 자세한 내용은 김유성, 노동법(II), p.327 참조.

(3) 불이익취급의 유형

사용자의 불이익취급은 해고·기타의 불이익한 처분을 주는 현실적 행위를 의미하므로 단순한 불이익취급의 의사표시는 불이익취급이 아닌 지배개입에 의한 부당노동행위로 된다.

불이익을 주는 행위에는 당해 근로자에게 직접 불이익을 주는 적극적인 경우뿐만 아니라, 다른 근로자에게는 부여하는 이익을 주지 않는 소극적인 경우도 포함하며, 법률행위뿐만 아니라 사실행위로도 가능하고 또한 작위나 부작위를 불문한다.

그리고 사용자의 불이익처분에는 근로관계의 지위에 관한 불이익이나 경제적인 대우에 관한 불이익뿐만 아니라, 정신상의 불이익이나 생활상의 불이익 또는 노조활동상의 불이익 등도 포함된다.[4]

① 해고

해고는 가장 강하고 전형적인 불이익취급 유형으로서 이는 그 의미를 넓게 해석해야 하며, 사용자의 강요에 의한 의원사직이나 합의해지 영업양도 시 일부 조합원의 인수를 거부하는 경우 등도 포함한다.

② 기타 불이익처분

사용자의 불이익취급 유형에는 해고를 비롯한 기타 경제·정신·생활·노조활동상의 불이익처분 등이 있으며, 불이익처분 여부의 판단에 있어서 사용자의 행위 자체는 불이익 하지 않더라도 노동3권의 실현 활동에 불이익한 경우도 이에 포함한다.

4) 김유성, 노동법(II), p.330

(4) 인과관계

부당노동행위로서 불이익취급이 성립하기 위해서는 사용자의 불이익처분이 근로자의 노조활동을 '이유로'한 경우에 성립한다. 즉 노조활동과 불이익처분 사이에 인과관계가 있어야 하며, 이에 관하여 '주관적 인과관계설'과 '객관적 인과관계설'의 대립하고 있다.

① 주관적 인과관계설

이 견해에 의하면, 사용자의 불이익취급에는 반(反)조합적 의도 내지 동기와 같은 '부당노동행위의 의사'가 필요하다고 한다.[5]

다시 말하면, 이 견해는 예를 들어 사용자가 근로자의 정당한 쟁의행위를 부당한 쟁의행위로 오인하여 이에 참가한 조합원을 해고한 경우에는 사용자는 부당노동행위의 의사가 있는 것이 아니므로 부당노동행위가 성립되지 아니한다고 한다.

② 객관적 인과관계설

이 견해에 의하면, 사용자의 불이익취급에는 근로자의 정당한 노조활동과 불이익취급 사이에 원인·결과의 관계가 있다는 사실만 인식하면 충분하며, 사용자의 반(反)조합적 의도 내지 동기와 같은 부당노동행위의사는 필요하지 아니하다고 한다.[6]

다시 말하면, 이 견해는 예를 들어 사용자가 근로자의 정당한 쟁의행위를 부당한 쟁의행위로 오인하고 이에 참가한 조합원을 해고한 경우에는 사용자는 이러한 착오에 상관없이 부당노동행위가 성립된다고 한다.[7]

---

5) 김치선, 단결권, p.163; 박상필, 한국노동법, p.492.
6) 김형배, 노동법, p.937; 김유성, 노동법(II), p.333.
7) 이상윤, 노동법, p.847~848

③ 검토

생각하건대, 부당노동행위제도의 취지는 노동3권에 대한 사용자의 침해행위를 제거하려는데 있기 때문에, 부당노동행위가 성립하기 위해서는 사용자의 반(反)조합적인 의사, 즉 사용자의 부당노동행위에 대한 의사가 필요하다. 다만, 이러한 의사는 고의·과실의 차원이 아니고 객관적·외형적 사실로부터 추정되는 의사만으로 충분하다고 생각한다.

위의 부당노동행위의 성립에 관하여 부당노동행위의 의사, 불이익처분, 지배개입행위의 존재 등에 대한 1차적인 입증책임은 근로자·노동조합에 있다.[8]

(5) 인과관계의 경합

"인과관계의 경합"이라 함은 사용자가 불이익처분을 할 만한 정당한 사유가 존재하면서도 다른 한편으로는 그 처분에 부당노동행위 의사를 추정할 만한 사유가 동시에 존재하는 경우를 말한다.

이와 같이 정당한 이유와 부당노동행위의 사유가 경합할 경우에 부당노동행위성립부정설·부당노동행위성립긍정설·결정적 사유설[9] 등의 이견은 있으나, 상당인과관계설[10]을 취하여 정당한 노조활동이 없었으면 불이익처분은 없었을 것이 인정되면 부당노동행위의 성립을 인정함이 타당하다고 생각된다.

2. 황견계약(비열계약)

---

8) 대판 1992. 8. 14, 91다29811.

9) '결정적 사유설'이란 사용자가 주장하는 처분사유와 정당한 노조활동 중에서 어느 것이 당해 처분의 결정적 또는 실질적인 이유가 되었는지에 따라 부당노동행위의 성립 여부를 판단하는 입장이다.

10) '상당인과관계설'이란 정당한 노조활동이 없었더라면 불이익취급은 없었을 것이라는 관계가 인정되면 부당노동행위가 성립된다고 보는 입장이다.

(1) 황견계약

노동조합법 제81조 2호는 "근로자가 어느 노동조합에 가입하지 아니할 것 또는 탈퇴할 것을 고용조건으로 하거나 특정한 노동조합의 조합원이 될 것을 고용조건으로 하는 행위"를 부당노동행위로서 금지하고 있다.

즉 황견계약이라 함은 근로자가 어느 특정 노조에의 가입·가입 금지 또는 탈퇴를 고용조건으로 하는 근로계약을 말하며, 이러한 황견계약은 종업원이 되기 전에 사용자가 근로자의 단결활동 등을 방지하려는 반조합적 행위이므로 이를 금지하고 있다.

(2) 황견(비열)계약의 종류

① 조합불가입을 고용조건으로 하는 경우

여기에서 금지되는 것은 모든 노동조합에의 불가입을 조건으로 하는 경우와 특정 노동조합에의 불가입을 조건으로 하는 경우를 모두 포함한다.

또한 노조불가입을 근로계약체결시의 조건으로 하는 것은 물론 근로계약의 유지·계속의 조건으로 하는 경우도 모두 부당노동행위에 해당한다.

② 조합탈퇴를 고용조건으로 하는 경우

우리나라의 노동조합은 대부분 기업별 노조이어서 고용 전의 미취업자는 조합원이 될 수 없으므로 조합에서의 탈퇴를 고용조건으로 하는 경우는 거의 없을 것이다. 그러나 노조형태는 반드시 기업별 노조에 국한되는 것이 아니므로 산업별 노조, 직급별 노조 또는 지역별 노조의 경우 조합탈퇴를 고용조건으로 하는 것은 부당노동행위에 해당한다.[11]

---

11) 이상윤, 노동법, p.849~850.

또한 부당노동행위제도의 목적이 근로자의 노동3권 실현 활동을 저해하는 사용자의 행위를 배제하는데 있으므로 노조에 가입하더라도 노조활동을 하지 않는다든가 또는 어용조합에의 가입을 고용조건으로 하는 등의 행위도 황견계약에 포함된다고 보아야 한다.

(3) 황견계약과 유니언숍 협정

① 의의 및 취지

황견계약은 원칙적으로 근로자의 노동3권의 행사를 침해하는 행위이므로 금지되지만, 노동조합법 제81조 2호 단서는 "노동조합이 당해 사업장에 종사하는 근로자의 3분의 2이상을 대표하고 있을 때에는 근로자가 그 노동조합의 조합원이 될 것을 고용조건으로 하는 단체협약의 체결은 예외로 하며, 이 경우 사용자는 근로자가 그 노동조합에서 제명된 것 또는 그 노동조합을 탈퇴하여 새로 노동조합을 조직하거나 다른 노동조합에 가입한 것을 이유로 신분상 불이익한 행위를 할 수 없다."고 규정하여 예외적으로 일정한 요건을 갖춘 경우에 한하여 유니언숍 협정을 인정하고 있다.

이와 같은 유니언숍 협정은 노동조합의 단결강화를 위해서 이루어지는 것이므로 이에 대하여 사용자의 부당노동행위를 인정하지 아니하는 것이 오히려 근로자의 단결권을 더욱 보호할 수 있으므로, 특정 조건이 충족되는 경우에는 이를 당연히 부당노동행위로 보지 아니하겠다는 취지의 규정이다.

② 유니언숍의 요건

현행 노동조합법에서는 제한적 유니언숍 협정을 인정하고 있는데, 그 요건으로서 i) 당해 사업에 종사하는 3분의 2이상의 근로자를 노동조합이 대표하고 있어야 하고, ii) 단체협약으로 유니언숍 조항을 체결해야 한다.

③ 유니언숍에 근거한 해고

현행 노동조합법에서는 유니언숍 조항이 체결된 사업장에서 사용자는 근로자가 노동조합으로부터 제명된 것 또는 그 노동조합을 탈퇴하여 새로 노동조합을 조직하거나 다른 노동조합에 가입한 것을 이유로 신분상의 불이익한 행위를 할 수 없다고 규정하고 있다(노조법 81조 2호 단서).

따라서 사용자가 유니언숍 조항에 근거하여 근로자를 해고 할 수 있는 경우는 i) 새로 채용된 근로자가 임의로 일정한 기간 내에 노동조합에 가입하지 않은 경우, ii) 조합원인 근로자가 노동조합을 탈퇴한 경우에만 인정되는 것이 원칙이다.

그러므로 형식적으로 조합에의 불가입이나 조합으로부터의 탈퇴지만, 실제로는 제명과 마찬가지인 경우에도 사용자는 해고할 수 없다고 보아야 한다.[12]

또한 사용자가 유니언숍 조항이 있음에도 불구하고 노조를 탈퇴한 근로자를 해고시키지 않은 경우에는 사용자는 유니언숍 조항이라는 단체협약을 위반한 것이 되기 때문에 단체협약위반책임을 지게 되며, 쟁의행위도 가능하다.

(4) 황견계약의 효력

황견계약은 헌법 제33조 1항과 노동조합법 제81조에 위배되는 것으로 사법상 당연히 무효가 된다.

그러나 이는 황견계약의 약정만이 무효로 되는 것이며, 근로계약 자체까지 무효로 되는 것은 아니다.

12) 김유성, 노동법(II), p.342.

3. 단체교섭거부

(1) 단체교섭거부의 의의

노동조합법 제81조 3호는 "노동조합의 대표자 또는 노동조합으로부터 위임을 받은 자와의 단체협약체결 기타의 단체교섭을 정당한 이유 없이 거부하거나 해태하는 행위"를 부당노동행위로서 금지하고 있다.

이러한 단체교섭거부를 노동조합법에서 부당노동행위로서 금지하는 것은 헌법상 노동3권의 보장은 궁극적으로 단체교섭을 통한 단체협약의 체결로 실현되므로 사용자에게 단체교섭을 실시하고 그 결과를 단체협약으로 체결하도록 함으로써 헌법이 노동3권을 보장하는 목적을 달성하고자 하는 것이다.

(2) 단체교섭거부의 내용

① 단체교섭거부의 당사자

단체교섭거부는 사용자가 노동조합의 대표자 또는 노동조합으로부터 위임을 받은 자와의 단체교섭을 거부할 때 성립한다.

또한 유일교섭단체조항[13]이 있음을 이유로 해서 단체교섭을 거부하는 경우가 문제되는데, 학설은 유일교섭단체조항은 연합단체나 다른 노동조합의 헌법상 보장된 단체교섭권을 침해하는 결과를 초래하기 때문에 일치하여 무효라고 보고 있다.

따라서 유일교섭단체조항을 이유로 연합단체나 다른 노동조합의 단체교섭을

---

13) '유일교섭단체조항'이라 함은 단체협약에서 특정 노동조합을 유일한 교섭단체로 인정하여 연합단체나 다른 노동조합을 교섭담당자에서 배제하는 것을 말한다. 이는 사용자가 강력한 교섭력을 가진 연합단체나 다른 노동조합과의 교섭을 회피하려는 의도 하에서 유일교섭단체조항을 체결하는 경우도 있지만, 노동조합이 사용자와의 교섭에서 다른 노동조합을 배제하려는 의도를 가지고 체결하기도 한다. 이에 대한 자세한 설명한 김유성, 노동법(II), p. 135~136 참조.

거부하는 경우에는 부당노동행위가 된다.

② 단체교섭자체의 거부 또는 해태

단체교섭거부는 노동조합으로부터 단체교섭을 요구받고 교섭에 응하지 않는 교섭자체의 거부는 물론 성실하게 교섭을 하지 않고 해태하는 경우도 부당노동행위가 된다. 이를 사용자의 '성실교섭의무'라고 한다.

③ 단체교섭거부와 성실교섭의무

"성실교섭의무"라 함은 노동조합과 사용자·사용자 단체가 신의에 따라 성실히 교섭하고 단체협약을 체결하여야 하며, 그 권한을 남용해서는 안 될 내용의 의무를 말한다.

구 노동조합법과는 달리 현행 노동조합법 30조는 성실교섭의무를 사용자·사용자 단체뿐만 아니라 노동조합에 대해서도 부담시킴으로써 노사양측이 자율과 책임을 기초로 성실히 교섭에 임할 것을 규정하고 있다.

이러한 성실교섭의무의 내용은 i) 합의 달성의 노력의무, ii) 사용자의 설명의무 및 자료제공의무, iii) 합의 달성 시 협약체결의무 등이 있다.

첫째, 합의 달성의 노력의무란 단체교섭의 당사자는 단체교섭의 과정에서 합의를 달성하기 위한 노력을 수행해야 하는 의무를 말하며 처음부터 단체교섭을 거부하거나, 단순한 의사전달자를 교섭담당자로 세우거나 또는 위법한 내용에 대해 합의를 고집하는 경우 등은 성실교섭의무의 위반 행위로 된다.

둘째, 사용자의 설명의무 및 자료제공의무란 사용자는 단체교섭 과정에서 노동조합 측에 대하여 필요한 설명이나 관련 자료를 제공함으로써 노조를 설득하도록 노력해야 하는 의무를 말한다.

마지막으로, 합의 달성 시 협약체결의무란 교섭의 당사자는 교섭의 결과 합의에 도달하면 이를 단체협약으로 체결할 의무를 말한다. 따라서 합의된 내용에 대한 서면화를 거부하거나 협약안에 대한 서명날인을 거부하는 행위 등을 성실교섭의무의 위반으로 한다.

(2) 단체교섭거부의 정당한 사유

노동조합법 제81조 3호는 '정당한 사유'가 있는 경우에는 사용자가 예외적으로 단체교섭을 거부할 수 있도록 규정하고 있다. 따라서 거부의 '정당한 사유'가 있을 때에는 부당노동행위가 성립하지 않는다. 그 정당한 사유로는 다음과 같은 것이 있다.

① 단체교섭권한이 없는 당사자 또는 담당자의 경우(주체면)

사용자가 교섭권한이 없거나 또는 교섭권한이 없는 자로부터의 위임을 받은 자의 교섭을 거부하는 경우에는 부당노동행위가 성립되지 않는다.

② 교섭단체의 대상 문제에 따른 정당한 거부(내용면)

단체교섭의 대상이 사용자에게 처분권한이 없는 사항이거나 근로조건이나 근로자의 지위향상과 무관한 사항에 대해서는 교섭을 거부할 수 있다. 다만 이른바 경영권 및 인사에 속하는 사항이라도 근로자의 근로조건이나 근로자의 지위개선과 관계가 있는 사항은 단체교섭의 대상이 된다.

또한 노동조합 측의 교섭사항이 과대한 경우에도 이는 단체교섭의 단계에서 조정할 문제이지 당연히 단체교섭의 대상으로서 부당한 것은 아니라고 보아야 한다.

③ 단체교섭의 절차·방법상의 문제에 다른 정당한 거부

교섭의 절차와 방법에 관해서는 단체협약에 정한 바가 있으면 이에 따라야 하고 없으면 노사관행에 따라야 한다.

그러나 단체교섭이 극도로 장시간에 걸쳐서 행해지거나 노동조합 측의 폭력 등의 방법으로 행해지는 경우와 즉석 답변을 요구하는 경우 등은 단체교섭거부의 정당한 사유가 된다.

4. 지배개입 및 경비원조

(1) 지배개입 및 경비원조의 의의

노동조합법 제81조 4호는 "근로자가 노동조합을 조직 또는 운영하는 것을 지배하거나 이에 개입하는 행위와 노동조합의 전임자에게 급여를 지원하거나 노동조합의 운영비를 원조하는 행위"를 부당노동행위로서 금지하고 있다.

여기서 말하는 "지배"라 함은 '사용자가 노동조합의 조직·운영에 관하여 주도권을 가지고 그 의사결정을 좌우하는 것을 말하고, "개입"이라 함은 지배에 이르지는 못하지만, 사용자가 노동조합의 조직·운영에 간섭하여 그 의사결정에 영향력을 미치는 것을 말한다.

이 규정의 취지는 노동조합의 자주성·독립성을 보호하고자 하는 것인 바, 노동조합의 조직·운영에 대한 지배·개입의 일종이라고 할 수 있는 경비원조를 부당노동행위의 한 유형으로서 규정하고 있는 것이다.

다른 부당노동행위가 근로자의 자주적인 노동3권 행사 자체를 직접 방해·침해하고 있는 데 반하여, 지배·개입의 경우는 근로자의 노동3권 행사 자체는 인정하되, 이를 사용자가 원하는 방향으로 움직이게 함으로써 간접적으로 노동3권의 행사를 침해하고 있다.[14]

(2) 지배개입의 성립

① 지배개입의 주체

지배개입의 주체는 사용자는 물론 회사임원·지배인·공장장 및 영업소장 등 상급감독자나 부장·과장 등 상급관리직 직원도 포함한다. 또한 계장·주임 및 반장 등의 하급관리자의 행위는 사용자의 지시 또는 명시적·묵시적 승인 하에 사용자

---

14) 이상윤, 노동법, p.857~858

의 행위로 간주된다고 하며, 기타의 제3자는 사용자와의 명확한 위임이나 수권이 있는 경우에만 사용자로 간주된다고 한다.

② 지배개입의 대상

지배개입의 대상은 원칙적으로 노조의 조직·운영을 말한다. 그런데 지배개입 금지의 목적은 사용자의 노조활동과 관련된 일체의 지배, 방해 기타 개입행위를 배제하려는 것이기 때문에 여기서 말하는 조직 또는 운영은 넓은 의미로 파악된다.

그러므로 '노조의 조직'이라함은 노조의 결성행위뿐만 아니라 준비행위도 포함된다고 보아야 할 것이며, 또한 노조의 운영도 노조의 유지·강화를 위한 일체의 제반 활동을 포함하는 것으로 해석해야 할 것이다.

③ 결과발생의 여부

사용자의 지배개입의 성립요건으로서 사용자의 지배개입행위 이외에도 이러한 지배개입행위로 인한 노동3권 침해의 결과가 발생하여야 하는가의 문제가 생긴다.

그러나 사용자의 지배개입금지의 취지는 사용자의 지배개입행위만으로 부당노동행위의 성립을 인정하고자 하는 것이지 손해배상을 목적으로 하는 것은 아니므로 구체적인 결과발생까지 요구되는 것은 아니라고 본다. 따라서 사용자의 지배개입은 그러한 결과를 발생시킬 우려가 있는 행위를 인식할 수 있는 정도의 의사이면 족하다 할 것이다.

(3) 사용자의 언론의 자유와 지배개입

사용자도 국민의 일환으로서 헌법상 보장되는 언론의 자유를 갖는다. 따라서 사용자는 노사관계에 관한 자신의 의견을 자유로이 표명할 수 있다. 그러나 노사관계의 특성상 사용자의 지나친 언론활동은 근로자의 노동기본권을 침해할 수 있으므로 일정한 제한은 불가피하다고 본다.

따라서 사용자의 위협·보복 및 이익공여 등 노조활동에 대한 직접적인 발언이 노조활동에 영향을 미치는 경우에는 지배개입에 해당된다고 보아야 할 것이며, 노조활동에 지배개입의 판단기준으로는 발언의 시기·장소·발언을 전후한 노사관계 등을 종합적으로 고려하여야 할 것이다.[15]

(4) 경비원조

노동조합법 제81조 4호 본문은 "노동조합의 전임자에게 급여를 지원하거나 노동조합의 운영비를 원조하는 행위"역시 지배개입으로 규정하고 있다. 이와 같이 경비원조를 부당노동행위로 명시하고 있는 것은 노조의 재정상태의 독립을 보장하여 노조의 자주성을 보장하기 위함이라 하겠다.

그러나 동조 4호 후단에서 "근로자가 근로시간 중에 제24조 제4항에 따른 활동을 하는 것을 사용자가 허용함은 무방하며, 또한 근로자의 후생자금 또는 경제상의 불행 기타 재해의 방지와 구제 등을 위한 기금의 기부와 최소한 규모의 노동조합 사무소의 제공은 예외로 한다"고 규정하고 있다.

15) 대판 1998. 5. 22, 97누8076.

III. 부당노동행위의 구제절차

1. 의의 및 특색

(1) 의의

부당노동행위제도의 보호대상은 노동3권 보장에 근거한 유동적·집단적인 활동이며 또한 노동3권의 주체가 근로자 또는 노동조합이기 때문에 그 구제는 간이·신속해야 한다.

이에 사용자의 부당노동행위에 대한 효과적인 구제를 위해 현행법에서는 행정기관인 노동위원회에 의한 구제를 인정하고 있으며, 아울러 법원에 의한 사법구제도 병행하고 있다.

(2) 특색

① 행정구제와 사법구제의 병행

상기한 대로 우리나라의 부당노동행위 구제제도는 행정구제와 사법구제가 병존한다.

따라서 사용자의 부당노동행위로 인한 노동3권이 침해된 근로자 또는 노동조합은 노동위원회의 구제를 거쳐서 사법구제를 받을 수도 있고 노동위원회의 구제 없이 사법구제를 별도로 구할 수 있다.

② 처벌주의와 원상회복주의 병용

노동위원회의 구제는 부당노동행위로 인해 침해된 상태를 제거하고 원상회복을 꾀하는데 그 실익이 있기 때문에 '원상회복주의'를 채택하고 있다.

그런데 이는 사용자의 자발적인 이행이 뒷받침되지 않으면 그 구제가 불가능하기 때문에 부당노동행위를 사전에 예방하기 위하여 부당노동행위자를 처벌하는 '처벌주의'를 병용하고 있다.

다만, 부당노동행위자를 처벌함에 있어서 종래의 노동조합법에서는 피해자의 의사가 요구되었으나, 현행법에서는 이를 삭제하여 피해자의 의사 없이도 처벌할 수 있도록 하고 있으나, 이는 실효성이 없을 뿐만 아니라 악의 없는 행위가 나중에 부당노동행위로 인정되어 처벌의 대상이 되는 결과를 초래하기 때문에 '원상회복주의'를 원칙으로 함이 옳다고 생각된다.

③ 긴급이행명령제도의 채택

현행 노동조합법에서는 사용자가 중앙노동위원회의 판정에 불복하여 행정소송을 제기한 경우에 관할법원은 중앙노동위원회의 신청에 의하여 사법적 판결이 확정될 때까지 중앙노동위원회의 구제명령의 전부 또는 일부에 관하여 그 이행을 명할 수 있는 긴급이행명령제도를 도입하고 있다.

이는 사법적 효력을 갖지 못하는 중앙노동위원회의 구제명령의 실효성을 도모하기 위한 것이라 하겠다. 이에 대해서는 후술한다.

④ 기타 부당노동행위 구제절차상의 특색

그 밖에도 부당노동행위의 구제절차는 근로자 또는 노동조합의 신청으로 개시하는 신청주의가 적용된다.

또한 원칙적으로 심리에 있어서는 당사자주의를 채택하나 노동위원회의 직권으로 심문이나 조사가 가능하기 때문에 직권주의도 병행하고 있다.

2. 노동위원회에 의한 행정적 구제

(1) 초심절차

① 구제신청

구제신청은 부당노동행위로 인해 권리를 침해당한 자 또는 노동조합법상의 노동조합이 부당노동행위가 있는 날(계속하는 행위는 그 종료일)로부터 3월 이내에 관할 노동위원회에 신청한다(노조법 82조 1항·2항).

한편 동조에서는 사용자의 부당노동행위가 '계속하는 행위'일 경우에는 그 종료일로부터 신청기간을 계산하도록 명시하고 있다.

이러한 제척기간을 설정한 이유에 관하여는 상당한 기간이 경과되면 증거수집 및 실정파악 등 사실관계의 입증이 곤란하고, 그 동안에 부당노동행위에 근거한 노사관계가 이미 형성·안정되므로, 이를 피하여 구제명령의 실효성을 확보하기 위한 것이다.

② 심사

구제신청을 받은 노동위원회는 지체 없이 필요한 조사와 관계 당사자의 심문을 행하며, 이는 신청의 취하 또는 각하 사유가 없는 한 반드시 행해야 한다(동법 83조 1항).

조사는 신청인이 주장하는 사실내용 및 쟁점 등을 정리하고 당사자의 견해를 명확히 하여 사실인정의 자료로 하기 위하여 행하여진다.

조사가 종료된 후에는 반드시 필요한 심문을 하여야 하며, 이때는 당사자의 참석기회부여, 증거제출 및 증인의 출석, 심문절차의 공개 및 노사위원의 참여 등이 보장되고 있다(동조 2항·3항).

③ 구제명령 및 기각결정

노동위원회는 심사결과 부당노동행위의 성립이 인정되는 경우에 구제명령을 발하는데, 이때 사용자의 노동3권 침해를 배제하고 원직복직, 백 페이(back pay), 포스트 노티스(post notice) 등의 원상회복을 꾀하는데 필요한 조치를 그 재량에 의해 결정한다.

그러나 심사결과 부당노동행위의 성립이 부정되는 경우에는 노동위원회는 당해 청구에 대해 기각결정을 한다.

④ 구제명령의 효력

부당노동행위의 판정 · 명령 및 결정은 서면으로 하되, 이를 사용자와 신청인에게 각각 교부하여야 한다(노조법 84조 2항).

관계당사자는 명령서를 교부받은 때부터 지체 없이 구제명령을 이행하여야 한다(동조 3항). 정하여진 기간 내에 재심을 신청하지 아니하거나 행정소송을 제기하지 아니한 때에는 그 구제명령·기각결정 또는 재심판정은 확정된다(동법 85조 3항).

이 경우 관계당사자는 확정된 기각결정 또는 재심판정을 따라야 하며(동조 4항), 이에 따르지 아니하는 경우에는 형벌이 부과된다(동법 89조 2호).

(2) 재심절차

① 재심신청

재심은 구제명령·기각결정에 불복하는 당사자가 그 명령서·결정서 송달받은 날로부터 10일 이내에 중앙노동위원회에 재심을 신청한다(동법 85조 1항).

② 재심신청의 범위

재심은 이미 초심명령·결정이 내려진 사건을 다시 심사하여 초심명령을 취소·변경하거나 또는 유지하는 내용의 명령 또는 결정을 하는 것이므로, 재심을 신청할 수 있는 범위는 초심명령·결정의 대상이었던 구체적 사실이 해당된다.

재심신청의 범위에 관해 노동위원회의 규칙은 불복신청은 초심에서 청구한 범위를 넘어서는 아니 된다. 재심신청의 범위가 '초심에서 청구한 범위'에 한정된다 함은 '초심에서 청구한 구제내용의 범위'가 아니라 위와 같이 '초심에서 청구한 구체적 사실의 범위'에 한정된다는 의미이다.

따라서 초심명령·결정의 대상이었던 사실의 범위 내에서는 노동조합법 제81조 각 호의 적용을 달리하거나 구제조치를 추가·변경하여 재심을 신청할 수 있다.

③ 재심사

재심사는 관계법령에 특별한 규정이 있는 경우를 제외하고는 지방노동위원회 또는 특별노동위원회가 행한 처분을 통지받은 날부터 10일 이내에 해야 하며, 그 기간은 불변기간으로 한다(노위법 26조 2항·3항).

④ 재심명령·결정

중앙노동위원회는 재심사 결과, 재심신청의 기각결정이나 초심명령·결정에 대한 취소·변경 명령을 내릴 수 있다. 재심명령·결정에 대해 법정기간 내에 행정소송을 제기하지 않으면 그 재심명령·결정은 확정되며, 관계당사자는 이에 따라야 한다(노조법 85조 3항, 4항).

재심명령·결정에 대한 행정소송이 제기된 경우에도 행정소송의 제기만으로는 그 효력이 정지되지 않는다(동법 86조).

(3) 행정소송의 제기

중앙노동위원회의 재심판정에 대하여 불복하는 당사자는 중앙노동위원회 위원장을 피고로 하여, 그 재심판정서의 송달을 받은 날로부터 15일 이내에 행정소송법이 정하는 바에 의하여 소를 제기할 수 있다(동법 85조 2항, 행정소송법 4조 1호).

(4) 긴급이행명령

① 의의

법원은 중앙노동위원회의 재심판정에 불복하여 사용자가 행정소송을 제기하는 경우에는 중앙노동위원회의 신청에 의하여 결정으로써, 판결이 확정될 때까지 중앙노동위원회의 구제명령의 전부 또는 일부를 이행하도록 명할 수 있으며, 당사자의 신청에 의하여 또는 직원으로 그 결정을 취소할 수 있다(동법 85조 5항).

② 인정요건

긴급이행명령을 발하기 위해서는 실질적 요건과 절차적 요건을 구비해야 한다. 먼저 실질적 요건으로 사용자가 구제명령을 즉시 이행하지 않을 경우에 노동3권의 보장을 통한 집단적 노사관계의 정상적 운영이 곤란한 사정, 즉 즉시 구제의 필요성이 존재해야 한다.

이 경우 행정소송의 본안에서 피고인 중앙노동위원회 위원장의 승소가능성이 긴급명령의 요건으로 되는가에 대하여 견해 대립이 있으나, 긴급이행명령은 잠정적 이행강제제도로서 본안과는 별개의 절차라는 점에서 구제명령에 중대하고 명백한 하자가 없는 한 긴급명령을 발할 수 있다고 봄이 타당할 것이다.

절차적 요건으로는 노동위원회의 구제명령에 대한 재심절차에서 중앙노동위원회의 기각결정이 있고, 사용자가 이에 불복하여 행정소송을 제기해야 하며, 당해 행정소송의 판결 확정시까지 사용자에게 구제명령의 전부 또는 일부를 이행하도록 명해 줄 것을 중앙노동위원회가 법원에 신청하고 이에 대해 법원이 결정을 해야 한다.

③ 긴급이행명령의 효과

긴급이행명령이 내려지면 사용자는 당해 명령을 이행할 의무를 부담하며, 이에 위반할 경우에는 소정의 과태료에 처해진다.

④ 긴급이행명령의 취소

관할법원은 긴급명령의 유지가 부적절하다고 인정되는 경우에는 당사자의 신청이나 직권에 의한 결정으로 이를 취소할 수 있다.

3. 부당노동행위의 사법구제

(1) 의의

부당노동행위에 대한 구제는 일반적으로 상술한 것처럼 신속·간이·전문성 등에 비추어 노동위원회에 의한 행정구제를 활용하나, 법원에 의한 사법적 구제도 가능하다.

사법적 구제는 원고인 근로자 또는 노동조합이 자신의 권리관계 및 구제내용을 특정하여 청구하는 것으로, 이에는 무효확인청구, 손해배상청구, 작위 또는 부작위 명령의 청구 등의 본안소송과 가처분에 의한 구제가 있다.

(2) 사법구제의 내용

사용자의 불이익 취급에 대하여 당해 근로자는 그 처분의 무효확인청구소송, 손해배상청구소송 및 가처분으로서의 종업원지위보전가처분, 임금지급가처분 등을 청구할 수 있다.

황견계약에 대하여는 황견계약의 관련 부분에 대한 무효확인청구소송 또는 계약 전부의 무효확인청구소송이 가능하며, 황견계약에 의해 해고된 경우에는 해고무효확인청구소송도 가능하다.

사용자가 정당한 이유 없이 단체교섭을 거부할 시에는 노동조합은 단체교섭을 할 수 있는 지위의 확인, 손해배상의 청구소송을 할 수 있다. 여기에는 단체교섭응낙가처분이 인정될 수 있을 것인가에 대하여 논란이 있으나, 판례는 단체교섭은 사법상의 청구권이 아닌 관계로 이에 대한 가처분은 피보전권리가 존재하지 않으므로, 이를 인정할 수 없다고 본다.

마지막으로 지배·개입에 대하여 노동조합은 불법행위에 기한 손해배상청구를 할 수 있다.

4. 행정구제와 사법구제의 관계

(1) 개요

부당노동행위에 대한 행정구제와 사법구제는 그 성격·신청적격·구제내용 등에서 차이가 있으며 또한 양자는 상호 독자성을 가진다.

(2) 양자의 비교

① 성격

행정구제는 부당노동행위가 노동3권 보장활동을 침해하는 행위로서 문제가 되므로 원상회복 및 처벌주의를 병행하는 반면에, 사법구제는 부당노동행위가 주관적 권리에 대한 침해 행위가 문제가 되므로 손해배상청구·무효확인청구·법적 지위의 확인청구 등의 형태로 된다.

② 신청적격

행정구제는 부당노동행위의 신청자격 및 신청기간에 대한 엄격한 제한이 있는 반면에 사법구제는 그러한 제한이 없으므로 부당노동행위에 해당하지 않는 경우에도 권리남용의 법리 등에 의해 구제를 받을 수 있다.

③ 구제내용

행정구제는 원직복귀 명령 및 이에 대한 이행강제가 인정되고, 백 페이(back pay) 지급 시 중간공제에 있어서 노동위원회에 의한 재량이 인정된다.

사법구제는 일반적으로 근로자의 취업청구권을 부정하는 견해에 의하면 원직복귀를 강제할 수 없고, 백 페이 지급 시 중간 공제를 해야 하며, 손해배상 청구 시 정신적 손해에 대한 위자료의 청구가 가능하다.

(3) 양자의 관계

부당노동행위에 대한 행정구제는 공법상의 권리구제절차이고, 사법구제는 사법상의 권리구제절차라는 점에서, 행정구제와 사법구제는 별도로 청구·진행할 수 있으며 이는 중복제소에 해당하지 않는다.

다만, 판례는 다른 법원에서 이미 당해 법원에 계속 중인 부당노동행위의 성립여부에 대해 판단을 했다면, 당해 법원에서는 그 부분에 대해 소의 이익이 없다고 보고 있다.[16]

생각하건대, 현행법 체계 하에서는 각 법원별로 부당노동행위의 성립여부에 관한 모순된 판단을 할 수 있다는 점에서, 입법론적으로 볼 때 불이익취급 사건과 같이 여러 구제절차가 병존하는 경우에는 전속관할법원을 인정하여 구제절차를 명확히 할 필요가 있다고 본다.

---

16) 대판 1992. 11. 24, 92누9766 ; 대판 1992. 7. 28, 92누6099.

노동법의 세계

CASE STUDY

☑ Case1

서울에서 수도권을 연결하는 정기노선을 운행하는 버스회사는 노동조합과의 임금인상을 둘러싸고 단체교섭을 하였으나 양측의 의견이 팽팽하게 대립된 채 결렬되고 말았다. 이에 노동조합은 회사 측에 부분파업에 돌입한다고 알려왔다. 노동조합이 파업에 들어가게 되면 기존의 노선버스는 절반으로 줄어들게 되는데, 그렇게 되면 출퇴근 시에 많은 시민들이 불편을 감수할 수밖에 없다. 이러한 경우, 버스회사가 시민들의 불편을 해소하기 위해 취할 수 있는 방법은 없을까?

Check Point : 공익사업에서의 노동쟁의의 조정

제5장 노사분쟁의 해결수단

I. 노동위원회의 종류·구성 및 권한

1. 노동위원회의 종류

노동위원회는 노동위원회법(이하 '노위법')에 의해 설치되어 그 권한에 속하는 업무를 독립적으로 수행하는 독립행정위원회이다(노위법 4조).

노동위원회법에서 규정하고 있는 노동위원회의 종류로는 고용노동부장관의 소속하에 있는 중앙노동위원회 및 지방노동위원회와 중앙행정기관의 장의 소속하에 있는 특별노동위원회가 있다(노위법 2조).

이러한 각급 노동위원회가 고용노동부장관 등의 소속 하에 있다고 하여 그 종속기관인 것 같이 보이나, 이는 행정업무적 차원에서 관리 받는다는 것을 의미할 뿐이다.[1]

1) 이상윤, 노동법, p.924.

2. 노동위원회의 구성

(1) 3자구성

노위법상 노동위원회는 근로자를 대표하는 위원인 근로자위원과 사용자를 대표하는 위원인 사용자위원, 그리고 공익을 대표하는 위원인 공익위원으로 구성되어 있다(노위법 6조 1항).

이를 소위 '3자구성'이라고 한다. 이와 같이 노·사·공익 3자구성의 원칙을 채택하고 있는 까닭은, 노동위원회가 취급하는 노사분쟁에 있어서 노·사·공위원이 각각 전문적 식견을 모아 공익 및 노사의 이익을 적절하게 조화시키기는 것을 기대할 수 있다는 점, 그리고 노·사위원이 노사당사자와의 사이를 중개하여 자주적 해결을 촉진하고 객관·타당한 해결을 기하기 위한 것이라고 볼 수 있기 때문이다.[2]

노동위원회의 각 임원의 수는 근로자위원·사용자위원은 각 10인 이상 50인 이하, 공익위원은 10인 이상 70인 이하의 범위 안에서 각 노동위원회의 업무량을 감안하여 대통령령으로 정하며, 이 경우 근로자위원과 사용자위원은 동수로 하여야 한다(노위법 6조 2항).

이러한 3자구성에 의해 노동위원회는 독특한 전문기관으로서의 성격을 갖추고 있다.[3]

(2) 위원의 임명

위원의 임명은 근로자위원은 총연합단체인 노동조합이 추천한 자중에서 위촉하고, 사용자위원은 전국규모의 사용자단체가 추천한 자중에서 위촉하되, 중앙노동위원회의 경우에는 고용노동부장관의 제청에 의하여 대통령이 위촉한다(노위법 6조 3항, 동법 시행령 5조 1항·2항).

---

2) 菅野和夫, 勞働法, p.625 ; 임종률, 노동법, p.554.
3) 菅野和夫, 勞働法, p.625.

지방노동위원회의 경우 근로자위원은 당해 지방노동위원회의 관할구역 안에 조직되어 있는 총연합단체인 노동조합의 지역대표기구에서 추천한 자 중에서, 사용자위원은 당해 지방노동위원회의 관할구역 안에 조직되어 있는 사용자단체가 추천한 자중에서 지방노동위원회위원장의 제청에 의하여 중앙노동위원회 위원장에 의하여 위촉된다(노위법 6조 3항, 동법 시행령 5조 제1항 및 2항).

공익위원은 당해 노동위원회위원장·노동조합 및 사용자단체가 각각 추천한 자 중에서 노동조합과 사용자단체가 순차적으로 배제하고 남은 자를 위촉대상 공익위원으로 하고, 그 위촉대상 공익위원 중에서, 중앙노동위원회의 경우는 고용노동부장관의 제청으로 대통령이, 지방노동위원회의 경우는 지방노동위원회 위원장의 제청으로 중앙노동위원회위원장이 위촉한다(노위법 6조 4항).

공익위원은 심판사건을 담당하는 심판담당공익위원과, 차별시정사건을 담당하는 차별시정담당공익위원, 조정사건을 담당하는 조정담당공익위원으로 구분하여 위촉한다(동조 6항). 공익위원의 자격기준에 대해서는 노위법 제8조가 규정하고 있다.

노동위원회에는 위원장 1인을 두며, 중앙노동위원회장은 중앙노동위원회의 공익위원 자격을 가진 자 중에서 고용노동부장관의 제청으로, 지방노동위원회 위원장은 당해 노동위원회의 공익위원 자격을 가진 자 중에서 중앙노동위원회 위원장의 추천과 고용노동부장관의 제청으로 대통령이 각각 임명한다(노위법 9조 1항·2항).

노동위원회에는 상임위원을 두며 상임위원은 당해 노동위원회의 공익위원 자격을 가진 자 중에서 중앙노동위원회위원장의 추천과 고용노동부장관의 제청으로 대통령이 임명한다.

상임위원은 공익위원이 되며, 심판사건 · 차별시정사건과 조정사건을 담당할 수 있다. 상임위원의 수와 계급은 대통령령으로 정한다(노위법 11조).

(3) 임기·대우·신분보장

위원의 임기는 3년으로 하되, 연임할 수 있다(노위법 7조 1항). 위원이 궐위된 경우 보궐위원의 임기는 전임자의 잔임기간으로 하며, 위원의 임기가 만료된 경우에도 후임자가 위촉될 때까지 계속 그 직무를 집행하여야 한다(노위법 7조 2항·3항).

노동위원회의 위원에 대하여는 직무수행을 위하여 필요한 수당과 여비가 지급된다. 노동위원회의 상임위원이 아닌 위원에 대한 수당은 출석한 일수에 의하여 지급하며, 여비는 공무원여비규정을 준용하여 지급한다(노위법 시행령 8조 1항·2항).

또한 금고이상의 형을 선고받은 경우나, 장기간의 심신쇠약으로 직무를 수행할 수 없게 된 경우, 직무와 관련된 비위사실이 있거나 노동위원회 위원직을 유지하기에 적합하지 아니하다고 인정되는 비위사실이 있는 경우, 업무를 수행하기 위하여 준수하여야 할 행위규범을 위반하여 위원으로서 직무를 수행하기 곤란한 경우가 아닌 이상, 위원의 의사에 반하여 면직이나 해촉되지 아니한다고 하여 위원의 신분을 보장하고 있다(노위법 13조 1항).

위와 같은 사실이 있는 경우 금고이상의 형을 받은 경우에는 당연히 면직 또는 해촉되며, 이외의 경우에는 노동위원회의 의결을 거쳐야 한다(노위법 13조 2항).

(4) 사무국

중앙노동위원회에는 그 사무를 처리하기 위해 사무처를, 지방노동위원회에는 사무국을 두며, 사무국의 조직·운영에 필요한 사항은 대통령령으로 정한다(노위법 14조).

3. 노동위원회의 권한

노동위원회는 고용노동부장관 등의 지휘명령을 받지 않고 독립적으로 권한을 행사할 수 있는 독립기관이다.

노동위원회의 임무는 노사간의 분쟁에 대해 공평한 입장에서 그 자주적 해결을 촉진하거나 노사관계의 룰을 강제하거나 하는데 있으므로 관련 권한행사의

독립성을 보장한 것이다.[4]

노동위원회의 권한에 대해서는 현행법상 노동위원회법 이외에 노동조합법과 근로기준법 등에서 규정되어 있다.

(1) 노동위원회법 상의 권한

① 협조요청 등에 관한 권한

노동위원회는 그 사무집행을 위하여 필요하다고 인정할 때에는 관계행정기관에 협조를 요청할 수 있으며 협조를 요청받은 관계행정기관은 특별한 사유가 없는 한 이에 응하여야 한다.

노동위원회는 관계행정기관으로 하여금 근로조건의 개선에 관하여 필요한 조치를 하도록 권고할 수 있다(노위법 22조).

② 조사권

노동위원회는 그 사무집행을 위하여 필요하다고 인정할 때에는 사용자·사용자단체·노동조합 기타 관계인에 대하여 출석·보고 또는 필요한 서류의 제출을 요구하거나 위원장 또는 부문별위원회위원장이 지명한 위원 또는 조사관으로 하여금 사업 또는 사업장의 업무상황·서류 기타 물건을 조사하게 할 수 있는 권한을 가진다(노위법 23조 1항).

(2) 노동조합법상의 권한

노동조합법에서 규정되어 있는 노동위원회의 권한으로는 그 핵심인 부당노동행위 구제사건의 판정을 비롯하여, 임시총회 소집권자 지명, 규약·결의·처분의

4) 이 정(역), 일본노동법의 이론과 실제, 한국경영자총협회, p.664.

시정명령, 휴면노조의 해산, 단체협약의 시정명령, 단체협약의 지역단위 일반적 구속력 결정, 안정보호시설에 대한 쟁의행위 중지명령에 대한 의결, 단체협약의 해석, 이행방법에 관한 견해 제시, 구제명령 이행신청 등의 심판적 권한을 가진다.

또한 조정위원회·특별조정위원회 및 중재위원회는 노동조합법이 정하는 바에 따라 구성하며 동법의 규정에 의한 조정·중재 기타 이와 관련된 사항을 각각 처리할 수 있는 조정적 권한을 가진다.

(3) 근로기준법상의 권한

근로기준법에 의한 것으로는 부당해고의 판정을 비롯하여 근로조건위반으로 인한 손해배상청구 판정, 휴업수당 예외 인정, 재해인정 등의 이의에 관한 심사 · 중재가 이에 속한다.

II. 노동쟁의의 조정

1. 총설

단체적 노사관계의 당사자 간에 노동관계상의 사항에 관한 주장의 불일치에 기인하여 분쟁이 발생하고, 그로 인하여 쟁의행위가 발생하거나 발생할 우려가 있는 경우에 외부의 제3자가 양자의 주장을 조정하고 분쟁을 해결하도록 노력하는 절차를 '노동쟁의의 조정'이라고 한다. 즉, 쟁의조정은 노사 간의 교섭에 대한 원조절차이며 또한 쟁의행위의 회피 또는 종결을 꾀하는 절차이다.[5]

2. 노동조합법에 의한 조정

(1) 노동조합법의 기본사항

① 자주적 해결의 기본원칙

노동조합법이 노동쟁의의 조정에 대하여 강조하고 있는 것이 바로 자주적 해결의 기본원칙이다.[6] 즉, 노동조합법은 제48조에서 "노동관계 당사자는 단체협약에 노동관계의 적정화를 위한 노사협의 기타 단체교섭의 절차와 방식을 규정하고 노동쟁의가 발생한 때에는 이를 자주적으로 해결하도록 노력하여야 한다."라고 하여, 당사자들에게는 자주적 조정절차를 단체협약 속에 규정하도록 하고, 국가 및 지방자치단체에 대해서도 동법 제49조에서 당사자들의 자주적 조정노력에 조력할 것을 규정하고 있다.

이 법에 의하여 노동관계의 조정을 할 경우에는 노동관계 당사자와 노동위원

---

5) 菅野和夫, 勞働法, p.633.
6) 菅野和夫, 勞働法, p.633 ; 임종률, 노동법, p.164.

회 기타 관계기관은 사건을 신속히 처리하도록 노력하여야 한다.

② 조정의 대상

조정절차의 대상이 되는 '노동쟁의'는 '노동조합과 사용자 또는 사용자단체간에 임금·근로시간·복지·해고 기타 대우 등 근로조건의 결정에 관한 주장의 불일치로 인하여 발생한 분쟁상태'를 말한다(노조법 2조 5호). 노동쟁의의 대상은 이러한 의무적 교섭사항으로 한정된다.[7]

노동쟁의는 분쟁의 성격이 조정이나 중재의 대상인가 아닌가의 문제이므로 쟁의행위의 정당성의 여부와는 직접적으로 관계가 없다. 따라서 이미 발생한 쟁의행위가 위법성을 가지고 있을지라도, 분쟁의 성격이 노동쟁의에 해당되는 이상 조정이나 중재의 대상이 될 수 있다.

③ 공익사업 및 필수공익사업

노동조합법은 쟁의행위가 발생한 경우에 공중의 일상생활에 중요한 영향을 주는 몇몇 사업을 '공익사업'으로 지정하여 이에 대해서는 쟁의행위 방지와 해결을 위한 특별한 체제를 정비하고 있다.

노동조합법에서는 정기노선 여객운수사업 및 항공운수사업, 수도·전기·가스·석유정제 및 석유공급사업, 공중위생 · 의료사업 및 혈액공급사업, 은행 및 조폐사업, 방송·통신사업을 '공익사업'으로 규정하고 있다(노조법 71조).

공익사업에 대해서는 쟁의조정이 우선적으로 신속히 처리할 것과, 조정담당자는 특별조정위원회이어야 하며, 조정기간이 일반사업보다 긴 15일이고, 긴급조정의 대상이 될 수 있는 등 법률상 특별한 취급을 받는다(노조법 72조, 54조).

7) 임종률, 노동법, p.162

III. 노동쟁의의 조정절차

1. 조정

노동조합법이 설정한 첫째의 쟁의조정절차인 '조정'은 노동위원회에 설치된 조정위원회가 관계당사자로부터 의견을 듣고 조정안을 작성한 뒤, 그 수락을 양 당사자에게 권고하는 절차이다.[8]

공익사업에 대하여는 특별조정절차가 별도로 규정되어 있다.

(1) 조정의 개시

조정은 관계 당사자 일방의 신청으로 개시된다(노조법 53조). 노동위원회는 당사자 일방이 노동쟁의의 조정을 신청한 때에는 지체 없이 조정을 개시하여야 하며, 관계 당사자 쌍방은 이에 성실히 임하여야 한다.

노동위원회가 직권으로 조정을 개시할 수는 없다(긴급조정 시는 예외). 그러나 쟁의행위는 조정절차를 거치지 않으면 할 수 없으므로, 노동조합으로서는 조정을 신청하지 않을 수 없다. 조정을 간접적으로 강제하는 것이다.[9]

(2) 조정의 담당자

① 조정위원회

노동위원회가 조정신청을 받은 경우 지체 없이 노동쟁의의 조정을 담당할 조정위원회를 구성하여야 한다.

조정위원회는 조정신청을 받은 노동위원회의 위원 중에서 사용자를 대표하는

8) 菅野和夫, 勞働法, p.640.
9) 임종률, 노동법, p.165.

자와 근로자를 대표하는 자, 공익을 대표하는 자 각 1인씩 3인으로 구성되며, 각 위원은 근로자를 대표하는 조정위원은 사용자가, 사용자를 대표하는 조정위원은 노동조합이 각각 추천하는 노동위원회의 위원 중에서 노동위원회 위원장이 지명한다.

단, 조정위원회의 회의 3일전까지 관계 당사자가 추천하는 위원의 명단제출이 없을 때에는 당해 위원을 위원장이 따로 지명할 수 있다(노조법 55조 3항).

② 단독조정인

노동위원회는 관계 당사자 쌍방의 신청이 있거나 관계 당사자 쌍방의 동의를 얻은 경우에는 조정위원회에 갈음하여 단독조정인에게 조정을 행하게 할 수 있다(노조법 57조 1항).

단독조정인은 당해 노동위원회의 위원 중에서 관계 당사자의 쌍방의 합의로 선정된 자를 그 노동위원회의 위원장이 지명한다(동조 2항).

이러한 단독조정제도는 3인의 조정위원회가 신속하지 못하고 공식적이라는 단점을 보완하고,[10] 당사자의 선택에 따라 알선의 효과를 누리게 하기 위한제도이다.[11]

(3) 조정의 방법

조정위원회 또는 단독조정인은 기일을 정하여 관계 당사자 쌍방을 출석하게 하여 그 주장의 요점을 확인하여야 한다(노조법 58조). 이때 조정위원회의 위원장 또는 단독조정인은 관계 당사자와 참고인외의 자의 출석을 금할 수 있다(노조법 59조).

조정위원회 또는 단독조정인은 조정안을 작성하여 이를 관계 당사자에게 제시하고 그 수락을 권고할 수 있다. 여기서 조정안은 단지 권고일 뿐이므로, 양당

10) 임종률, 노동법, p.167.

11) 이상윤, 노동법, p.824.

사자가 강제적으로 수락하여야 하는 것은 아니다. 조정안에는 이유를 붙여 공표할 수 있으며, 필요한 때에는 신문 또는 방송에 보도 등 협조를 요청할 수 있다(노조법 60조 1항).

조정은 당사자의 신청이 있은 날부터 일반사업의 경우 10일의 기한을 두고 있다. 조정은 10일 이내에 종료되어야 한다. 단 조정기간은 관계 당사자 간의 합의로 일반사업의 경우 10일 이내에서 연장이 가능하다. 단, 공익사업의 경우 조정의 기한은 15일이며, 15일 이내에서 연장할 수 있다(노조법 54조).

(4) 조정의 효력

① 조정안의 수락

조정안이 관계 당사자에 의하여 수락된 때에는 조정위원 전원 또는 단독조정인은 조정서를 작성하고 관계 당사자와 함께 서명 · 날인하여야 한다. 수락된 조정안은 조정서로 작성되며, 조정서는 단체협약과 동일한 효력을 가지게 된다. 단, 조정안이 관계 당사자의 쌍방에 의하여 수락된 후 그 해석 또는 이행방법에 관하여 관계 당사자 간에 의견의 불일치가 있는 때에는 관계 당사자는 당해 조정위원회 또는 단독조정인에게 그 해석 또는 이행방법에 관한 명확한 견해의 제시를 요청하여야 한다(노조법 60조 3항).

이러한 요청을 받은 조정위원회 또는 단독조정인은 7일 이내에 명확한 견해를 제시하여야 한며(동조 4항), 제시된 해석 또는 이행방법에 관한 견해는 중재재정과 동일한 효력을 갖는다(노조법 61조 3항).

② 조정안의 거부

조정위원회 또는 단독조정인은 관계 당사자가 수락을 거부하여 더 이상 조정이 이루어질 여지가 없다고 판단되는 경우에는 조정의 종료를 결정하고 이를 관계 당사자 쌍방에 통보하여야 한다(노조법 60조 2항).

당사자 간에 중재를 하기로 합의한 경우에는 중재절차를 개시하고, 합의가 없

는 경우에 노동조합은 쟁의행위를 개시할 수 있다.[12]

2. 공익사업의 특별조정절차

(1) 특별조정위원회

공익사업에 대한 노동쟁의의 조정을 담당하기 위하여 노동위원회는 특별조정위원회를 둔다(노조법 72조 1항). 특별조정위원회는 3인의 특별조정위원으로 구성되며, 특별조정위원은 그 노동위원회의 공익을 대표하는 위원 중에서 노동조합과 사용자가 순차적으로 배제하고 남은 4인 내지 6인 중에서 노동위원회의 위원장이 지명한다. 다만, 관계 당사자가 합의로 당해 노동위원회의 위원이 아닌 자를 추천하는 경우에는 그 추천한 자를 지명한다(노조법 72조 2항·3항).

특별조정위원회에는 위원장을 둔다. 위원장은 공익을 대표하는 노동위원회의 위원인 특별조정위원 중에서 호선하고, 당해 노동위원회의 위원이 아닌 자만으로 구성된 경우에는 그중에서 호선한다. 다만, 공익을 대표하는 위원인 특별조정위원이 1인인 경우에는 당해 위원이 위원장이 된다(노조법 73조).

(2) 조정 기한

특별조정의 조정기간은 15일 내에 종료되어야 하며, 관계당사자의 합의에 의하여 15일 연장할 수 있다.

(3) 조정의 효과

① 조정안의 수락

12) 이상윤, 노동법, p.825.

조정안이 수락된 경우에는 일반조정절차의 수락과 동일하므로 조정서를 작성하여야 한다.

② 조정안의 거부

조정안이 거부된 경우에는 일반공익사업과 필수공익사업과 차이가 있다. 우선 필수공익사업이 아닌 공익사업에 대해, 조정안이 거부된 경우는 일반사업에서 조정안이 거부된 경우와 동일한 결과를 가진다.

그러나 필수공익사업에 대해, 조정안이 거부된 경우나 조정이 성립될 가망이 없다고 인정된 경우에 특별조정위원회는 그 사건의 중재회부를 당해 노동위원회에 권고할 수 있다.

권고는 조정기간이 만료되기 전에 하여야 하며, 권고를 받은 노동위원회의 위원장은 공익위원의 의견을 들어 그 사건을 중재에 회부할 것인가의 여부를 결정하여야 한다.

3. 중재

노동조합법상 둘째의 조정절차는 중재이다. 이것은 노동위원회에 설치된 중재위원회가 양당사자에 대해 구속력이 있는 중재재정을 내리는 절차이다.[13] 조정이 권고인데 반해, 중재절차는 구속력이 있다는 데에 특색이 있다.

(1) 중재의 개시

노동위원회는 당사자 쌍방이 함께 중재를 신청하거나, 관계 당사자의 일방이 단체협약에 의하여 중재를 신청한 경우, 중재를 개시한다(노조법 62조).

---

13) 이 정(역), 일본노동법의 이론과 실제, 한국경영자총협회, p.675

임의중재의 대상은 일반사업 뿐만 아니라 공익사업의 분쟁에도 해당된다. 중재절차는 조정이 실패한 후에 신청하는 경우가 일반적이지만, 조정절차를 거치지 않고서도 신청이 허용된다.[14)]

당사자가 직접 중재신청을 한 경우에는 노사자치의 원칙에 위배되지 않으므로 문제될 것이 없으나, 특별조정위원회의 권고에 의하여 강제중재로 들어간 경우에는 노사자치의 원칙에 어긋나게 되므로 문제가 된다.

강제중재를 결정하는 때에는 필수공익사업의 쟁의행위가 국민경제에 중대한 영행을 미치는 예외적인 경우로 국한시켜야 한다.[15)]

노동쟁의가 중재에 회부된 때에는 그 날부터 15일간은 쟁의행위를 할 수 없다(노조법 63조).

(2) 중재의 담당자

노동위원회는 노동쟁의의 중재 또는 재심을 위하여 중재위원회를 둔다(노조법 64조 1항). 중재위원회는 중재위원 3인으로 구성하며, 중재위원은 당해 노동위원회의 공익을 대표하는 위원 중에서 관계 당사자의 합의로 선정한 자에 대하여 그 노동위원회의 위원장이 지명한다. 다만, 관계 당사자 간에 합의가 성립되지 아니한 경우에는 노동위원회의 공익을 대표하는 위원 중에서 지명한다(노조법 64조). 이러한 위원의 호선에 의해 위원장을 둔다(노조법 65조).

중재의 담당자는 조정의 담당자와는 달리 공익위원만으로 구성되며, 단독조정인과 같은 단독중재인제도는 두고 있지 않다. 이렇게 당사자 간의 합의로 선정한 자에 대하여 지명된 공익위원만으로 위원회를 구성하는 이유는 중재의 공익적 차원에서 판정적 기능을 행사하기 위함으로 해석할 수 있을 것이다.[16)]

14) 임종률, 노동법, p.169.
15) 이상윤, 노동법, p.826.
16) 이상윤, 노동법, p.827.

(3) 중재의 방법

중재위원회는 기일을 정하여 당사자 쌍방 또는 일방을 중재위원회에 출석하게 하여 주장의 요점을 확인하여야 한다(노조법 66조 1항).

관계 당사자가 지명한 노동위원회의 사용자를 대표하는 위원 또는 근로자를 대표하는 위원은 중재위원회의 동의를 얻어 그 회의에 출석하여 의견을 진술할 수 있다.

관계 당사자들은 의견을 진술할 수 있을 뿐이다. 이는 중재재정을 협의하여 결정하는 것은 공익위원이며, 이는 전술한 중재의 공익적 차원에서의 판정적 기능을 중시하기 때문이고, 그 과정에서 사용자 대표와 근로자 대표의 의견을 참작할 수 있도록 한 것이라 볼 수 있다.

중재위원회의 위원장은 당사자와 참고인 외의 자에 대하여 회의출석을 금지할 수 있다(노조법 67조). 중재기간은 명문의 규정이 없으나 노동조합법 제63조의 쟁의행위 금지기간이 15일 인 것으로 보아 그 기간이 실질적으로 중재기간이라고 보는 견해가 있다.[17]

(4) 중재의 효력

① 중재재정의 효력

중재재정은 서면으로 작성되고, 효력발생 기일이 명시된 중재재정은 단체협약과 동일한 효력을 갖는다.[18]

중재재정의 해석 또는 이행방법에 관하여 관계 당사자 간에 의견의 불일치가 있는 때에는 당해 중재위원회의 해석에 따르며 그 해석은 중재재정과 동일한 효력을 가진다(노조법 68조 2항).

---

17) 임종률, 노동법, p.171.

18) 이 외에 조정서와의 균형상 중재위원회 위원 전원의 서명날인을 요한다고 보는 견해가 있다. 임종률, 노동법, p.171.

② 중재재정에 대한 불복 절차

중재제도는 조정제도와는 달리 양당사자를 구속하므로, 위법이거나 월권에 의한 것이라고 인정하는 경우에는 불복절차를 통해서 해결해야 한다.

관계 당사자는 지방노동위원회 또는 특별노동위원회의 중재재정이 위법이거나 월권에 의한 것이라고 인정하는 경우에는 그 중재재정서의 송달을 받은 날부터 10일 이내에 중앙노동위원회에 그 재심을 신청할 수 있다(노조법 69조 1항).

또한 중앙노동위원회의 중재재정이나 제1항의 규정에 의한 재심결정이 위법이거나 월권에 의한 것이라고 인정하는 경우에는 행정소송법 제20조의 규정에 불구하고 그 중재재정서 또는 재심결정서의 송달을 받은 날부터 15일 이내에 행정소송을 제기할 수 있다.

단 이러한 재심신청이나 행정소송이 제기된 경우에도 중재재정 또는 재심결정의 효력은 정지되지 아니한다.

여기서의 위법과 월권의 개념은 아직 통일된 개념이 정립되지 않았으나, 위법이란 재정의 절차 또는 내용이 노동조합법 및 기타 관계 법령에 위반한 경우 또는 해당 법령의 적용을 잘못하거나 중대한 법리오해를 한 경우를 가리키고, 월권이란 노동쟁의의 대상이 아닌 사항 또는 정당한 이유 없이 분쟁범위를 벗어난 부분에 대하여 재정이 이루어지는 경우 등과 같이 중재재량권을 일탈 내지 남용한 경우라고 해석되고 있다.[19]

재심절차의 경우 중재재정서의 송달을 받은 날부터 10일 이내, 행정소송의 경우 재심결정서의 송달을 받은 날부터 15일 이내에 각각 재심의 신청과 행정소송을 제기하지 않는 경우는 그 중재재정 또는 재심결정은 확정되며 관계 당사자는 이에 따라야 한다. 확정된 중재재정 또는 재심결정은 단체협약과 동일한 효력을 가진다.

19) 이상윤, 노동법, p.828; 임종률, 노동법, p.171.

4. 긴급조정

노동조합법이 설정한 셋째의 쟁의조정절차는 긴급조정이다. 쟁의행위가 공익사업에서 일어난 경우 또는 그 규모나 사업의 성질 등에 비추어 국민의 일상생활과 국민경제를 현저하게 위협하는 경우에 대해서는 그 쟁의행위를 중지하게 한 후에 쟁의행위의 원인이 된 분쟁의 해결을 중앙노동위원회의 직권조정 또는 강제중재에 의하여 해결하는 절차이다.[20]

(1) 긴급조정의 결정

긴급조정이 결정되기 위해서는 쟁의행위가 공익사업에 관한 것이거나, 그 규모가 크거나 그 성질이 특별한 것으로서 현저히 국민경제를 해하거나 국민의 일상생활을 위태롭게 할 위험이 현존하는 때여야 한다.

긴급조정을 결정하고자 할 때에는 고용노동부장관은 미리 중앙노동위원회 위원장의 의견을 들어야 하는데, 이는 의견을 참조한다는 의미로 해석되는 것이지, 의견에 구속된다는 뜻은 아니다.[21]

고용노동부장관이 긴급조정을 결정한 때에는 지체 없이 그 이유를 붙여 이를 신문·라디오 기타 공중이 신속히 알 수 있는 방법으로 공표함과 동시에 중앙노동위원회와 관계 당사자에게 각각 통고하여야 한다(노조법 76조 3항, 동법 시행령 32조).

(2) 긴급조정결정의 효력

긴급조정의 결정이 공표된 때에는 관계 당사자는 즉시 쟁의행위를 중지하여야 한다. 또한 공포일로부터 30일이 경과되지 아니하면 쟁의행위를 재개할 수 없다(노조법 77조).

---

20) 이 정(역), 일본노동법의 이론과 실제, 한국경영자총협회, p. 676.
21) 김형배, 노동법, p.915.

(3) 긴급조정하의 조정 및 중재

중앙노동위원회는 긴급조정의 결정을 통고 받은 때에는 지체없이 조정을 개시하여야 한다. 만약 조정이 성립될 가망이 없다고 인정한 경우에는 중앙노동위원회의 위원장은 공익위원의 의견을 들어 그 사건을 중재에 회부할 것인가의 여부를 통고를 받은 날부터 15일 이내에 결정하여야 한다(노조법 79조).

중앙노동위원회는 당해 관계 당사자의 일방 또는 쌍방으로부터 중재신청이 있거나 제79조의 규정에 의한 중재회부의 결정을 한 때에는 지체 없이 중재를 행하여야 한다.

III. 노동위원회의 회의

1. 회의의 구성

노동위원회에는 전원회의 외에 그 권한에 속하는 업무를 부문별로 처리하기 위하여 다른 법률에 특별한 규정이 있는 경우를 제외하고는 심판위원회·차별시정위원회·조정위원회·특별조정위원회·중재위원회·교원노동관계조정위원회 및 공무원노동관계조정위원회 등의 "부분별위원회"를 둔다(노위법 15조 1항).

(1) 전원회의

전원회의는 당해 노동위원회 소속위원 전원으로 구성되며 각급 노동위원회의 전원회의는 노동위원회의 운영 등 일반적인 사항의 결정하고 관계행정기관에 대하여 근로조건의 개선에 관한 권고를 할 수 있다.

중앙노동위원회의 전원회의는 이 외에 지방노동위원회 또는 특별노동위원회에 대하여 노동위원회의 사무처리에 관한 기본방침 및 법령의 해석에 관하여 필요한 지시나 중앙노동위원회·지방노동위원회 또는 특별노동위원회의 운영 기타 필요한 사항에 관한 규칙을 제정하는 업무를 처리한다(노위법 15조 2항).

(2) 부문별위원회

① 심판위원회

심판위원회는 심판담당공익위원 중 위원장이 지명하는 3인(위원장 또는 상임위원 1인을 포함한다)으로 구성하며 노동조합법·근로기준법·근참법 그 밖의 법령에 따라 노동위원회의 판정·의결·승인·인정 등을 받도록 규정된 사항을 처리한다(노위법 15조 3항).

② 조정위원회·특별조정위원회 및 중재위원회

조정위원회·특별조정위원회 및 중재위원회는 노동조합법이 정하는 바에 따라 구성하며 동법의 규정에 의한 조정·중재 기타 이와 관련된 사항을 각각 처리한다. 이 경우 공익위원은 조정담당공익위원(위원장 또는 상임위원을 포함한다)중에서 선정한다(동조 5항).

③ 교원노동관계조정위원회

교원노동관계조정위원회는 교원노조법이 정하는 바에 따라 설치·구성하며, 동법의 규정에 의한 조정·중재 기타 이와 관련된 사항을 처리한다(동조 8항).

위원회는 중앙노동위원회 위원장이 지명하는 조정담당 공익위원 3인으로 구성되며, 단 관계당사자의 합의로 중앙노동위원회의 조정담당 공익위원이 아닌 자를 추천하는 경우에는 그 추천된 자를 지명하여야 한다. 위원장은 위원회의 위원 중에서 호선한다(교원노조법 11조).

교원노동쟁의에 대한 조정절차 및 방법과 효력은 일반사업의 경우와 같으며, 조정기간은 조정의 신청이 있는 날부터 30일 이내에 종료되어야 한다(교원노조법

9조 3항).

2. 회의의 진행

위원장은 전원회의의 의장이 되며 부문별위원회위원장은 다른 법률에 특별한 규정이 있는 경우를 제외하고는 부문별위원회 위원 중에서 호선하고 당해 부문별위원회의 의장이 된다.

위원장 또는 부문별위원회위원장은 전원회의 또는 부문별위원회를 각각 소집한다. 다만, 위원장은 필요하다고 인정하는 경우에는 부문별위원회를 소집할 수 있다.

위원장 또는 부문별위원회위원장은 전원회의 또는 부문별위원회를 구성하는 위원 과반수가 회의의 소집을 요구한 때에는 이에 응하여야 한다(노위법 16조).

전원회의는 재적위원 과반수의 출석으로 개의하고 출석위원 과반수의 찬성으로 의결하며, 부문별위원회의 회의는 구성위원 전원의 출석으로 개의하고 출석위원 과반수의 찬성으로 의결한다. 이 경우 회의에 참여한 위원은 그 의결사항에 서명·날인하여야 한다(노위법 17조).

위원장 또는 부문별위원회위원장은 소관회의에 부의된 사항에 관하여 구성위원 또는 담당공무원등으로 하여금 회의에 보고하도록 할 수 있다. 심판위원회 · 차별시정위원회는 의결하기 전에 당해 노동위원회의 근로자위원 및 사용자위원 각 1인 이상의 의견을 들어야 한다. 다만, 근로자위원 또는 사용자위원이 출석요구를 받고 정당한 이유 없이 출석하지 아니하는 경우에는 그러하지 아니하다(노위법 18조).

위원은 자기와 직접 이해관계가 있는 사항에 대하여는 심의·의결 또는 조정에 관여할 수 없다. 당사자는 심의·의결 또는 조정의 공정을 기대하기 어려운 위원이 있을 경우에는 위원장에게 그 사유를 적어 기피신청을 할 수 있다.

위원장은 기피신청이 이유가 있다고 인정되는 경우에는 그 위원을 교체하여야 한다. 위원장은 사건이 접수되는 즉시 이러한 기피신청을 할 수 있음을 사건당사자에게 알려야 한다(노위법 21조).

노동위원회의 회의는 공개되나 당해 회의의 의결에 의하여 공개하지 않을 수도 있다.

노동법의 세계

제6편
회사와의 결별

CASE STUDY

☑ Case1

G사의 법무팀에 근무하는 H군은 로스쿨시험에 합격하여 직장과 학업을 병행할 수 있도록 근무시간대를 야간으로 조정해 줄 것을 회사에 요구하였다. 그러나 회사는 법무팀 업무가 주로 주간에 이루어지기 때문에 시간조정이 불가능하다고 하자, H군은 곧 바로 회사에 사직서를 제출하고 그 다음날부터 로스쿨 연수프로그램에 참가하였다. 이에 G사는 H군에게 그 동안 담당해 오던 업무를 1개월 이내에 처리한 다음 인수·인계할 것을 몇 차례 통보하였으나 H군은 이를 무시한 채 1달간의 연수프로그램을 마쳤다. 그 후 H군은 G사로부터 퇴직금명세서를 받아보니 1개월분의 임금이 공제되어 있어 이를 항의하자, G사는 H군의 1개월간 무단결근에 따른 임금공제라고 해명하였다. 이러한 회사의 조치는 아무런 문제가 없는가?

Check Point : 사직의 효력(민법 660조, 662조)

☑ Case2

빌딩리스회사의 부장으로 있는 Y씨는 작년 연말에 회사로부터 명예퇴직을 집요하게 권유받은 바 있으나 이에 응하지 않았다. 그러자 회사는 올해에 들면서 노골적으로 Y씨에 대해 집요한 사퇴강요와 집단따돌림으로 Y씨를 괴롭히기 시작했다. 이에 Y씨는 더 이상 회사 측의 압박에 견디지 못하고 지난주에 사직서를 제출했다. 그 다음날 Y씨는 아무리 생각해도 회사 측의 행위는 부당하다고 생각하고 사직서를 철회하고자 한다. 과연 가능할까?

Check Point : 강압에 의한 사직의 법적효력, 사직의사표시의 철회

*대판 2000. 9. 5, 99두8657.

*이정, "사직에 대한 노동법적 검토", 외법논집, 제24집(2007) 참조

*「노동판례백선」 p.130《Case33》

제1장 근로관계의 종료

노동관계는 사용자측에 의한 해고, 근로자 측에 의한 사직, 근로자와 사용자 간의 합의에 의한 합의해약 기타 계약기간의 만료나 정년의 도달, 당사자의 소멸 등에 의하여 종료된다.

I. 해고

근로관계는 사용자의 근로계약의 해지, 즉 해고에 의하여 종료하게 된다. 그러나 사용자에게 자유롭게 해고할 수 있는 권한이 있는 것은 아니며, 근로기준법에 의하여 규제를 받게 된다.

이에 관하여는 앞서 해고로 인한 분쟁(제5편 1장)에서 설명하였으므로 여기에서는 생략하기로 한다.

II. 사직 및 합의 해약

1. 사직

(1) 사직의 자유

해고가 사용자측에 의한 일방적 의사표시라면 사직은 근로자 측의 의사에 의해 근로계약을 해지하는 것이다.

사직에 관하여 근로기준법은 아무런 규정을 두고 있지 않으므로 민법상 고용계약의 해지에 관한 규정에 따라 근로자에 의한 사직은 자유로이 행사할 수 있는 것으로 해석할 수 있다.

기간의 정함이 있는 근로계약의 경우에도 근로자는 자유롭게 사직할 수 있으나, 사용자의 귀책사유로 인한 사직이 아닌 근로자의 자발적인 사직이나 근로자의 귀책사유로 인한 사직의 경우 근로계약의 불이행으로 인한 손해배상책임을 부담하여야 한다.[1]

기간의 정함이 없는 근로계약의 경우는 근로자는 언제든지 자유롭게 사직할 수 있고, 사용자가 해지의 통고를 받은 날로부터 1월(월·주 등 기간으로 보수를 정한 경우에는 통고 당기 후 1기)이 경과하면 근로관계는 소멸된다(민법 660조, 662조). 다만, 3년을 초과하는 기간을 약정하고 3년이 경과한 근로자는 언제든지 사직을 통고할 수 있지만, 3개월이 지나야 노동관계가 종료된다(민법 659조).

---

1) 이상윤, 노동법, p.466.

(2) 사직의 강요

① 의의

근로기준법은 사용자의 자유로운 해고를 규제하여 해고권 남용을 억제하고 있으나, 사직에 관하여는 아무런 규정을 두고 있지 않다.

이로 인하여 사용자가 해고 규제를 회피하기 위하여 근로자로 하여금 사직을 권유하거나 강요하는 경우가 있는데, 이 때 그 사직의 효력은 어떻게 되는지가 문제로 된다.

다시 말해서, 근로자가 사용자의 집요한 권고에 의하거나 또는 일시적으로 흥분한 상태에서 감정적으로 사직의 의사표시를 한 다음 후에 이를 철회하고자 할 경우, 사용자가 당해 근로자의 철회의사를 받아들이지 않는 한, 근로관계의 회복은 사실상 어려우므로 이를 둘러싸고 종종 분쟁이 발생하고 있다.

② 강박에 의한 사직

우선 강박에 의하여 근로자가 사직한 경우, 사용자의 사직처분은 의사표시의 문제로 다루어질 수 있다. 근로자의 사직의 의사표시가 진의가 아니고 사용자가 이를 알 수 있었거나 통정 허위표시라면 그 의사표시는 무효가 된다.

한편, 사직의 의사표시가 착오나 사기 또는 강박에 의한 경우에는 근로자는 사직의 의사표시를 취소할 수 있다. 이 경우 의사표시를 취소하여야만 무효로 된다. 단, 의사결정의 자유가 완전히 박탈될 정도의 강박인 경우에는 명문의 규정은 없으나, 취소를 기다리지 않고 무효로 된다고 해석되고 있다.[2]

강박에 의한 사직의 경우 사용자의 사직처분은 근로기준법 제23조 제1항의 정당한 이유 없는 해고처분으로서 무효라는 견해도 있다.[3]

---

2) 임종률, 노동법, p.525 ; 대판 1984.12.11, 84다카1402 등.
3) 이상윤, 노동법, p.467.

③ 기타 우대조치에 의한 사직

기타 퇴직 우대조치로 과잉 근로자의 삭감 또는 고령근로자의 조기퇴직을 유도하기 위하여 조기퇴직 등의 형식으로 사직하는 근로자에게 퇴직금을 우대하는 등의 조치는 근로자의 자유로운 의사결정이 보장되는 경우에 한하여 유효하다고 할 수 있다.[4)]

2. 합의해약

합의해약은 근로자와 사용자가 합의함으로써 근로계약을 종료하는 것을 말한다. 사직이나 해고가 근로자 또는 사용자의 일방적인 의사표시임에 반하여 합의해약은 쌍방의 합의에 의하여 근로계약을 장래에 대하여 소멸시킨다는 것에 차이가 있다.

합의해약에 있어서는 예고기간 등의 규제는 없고, 기간의 정함이 있는 계약이나 없는 계약에 관계없이 일방의 해약신청에 대하여 상대방이 승낙한 시점으로부터 효력이 발생한다. 따라서 상대방이 승낙하기 전까지는 언제든지 철회가 가능하다. 합의해약 역시 근로기준법의 해고에 관한 규정이 적용되지 않는다.

***합의해지와 사직[5)]**

합의해지와 사직은 실제로 구별하기가 애매한 경우가 많아 이를 둘러싸고 분쟁이 발생하는 경우도 종종 있다. 여기서 '합의해지'란 근로자와 사용자가 합의로 장래에 대하여 근로계약을 해지하는 것으로, 근로자가 합의해지를 청약함으로써 사용자가 예측치 못할 손해를 입는 등의 신의에 반하는 특별한 사정이 없는 한 상대방(사용자)이 이를 승낙하기 전까지는 의사를 철회할 수 있다.

---

4) 이상윤, 노동법, p.468
5) 이에 대한 보다 상세한 것은 이정, "사직에 대한 노동법적 검토", 외법논집, 제24집(2007) 참조.

이에 비해, '사직'이란 근로자가 근로계약을 일방적으로 해지하는 것이므로 기간의 약정이 없는 근로계약의 경우에는 근로자가 1월 전에 예고를 하면 사직의 효력이 발생한다(민법 제660조). 따라서 사직의 경우에는 합의해지의 경우와는 달리 사용자의 승낙 없이도 법적 효력이 발생하며, 따라서 근로자가 사직의 의사표시를 한 이상 이를 철회할 수 없는 것이 원칙이다.

따라서 근로자가 "회사를 그만 두겠다"라고 한 경우나 또는 '퇴직서'를 제출한 경우, 이를 '사직'과 '합의해지의 청약' 중 어디에 해당하는지, 또는 양쪽에 모두 해당하는지 등의 문제가 생길 수 있으며, 이를 어떻게 해석하느냐에 따라 전술한 의사의 철회문제를 둘러싸고 법적 분쟁이 발생할 수 있다.

고용관계의 종료사유를 보면 해고에 의하기 보다는 사직이나 합의해지에 의하는 경우가 압도적으로 많다. 사직이나 합의해지의 경우, 근로자가 진실로 퇴직을 원하고 사용자가 이에 동의한 경우에는 별로 문제가 되지 않지만, 모두에서 언급한 바와 같이 사용자에 의한 집요한 권고나 일시적인 흥분상태에서 사직이나 합의해지를 한 경우에는 문제가 될 수도 있다. 하지만 현행법제도의 틀 안에서는 이러한 행위가 민법상의 착오나 사기·강박에 의한 것이지 않는 한 문제로 되지 않는다.

우리나라에는 아직까지 전통적으로 정년퇴직을 명예롭게 생각하고 장기 근속자를 우대하는 고용관행이 남아 있다. 하지만 최근에 와서는 기업의 구조조정이나 글로벌화 및 능력·성과주의의 보급 등으로 인하여 정년퇴직이나 평생직장의 의미가 점점 희박해지고 있다.[6] 따리서 앞으로는 회사를 정년으로 퇴직하는 것보다 도중에 회사로부터 해고되거나 사직으로 고용관계가 종료되는 것이 일반화되면서[7] 사직을 둘러싼 분쟁도 승가하리라 예상된다.

---

6) 정년제를 두고 있는 사업체의 비율을 보면 종업원 50인 이하의 기업에서 50%인데 비해, 300명 이상의 대기업의 경우에는 96.4%로 매우 높은 편이다(전체 기업의 평균은 76.2%임. 2002년 기준). 하지만 2002년에 고용보험 피보험 자격을 상실한 임금근로자 340만 4,660명 중 정년으로 직장을 떠난 근로자는 12,731명뿐으로 전체근로자의 0.4%에 불과하다(노동부,『고용보험백서』, 2003년, 141쪽).

7) 실제로 정년퇴직을 하는 근로자는 극소수이며, 직장을 떠나게 된 50세 이상의 고연령 근로자들은 정년퇴직 보다는 명예퇴직으로 인해 고용이 중단되는 것으로 보인다(이철수, 「고령사회법제 워크샵 자료」, 한국법제연구원, 2003, 113쪽.

그럼에도 불구하고 현행 노동법에서는 해고에 대해서는 상세히 규정하고 있으면서도 사직에 대해서는 아무런 규정을 두고 있지 않다. 따라서 이러한 문제에 대응하기 위해서는 입법적인 대비책을 강구하여야 할 시점에 와 있다고 생각한다.

III. 근로계약 기간의 만료 및 정년제

1. 근로계약 기간의 만료

기간의 정함이 있는 근로계약의 경우, 근로계약 기간이 만료가 되면 근로관계는 당연히 종료된다. 단 이러한 경우에도 근로관계가 사실상 계속되고 있고 당사자가 이의를 제기하지 않는 한 계약의 묵시적 갱신으로 간주하며, 이러한 묵시적 갱신이 반복되는 경우 근로계약은 기간의 정함이 없는 계약으로 되는 것으로 해석하는 것이 통설이다.

이러한 경우 사용자가 후에 갱신을 거절하는 것은 해고에 준하며 정당한 이유 없이 갱신을 거절하는 경우는 근로기준법 제23조 제1항의 규제를 받게 된다.

2. 정년제

'정년'이라는 것은 근로자가 일정의 연령에 도달한 경우에 이를 근로관계의 종료로 보는 제도를 말한다. 보통 취업규칙이나 단체협약 등에서 정년퇴직제도를 정하여 정년에 도달한 경우에 자동적으로 근로관계가 종료한다고 규정하고 있다.

정년을 몇 세(歲)로 정하는가에 있어서 동일 기업 내에서 직무나 직책 등에 따라 차등을 둘 수 있는가가 문제인데, 근로기준법 제5조에 위반되지 않고 근로의 내용이나 성질 등에 비추어 차등을 두는 것이 사회통념상 합당하다고 여겨지는 경우에는 정년에 차등을 두어 규정하는 것도 가능하다고 할 것이다.

단체협약이나 취업규칙에 정년퇴직제도가 규정된 경우 정년으로 노동관계는 종료된다. 따라서 후에 사용자가 정년퇴직한 근로자를 재고용하는 경우는 원칙적으로 새로운 근로계약의 체결이라 볼 수 있으므로 당사자 간의 별도의 합의가 필요하다.

참고로, 국회는 2년 전인 2013. 4. 30. 본회의에서 '고용상 연령차별금지 및 고령자고용촉진에 관한 법률'(이하 '고령자법') 개정을 통하여 정년 60세 제도를 도입하였다. 이처럼 정년 60세제를 도입하게 된 배경에는 유례없이 빠르게 진행되고 있는 고령사회에 대응하는 한편, 근로자의 고용안정과 생산 가능 인구 부족현상에 대비하기 위하여 그동안 자율적으로 정해오던 정년을 60세로 연장함과 동시에 노사에게 임금체계 개편의무를 법제화한 것이다.[8] 따라서 지금까지는 기업이 자유롭게 정년을 정할 수 있었지만, 앞으로는 법정 정년제에 맞도록 단체협약, 취업규칙, 근로계약을 새로 체결하거나 변경하여야 한다.

8) 현행법에서는 아직까지 60세 정년이 권고사항으로 되어 있지만, 2016년부터는 300명 이상 사업장과 공기업에 대해, 그리고 2017년부터는 300인 미만의 사업장과 중앙 지자체 정부기관에 대해서도 점진적으로 의무화되게 된다.

IV. 당사자의 소멸

근로계약은 일신전속적인 계약이므로 근로자가 사망한 경우 근로관계는 당연히 종료된다. 사용자가 법인이 아닌 개인인 경우 사업자의 사망도 근로관계의 종료사유가 된다.

그러나 근로관계는 채권·채무관계 뿐만 아니라 신분적 관계도 포함되므로 종업원의 신분적 관계는 여전히 존재하므로 근로관계는 사용자의 상속인에게 이전되어 종료되지 아니한다. 단, 개인비서와 같은 사용자와의 밀접한 신분관계가 전제된 근로관계는 이전되지 않는 것으로 보아야 한다. 사용자가 법인인 경우는 일정한 절차를 거쳐 해산되어 법인격이 소멸될 때 근로관계는 종료된다.

회사의 합병의 경우에는 소멸기업의 근로관계는 일괄적으로 합병회사에 승계되므로 근로관계도 합병회사에 승계되어 종료되지 않는다. 회사분할이나 영업양도의 경우도 근로관계가 당연히 종료되는 것은 아니다.

CASE STUDY

☑ Case1

K양은 졸업 후 해외관광을 전문으로 하는 H사에 입사하여 만 1년을 근무하였으나 상사와의 마찰과 동료로부터 왕따 등으로 회사를 그만두었다. 그 후 K양은 새로운 직장을 찾던 중에 우연히 실업급여에 대한 정보를 알게 되면서 근로복지공단에 실업급여를 신청하려고 한다. K양은 위의 사유로 사직한 경우에 실업급여를 받을 수 있을까? 또한 K양이 위의 사유로 권고사직한 경우에는 어떨까?

Check Point : 실업급여의 수급자격

제2장 고용보험

I. 고용보험제도의 의의

'고용보험제도'라 함은 실업이라는 사회적 위험을 사회보험의 원리로 해결하려는 사회보장제도 중 하나이다.

고용보험제도는 근로자가 실업을 당한 경우 임금의 상실 등으로 인한 기본적 생존권을 보장하기 위하여 일정수준의 급여를 통하여 생활의 안정을 보장하고, 취업알선과 직업능력개발을 위한 지원뿐만 아니라 고용안정사업 및 직업능력개발사업 등을 통하여 전체적인 고용구조개선을 위한 사업을 종합적으로 실시하고 있다. 우리나라에서는 1993년 12월 27일에 제정되어 1996년 시행되었다.

고용보험법 제1조는 그 목적으로 "실업의 예방, 고용의 촉진 및 근로자의 직업능력의 개발·향상을 꾀하고, 국가의 직업지도와 직업소개기능을 강화하며, 근로자가 실업한 경우에 생활에 필요한 급여를 실시하여 근로자의 생활의 안정과 구직활동을 촉진함으로써 경제·사회발전에 이바지하는 것을 목적으로 한다."고 규정하고 있다.

II. 고용보험의 적용범위

1. 적용범위의 일반원칙

고용보험법은 원칙적으로 모든 사업 및 사업장에 적용되므로 각 사업 및 사업장의 사용자와 근로자는 모든 고용보험의 가입자로서의 권리와 의무를 가지게 된다. 고용보험법도 사회보험으로 원칙상 강제가입이 된다.

2. 적용의 예외

고용보험법은 강제가입이 원칙이나 일정한 경우 가입대상에서 제외된다.

(1) 적용제외 사업장

고용보험법 제8조 단서에서는 산업별 특성 및 규모 등을 고려하여 대통령령이 정하는 사업에 대하여는 예외를 두고 있다.

이러한 사업장으로는 농업·어업·임업 및 수렵업 중 법인이 아닌 자가 상시 4명 이하의 근로자를 사용하는 사업장, 총 공사 금액이 고용노동부장관이 고시하는 금액 미만인 공사장, 가사서비스업 등이 해당한다.

(2) 적용제외 근로자

고용보험법 제10조는 적용제외 근로자로 65세 이상인 자, 소정근로시간이 대통령령으로 정하는 시간 미만인 자, 공무원이나 사립학교교직원연금법의 적용을 받는 자, 외국인근로자, 별정우체국 직원 등을 규정하고 있다(고보법 10조 및 시행령 3조).

III. 고용보험제도의 내용

우리사회는 급격한 세계화와 지식정보화로 인하여 노동시장이 유연화되고 고용형태가 다양화되면서, 비정규직을 비롯한 기존의 고용안전망으로부터 소외된 계층이 상대적으로 증가함에 따라 계층 간 양극화 현상이 심화되고 있다.

이러한 사회적 문제에 대응하기 위해 설계된 것이 1995년에 도입된 고용보험제도이다. 이 제도는 시행당시에는 주목을 크게 받지 못하다가, 1997년 IMF 위기 및 2008년 금융위기로부터 많은 근로자들의 고용안정과 직업훈련 및 실업자들의 생계유지에 적지 않게 기여했다고 평가된다. 특히, 제도도입 당시의 고용보험은 30인 이상 사업장만을 적용대상으로 하고 있었으나, 점진적으로 그 대상을 확대한 결과 1998. 10. 1. 이후부터는 1인 이상 전 사업장에 구직급여와 고용안정·직업능력사업이 적용되게 되었으며, 2004년에는 일용근로자 및 주당 15시간 이상 근무하는 시간제근로자까지 확대되었다.[1]

고용보험제도는 크게 고용안정사업, 직업능력개발사업, 실업급여, 모성보호사업으로 분류된다. 고용안정사업과 직업능력개발사업은 실업의 예방을 위한 적극적인 정책적 수단이고, 실업급여는 이미 발생한 실업으로 인한 근로자의 소득상실을 보호하기 위한 급여로 볼 수 있다.[2]

---

1) 이처럼 고용보험의 적용범위의 확대와 급여체계의 개선을 통하여 제도의 외연이 넓어졌지만, 한편으로는 아직까지 고용보험의 혜택을 받지 못하는 사각지대가 여전히 존재하고 있다. 뿐만 아니라, 고용보험의 핵심가치인 실직에 대한 소득보장이라는 차원에서 보면, 급여수준과 기간이 아직까지 OECD 국가 평균에 비해 상대적으로 낮은 수준에 그치고 있다. 구체적으로는 사회적 안전망이 가장 절실한 비정규직 및 영세사업장 근로자의 고용보험 가입률이 상대적으로 저조하여 고용보험의 혜택을 실질적으로 받고 있지 못하고 있으며, 또한 특수형태 고용종사자, 자영업자, 공무원 등에 대해서도 임의적용대상으로 한 점은 인정되지만, 그럼에도 불구하고 현행 체계 하에서는 여전히 미흡한 수준에 그치고 있다. 고용보험제도는 근로자가 실직했을 때 마지막 보루가 되는 만큼, 적용대상에서 제외되는 사각지대를 최소화하는 한편, 급여수준을 현실화하고 체계적인 직업훈련을 통하여 실직자가 다시 경제활동에 재진입할 수 있도록 해야 할 것이다.

2) 전광석, 한국사회보장법론, p.372.

1. 고용안정사업

고용안정사업은 국내외경기의 변동, 산업구조의 변화, 기타 경제상의 이유로 인력이 부족하게 되거나 고용기회가 감소하여 고용상태가 불안하게 되는 경우를 대비하여 실업의 예방, 취업의 촉진, 고용기회의 확대, 직업능력개발·향상의 기회 제공 및 지원, 그 밖에 고용안정과 사업주에 대한 인력 확보를 지원하기 위하여 실시하는 사업을 말한다(고용보험법 제19조 제1항).

이러한 고용안정사업은 고용조정지원사업과 고용촉진지원사업으로 나누어 볼 수 있다.

(1) 고용조정지원사업

고용조정지원사업은 경기의 변동, 산업구조의 변화 등에 따른 사업규모의 축소, 사업의 폐지 또는 전환으로 고용조정이 불가피한 사업주에 대하여 지원하는 사업이다.

주로 근로자에 대한 휴업이나 직업전환에 필요한 직업능력개발훈련, 인력의 재배치 등을 실시하거나 그 밖에 근로자의 고용안정을 위한 조치를 하면 대통령령으로 정하는 바에 따라 그 사업주에게 필요한 지원을 할 수 있다(고보법 21조 1항).

고용보험법은 고용보험법시행령에서 다음과 같은 지원제도를 마련하고 있다.

① 고용유지지원금

고용조정이 불가피하게 된 사업주가 당해 사업에서 고용하는 피보험자에 대하여 일정한 고용유지조치를 취하여 당해 고용유지조치 기간동안 고용조정으로 피보험자에게 고용유지조치 기간 동안 고용조정으로 피보험자를 이직시키지 아니한 경우에 지원되는 것이 고용유지지원금이다(고보법 시행령 19조).

이와 같은 고용유지지원금을 받기 위해서는 사업주는 근로자와의 협의를 거쳐 고용유지조치를 위한 계획을 수립하여야 하고, 고용유지조치계획의 실시 상황, 휴업·휴직수당 및 임금 지급 상황이 적힌 서류를 갖추어, 그 계획에 따라 실시하여야 한다(고보법 시행령 20조 제1항).

고용보험법시행령에서는 사용자가 행한 일정한 조치에 따라 다음과 같은 지원을 하고 있다.

가. 휴업수당지원금

1월을 단위로 당해 사업 피보험자의 소정근로연일수에 대한 휴업을 행한 피보험자 휴업연일수의 비율이 15분의 1을 초과하는 휴업을 행하고, 당해 휴업기간에 대하여 휴업수당을 지급하는 조치를 한 경우 그 휴업수당의 일부를 지원할 수 있다.

나. 고용유지지원금

사용자가 고용노동부령이 정하는 바에 따라 고용유지를 위한 훈련을 실시하는 조치를 한 경우에 지급되는 지원금을 말한다(고보법 시행령 19조).

다. 휴직지원금

근로자에게 1월 이상 유·무급휴직을 부여하는 경우에 지원하는 지원금을 말한다.

라. 인력재배치지원금

통계청장이 고시하는 한국표준산업분류표상의 소분류의 범주에서 다른 소분류의 범주에 속하는 새로운 업종으로 사업을 전환하기 위하여 필요한 시설 또는 설비를 설치하거나 정비하고, 제20조 제2항에 따른 고용유지조치계획 신고 당시의 피보험자의 100분의 60 이상을 새로운 사업에 재배치하는 경우에도 고용유지지원금이 지급된다.

② 전직지원장려금

고용조정이 불가피하게 된 사업주가 단독이나 공동으로 근로자의 신속한 재취업을 지원하기 위하여 직접 직업상담 등을 위한 고용노동부령으로 정하는 시설을 갖추거나 그 시설을 갖춘 외부기관에 위탁하여 직업상담 등 고용노동부령으로 정하는 서비스를 제공하는 경우에는 전직지원장려금을 지급한다(고보법 시행령 22조).

전직지원장려금의 금액은 사업주가 전직서비스를 제공하는데 소요된 비용의 전부에 해당하는 금액으로 한다. 단, 대규모 기업의 경우에는 2분의 1로 한다.

전직지원장려금 역시 근로자대표와의 성실한 협의를 거쳐 계획을 수립하여야 한다. 전직지원장려금은 월 단위로 지급되며 12개월이라는 한도가 있다.

(2) 고용촉진지원사업

고용촉진 지원사업은 일정한 지역의 고용이나 취직이 곤란한 자의 고용을 촉진시키거나 고용촉진시설을 설치·운영하는 경우에 이를 장려하고 그 비용의 일부를 지원하는 사업이다.[3]

① 지역고용촉진지원금

고용기회가 현저히 부족하거나 산업구조의 변화 등으로 고용사정이 급속하게 악화되고 있는 지역으로 사업을 이전하거나 그러한 지역에서 사업을 신설 또는 증설함으로써 당해 지역의 실업의 예방, 재취업의 촉진에 기여한 사업주, 기타 당해 지역의 고용기회의 확대에 필요한 조치를 취한 사업주에 대하여 지급되는 지원금을 말한다.

그러나 지역고용촉진지원금이 지급되기 위해서는 다음과 같은 요건을 충족하여야 한다.

첫째, 고용정책기본법시행령 제18조 제2항의 규정에 따라 고시된 고용조정의 지원 등의 기간 내에 사업이 이전되거나 신설 또는 증설되어야 한다.

---

3) 이상윤, 노동법, p.504

둘째, 사업의 이전·신설 또는 증설 및 그에 따른 근로자의 고용에 관한 지역고용계획을 수립하여 고용노동부장관에게 신고하고, 그 계획에 따라 시행되어야 한다.

셋째, 지역고용계획이 제출된 날부터 1년 6개월 이내에 이전·신설 또는 증설된 사업의 조업이 개시되어야 한다.

넷째, 이전·신설 또는 증설된 사업의 조업이 개시된 날 현재 당해 지정지역 또는 다른 지정지역에 3개월 이상 거주한 구직자를 그 이전·신설 또는 증설된 사업에 피보험자로 고용하여야 한다.

다섯째, 「고용정책기본법」 제6조에 따른 지방고용심의회에서 그 필요성이 인정된 사업이어야 한다. 여섯째, 지역고용계획의 실시 상황과 고용된 피보험자에 대한 임금지급 상황이 적힌 서류를 갖추고 시행해야 한다(고보법 시행령 24조).

② 고령자고용촉진장려금

고령자고용촉진장려금은 고령자고용촉진법상의 고령자의 고용촉진을 위해 노력한 사업주에 대하여 지급되는 지원금을 말한다(고보법 시행령 25조).

③ 신규고용촉진장려금

장기간 실업 및 구직상태에 있는 자를 직업안정기관 및 고용노동부령이 정하는 기관의 알선에 의하여 피보험자로 고용하는 사업주로서 고용 전 3개월부터, 고용 후 12개월까지 고용조정으로 근로자를 이직시키지 않은 사업주에게 지급하는 지원금을 말한다(고보법 시행령 26조).

④ 재고용장려금

고용조정으로 인하여 이직된 근로자를 고용하는 사업주에 대한 지원이다. 재고용장려금이 지급되기 위해서는 고용보험법시행령 제23조의 소정의 요건을 갖추어야 한다(고보법 시행령 23조).

이 영 시행 당시 종전의 규정에 따라 고용조정으로 이직한 자를 재고용한 사업주에 대하여는 종전의 규정에 따른 재고용장려금의 지급요건을 충족한 경우에 제23조의 개정규정에도 불구하고 종전의 규정에 따라 장려금을 지급한다(고보법 부칙 <제21015호, 2008.9.18> 제7조)

⑤ 여성고용촉진장려금

고용노동부장관은 법 제23조에 따라 피보험자인 근로자에게 고평법 제19조에 따른 육아휴직 또는 같은 법 제19조의 2에 따른 육아기 근로시간 단축을 30일(근기법 제74조에 따른 산전후휴가기간 90일과 중복되는 기간은 제외한다) 이상 허용하고 육아휴직 등이 끝난 후 30일 이상 그 근로자를 피보험자로 계속 고용하는 사업주에게 육아휴직 등 장려금을 지급한다(고보법 시행령 30조).

⑥ 중장년훈련수료자채용장려금

3개월 이상의 훈련과정인 실업자의 재취직 훈련 또는 고용노동부장관이 지정하여 고시한 훈련과정을 수료한 40세 이상의 실업자를 훈련 수료일부터 6개월 이내에 새로 고용보험가입자로 채용한 사업주로 채용 전 3개월, 채용 후 6개월간 고용조정으로 근로자를 이직시키지 아니한 사업주에게 지급하는 지원금이다(고보법 시행령 27조).

이 영 시행 당시 종전의 규정에 따라 중장년훈련수료자를 채용한 사업주에 대하여는 중장년훈련수료자 채용장려금의 지급요건을 충족한 경우에 제27조의 개정규정에도 불구하고 종전의 규정에 따라 장려금을 지급한다.(고보법 부칙 <제21015호, 2008.9.18> 제8조)

⑦ 건설근로자퇴직공제부금의 지원

고용보험법은 건설업에 종사하는 근로자 등 고용상태가 불안한 근로자들을 위하여 고용상태의 개선을 위한 사업이나 계속고용기회의 부여 등 고용안정을 위한 사업 등을 행하는 사업주에 대하여 필요한 지원을 할 수 있다고 규정하고 있다(고보법 24조 1항).

이에 따라 「건설근로자의 고용개선 등에 관한 법률」 제10조 제2항에 따라 퇴직공제에 가입한 사업주에게 같은 법 제13조에 따라 부담하여야 할 공제부금의 일부를 지원할 수 있다(고보법 32조 1항).

⑧ 고용촉진시설장려금

고용촉진시설장려금은 고용을 촉진 또는 유지하기 위하여 사업자가 근로자를 위한 시설이나 상담을 위한 시설 등 고용촉진시설을 설치·운영한 사업주에 대해 지급하는 장려금이다(고보법 제26조 및 고보법 시행령 38조).

2. 직업능력개발사업

고용보험법은 근로자에게 직업생활의 전 기간을 통하여 자신의 직업능력을 개발·향상시킬 수 있는 기회를 제공하고, 직업능력의 개발·향상을 지원하기 위한 직업능력개발사업을 실시할 것을 규정하고 있다.

(1) 직업능력개발훈련의 지원

고용노동부장관은 사내에서 근로자를 상대로 근로자직업훈련촉진법에 의한 직업능력훈련을 실시하는 사업주에게 그 훈련비용에 대한 지원을 할 수 있다.

지원 대상인 직업훈련의 종류로는 첫째, 피보험자를 대상으로 실시하는 직업능력개발 훈련, 둘째, 피보험자가 아닌 자로서 해당 사업주에게 고용된 자를 대상으로 실시하는 직업능력개발 훈련, 셋째, 해당 사업이나 그 사업과 관련되는 사업에서 고용하려는 자를 대상으로 실시하는 직업능력개발 훈련, 넷째, 직업안정기관에 구직등록한 자를 대상으로 실시하는 직업능력개발 훈련, 다섯째, 해당

사업에 고용된 피보험자에게 다음 각 목의 어느 하나의 요건[4]을 갖춘 유급휴가를 주어 실시하는 직업능력개발 훈련 등이다(고보법 시행령 41조 1항).

(2) 피보험자에 대한 직업능력개발 지원

고용노동부장관은 피보험자 등이 직업능력개발 훈련을 받거나 그 밖에 직업능력의 개발·향상시키기 위하여 노력하는 경우에 필요한 비용을 지원할 수 있다.

고용노동부장관은 필요하다고 인정되는 경우 대통령령이 정하는 바에 따라 피보험자등의 취업 촉진을 위한 직업능력개발훈련을 실시할 수 있다(고보법 29조 1항·2항).

(3) 직업훈련시설에 대한 지원

고용노동부장관은 피보험자 등의 직업능력의 개발·향상을 위하여 필요하다고 인정하는 경우에는 대통령령이 정하는 바에 따라 직업능력개발훈련시설의 설치 및 장비구입에 필요한 비용의 대부, 그 밖에 고용노동부장관이 정하는 직업능력개발훈련시설의 설치 및 장비의 구입·운영에 필요한 비용을 지원할 수 있다(고보법 30조).

---

4) 요건은 다음과 같다.
가. 우선지원 대상기업의 사업주나 상시 사용하는 근로자 수가 150명 미만인 사업주가 해당 근로자를 대상으로 계속하여 7일 이상의 유급휴가를 주어 30시간 이상의 훈련을 실시할 것
나. 가목에 해당하지 아니하는 사업주가 1년 이상 재직하고 있는 근로자를 대상으로 30일 이상의 유급휴가를 주어 120시간 이상의 훈련을 실시할 것
다. 사업주가 기능·기술을 장려하기 위하여 근로자 중 생산직 또는 관련 직에 종사하는 근로자로서 고용노동부장관이 고시하는 자를 대상으로 유급휴가를 주어 20시간 이상의 훈련을 실시할 것.

(4) 직업능력개발의 촉진

고용노동부장관은 피보험자 등의 직업능력의 개발·향상을 촉진하기 위하여 직업능력개발사업에 대한 기술지원사업 및 평가사업, 기능·기술장려사업, 그 밖에 대통령령이 정하는 사업을 실시하거나 이를 실시하는 자에게 그 실시에 필요한 비용을 지원할 수 있다(고보법 31조).

3. 모성보호사업

(1) 육아휴직급여

고용노동부장관은 남녀고용평등법 제19조의 규정에 의한 육아휴직을 30일 이상 부여받은 피보험자 중 일정요건을 갖춘 경우에 육아휴직급여를 지급한다.

단 육아휴직 30일에는 근로기준법 제74조의 규정에 의한 산전·후 휴가기간 90일과 중복되는 기간을 제외한 것이다.

(2) 산전·후 휴가급여

고용노동부장관은 남녀고용평등법 제18조의 규정에 의하여 근로기준법 제74조의 규정에 의한 산전·산후 휴가를 부여받은 가입자에게 일정 요건을 갖춘 경우 산전·산후 휴가급여를 지급한다.

4. 실업급여

(1) 의의

실업급여는 근로자가 근로의 의사 및 능력을 가지고 있음에도 불구하고 취업하지 못하는 근로자에게 새로운 취업이 이루어지기까지 단기적으로 소득상실에 대한 위험을 보호하기 위하여 지급되는 급여이다.

실업급여를 받기 위해서는 근로자에게 실업이 발생하였을 것과 직업수행의 능력과 의사가 있을 것, 그리고 일정한 보험가입기간을 충족할 것이 요구된다.

구체적으로는 구직급여를 받기 위해서는 급여신청일 이전 1개월간의 근로일수가 10일 미만이어야 하며 구직자는 직업수행의사 확인을 위해 직업안정기관에 출석할 의무를 가지며, 보험가입기간으로써 기준기간 18월 중에 180일 이상을 고용보험에 가입하여 있을 것을 요구하고 있다(고보법 40조).

(2) 급여의 종류

① 구직급여

위와 같은 급여의 요건이 충족되면 실업의 신고일로부터 7일이 지난 후부터 구직급여가 지급된다(고보법 49조).

고용보험법상 기초일액은 근로기준법상의 평균임금으로서 구직급여는 기초일액에 100분의 50을 곱한 금액이 지급된다. 단 기초일액이 최저임금보다 낮은 경우에는 최저임금을 기초일액으로 하고 이 경우에는 기초일액에 100분의 90을 곱한 금액이 지급된다.

구직급여의 성격은 갑작스런 소득의 상실로 인한 생활의 불안정을 예방하고 재취업을 도모하기 위한 생활비의 성격을 가진다(고보법 46조).

② 취직촉진수당

가. 조기재취업수당

수급자격자가 본인의 구직급여일수에 해당하는 급여를 모두 받기 전에 안정된 직장에 재취업한 경우 혹은 영리를 목적으로 하는 사업을 하는 경우에 조기

재취업수당이 지급될 수 있다.[5]

이 경우, 첫째 법 제50조에 따른 소정급여일수를 3분의 2 이상 남기고 재취업하는 경우에는 구직급여일액에 미지급일수의 3분의 2를 곱한 금액, 둘째 소정급여일수를 3분의 1 이상 3분의 2 미만 남기고 재취업하는 경우는 구직급여일액에 미지급일수의 2분의 1을 곱한 금액, 셋째 소정급여일수를 3분의 1 미만 남기고 재취업하는 경우는 구직급여일액에 미지급일수의 3분의 1을 곱한 금액이 지급된다(고보법 64조 및 시행령 85조).

나. 직업능력개발수당

직업능력개발수당은 수급자격자가 직업안정기관의 장이 지시한 직업능력개발훈련 등을 받는 경우에 그 직업능력개발 훈련 등을 받는 기간에 대하여 지급되는 수당이다. 금액은 교통비, 식대 등 직업훈련 등의 수강에 필요한 비용을 고려하여 고용노동부장관이 결정하여 고시한다(고보법 65조 및 시행령 88조).

다. 광역구직활동비

광역구직활동비는 수급자격자가 직업안정기관의 소개에 따라 광범위한 지역에 걸쳐 구직활동을 하는 경우에 직업안정기관의 장이 필요하다고 인정하는 경우 지급되는 수당이다(고보법 66조 1항).

라. 이주비

이주비는 수급자격자가 취업하거나 직업안정기관의 장이 지시한 직업능력개발훈련 등을 받기 위하여 그 주거를 이전하는 경우로서 대통령령이 정하는 기준에 따라 직업안정기관의 장이 필요하다고 인정하는 경우에 지급하는 수당을 말한다(고보법 67조 1항).

---

5) 선광석, 한국사회보장법론, p.398

Ⅳ. 고용보험의 비용부담

고용보험은 사회보험의 형식으로 실업으로 나타나는 위험을 보장하는 방식이므로 사업주와 근로자가 부담하는 보험료로 운영된다. 근로자는 실업급여에 대한 보험료만을 부담하며 사업주는 근로자의 보험료의 50%를 부담하게 된다.

고용보험료율에 관하여는 고용보험 및 산업재해보상보험의 보험료징수 등에 관한 법률 시행령[일부개정 2008.6.25 대통령령 제20874호] 제12조의 내용을 참조.

제12조 (고용보험료율)

① 법 제14조 제1항의 규정에 의한 고용보험료율은 다음 각 호와 같다.<개정 2005.12.30, 2007.10.17>

1. 고용안정·직업능력개발사업의 보험료율은 다음 각 목의 구분에 따른 보험료율

가. 상시근로자수가 150인 미만인 사업주의 사업 : 1만분의 25

나. 상시근로자수가 150인 이상인 사업주의 사업으로서 「고용보험법 시행령」 제12조에 따른 우선지원 대상기업의 범위에 해당하는 사업 : 1만분의 45

다. 상시근로자수가 150인 이상 1천인 미만인 사업주의 사업으로서 나목에 해당하지 아니하는 사업 : 1만분의 65

라. 상시근로자수가 1천인 이상인 사업주의 사업으로서 나목에 해당하지 아니하는 사업 및 국가·지방자치단체가 직접 행하는 사업 : 1만분의 85

2. 삭제<2005.12.30>

3. 실업급여의 보험료율 : 1천분의 9

② 제1항 제1호의 규정을 적용함에 있어서 상시근로자수는 당해 사업주가 행하는 국내의 모든 사업의 상시근로자수를 합산한 수로 한다. 다만, 「주택법」 제2조제2호의 규정에 의한 공동주택을 관리하는 사업의 경우에는 각 사업별로 상시근로자수를 산정한다.<개정 2005.12.30>

③ 제1항 제1호의 규정을 적용함에 있어서 법 제9조 단서의 규정에 따라 법의 적용을 받

는 사업주가 되는 하수급인에 대하여는 원수급인에게 적용하는 고용안정·직업능력개발사업의 보험료율을 적용한다. 다만, 법 제8조의 규정에 따라 일괄적용을 받게 되는 사업주의 개별사업이 법 제9조 단서의 규정에 따라 승인을 얻은 경우에는 당해 하수급인인 사업주에게 적용하는 고용안정·직업능력개발사업의 보험료율을 적용한다.<개정 2005.12.30>

④ 제1항 제1호 및 제2항의 규정에 불구하고 보험연도중에 사업이 양도되거나 사업주가 합병된 경우 그 양도 또는 합병된 사업에 대하여는 당해 보험연도에 한하여 양도 또는 합병전에 적용된 고용안정·직업능력개발사업의 보험료율을 적용한다.<개정 2005.12.30>

CASE STUDY

Case1

T씨는 대학을 졸업하자 공기업인 S공사에 입사하여 한 이래 올해 말로 근속 30년을 맞이하게 된다. 한편, 최근 들어 청년실업문제가 심각하게 되면서, 공기업에 대한 구조조정이 강도 높게 추진되고 있는 가운데, S공사는 T씨에게도 권고사직을 권장하였다. 그러나 T씨는 아직 심신이 건강할 뿐만 아니라, 자녀들이 아직 공부를 마치지 않은 상태라 S공사에 대해 좀 더 근무하기를 원한다고 하였다. 그러자 S공사는 T씨를 서울에서 지방의 지사로 전근명령을 내렸다. 이에 대해 T씨는 지사는 서울본사에서 너무 멀리 떨어져 있을 뿐만 아니라, 지사업무는 한 번도 해 본적이 없다고 하면서 이를 거부하였다. 그러자 S공사는 T에 대해 회사의 업무지시에 대한 불복종으로 대기명령을 낸 다음 징계위원회에 회부하여 징계하기로 결정했다. 이러한 S공사의 조치는 정당한가?

Check Point : 고령자법의 개정, 정년연장에 따른 불이익 취급

제3장 재취업과 은퇴

I. 고령자의 재취업

고령자의 고용에 관하여 우리나라에는 고령자가 능력에 적합한 직업에 취업하는 것을 지원하기 위한 '고용상 연령차별금지 및 고령자 고용촉진에 관한 법률(소위 고령자법)'이 있다. 이 법에서 고령자는 55세 이상자를 말하며, 고령자에게 고용의 기회를 확대하기 위한 정부의 지원과 고령자고용촉진을 위한 규정을 마련해 두고 있다.

주된 내용으로 상시 300인 이상의 근로자를 사용하는 사업장의 사업주에 대하여 기준고용률 이상의 고용자를 고용하도록 노력할 의무를 부여하고 있으며, 국가나 지방자치단체 등의 우선고용직종에 고령자와 준고령자를 우선적으로 고용할 것을 규정하고 있다.

또한 동법은 2013. 4. 30. 개정되어 근로자의 정년을 정하는 경우 사용자는 60세 이상이 되도록 할 것을 의무화하였으며(종전에는 제19조가 노력규정이었음), 정년에 도달한 자가 재취업을 희망하는 때에는 그 직업수행능력에 적합한 직종에 재고용하도록 노력하여야 한다고 규정하고 있다. 이 경우 당사자 간 합의에 의하여 퇴직금과 연차휴가일수 계산을 위한 계속근로기간 산정에 있어 종전의 근로기간을 제외할 수도 있고 임금의 결정을 종전과 달리 할 수도 있다.

이 법은 대부분은 노력규정으로 강행적 효력은 없지만 사업주에게 고령자의 고용 시에 여러 가지 혜택을 줌으로써 간접적으로 고령자고용을 촉진하고 있다. 예를 들어 정년퇴직자를 재고용하거나 고용안정에 필요한 조치를 하는 사업주에 대하여 장려금을 지급하는 동법 21조의 2항이나, 14조에 의한 조세감면조치를 들 수 있다.

II. 은퇴

은퇴 후의 소득보장을 위하여 현재 우리나라에서는 국민연금법이 실시되고 있다. 현재 수급연령은 60세이며 향후 점차적으로 수급연령을 65세까지 높일 계획에 있다. 국민연금법은 노령으로 인하여 노동능력을 상실함으로써 소득의 정지로 인한 생활위험을 사회보험의 형식으로 보장하는 제도이다.

가입기간 20년 이상인 자가 60세에 도달하는 때에는 완전노령연금이 지급되며, 가입기간이 10년 이상 20년 미만인 자가 60세에 도달하게 되면 감액노령연금 수급권을 가진다. 또한 국민연금시행 당시 이미 45세 이상 혹은 60세 이상이어서 수급요건인 보험가입 20년을 충족시키는 것이 불가능한 사람을 위하여 법시행 당시 45세 이상 60세 미만인 자에게는 보험가입 5년 이상이 되는 때에 연금수급자격을 부여하는 특별규정이 마련되어 있다.

찾아보기

노동법의 세계

찾아보기

I. 사항 색인

ㅅ

ㅇ

ㅈ

ㅊ

ㅋ

ㅌ

II. 판례 색인

ㅇ

ㅁ

ㅂ

ㅅ

ㅇ

ㅈ

ㅊ

ㅎ

저자약력

지은이

이 정(李 鋌) leejohn@hufs.ac.kr

동경대학 법학정치학연구과 법학연구생·석사·박사과정졸업
영국·독일·프랑스재판소 연구원
동경대학 법학부 특별연구원
큐우슈우(九州)국립대학 법학부 교수
University of British Columbia, Law School, Visiting Scholar
대한상사중재원 중재인
중앙노동위원회 공익심판위원
노동법이론실무학회 회장
한국고용노사관계학회 차기회장
한국노동법학회 부회장

최근 주요저서

「解雇紛爭解決の法理」信山社(2001)
「講座21世紀の労働法(第4券)」有斐閣(2001, 공저)
「整理解雇と雇用保障の韓日比較」日本評論社(2002)
「板ばさみの日本」信山社(2002)
「注釋勞基準法(上)·(下)」有斐閣(2003, 공저)
「グロバリゼションと労働法の行方」勁草書房(2003,공저)
「雇用構造の変化と政労使の課題」成文堂(2005, 공저)
「Regulation of Fixed-Term Employment Contracts」Wolters Kluwer(2011, 공저)
「고용사회와노동법」박영사(2002, 편역)
「노동법강의」한국외대출판부(2004)
「임금개념과 평균임금·통상임금의 산정범위」법문사(2004, 공저)
「일본노동법의 이론과 실제」경총(2004, 역서)
「주요선진국의 근로계약법제」경총(2007, 편역)
「노동법의 세계」한국외대출판부(2009)
「병원내 파업규제에 관한 비교법적 고찰」청목출판사(2010)
「부당노동행위제도와 원·하청 관계」법문사(2012, 공저)
「임금법제 이론과 실제」법문사(2013)
「파견과 도급에 관한 비교법적 연구」법문사(2014)
「일본노동법(전면개정판)」법문사(2015, 편역)

전면개정판

노동법의 세계

초 판 발행 2009년 3월 30일
개정판 발행 2015년 9월 1일

지은이 이 정
발행인 김인철
발행처 한국외국어대학교 지식출판원
02450 서울특별시 동대문구 이문로 107
전화 02) 2173-2493~7
팩스 02) 2173-3363
홈페이지 http://press.hufs.ac.kr
전자우편 press@hufs.ac.kr
출판등록 제6-6호(1969. 4. 30)
디자인 · 편집 디자인퍼브 02) 2254-4308
인쇄 · 제본 네오프린텍(주) 02) 718-3111

ISBN 979-11-5901-000-2 93360 정가 29,000원

*잘못된 책은 교환하여 드립니다.

HUiNE은 한국외국어대학교 지식출판원의 어학도서, 사회과학도서, 지역학 도서 Sub Brand이다. 한국외대의 영문명인 HUFS, 현명한 국제전문가 양성(International+Intelligent)의 의미를 담고 있으며, 휴인(携引)의 뜻인 '이끌다, 끌고 나가다'라는 의미처럼 출판계를 이끄는 리더로서, 혁신의 이미지를 담고 있다.